Nelson Rodrigues:
o fracasso do moderno no Brasil

Nelson Rodrigues:
o fracasso do moderno no Brasil

Alexandre Pianelli Godoy

Copyright © 2012 Alexandre Pianelli Godoy

*Grafia atualizada segundo o Acordo Ortográfico da Língua Portuguesa de 1990,
que entrou em vigor no Brasil em 2009.*

Publishers: Joana Monteleone/Haroldo Ceravolo Sereza/Roberto Cosso
Edição: Joana Monteleone
Editor assistente: Vitor Rodrigo Donofrio Arruda
Projeto gráfico, capa e diagramação: Gabriela Cavallari
Revisão: Rogério Chaves
Assistente de produção: Gabriela Cavallari

Este livro foi publicado com o apoio da Fapesp

CIP-BRASIL. CATALOGAÇÃO-NA-FONTE
SINDICATO NACIONAL DOS EDITORES DE LIVROS, RJ

G532n

Godoy, Alexandre Pianelli
NELSON RODRIGUES: O FRACASSO DO MODERNO NO BRASIL
Alexandre Pianelli Godoy
São Paulo: Alameda, 2012
372p.

Inclui bibliografia
ISBN 978-85-7939-158-3

1. Rodrigues, Nelson, 1912-1980 – Crítica e interpretação. 2. Teatro
brasileiro (Literatura) – História e crítica. I. Título.

12-5465.   CDD: 869.92
                CDU: 821.134.3(81)-2

037840

ALAMEDA CASA EDITORIAL
Rua Conselheiro Ramalho, 694 – Bela Vista
CEP: 01325-000 – São Paulo – SP
Tel: (11) 3012-2400
www.alamedaeditorial.com.br

Aos meus pais,
Gilberto e Luzilda,
sempre...

SUMÁRIO

PREFÁCIO 9
Maria Odila Leite da Silva Dias

INTRODUÇÃO 15

PARTE I: 37
NELSON RODRIGUES: MODERNO?

1. Nelson Rodrigues: 41
entre o público e o privado

2. A família em jogo: 101
entre a regularização e a secularização

3. Solidão feminina, individualismo masculino 127

PARTE II: 149
POR UMA HISTÓRIA DOS FRACASSOS

1. A imitação fracassada: 153
a cultura das camadas médias

2. A consciência dos fracassos: 215
uma estética

3. A imprensa como teatro: 263
uma história

INCONCLUSÃO 315

FONTES 339

REFERÊNCIAS 343

AGRADECIMENTOS 369

PREFÁCIO

Este livro é o resultado de uma tese de doutoramento e traz uma releitura da obra teatral de Nelson Rodrigues cerca de quarenta anos depois dos primeiros impactos do seu teatro sobre o público brasileiro das cidades, nas décadas de setenta e oitenta do século passado. A leitura deste jovem autor é enviesada e bastante crítica, pois se propõe um estudo do texto teatral, do autor e do seu público a partir das trilhas inauguradas pela teoria feminista, pelo estudo das relações de gênero, da militância gay e dos *cultural studies*. Trata-se de opor uma visão de mundo autoritária e crente no progresso do país a uma perspectiva crítica do nacional, do popular e das representações ideológicas dos dramas de Nelson Rodrigues. A questão central que norteia a sua leitura é o da politização do privado tal como aparece impregnado de resquícios do Brasil colonial, da escravidão e da mentalidade civilizadora da nossa *belle époque*. Interessa-o nos dramas familiares de Nelson Rodrigues o confronto de valores de uma moral higienista e modernizadora com raízes nas décadas de vinte e trinta do século XX, ainda presentes nas peças da década de 1940, onde estes valores apareciam como esteio do Estado Nacional.

A urbanização dos grandes centros, após 1950, principalmente no Rio de Janeiro demarcaria o meio histórico em que Nelson Rodrigues criou o seu teatro, impregnado de confrontos e atritos entre valores da moral publica e privada e também nas peças sobre personagens emergentes da zona norte do

Rio de Janeiro, pela confusão entre as suas fronteiras. O jovem autor através da violência entre estas tensões primordiais entre público e privado, procurou estabelecer um diálogo com o dramaturgo carioca através do qual aprofundou sua visão pessimista sobre a suposta modernidade da sociedade brasileira a exacerbar o ranço moralista nas relações interpessoais e a total inviabilidade de uma realização de valores como o da virgindade feminina, do casamento harmonioso, assim como do convívio entre desejos sexuais e ordem familiar. Para Alexandre Godoy o teatro de Nelson Rodrigues expõe o sofrimento asfixiante vivido tanto pelas famílias de elite como pelas famílias suburbanas no seu processo claudicante de suposto aburguesamento e decadência social. Para Nelson Rodrigues tanto na primeira fase de sua criação tida como mítica (peças das décadas de quarenta e cinquenta) como na segunda, em que se volta para as novas classes médias emergentes na zona norte do Rio de Janeiro, as relações familiares e interpessoais sofriam o impacto criado pelo choque de valores patriarcais com uma nova ética de conduta estritamente individualista.

Este choque cultural acompanhava o inicio da massificação dos meios de comunicação, dos jornais e da radio, acenando para o fim de uma cultura e para o vir a ser de outra que ainda não existia. Os jornais circulavam o mito do país e dos costumes modernos, ao passo que se aprofundava o abismo existente entre Estado e os indivíduos num meio social totalmente avesso a qualquer relação de solidariedade ou de vida comunitária. Este oco em que viviam suas personagens os levava inexoravelmente a fins trágicos, em que se sucediam todo tipo de derrota, de desencontros e de infindáveis fracassos das relações familiares e interpessoais.

O abuso das notas demonstra o árduo caminho de aprendizado percorrido pelo historiador no exercício de apurar seus recursos críticos tanto de interpretação histórica como de crítica teatral. Neste livro o autor aborda os recursos cênicos das peças de Nelson Rodrigues e trabalha a sua linguagem teatral de modo a perceber, através do jogo polarizador entre representações opostas, que caracteriza o teatro de Nelson Rodrigues, a inviabilidade da família e do convívio interpessoal, num meio urbanizado, onde ambos estavam destinados ao fracasso, pois nele conviviam resquícios do patriarcalismo colonial sem possibilidade de incorporação da moral burguesa importada, mas não absorvida pelos personagens dos subúrbios cariocas. O autor se volta para a crítica da cultura e da identidade nacional, procurando na trilha aberta por Homi Bhabha opor à narrativa homogeneizadora da nação as narrativas de sujeitos plurais necessariamente heterogêneos, sem lugar no plano das identidades públicas e sem possibilidades de viver segundo a ética social, familiar ou sequer individual, que lhes era impostas pelo projeto modernizador da nação.

O autor ressalta o surrealismo dos melodramas de Nelson Rodrigues ao explorar os recursos dos diferentes níveis da linguagem teatral, entre o delírio, a lembrança e a memória familiar, necessariamente esquecida. As personagens femininas arrastam a inviabilidade de sua sobrevivência, quer aparecendo sob a forma de meninas mortas, que continuam na sua invisibilidade a cumprir seus deveres domésticos, ou como grupos de mulheres em coro nas sombras do palco. Uma esposa tem as mãos decepadas pelo marido; a jovem Clara assassinada, não pode parar de tocar a valsa de Chopin apesar de ter sido esfaqueada pelas costas. O defunto não sabe que morreu... Desfilam personagens ambíguas como as viúvas honestas que não podem dormir, porque sonhar é proibido, ou as viúvas que não podem sequer sentar para guardar absoluta pureza de conduta. O mito da virgindade pesa sobre a família inteira e para ser preservada na figura da irmã caçula, as irmãs mais velhas são obrigadas a se prostituir para poderem custear supostas e inviáveis virtudes femininas concentradas na jovem caçula. O casamento entre uma mulher branca e o marido negro tem como cenário uma casa com muros muito altos para segregar o lar do mundo, lar em que o preconceito leva os membros à loucura. A mãe afoga os filhos, que nascem negros e o pai cega a única filha sobrevivente para que jamais visse a cor de sua pele.

O autor faz um estudo do sentido das diferentes representações, desde as representações filosóficas que supõem um sujeito universal dono da verdade, até as múltiplas formas de representações ideológicas para finalmente analisar na linguagem de Nelson Rodrigues o movimento de suas representações teatrais, ao mesmo tempo críticas do Estado e da confusão entre o público e o privado, que inviabilizava a democracia e a modernidade no Brasil.

Este livro é um exercício pioneiro e traz uma leitura inédita e instigante da historicidade da obra de Nelson Rodrigues. O autor se debruça com sofisticação teórica sobre as diferentes possibilidades de interpretação histórica do factual e do ficcional. Trata-se de uma perspectiva interessante pela sobreposição das temporalidades históricas entre passado e futuro e uma leitura bastante intrigante do teatro de Nelson Rodrigues, que continua a desafiar nossos preconceitos e nossos costumes.

Maria Odila Leite da Silva Dias
São Paulo, 6 de agosto de 2012

INTRODUÇÃO

Ninguém ouve ninguém. O que nós chamamos de diálogo é, na maioria dos casos, um monólogo cuja resposta é outro monólogo. Por isso, a nossa vida é a busca desesperada de um ouvinte.

Nelson Rodrigues

Começo esta introdução com um pequeno texto esclarecedor sobre as motivações intelectuais e políticas que me levaram a pensar o tema do fracasso do "moderno" no Brasil por meio da obra teatral de Nelson Rodrigues, entre os anos 1940-1950. O artigo em questão é assinado pela cantora, compositora, colunista e militante lésbica Vange Leonel e foi encontrado numa revista enquanto a pesquisa estava em andamento.

> Hoje, 30 de maio, comemora-se o aniversário da morte de Joana D'Arc, queimada pela igreja por heresia. Segundo o dicionário, heresia é 'uma doutrina contrária ao que foi definido pela igreja em matéria de fé'. Joana, mesmo sendo profundamente religiosa, aos olhos de seus inquisidores incorreu em várias heresias, entre elas vestir-se como homem e dispensar a mediação da igreja em suas conversas com santos. (...) Passado mais de meio milênio, será que ainda hoje alguém é queimado por heresia? Infelizmente, sim. Gays, por exemplo, são condenados à morte em países islâmicos, mesmo naqueles não teocráticos, como o Egito. 'Mas isso é coisa de países atrasados', diz o ocidental orgulhoso de sua civilização, emendando que em nossas democracias iluminadas isso não acontece mais. No entanto, apesar de hoje não assistirmos a condenações capitais por motivos religiosos no 'ocidente civilizado', a separação entre igreja e Estado não foi plenamente alcançada em muitos países que se dizem laicos. (...) Ora, como explicar o eterno adiamento da votação do projeto de parceria civil

entre homossexuais aqui no Brasil senão pelas pressões religiosas sobre o Congresso? Respeito a fé de cada um, mas por que estender uma proibição religiosa a toda população, sendo que nem todos os cidadãos seguem doutrinas que condenam a homossexualidade? Afinal, não vivemos sob um Estado que deveria separar assuntos civis e religiosos? (...) O que acontece na prática é que nós, homossexuais, não possuímos plenos direitos civis porque algumas instituições religiosas insistem em impor seus dogmas a toda população através do Estado. No fundo, somos inculpados por praticar uma espécie de 'heresia *light*' que não nos condena à fogueira, mas nos sequestra a plena cidadania. (...) Eu, que além de homossexual não tenho religião, sou acusada de dupla heresia por alguns carolas. Pior: me julgam imoral, como se minha retidão pudesse ser afetada pela homossexualidade ou ateísmo. Contudo, possuo senso moral e fé, não num Deus, mas na capacidade humana de cultivar bondade no coração, independentemente de raça, credo, gênero ou orientação sexual.[1]

A minha motivação política e intelectual, no entanto, não advém do problema específico dos direitos dos *gays* à parceria civil ou do preconceito patente contra as "minorias", mas do que se revela na manutenção de uma mentalidade misógina, racista, elitista e fundamentalista religiosa, que parece não ter se diluído com o advento de uma sociedade "civilizada", "laica", "burguesa", "liberal" e dita "moderna" no Brasil. O que foi captado com clareza no artigo.

Este trabalho parte do mesmo problema apresentado pela colunista e pouco discutido pela sociedade civil e pelo meio acadêmico no Brasil: a politização do âmbito privado. Numa sociedade como a brasileira, na qual o espaço público sempre foi e ainda é constantemente invadido pelas demandas privadas, fato ignorado como "digno" de reflexões, é preciso mostrar a importância de discutir a moral e a família não apenas para a obtenção de uma dimensão "diferenciada" de abordagem do passado, mas, sobretudo, para entender como se configurou o fosso intransponível entre as instituições e a realidade concreta. O que levou tanto à crença em ideologias como a do "moderno", apagando os conflitos com a realidade cotidiana, quanto à descrença do âmbito privado como local de com-

---

1   LEONEL, Vange. Heresia *light*, Revista da Folha, 30 mai. 2004.

preensão de processos sociais mais amplos e, por vezes, invisíveis às construções intelectualistas sobre a experiência vivida.

No entanto, não bastaria restringir-se a uma postura denunciativa das ideologias ou das abstrações intelectuais em razão do risco de referendá-las ao não apresentar outro modo de olhar o passado e as relações entre o público e o privado. Principalmente no presente, quando há condições de interpretar o passado levando em consideração novos subsídios teóricos, mas sem perder de vista o distanciamento e a especificidade espaço-temporal.

> Não apenas a formação política dos cidadãos, mas também a vida privada dos cidadãos da sociedade não pode prescindir da fonte de solidariedade gerada discursivamente. À medida que as condições padronizadas de vida e os planos de carreira se dissolvem, os indivíduos sentem diante das opções multiplicadas o crescente fardo das decisões (ou arranjos) que eles mesmos têm de tomar (ou negociar). A pressão para a 'individualização' exige a descoberta e a construção simultâneas de novas regras sociais. Os sujeitos livres – que não estão mais conectados a papéis tradicionais e não dirigidos por eles – devem criar ligações graças aos seus próprios esforços de comunicação.[2]

Nos anos 1940 e 1950 no Brasil, em cidades mais urbanizadas, como São Paulo e especificamente o Rio de Janeiro, começavam a aparecer as contradições e os conflitos morais no âmbito familiar, fruto da manutenção de valores tradicionais de caráter público que conviviam em tensão com os novos valores urbanos de caráter privado.

Nas peças de Nelson Rodrigues dos anos 1940, as condições padronizadas de vida ainda não estão disseminadas para a maioria da população; entre as famílias de elite, há constante questionamento sobre os valores burgueses mais individualistas, que começam a adentrar no espaço privado, em relação aos valores mais aristocráticos, que permanecem de forma decadentista no seu ideário.

A exposição dos conflitos no teatro era uma forma de comunicar que as transformações de uma sociedade que se queria "moderna" não estavam sendo

---

2   HABERMAS, Jürguen. Concepções da modernidade: um olhar retrospectivo sobre duas tradições. *A constelação pós-nacional*: ensaios políticos, p. 197-198.

aceitas com passividade nem mesmo pelas elites, as quais não deixavam de questionar tais mudanças, ainda que estivessem presas a valores tradicionais que também agonizavam. A partir do impasse sem desfecho imediato, Nelson Rodrigues escancara a dor, a prostração e a angústia dessas famílias que resistem à dissolução da vida dita "moderna" e tentam inutilmente se agarrar a parâmetros morais fixos advindos da tradição. As personagens não conseguem vicejar "novos arranjos ou regras sociais" diante do conflito de temporalidades.

O que demonstra que o filósofo não está equivocado em reconhecer "a descoberta e a construção simultâneas de novas regras sociais" em sociedades que vivem com maior ou menor intensidade a invasão do tema público no âmbito privado, mas que nem sempre as regras ou arranjos sociais são necessariamente produzidos ou vislumbrados mediante as condições adversas ou intrincadas de determinada especificidade espaço-temporal. Os esforços podem se restringir a comunicar uma falta de saída ou de perspectivas diante dos impasses do tempo vivido como um "agora".

Nas peças dos anos 1950, as famílias de camadas médias baixas tentam imitar um padrão de vida moderno proveniente das elites, ou melhor, desejam inserir-se numa sociedade mais padronizada a partir do culto às aparências de estabilidade e harmonia burguesas, como uma forma de se aproximar do seu modo de vida. Porém, esse esforço revela a precariedade da imitação, pois nunca conseguem alcançar os seus objetivos.

Nesse universo, os novos arranjos ou regras sociais aparecem mais como uma forma de driblar a insegurança da vida, e não necessariamente como uma solução para os seus problemas. Não há propriamente uma "solidariedade gerada discursivamente", mas uma forma de sobreviver por meio das aparências. Contudo, se a politização do âmbito privado é uma característica das sociedades ditas "modernas", não é possível generalizar conceitualmente que os mesmos processos sociais ocorram ou tenham ocorrido em sociedades nas quais a "modernidade" não adquiriu contornos similares ou não tenha se efetivado *pari passu*, como nas nações capitalistas desenvolvidas da Europa e dos Estados Unidos da América do Norte.

Assim, o objetivo desta pesquisa é refletir, por meio da obra teatral de Nelson Rodrigues, sobre o conceito de "moderno" estruturado entre o final do século

XIX e os anos 1920 no Brasil. Tal "modernidade" foi teatralizada pelo dramaturgo nas suas peças dos anos 1940 com os dramas de famílias burguesas de elite. Famílias que parecem questionar a própria existência do "moderno" na realidade brasileira ao estarem premidas entre uma cultura moral pública "decadente" e "moralista", presente desde a *belle époque*, e uma cultura moral privada "perniciosa" e "imoral", que ascendia nas sociedades mais urbanizadas dos anos 1940.

Ao colocar em jogo o passado e o presente, o público e o privado, o moralismo e a imoralidade, a família e o indivíduo, o dramaturgo não apenas discute a existência do "moderno", mas o descortina como categoria ideológica, numa leitura utilizada ainda hoje por seus defensores e por seus detratores como uma verdade incontestável.

Nelson Rodrigues nasceu em 1912. Formou-se intelectual e culturalmente nos valores familiares e políticos da *belle époque,* que confiavam na possibilidade de inclusão de todos os indivíduos no espaço público via Estado, o que definiu e ainda define os parâmetros do que é ser uma nação "moderna", apesar dos diferentes matizes que o conceito possa ter adquirido. No entanto, ele começou a escrever as suas peças nos anos 1940, quando essa visão de "moderno" não se mostrava mais do que uma ideologia de um Estado-Providência positivista, contraditoriamente conservador e liberal, distante da realidade concreta.

O dramaturgo, porém, não se prendeu a uma crítica ao passado: escancarou que a nova visão de "moderno" da sua época também havia claudicado, pois era fruto de um individualismo em que os próprios sujeitos estariam "desgovernados" (sem Estado) na busca da satisfação dos seus desejos e necessidades pessoais.

A cultura moral pública das suas peças dos anos 1940 é caracterizada pela família burguesa de elite como representante moral de um Estado-Providência liberal e conservador que se queria moderno. Os valores cultivados por essas famílias são bem conhecidos: a família como núcleo agregador e estabilizador da sociedade burguesa, o casamento e o relacionamento conjugal harmonioso como base para reprodução dessa sociedade (fidelidade), a virgindade para as mulheres, o respeito ao pai e, por extensão, ao marido como condutores da vida familiar e a valorização dos preceitos católicos e da família de cor branca. Nas peças, a cultura moral pública pode ser adjetivada como "moralista" e "abstrata"/"genérica".

A cultura moral privada é caracterizada nesse conjunto de peças pelo extremo individualismo das personagens para satisfazerem os seus desejos, ódios e amores pessoais. As personagens são desconfiadas e ressentidas e exalam uma descrença total em qualquer valor político, ideológico ou moral. Representam a nova configuração do Estado, que não tinha o poder de governar a vida de homens e mulheres, restando a eles buscar de maneira solitária e egoica a sua própria manutenção e sobrevivência social. A cultura moral privada pode ser caracteriza nas peças como "imoral" e "particularista"/"personalista".

Nem sempre a divisão entre a cultura moral pública e a cultura moral privada é nítida nas suas peças, tornando-as mais complexas e paradoxais. A ambiguidade entre o público e o privado pode aparecer em uma personagem (cindida nela mesma) ou no modo como as famílias se dividem e entram em conflito. Essa imprecisão revela que o próprio dramaturgo estava dividido entre um mundo e outro, apresentando muito mais um conflito de temporalidades em que não havia uma solução, do que respostas definitivas para a questão: há "modernidade" no Brasil?

Nelson Rodrigues era naquele momento uma consciência dilacerada. A dúvida talvez fosse a única resposta que o autor pretendia lançar para o leitor/espectador. Nas peças dos anos 1940, a existência do "moderno" é questionada em função do jogo recorrente entre o público e o privado e não tanto na afirmação do seu fracasso.

Não por acaso, a primeira parte desta pesquisa é intitulada *Nelson Rodrigues: moderno?* É um modo de apresentar o problema, mas também de ironizar os críticos da obra teatral rodrigueana que a consideraram "moderna" sem o devido escrutínio da sua historicidade. Embora seja inegável a estética "moderna" de Nelson Rodrigues, inclusive como condição para o questionamento da modernidade, ela não responde *per si* sobre a relação com a historicidade da sua época.

É importante salientar que o questionamento da existência do "moderno" no Brasil por meio da obra teatral de Nelson Rodrigues se faz do ponto de vista das culturas morais familiar e individual, próprias do ambiente que caracteriza os dramas criados pelo autor. Porém, isso não significa dizer que se dá "apenas" do ponto de vista moral, como se as visões estritamente estéticas, economicistas, tecnicistas e político-institucionais ainda tivessem razão ao considerar que a modernidade brasileira já havia sido inaugurada entre o final do século XIX e os anos

1920 e, portanto, não haveria mais a necessidade de questionar a sua existência, mas de constatar os seus benefícios ou fazer um balanço dos seus prejuízos.

Para apresentar tais ideias de forma mais clara, optei por dividir a primeira parte da pesquisa – *Nelson Rodrigues: moderno?* – em três itens.

No primeiro – *Nelson Rodrigues: entre o público e o privado* –, verso sobre a tensão e a ambiguidade entre cultura moral pública e privada nas duas primeiras peças do autor, *A mulher sem pecado* (1941) e *Vestido de noiva* (1943), e sobre como essa tensão é inseparável da estética das suas peças e da historicidade do dramaturgo como um sujeito social.

Não busquei uma explicação da obra pela vida do autor ou vice-versa, mas das relações entre o modo como as questões da sua época foram traduzidas em termos estéticos – ou se quiserem dramatúrgicos –, vinculando-os com a trajetória do autor como partícipe de uma geração de intelectuais, escritores e artistas.

No segundo item – *A família em jogo: entre a regularização e a secularização* –, trato propriamente das famílias, nas peças do dramaturgo, como representantes da cultura moral pública (regular) e das tensões provenientes do jogo com a cultura moral privada (secular). As peças interpretadas nesse item são *Álbum de família* (1945), *Anjo negro* (1946) e *Senhora dos afogados* (1947).

"Regular" e "secular" são termos que pretendem abarcar os diferentes aspectos das culturas morais pública e privada estilizadas nessas peças pelo autor: o racismo, a misoginia e o fundamentalismo religioso de apelo público e o individualismo que acaba legitimando qualquer forma de preconceito como um "direito" de apelo privado.

No terceiro e último item – *Solidão feminina, individualismo masculino* –, abordo o indivíduo como representante da cultura moral privada e das tensões provocadas pelo jogo com a cultura moral pública. A questão de gênero, que já vinha se delineando em todas as peças de Nelson Rodrigues, adquire aqui caráter central, pois são as mulheres que mais experimentam as contradições, ao estarem premidas entre essas duas esferas ideológicas de moderno do passado e do presente. Neste item, são comentadas as peças *Dorotéia* (1949) e *Valsa n° 6* (1951). Elas têm como singularidade o fato de serem exclusivamente compostas por personagens femininas.

A segunda parte da pesquisa – *Por uma história dos fracassos...* – tem por objetivo apresentar não somente a história do fracasso do "moderno" no Brasil, por meio das peças de Nelson Rodrigues dos anos 1950 – período histórico em que o discurso sobre a modernidade no país aparecia como fato consumado –, mas propor uma forma de interpretar o passado/presente que considera os fracassos da vida como estratégia metodológica e política do ofício do historiador. No entanto, nesse conjunto de peças, o fracasso não é assumido socialmente; ou melhor, é sempre uma representação malsucedida. Dito de outro modo, nas peças, as camadas médias baixas da zona norte do Rio de Janeiro tentam imitar um mundo moderno, no qual os setores mais elitizados da sociedade estariam supostamente inseridos, o que sempre redunda em frustração e ressentimento por não conseguirem alcançá-lo.

Daí a importância da discussão acerca do conceito de representação adotado pelo dramaturgo. Se no primeiro conjunto de peças a existência do "moderno" passa a ser questionada em função do *conflito* entre a cultura moral pública e a cultura moral privada, no segundo conjunto, o fracasso do "moderno" é patente, porém não assumido socialmente, expondo a *confusão* entre essas duas esferas ideológicas.

O texto da segunda parte da pesquisa, igualmente, está dividido em três itens.

No primeiro item – *A imitação fracassada: a cultura de camadas médias* –, examino duas grandes mudanças nas peças de Nelson Rodrigues dos anos 1950: as camadas médias baixas da zona norte do Rio de Janeiro se tornam personagens principais e a tentativa, sempre fracassada, de representar a sua inserção em um mundo moderno das elites. Procuro estabelecer uma relação entre a trajetória de pequeno aburguesamento do autor como jornalista e dramaturgo, dependente dos órgãos de imprensa da época para sobreviver, e a ironia desferida no seu teatro às camadas médias baixas e à imprensa escrita. *A falecida* (1953) e *Perdoa-me por me traíres* (1957) são as peças interpretadas nesse item.

No segundo item – *A consciência dos fracassos: uma estética* – procuro mostrar a especificidade e a historicidade de uma estética rodrigueana, frutos da consciência clara do autor, e não mais dilacerada, de que o "moderno" havia fracassado, embora isso não fosse assumido socialmente.

Nos seus textos dramáticos, jornalísticos, memorialísticos e na sua prosa de ficção, há uma estratégia narrativa recorrente de partir de generalizações/

verdades morais previamente aceitas que desmoronam; o que fundamenta o conceito de representação adotado pelo autor em toda a sua obra como a arte de omitir os fracassos no dia a dia – muito embora, tenha utilizado outros conceitos de representação quando julguei pertinentes à minha argumentação. As peças analisadas nesse item são *Viúva, porém honesta* (1957) e *Os sete gatinhos* (1958).

No terceiro e último item – *A imprensa como teatro: uma história* –, delineio uma proposta de interpretação das representações sociais pelo historiador a partir do modo como o dramaturgo trabalhou com as representações jornalísticas no seu teatro. Discuto as implicações de interpretar o passado (com o uso das fontes como representações) lançando-se do presente do historiador, marcado pela massificação da cultura e, especificamente, dos efeitos que a reprodutibilidade técnica possa vir a ter no seu ofício. As peças interpretadas são *Boca de Ouro* (1959) e *Beijo no asfalto* (1960). Ambas têm como mote as verdades construídas pela imprensa e o fracasso das suas representações, além das suas implicações morais para as camadas médias baixas.

A "inconclusão" da pesquisa ganhou esse nome não apenas porque um trabalho acadêmico nem sempre pode chegar a resultados definitivos, mas principalmente porque as peças de Nelson Rodrigues dos anos 1960-1970 não foram abordadas: *Otto Lara Resende ou Bonitinha, mas ordinária* (1962), *Toda nudez será castigada* (1965), *Anti-Nelson Rodrigues* (1973) e *A serpente* (1978).

As explicações para isso são relativamente simples. Primeiramente, optei por utilizar como recorte temporal para este trabalho as décadas de 1940 e 1950. Em segundo lugar, as discussões que envolvem as peças dessa "última fase" do autor demandariam um estudo mais aprofundado sobre as décadas de 1960-70, que exacerbariam os limites e o tempo para realização da pesquisa. Por último, porque apesar de não chegar a conclusões acabadas, resolvi delinear o que essas peças lançam como proposta para um futuro trabalho, confirmando também o que foi defendido por meio da interpretação das peças dos anos 1940-1950: o fracasso do "moderno" no Brasil.

Nas peças dos anos 1940, o questionamento da existência do "moderno" se dá por meio do *conflito* entre as culturas morais pública e privada. Nas peças dos anos 1950, o fracasso do "moderno" passa a ser patente em função da *confusão* não assumida socialmente entre cultura moral pública e cultura moral privada.

Já nas peças dos anos 1960-70, a derrota de ambas as culturas se manifesta na *inversão* entre uma e outra. Nesse conjunto de peças, as personagens não tentam mais esconder o fracasso do "moderno", mas assumem os seus malogros privados como se fizessem parte da vida pública. As peças parecem indicar que não teve êxito o esforço da ditadura militar de organizar, ordenar e moralizar a vida pública, bem como de apartá-la da vida privada, mostrando o fracasso do autoritarismo em uma sociedade em que a democracia era uma resposta possível, ainda que precária, para a falta de entendimento do que seria a separação entre público e privado no Brasil.

Ciente de que outros caminhos poderiam ser trilhados, como a pesquisa sobre a cena teatral do período, o processo de montagem e a encenação das peças, assim como sobre o mercado editorial que envolveu a produção literária, dramatúrgica e jornalística de Nelson Rodrigues, optei por trabalhar "apenas" com seus textos teatrais, haja vista que nunca tinham sido lidos em perspectiva histórica. Acredito que este trabalho poderá servir de subsídio para que outros vieses de análise sejam desenvolvidos. Da mesma forma, não tive por objetivo entrecruzar os textos de Nelson Rodrigues com os de outros autores da época por considerar que tal estudo excederia os objetivos propostos, embora não deixe de considerar a riqueza que esse diálogo produziria para o entendimento da sua obra. Fica o convite para mais uma pesquisa.

Quanto à metodologia utilizada, adotei um procedimento óbvio, mas por vezes perigoso na pesquisa histórica: a interpretação das peças de Nelson Rodrigues em sua sucessão cronológica. Tal procedimento se explica na divisão canonizada por Sábato Magaldi, a partir de 1981, em "peças psicológicas" – *A mulher sem pecado*, *Vestido de noiva*, *Valsa nº 6*, *Viúva, porém honesta* e *Anti-Nelson Rodrigues* –, "peças míticas" – *Álbum de família*, *Anjo negro*, *Dorotéia* e *Senhora dos afogados* –, "tragédias cariocas I" – *A falecida*, *Perdoa-me por me traíres*, *Os sete gatinhos* e *Boca de Ouro* – e "tragédias cariocas II" – *O beijo no asfalto*, *Otto Lara Resende ou Bonitinha, mas ordinária*, *Toda nudez será castigada* e *A serpente*. Embora essa categorização não seja arbitrária, ela dificulta uma interpretação histórica das peças, uma vez que a preocupação do crítico teatral foi organizar esteticamente uma obra que até então fugia a qualquer tentativa de rigorosa sistematização. Não havia a intenção última de relacionar produções estéticas e históricas naquele momento.

Outro esclarecimento metodológico é que estabeleci um diálogo com a historiografia – sobretudo aquela dedicada aos conceitos de "moderno" e "modernidade" a partir do final do século XIX no Brasil – por meio de diversos temas em diferentes tempos e espaços. Desenvolvi também uma conexão com a obra não teatral de Nelson Rodrigues como documentação secundária – contos, crônicas, memórias, romances-folhetins e conselhos sentimentais – que pudesse esclarecer ou iluminar procedimentos estéticos recorrentes ou a sua filiação a um referencial de época, sem evidentemente tomar qualquer um desses textos como explicação da obra, mas como parte da própria obra.

Por isso, não me preocupei em "dar conta" de toda a sua obra não teatral, excluindo, por exemplo, a maioria dos seus romances-folhetins das interpretações que fui tecendo conjuntamente com as peças e os temas por elas sugeridos.

Firmei, ainda, uma conversa com referenciais teóricos diversos provenientes da crítica literária e teatral, da filosofia, da sociologia e da antropologia, utilizando como critério os temas e os problemas levantados pelas "fontes" (as peças), além da preocupação com o encadeamento da narrativa historiográfica. Sempre que considerei tais diálogos excessivos no corpo do texto, usei e abusei de notas de rodapé.

Uma aclaração necessária também é sobre o tamanho e a recorrência das citações das peças no corpo do texto. Pretendi trabalhar com citações mais longas quando julguei pertinente dividir com o leitor o sentido pretendido pelo autor na composição dos enredos, bem como possibilitar a visualização da minha interpretação por meio dos seus textos dramáticos. A recorrência às citações cumpre um duplo objetivo: narrar a história das peças para que o leitor possa ter uma visão integral dos enredos e, ao mesmo tempo, exemplificar, por meio das diversas maneiras como se manifestaram nos enredos, o jogo entre cultura moral pública e cultura moral privada.

Por fim, cabe nesta introdução estabelecer uma discussão entre a historicidade da linguagem teatral e a forma como ela me ajudou a tratar metodologicamente os textos teatrais de Nelson Rodrigues em perspectiva histórica. Como uma linguagem relativamente nova para a pesquisa histórica,[3] o teatro pode ser

---

3   Há pesquisas históricas pioneiras e mais atuais no que tange a um tratamento "hermenêutico-social" de textos teatrais: PATRIOTA, Rosangela. *Vianinha*: um dramaturgo no coração de seu tempo; ARANTES, Luis Humberto Martins. *Teatro da memória*: história e ficção na

muito útil ao historiador na documentação de histórias que não foram registradas, como a do fracasso "do moderno" no Brasil.

O que caracteriza a linguagem teatral? Diversas são as concepções sobre o que vem a ser o núcleo ou a "natureza" do teatro. A análise semiológica sugere que o teatro seja um conjunto de linguagens que devem estar relacionadas como signos no contexto de uma encenação.[4] Isto é, para dar significado a uma peça teatral deve-se considerar a articulação do figurino, da música, da iluminação, dos gestos do ator e das palavras do texto impostado como participantes de uma unidade de sentido. O que também valeria para explicar a ancoragem social da obra. Mas isso não dificulta a interpretação da historicidade de um texto teatral, caso esse não apresente indicações sobre o figurino, os cenários, a iluminação ou mesmo os gestos de um ator? Seria o caso de privilegiar apenas um aspecto da encenação?

Até o século XVII na Europa, o teatro era apenas representado oralmente. Não se tratava de uma arte baseada no texto. Existia grande resistência por parte dos autores a publicar as suas peças em livros ou mesmo em jornais. A partir do século XVIII até meados do século XIX, o texto começou a ganhar preponderância no que concerne à arte de representar. Foi somente no final do século XIX que a encenação passou a ser mais importante do que o texto; o encenador começou a exercer uma leitura mais intimista em relação ao texto teatral e a sua representação no palco, como se o gesto do ator pudesse ser orquestrado.[5]

Essas transformações do teatro (oralidade, textualidade, gestualidade), no entanto, embora digam muito sobre a época, não definem historicamente a

---

dramaturgia de Jorge Andrade; MENCARELLI, Fernando Antonio. *Cena aberta*: a absolvição de um bilontra e o teatro de revista de Arthur Azevedo. Para uma perspectiva do teatro como representação social, ver o trabalho de KARNAL, Leandro. *Teatro da fé*: representação religiosa no Brasil e no México do século XVI.

4   GUINSBURG, J. *et al. Semiologia do teatro.*

5   PAVIS, Patrice. *A análise dos espetáculos.* Diz o autor: "As coisas, no entanto, mudaram radicalmente com o reconhecimento em torno do final do século XIX da função do encenador, reconhecido capaz (ou culpado?) de imprimir no texto encenado a marca de sua visão pessoal. Para o teatro de encenação, é pois lógico dirigir a análise para o conjunto da representação em vez de considerar esta última como derivada do texto. Os estudos teatrais e sobretudo a análise dos espetáculos se interessam pelo conjunto da representação, a tudo o que cerca e excede o texto", p. 185.

"natureza" linguística do teatro, pois se baseiam apenas na enunciação como suporte (a voz, o texto, o gesto) e não na sua relação com o receptor/espectador/leitor. Mesmo que as análises semiológicas ou as teorias do teatro discutam cada vez mais o papel da recepção para a construção do sentido da linguagem teatral, ainda partem de uma noção de linguagem como meio ou fim, e nunca como um contexto social da recepção que está contido na própria produção. Ou seja, num texto teatral, não há diretamente a expectativa de sentido que um dramaturgo quer produzir no espectador, e nem este corresponderá aos sentidos emitidos pelo texto. Porém, ao escrever um discurso a ser encenado (performático), o dramaturgo é ele mesmo um espectador/receptor/leitor socialmente contextualizado. O que acaba com a dicotomia texto *versus* encenação e produção *versus* recepção, uma vez que, nessa abordagem, o texto não é apenas um suporte, mas produção/leitura de sentido. Portanto, o contexto social de um texto teatral ou discurso performático reside nele mesmo ou na relação entre forma e conteúdo como é produzido/lido.[6]

Mas isso ainda não responde sobre a "natureza" da linguagem teatral. O próprio conhecimento histórico pode dar uma boa resposta para a questão.

No nascimento da tragédia grega, não existia consciência de uma linguagem específica, hoje denominada teatral. A preocupação com o modo como a realidade é apresentada por meio de uma linguagem é uma atitude eminentemente moderna, ou seja, datada do final do século XVIII e que se desenvolveu plenamente entre o final do século XIX e o início do século XX. Por um lado, a preocupação excessiva com a linguagem leva cada vez mais a um distanciamento da realidade. Por outro, redime de certa crença na transparência do mundo, sem intermediações linguísticas, o que não era sequer um problema racionalizável na Grécia arcaica (século VI a.C.), onde surgiu a tragédia grega.

Embora o historiador não deva tomar a tragédia como se transparecesse o mundo que a produziu, também é interessante lembrar que a questão da linguagem não era um problema para a consciência trágica. É a partir dessa "fusão de

---

6   Para Antoine Compagnon, "a experiência da leitura, como toda a experiência humana, é fatalmente uma experiência dual, ambígua, dividida: entre compreender e amar, entre a filologia e a alegoria, entre a liberdade e a imposição, entre a atenção ao outro e a preocupação consigo mesmo. A situação mediana repugna os verdadeiros teóricos da literatura". COMPAGNON, Antoine. O leitor. *O demônio da teoria*: literatura e senso comum, p. 164.

32   Alexandre Pianelli Godoy

horizontes de compreensão"[7] entre passado e presente que se pode compreender porque o nascimento da tragédia grega ajuda a desvendar a própria *natureza histórica*[8] da linguagem teatral ocidental.

Jean-Pierre Vernant, no texto de 1969, intitulado *Tensões e ambiguidades na tragédia grega,*[9] traduzido no Brasil apenas em 1999, contribuiu decisivamente para a construção de uma teoria própria do ofício do historiador no trabalho com a linguagem teatral. A preocupação com a historicidade do conceito de linguagem teatral no mundo ocidental deve ser buscada na tragédia grega. É a temporalidade do conceito que permite ao historiador utilizá-lo sem, no entanto, engessá-lo ou torná-lo desprovido de historicidade; ou seja, da sua mudança e adequação a outras épocas, espaços e culturas.

Como afirmado, a tragédia grega surgiu na Grécia arcaica ou no final do século VI a.C., e Vernant toma o cuidado de lembrar que a teoria sobre a tragédia grega de Aristóteles em sua *Poética* foi quase cem anos posterior à tragédia. Portanto, Aristóteles não compreendia mais o que era o homem trágico; a sua atitude era mais a de sistematizar o estranhamento que a tragédia provocava por meio da sua classificação como um "gênero trágico", do que compreendê-la na sua historicidade. Vernant, curiosamente, também concebe a tragédia como um "gênero literário" (categoria provavelmente estranha à Grécia arcaica), fenômeno obscurecido quando a filosofia triunfou. Por isso, é preciso entender a tragédia em tempo e espaço específicos. Diz ele:

> Cada peça constitui uma mensagem encerrada num texto, inscrita nas estruturas de um discurso que, em todos os níveis, deve constituir o objeto de análises filológicas, estilísticas e literárias adequadas. Mas esse texto não pode ser compreendido plenamente sem que se leve em conta um contexto. É em função deste contexto que se estabelece a comunicação entre o

---

7   GADAMER, Hans-George. *Verdad y metodo I*: fundamentos de una hermenéutica filosófica.

8   "Natureza histórica" pode parecer um termo genético, pois sugere uma verdade que a história sustentaria como se fosse algo "natural", porém o termo é aqui entendido não como "origem", mas como um ponto de partida que é sempre mutável, embora mantenha algumas características da sua formação.

9   VERNANT, Jean-Pierre e VIDAL-NAQUET, Pierre. *Mito e tragédia na Grécia antiga*, p. 7-24.

autor e seu público do século V e que a obra pode reencontrar, para o leitor de hoje, sua plena autenticidade e todo seu peso de significações.[10]

Segundo Vernant, a relação entre texto e contexto é imprescindível para que se possa compreender o significado histórico do aparecimento da tragédia grega. O autor entende um "contexto" como "contexto mental" que seria homólogo ao texto, isto é, como um "conjunto de instrumentos verbais e intelectuais, categorias de pensamentos, tipos de raciocínios, sistemas de representações, de crenças, de valores, formas de sensibilidade, modalidade de ação e do agente".[11] No entanto, a tragédia não é o reflexo desse "contexto mental", como se estivesse fora das práticas do seu tempo, adverte o autor. A tragédia elaborou o seu próprio "contexto mental". A consciência trágica nasceu e se desenvolveu com a tragédia. Destarte, "o contexto, no sentido em que o entendemos, não se situa ao lado das obras, à margem da tragédia; está não tanto justaposto ao texto quanto subjacente a ele".[12]

É esse "subtexto" que o historiador deve decifrar num movimento duplo de idas e vindas. Para isso, ele deve situar a obra no tempo e para além dela: que condições sociais e espirituais permitiram o aparecimento da consciência trágica? Depois, concentrar-se exclusivamente na tragédia: formas, objetos e problemas específicos. Todavia, o que situa a obra no tempo também não serve de reflexo para a tragédia, mas é apropriado por ela sofrendo uma "verdadeira transmutação", pois "as palavras, as noções, os esquemas de pensamento são utilizados pelos poetas de forma bem diferente da utilizada no tribunal ou pelos oradores".[13]

Na Grécia do século V a.C., a tragédia não era somente arte, participava da vida na cidade como instituição social por meio de concursos trágicos. Tais concursos tinham as mesmas regras das assembleias (políticas) ou tribunais populares (jurídicos). Eram um espetáculo para todos aqueles que fossem considerados cidadãos, dirigidos, desempenhados e julgados pelas diversas tribos que constituíam a *polis*. A cidade fazia-se teatro, pois ela se tornava objeto de representação para o público, não como reflexo, mas como questionamento da realidade.

---

10   *Ibidem*, p. 8.

11   *Idem*, p. 8.

12   *Ibidem*, p. 9.

13   *Idem*.

A tragédia grega nasceu do confronto entre duas visões de mundo: a mitológica e a político-jurídica, *da polis*, mas sem que uma sobredeterminasse a outra. Ao contrário, era sempre constante tensão e ambiguidade entre um mundo que estava morrendo e outro que custou a nascer. Logo, historicamente, a linguagem do teatro ocidental se fundamentou no jogo entre concepções de mundo-limite que se entrechocavam. Para tanto, utilizava-se do excesso entre opostos que se indeterminavam ou que se questionavam mutuamente, o que caracteriza o discurso performático, revelando "a lógica da tragédia em 'jogar nos dois tabuleiros', em deslizar de um sentido para o outro, tomando, é claro, consciência de sua oposição, mas sem jamais renunciar a nenhum deles".[14] Isso porque, sublinha Vernant, enquanto a tragédia é uma "imitação de uma ação", representa personagens em ação, o drama corresponde ao "agir": "a tragédia apresenta indivíduos em situação de agir; coloca-os na encruzilhada de uma opção com que estão integralmente comprometidos; mostra-se o limiar de uma decisão, interrogando-se sobre o melhor partido tomar".[15]

O próprio jogo estabelecido no nascimento da tragédia entre o mundo político-jurídico (do que se decide em comunidade) e o mundo religioso (do desconhecido) dotou a ação trágica de um duplo caráter: "de um lado, é deliberar consigo mesmo, pesar o pró e o contra, prever o melhor possível a ordem dos meios e dos fins; de outro, é contar com o desconhecido e incompreensível, aventurar num terreno que nos é inacessível, entrar num jogo de forças sobrenaturais sobre as quais não sabemos se, colaborando conosco, preparam nosso sucesso ou nossa perda".[16]

Não cometeria aqui um duplo anacronismo se partisse de uma definição de tragédia que é própria da sua temporalidade como fundadora do que hoje se denomina linguagem teatral? De fato, isso poderia ocorrer se transportasse para a temporalidade atual o mesmo "contexto mental" que fez surgir a tragédia como um jogo entre mundo religioso e mundo político-jurídico. E se não estivesse atento que, no momento do seu surgimento, ainda não havia uma noção de "linguagem teatral." No entanto, o que pode ser adequado à temporalidade atual é que a linguagem teatral é uma "arte dos excessos", a qual utiliza um jogo de

---

14   *Ibidem*, p. 15.

15   *Ibidem*, p. 21.

16   *Idem.*

concepções de mundo-limite que se entrechocam e se indeterminam, questionando-se mutuamente. Para cada especificidade espaço-temporal de um texto dramático, se configura uma forma de jogo coetânea.

Raymond Williams, preocupado com a historicidade dos conceitos, cunhou o conceito de "estruturas de sentido" para interpretar historicamente obras literárias e dramáticas, nas quais há sempre uma relação entre o "residual" e o "emergente".[17] Muitos desconhecem que a maioria das formulações teóricas de Williams foram gestadas no seio da sua constante preocupação com a dramaturgia. No prefácio do livro *Tragédia moderna*, Iná Camargo Costa lembra que o autor "escreveu cinco livros sobre dramaturgia. O primeiro, desenvolvimento de seu doutorado sobre Ibsen, de 1947 a 1949 em Cambridge, foi publicado em 1952, com o título Drama from Ibsen to Eliot".[18]

Não por acaso, numa "estrutura de sentido" de uma peça teatral, o jogo entre o residual e o emergente, que não pode ser reduzido ao arcaico e ao estritamente novo, é composto por "experiências sociais em solução".[19] É um mundo que sobrevive dentro de outro que está nascendo, nos quais "concluir que não há uma solução também é uma resposta".[20]

A tragédia grega, como exposto, é fruto da irresolução entre o mundo religioso e o mundo político-jurídico. Dela, pode-se depreender não a especificidade do conflito entre o mito e a *polis* que pertence à Grécia dos séculos VI-V a.C., mas o jogo entre essas concepções de mundo-limite que se entrechocam e ainda fundamentam a linguagem do teatro contemporâneo. Resta saber qual a especificidade histórica do jogo em cada "espetáculo" de época.

A partir disso, concebe-se o teatro não como "representação social" vinculada sempre ao poder, como é o caso das pesquisas sociológicas e históricas, que, sem examinarem detidamente o texto teatral de uma época, usam a palavra "teatro" como sinônimo apenas de convenção e regramento ou de falsificação e ilusão. O teatro é um jogo de representações que desafia o leitor/espectador/receptor a interpretá-lo.

---

17 Sobre isso, ver: WILLIAMS, Raymond. *Marxismo e literatura*, especialmente os capítulos 8 (Dominante, residual e emergente) e 9 (Estruturas de sentido) de sua teoria cultural.

18 COSTA, Iná Camargo. Prefácio: tragédia no século XX. In: WILLIAMS, Raymond. *Tragédia moderna*, p. 7.

19 WILLIAMS, Raymond. Estruturas de sentido. *Marxismo e literatura*, p. 136.

20 WILLIAMS, *Tragédia moderna, op. cit.*, p. 80.

Nesse sentido, a historicidade da linguagem teatral me ajudou a colocar em questão as dimensões das culturas morais pública e privada nas peças de Nelson Rodrigues, permitindo documentar a história do fracasso do "moderno" no Brasil, o que não foi registrado pelas fontes mais tradicionais. Portanto, a aparente dicotomia entre público e privado que, por vezes, pode ser atribuída a uma escolha do historiador ao abordar as peças, pertence antes a um procedimento próprio da linguagem teatral, pois é a partir do jogo das oposições que se constroem os questionamentos e as mediações sociais e não o inverso.

Para terminar, devo esclarecer que este trabalho sobre a obra teatral de Nelson Rodrigues tem uma trajetória mais longa, iniciada no mestrado.[21] O objetivo inicial daquela pesquisa era trabalhar com os leitores dos contos-crônicas de *A vida como ela é...* Ao documentar o universo de recepção desses textos, deparei-me com temas pouco estudados na historiografia sobre o período: a precária ascensão na hierarquia social das camadas médias, concomitantemente ao início da incipiente massificação da cultura no Brasil, a partir do cotidiano desses setores sociais.

O volume da documentação foi tão grande e as descobertas sobre a época tão novas que optei por escrever um trabalho sobre o cotidiano das camadas médias do Rio de Janeiro dos anos 1950, deixando para o doutorado um estudo mais específico sobre o dramaturgo. Entretanto, a minha dissertação de mestrado aparece aqui em constante diálogo com a obra teatral de Nelson Rodrigues, principalmente com aquela produzida nos anos 1950.

Na confecção do projeto de pesquisa para o doutorado, percebi que os contos-crônicas de Nelson Rodrigues não se separam da sua dramaturgia. Foi quando optei por trabalhar com as suas peças como fontes principais. Sempre que possível estabeleci relações com as fontes utilizadas na pesquisa de mestrado: a revista *O Cruzeiro* e o jornal *Última Hora*. Acredito que, dessa forma, tenha encontrado uma maneira de estabelecer um diálogo entre os textos do autor e a sua época e o meu horizonte de compreensão. Espero ter sido um ouvinte atento de Nelson Rodrigues que, se não o compreendeu completamente, abrandou o seu desespero na busca de uma verdadeira interlocução.

---

21 GODOY, Alexandre Pianelli. *Imagens veladas*: a sociedade carioca entre o texto e o visor – 1952-1957.

PARTE I

Nelson Rodrigues: moderno?

Não gosto da minha época, não tenho afinidades com ela. Ao meu ver,
estamos assistindo ao fracasso do ser humano.
Sou uma alma da belle époque.

Nelson Rodrigues

1. Nelson Rodrigues:
entre o público e o privado

Em 1947, Décio de Almeida Prado escreveu que a peça *Vestido de noiva*, de 1943, "(...) é carregada de sexo. De sexo dissemos, não de amor. O que explica as relações exasperadas do trio principal – Alaíde, Lúcia e Pedro – é o sexo, da mesma forma é o sexo a nota predominante no dueto complementar de Mme. Clessy e seu jovem apaixonado". Continuou adiante: "talvez tenha origem psicológica semelhante uma segunda característica de *Vestido de noiva*: o seu gosto pela vulgaridade. A história de Lúcia, Alaíde e Pedro, em si, já é uma tremenda falta de nobreza, não se percebendo ao certo qual dos três é o mais vulgar nesta peça em que não há julgamentos morais nem distinção entre bons e maus, heróis e vilões". E completou: "visão de mundo estranhamente pessimista e amarga, que inspira, aliás, toda uma desencantada literatura moderna, cujo representante mais característico no Brasil é, sem dúvida, Nelson Rodrigues".[1]

Sexo, vulgaridade, pessimismo e amargura não são expressões do conteúdo da peça, mas as formas pelas quais se manifestam no conteúdo.

---

[1] Décio de Almeida Prado foi crítico teatral do jornal *O Estado de S. Paulo* entre os anos 1940 e 1960. Seus "pequenos" ensaios foram reunidos primeiramente no livro *Apresentação do teatro brasileiro moderno (1947-1955)*, p. 3-4. Há outras duas compilações da "série" intituladas *Teatro em progresso (1955-1964)* e *Exercício findo (1964-1968)*.

> Tudo depende, portanto, não propriamente do assunto, mas da maneira como é encarado, isto é, da forma ou da transposição que venha a sofrer. Em *Vestido de noiva*, a forma parece-nos essencialmente artística e poética. Não no sentido da poesia tradicional, está claro, que distinguia rigidamente os assuntos poéticos, nobres e elevados, dos antipoéticos. Mas no sentido da poesia moderna, a de um Carlos Drummond de Andrade, por exemplo, que sabe como ninguém transformar o seu pessimismo, a sua decepção, o seu sentimento extremado de impureza, em imperecível poesia.[2]

O que parece definir para o crítico a literatura, a poesia e o teatro modernos dos anos 1940 é o sentimento de desencanto e a forma como esse desencantamento se expressa no conteúdo.

No caso de Nelson Rodrigues, o seu desencanto nos anos 1940 era com a decadência da noção de "moderno" da época da sua formação cultural, literária e política: a *belle époque*.[3] Noção essa que, embora tivesse diferentes matizes e conceituações, estava ancorada na ideia de que na *res publica* seria possível

---

2 PRADO, *Apresentação do teatro...*, p. 5.

3 Utilizarei como datação básica desse período no Brasil as décadas entre 1890 e 1920. Sérgio Miceli, em sua pesquisa sobre os intelectuais anatolianos brasileiros intitulada *Poder, sexo e letras na república velha (estudo clínico dos anatolianos)*, identifica esse período entre "o desaparecimento da geração de 1870, por volta de 1908-10, anos da morte de Machado de Assis e Joaquim Nabuco, e a eclosão do movimento modernista de 1922 (...)". MICELI, Sergio. *Intelectuais à brasileira*, p. 15. Porém, o autor critica o rótulo de *pré-modernos* por ser essa uma designação que já revela um olhar da geração modernista associada a uma suposta ruptura com a tradição e o tradicional. Os "anatolianos" foram precursores do realismo, do naturalismo e do parnasianismo no Brasil, para adotar a sempre perigosa redução a escolas e correntes estéticas prefixadas. A designação "anatolianos" se refere ao escritor francês Anatole France, que foi modelo de intelectual para essa geração. Tratavam-se, em geral, de escritores que viviam às expensas do seu trabalho, em razão da decadência da família e da perda do capital econômico, assim como do declínio político, optando pela carreira intelectual, artística ou jornalística, mas sempre mantendo relações com o círculo das elites por meio de parentes mais abastados e tutores, em um sistema de patronato, troca de favores e concessão de prebendas. Nelson Rodrigues, certamente, não pertenceu nem a essa geração, tampouco à dos modernistas históricos, mas foi tal geração que o formou culturalmente, o que viria a se refletir mais tarde na sua própria produção intelectual, bem como na semelhante situação social daqueles escritores e no seu questionamento do "moderno" e do modernismo no Brasil, visto no seu teatro.

Os ideais positivistas de um Estado-Providência[4] foram importados para o Brasil de diversas formas. Ora como um modo de esconder as mazelas do país, como no famoso livro de Joaquim Nabuco, *Minha formação*, de 1898, no qual se exalta a figura do abolicionista baseado em um "(...) patriotismo ameno, não hiperbólico, esclarecido, temperado justamente por aquela dose de cosmopolitismo que constitui um patriotismo *sui generis*, vendo a superioridade brasileira na admiração pró-valores universais da civilização".[5] Ora como um modo de expor os (des)caminhos da Nação rumo ao seu desenvolvimento moderno, como é o caso "tanto [de] Euclides da Cunha quanto [de] Lima Barreto (...) diante da desvalorização do passado e do fracasso do presente, [que] abrem os seus discursos

---

4 O termo é de Alfredo Bosi, usado no texto "Arqueologia do Estado-Providência: sobre um enxerto de ideias de longa duração", no qual comenta que "nascia [na Europa de Comte], deste modo, o ideal reformista do Estado-Providência: um vasto e organizado aparelho público que ao mesmo tempo estimula a produção e corrige as desigualdades do mercado". No Brasil, tal ideal reformista, embora tenha reverberado de diferentes formas, encontrou nos diversos autores sua inspiração: "a oposição, não só teórica mas política, entre spencerismo e comtismo explode com todo ardor polêmico na pena de Sílvio Romero, cujo panfleto *Doutrina contra doutrina* (1891) ataca frontalmente os positivistas gaúchos, que ele reputava tão indesejáveis quanto os jacobinos e os socialistas, ao mesmo tempo em que louva a industriosa 'democracia paulista' em nome dos princípios do evolucionismo. A história da República Velha até 1930 ensina que esse contraste não se reduzia aos humores de Sílvio Romero, mas tinha muito a ver com os grupos políticos do Brasil real. (...) Na questão do escravo, Sílvio Romero, embora abolicionista, julgara precipitada a ação do Estado que promulgou a Lei Áurea. Adotando o lema darwiniano de que 'a natureza não faz saltos', o crítico sergipano preferiria que se tivessem deixado em liberdade as forças em conflito do qual adviriam *naturalmente* as soluções corretas para salvar o 'organismo nacional'. (...) A oposição contrária, assumida por Miguel Lemos, Teixeira Mendes, Júlio de Castilhos e os ortodoxos gaúchos, encarecia o caráter *superorgânico* da sociedade, onde os mais sábios, elevados e conselheiros do Executivo, deveriam interferir para orientar e, se preciso, retificar o curso das ações humanas. Para Comte, a escravidão colonial não era fruto da evolução biológica da espécie, mas uma 'anomalia monstruosa' que deveria ser extirpada. Ao Estado republicano caberia fazê-lo". BOSI, Alfredo. *Dialética da colonização*, p. 274, p. 278-279.

5 Para essa leitura de Joaquim Nabuco, ver ZILLY, Berthold. Minha formação (1898), de Joaquim Nabuco: a estilização do brasileiro ideal. In: DECCA, Edgar Salvadori de e LEMAIRE, Ria (orgs.). *Pelas margens*: outros caminhos da história e da literatura, p. 262-263.

para a duvidosa utopia de um futuro em que se possa finalmente realizar aquele sonho positivista e 'republicano' que a crônica tornou pesadelo".[6] Ora, ainda, na visão dos modernistas paulistas da Semana de 1922, os quais, ao pretenderem romper com a tradição e o tradicional, impuseram um neonaturalismo da Nação, principalmente na figura de Oswald de Andrade, que:

> (...) no máximo (...) [o que] inspirou no plano político foi um populismo de feições nacionalistas e autoritárias, cujos resultados ainda se fazem sentir em toda a sociedade. (...) Ao borrar as tintas do movimento modernista com ideários de redenção nacional, seus primeiros expoentes (...) começaram, desde cedo, a tornar datadas suas pautas e a comprometer o alcance das obras. (...) E, assim como integralistas e stalinistas, nos anos 30, possuíam mais afinidades do que as aparências poderiam de início sugerir, 'esquerda' e 'direita' de 22 identificavam-se, entre tantos pontos, nesse projeto políti-co-cultural de hegemonia: o de refundir, com restos de produções român-ticas e naturalistas do século XIX, um neonaturalismo de bases nacionais.[7]

Tal ideologia se propagou no tempo embebida em muitas distorções, em razão da permanência de outras ideologias autoritárias racistas, misóginas e fundamentalistas religiosas provenientes de um *conservadorismo patriarcal*, que se amalgamavam a essa ideologia do *Estado-Providência positivista* de caráter abolicionista e, por vezes, antiliberal, pois deveria incluir todos os indivíduos no espaço público, para além do interesse das classes e dos mercados. Além disso, a própria ideologia liberal de progresso econômico vinha a compor esse "mosaico ideológico" e aprofundar as suas contradições. Talvez por esse motivo, a partir dos anos 1930, tenha se tornado mais difícil distinguir essas ideologias que têm origens históricas distintas. No dizer de Alfredo Bosi, "o dirigismo estatal e o

---

6   Para essa leitura de Euclides da Cunha e Lima Barreto, ver FINAZZI-AGRÒ, Ettore. O intelectu-al e o Bruzundanga: utopias históricas e distopias literárias no começo do século XX. In: DEC-CA, LEMAIRE, *op. cit.*, p. 21. O artigo faz referências explícitas ao livro de SEVCENKO, Nicolau. *Literatura como missão*: tensões sociais e criação cultural na primeira república, *passim*.

7   Sobre essa leitura de Oswald de Andrade, ver HARDMAN, Francisco Foot. Algumas fantasias de Brasil: o modernismo paulista e a nova naturalidade da nação. In: DECCA, LEMAIRE, *op. cit.*, p. 330-331.

progressismo burguês encontrariam, a partir dos meados da década de 30, uma zona de intersecção de que ambos se beneficiariam".[8]

O conceito de Estado-Nação no Brasil se (con)fundia ao conceito de "moderno". Entretanto, algo pouco discutido em todas essas leituras é o sentido moral que o conceito de "moderno" adquiriu no Brasil, para além da crença na inclusão social por meio do progresso econômico via industrialização sustentada pelo Estado provedor. O sentido moral de "moderno" encontrou o seu refluxo anos mais tarde na produção literária e cultural dos anos 1930-40, na qual o tema da decadência pessoal, social e familiar parece reunir obras tão distantes no tempo, no espaço, no estilo e nas propostas dos seus atores.

Antonio Candido, em prefácio para o livro de Sergio Miceli, *Intelectuais e classe dirigente no Brasil (1920-45)*, de 1979, lança uma questão que talvez hoje seja possível responder parcialmente a partir da obra de Nelson Rodrigues.

> Sempre me intrigou o fato de num país novo como o Brasil, e num século como o nosso [XX], a ficção, a poesia, o teatro produzirem a maioria das obras de valor no tema da decadência – social, familiar, pessoal. Assim vemos em Graciliano Ramos, José Lins do Rego, Érico Veríssimo, Ciro dos Anjos, Lúcio Cardoso, Nelson Rodrigues, Jorge Andrade*, Manuel Bandeira, Carlos Drummond de Andrade. Cheguei a pensar que esse 'estigma' (...) se-

---

8   BOSI, *op. cit.*, p. 293. Adiante (p. 304), o autor resume as origens das ideologias que se enraizaram "no cotidiano mental das nossas classes políticas". São elas: "A primeira informou o *conservadorismo* das oligarquias do Segundo Império assentadas nos engenhos nordestinos e fluminenses e, a partir dos anos 1840, no café valparaibano. (...) A segunda chamou-se *novo liberalismo* (em oposição à anterior, que também se dizia liberal) e lutou, dos anos 60 aos 80, pela abolição e pela reforma eleitoral. Nem sempre fez a escolha republicana, defendendo, às vezes, e pela voz dos seus melhores homens, a monarquia parlamentar (Nabuco, Rebouças, o primeiro Rui Barbosa). Proclamado o novo regime, o liberalismo oficial patinou em soluções puramente formais, sobretudo porque a sua base era ainda a oligarquia rural: foi o caso da hegemonia paulista-mineira entre 1892 e 1930. De qualquer maneira, cabe-lhe o mérito de ter mantido o ideal (se não a prática) do sistema representativo. (...) Enfim, a terceira vertente, positivista, conheceu duas saídas que afinal convergiam: o *radicalismo jacobino*, que passou dos cadetes florianistas aos tenentes dos anos 20; e o *republicanismo gaúcho*, o castilhismo-borgismo, de que trata este artigo".

ria quase requisito para produzir obras valiosas, e que, portanto, os rebentos das famílias mais velhas estariam no caso em situação favorável.[9]

O tema da decadência vinha na esteira da redefinição do papel do Estado na política institucional entre o final dos anos 1920 e o início da década de 1930. "Modernizar" a nação por meio da industrialização era um imperativo para a "grande burguesia" (empresários do ramo têxtil, de papel, metalurgia, vidraria etc.), ainda intimamente vinculada às inversões que o capital cafeeiro podia proporcionar, mesmo em tempos de crise pós-1929.

Embora Nelson Rodrigues tenha sido designado como o inaugurador da moderna dramaturgia no Brasil com a peça *Vestido de noiva*, de 1943, nunca se propôs a fazer um teatro engajado. O "moderno" em seu teatro passa longe de questões realistas como a "construção de uma nação moderna via Estado", o que já é um sintoma do seu desencanto com os projetos modernos da *belle époque*.

Algo recorrente nas memórias de Nelson Rodrigues de 1967 é a alusão à *belle époque*, na qual a vida pública era, ainda, um espaço privado compartilhado.

> Voltei à rua Alegre. Enquanto a siciliana beijava os pés do filho, eu era, novamente, menino de seis, sete anos. Era assim que se chorava nos velórios antigos. Em 1917, 18, 19, os enterros saíam de casa. Não era como agora. Agora despacha-se o cadáver pelos fundos. É uma espécie de rapto vergonhoso, como se a morte fosse obscena. Naquele tempo, o sujeito era velado, chorado e florido no próprio ambiente residencial. Tudo era familiar e solidário: - os móveis, os jarros, as toalhas e até as moscas. De mais a mais, o enterro atravessava toda a cidade. Milhares de pessoas, no caminho, tiravam o chapéu. Ninguém mais cumprimentado do que o defunto, qualquer defunto. (...) Mas havia o chapéu e repito: - tínhamos o chapéu. Pode parecer pouco, mas é muito. Sei que o nosso tempo não valoriza a morte e a respeita cada vez menos. Por vários motivos e mais este: - falta-nos o instrumento de reverência, que é o chapéu. Era lindo ver toda a cidade cumprimentando um caixão, mesmo de quinta classe. Dirá alguém que a inovação da capelinha mudou tudo. A morte não mais desfila como um préstito.

---

9   CANDIDO, Antonio. Prefácio. *Intelectuais à brasileira*, p. 75.

Há capelinhas, dentro e ao lado do cemitério. Mas o chapéu influía, sim, em nossa relação com a vida eterna.[10]

Ao considerar-se o proposital exagero dramático do ficcionista e o distanciamento temporal de quase cinquenta anos entre o tempo a que o texto se refere e a sua enunciação, Nelson Rodrigues fornece pistas sobre os motivos da sua alma pertencer à *belle époque* e de estar presa a um momento histórico que julga ser o do fracasso do humano. Lamenta a perda de certa reverência perante a vida e a morte. Perda de reverência, ou melhor, de uma teatralização pública, que marcava relações mais equilibradas com a vida privada. A morte de um ente próximo era sentida e chorada em casa e, no espaço privado da família, todo exagero emocional era permitido. Um dos aposentos da casa se transformava em velório para que tanto conhecidos, como desconhecidos pudessem acompanhar, sem surpresa ou espanto, a dor do outro. Era um momento de privacidade em público. Em 1967, quando o ser humano fracassou, o velório era na capelinha, isto é, fora dos muros da casa, tornou-se publicamente solitário, individual, "como se a morte fosse obscena".

Na *belle époque*, por sua vez, o enterro, que sempre foi um acontecimento público, era acompanhado por toda a cidade. Por mais desconhecido que fosse o féretro, havia uma atitude de respeito com a retirada dos chapéus da cabeça, como se a morte tornasse todo o espaço público um lugar privado, de congraçamento com a dor alheia, como quem entra numa casa conhecida ou pisa em solo sagrado.

Se antes a vida pública era uma espécie de espaço privado compartilhado, no presente do dramaturgo, a vida pública é um espaço do individualismo, de solidão coletiva. Se não foi assim que se deram no passado, pelo menos é dessa maneira que o dramaturgo sente as mudanças a partir do seu presente. Nelson Rodrigues parece dar um sentido social à dimensão da vida privada no presente e no passado, em um momento histórico no qual a privatização do espaço público exigia nova forma de politização do âmbito privado. O declínio familiar e individual passa a ser a mola mestra das suas preocupações teatrais nos anos 1940 no Brasil.

---

10   RODRIGUES, Nelson. *A menina sem estrela*: memórias, p. 28.

A relação entre declínio social e produção cultural é um dos aspectos principais destacados por Antonio Candido no livro de Sergio Miceli, sobretudo nas décadas de 1930 e 1940, com a maior racionalização burocrática do Estado, que se valeu dos intelectuais para "configurar [esse] novo tipo de dominação".[11] Cooptados para as fileiras do serviço público, sobretudo intelectuais com formação na área de direito ("bacharéis"), começaram a ter de disputar postos com outros profissionais (cientistas sociais, educadores, psicólogos, economistas etc.) naquele mercado em expansão, tanto para escapar do desemprego, como para garantir certa estabilidade social, que antes era alicerçada por suas relações com os membros das oligarquias.

Para Miceli, "o 'desemprego' conjuntural que afetou os 'bacharéis' coincidiu com a derrocada do sistema de poder oligárquico e com a montagem de organizações políticas que vislumbraram a oportunidade de substituir antigos grupos dirigentes apoderando-se do Estado",[12] como era o caso do partido integralista, dos intelectuais católicos e das organizações de esquerda.

Edgar de Decca mostra em seu livro *O silêncio dos vencidos*,[13] originalmente escrito em 1979, como os interesses da "grande burguesia" se atrelavam ao discurso do progresso da nação via industrialização, em um momento em que o Estado, comandado pelas mesmas elites, encontrava-se em crise de legitimidade.

A possibilidade de uma revolução era iminente em 1928, apoiada pelo Partido Democrático (PD), formado por setores da "pequena e média burguesia", descontentes com a monopolização e a concentração do mercado pelos grandes industriais, e pelo Bloco Operário Camponês (BOC), preocupado em derrotar as forças "feudais" (oligarquias) e "imperialistas" (norte-americanas) que comandavam a nação. O partido que representava as forças que desagradavam tanto ao PD quanto ao BOC era o Partido Republicano Paulista (PRP), que se tornou, nos anos 1930, um porta-voz da "grande burguesia".

Entretanto, todos esses atores políticos tinham algo em comum: silenciaram as vozes das classes operárias que lutavam diretamente contra o capital. O PD

---

11 CANDIDO, Antonio. Prefácio. *Intelectuais à brasileira*, p. 74.

12 MICELI, Sergio. Intelectuais e classe dirigente no Brasil (1920-45). *Intelectuais à brasileira*, p. 119.

13 DECCA, Edgar de. *O silêncio dos vencidos*: memória, história e revolução, *passim*.

Nelson Rodrigues: o fracasso do moderno no Brasil   49

não incluía a classe operária como um ator político principal na possível revolução, apenas como seu coadjuvante beneficiário. O BOC defendia uma proposta de luta que não visava diretamente ao capital, mas ao combate contra as forças "feudais" e "imperialistas". Silenciavam-se, assim, propostas mais radicais como as dos anarquistas, dos anarcossindicalistas ou mesmo dos operários que lutavam diariamente contra as pressões do capital nas fábricas. E, por razões óbvias, o PRP, embora tenha se utilizado muitas vezes do jargão da revolução, se tornou nos anos 1930 um definidor ideológico importante sobre os rumos que o Estado deveria tomar no Brasil: o liberalismo econômico. A criação do Centro das Indústrias do Estado de São Paulo (CIESP), em 1928, e da Federação das Indústrias do Estado de São Paulo (FIESP), em 1931, foi representativa dessa redefinição do papel do Estado, em que a "grande burguesia" procurava legitimar a sua posição e hegemonia política frente ao que considerava "a sociedade civil".

Não houve, portanto, como acredita Miceli, um "declínio da oligarquia", mas uma rearticulação do seu papel na política institucional. Dessa forma, o sociólogo acabou reiterando a memória do "vencedor" que se ancorou no tema da "Revolução de 30", por meio da oposição entre oligarquias derrotadas *versus* tenentes vencedores, para representar uma ruptura no poder que não ocorreu efetivamente.[14]

Mas parece que a própria trajetória de Nelson Rodrigues como escritor, dramaturgo e jornalista confirma as hipóteses de Miceli, sublinhadas por Candido, quanto ao fato desses intelectuais se basearem na própria decadência familiar e/ou política para a sua produção cultural.

Como enfrentar o aparente paradoxo entre a continuidade do poder oligárquico, a partir da sua rearticulação discursiva em torno do liberalismo econômico, e a decadência familiar e/ou política desses intelectuais, baseada na derrocada das oligarquias?[15] A presente questão será respondida adiante.

---

14 Sobre isso consultar também o livro: VESENTINI, Carlos Alberto. *A teia do fato*: uma proposta de estudo sobre a memória histórica.

15 É importante dizer que não me preocupo em dar conta da discussão historiográfica do período ou sobre o tema da "Revolução de 1930", uma vez que, ao recorrer a dois clássicos sobre o período, ambos produzidos em 1979, pretendo colocá-los em debate. Tal discussão nunca foi realizada por se tratarem de trabalhos com temas aparentemente diferentes, porém que têm pontos de partida que se implicam mutuamente. Há, é claro, uma historiografia recente que trabalha com o tema, todavia, acredito que o "novo" também pode ser produzido a

A família de Nelson Rodrigues saiu de Recife em meados de 1916. Em 1919, ele se mudou para a Rua Alegre, na cidade do Rio de Janeiro. Seu pai, Mário Rodrigues, pouco antes, havia se fixado na capital federal para tentar a vida como jornalista. Maria Esther, a mãe do dramaturgo, embarcou para o Rio de Janeiro com os filhos nos braços e outro na barriga, sem a anuência do próprio marido com quem viria a se encontrar. Gastou todo o seu dinheiro na viagem de navio. Para piorar a situação, Mário Rodrigues morava de favor na casa de um amigo.[16]

Nelson Rodrigues nasceu em 1912, era o quinto filho de uma família que seria futuramente composta por quatorze irmãos.[17]

Apesar dos percalços iniciais, o pai de Nelson Rodrigues se estabilizou como jornalista no *Correio da Manhã*, de Edmundo Bittencourt, do qual foi renomado editorialista. Fundou o seu primeiro jornal, *A Manhã*, em 1925; nele, Nelson Rodrigues trabalhou pela primeira vez como repórter de polícia.[18] Em 1928,

---

partir do debate com a historiografia "clássica", considerada, pejorativamente, como "antiga" ou "desatualizada". Outra boa justificativa é que o tema central desta pesquisa é o modo como a obra de Nelson Rodrigues leu a sua realidade a partir dos anos 1940, mesmo que ela tenha sido produto da historicidade dos anos 1920 e 1930. Discutir em sua amplitude a historiografia que se refere ao momento de formação intelectual, cultural e política de Nelson Rodrigues é mudar completamente os objetivos do presente estudo.

16   O amigo em questão era Olegário Mariano, que foi considerado por Sergio Miceli um "polígrafo anatoliano". Nas suas palavras, "a figura de Olegário Mariano (...) encarna o tipo-ideal do polígrafo anatoliano: cronista, poeta, declamador, letrista, escritor de revistas de *music--hall*, eminência parda na concessão dos prêmios de viagens do Salão de Artes Plásticas, astro dos salões mundanos, conferencista, acadêmico, dramaturgo, afora o rendoso emprego na administração da ilha das Cobras, que perdeu com a Revolução de 30, a sinecura de inspetor escolar, assíduo colaborador das revistas ilustradas, e colunista social do *Correio da manhã*". MICELI, Sergio. Poder, sexo e letras na república velha. *Intelectuais à brasileira*, p. 57.

17   Por ordem de nascimento: Milton Rodrigues (1905), Roberto Rodrigues (1906), Mário Filho (1908), Stella Rodrigues (1910), Nelson Rodrigues (1912), Joffre Rodrigues (1915), Maria Clara Rodrigues (1916), Augusto Rodrigues (1918), Irene Rodrigues (1920), Paulo Rodrigues (1922), Helena Rodrigues (1923), Dorinha (falecida aos nove meses, em 1927), Elsa Rodrigues (1928) e Dulce Rodrigues (1929).

18   RODRIGUES, Nelson. *O baú de Nelson Rodrigues*: os primeiros anos de crítica e reportagem (1928-35), publicado e organizado em livro por Caco Coelho, reúne reportagens policiais de *A Manhã*, *Crítica* e *O Globo*, além de crítica literária e crônica esportiva.

Mário Rodrigues fundou aquele que seria o seu mais reconhecido jornal, *Crítica*,[19] porém o mesmo que arruinou a vida dos Rodrigues com o assassinato do irmão Roberto, em 1929, em função da publicação de uma reportagem sobre a separação e o adultério de uma mulher da alta sociedade.[20] Menos de um ano depois, no início de 1930, morreu Mário Rodrigues. Seu jornal se posicionara ainda contra a "Revolução"[21] de 1930. Resultado: o empastelamento do jornal, que foi fechado. A família só conseguiu ser restituída pela perda do jornal em 1956, quando ganhou o processo na Justiça.[22]

A decadência da família Rodrigues jamais foi superada por seus membros. Nelson Rodrigues, que antes tinha uma vida relativamente abastada, teve de buscar emprego em *O Globo*,[23] para onde também foram os seus irmãos. Dessa feita, o futuro dramaturgo se tornou um "polígrafo anatoliano" fora de época,

---

19 *Idem, passim.*

20 A historiadora Sueann Caulfield relaciona o assassinato do irmão de Nelson Rodrigues e a absolvição da autora – Sylvia Serafim – ao aparecimento de grupos que procuravam defender as mulheres contra a violência masculina na década de 1920: "(...) os anos 1920 assistiram a um crescimento alarmante dos casos nos quais mulheres apaixonadas assassinaram homens. Em um incidente que ocupou as manchetes durante anos, um grupo de mulheres foi formado em apoio à absolvição de Sylvia Serafim, uma escritora de família 'respeitável' que, em 1929, matou um membro de um dos clãs jornalísticos mais importantes da cidade, Roberto Rodrigues, por ele ter publicado uma reportagem escandalosa sobre sua separação conjugal (a ré foi absolvida). (...) Não é claro se o grupo que apoiava Serafim ou outras assassinas passionais incluía as mesmas mulheres que exigiam o fim da violência dos homens contra mulheres na campanha da imprensa que [Susan K.] Besse estudou". CAULFIELD, Sueann. *Em defesa da honra*: moralidade, modernidade e nação no Rio de Janeiro (1918-1940), p. 174-175. A autora se refere ao trabalho de BESSE, Susan K. *Modernizando a desigualdade*: reestruturação da ideologia de gênero no Brasil – 1914-1940.

21 Sobre os problemas do uso do conceito de "revolução" tendo em vista a construção de uma memória histórica em torno desse episódio na história do Brasil, ver: DE DECCA, *op. cit., passim*; VESENTINI, *op. cit., passim.*

22 Para mais detalhes sobre a vida de Mário Rodrigues, Roberto Rodrigues e Mário Filho, consultar a biografia de Nelson Rodrigues: CASTRO, Ruy. *O anjo pornográfico*: a vida de Nelson Rodrigues, *passim.*

23 Sobre o assunto, ver as reportagens do autor publicadas em livro: RODRIGUES, *O baú de Nelson Rodrigues...*, *op. cit.*, principalmente as matérias de O Globo de 1931 a 1935, p. 264-302.

por força da derrocada material e política da sua família, bem como da convalescença física provocada pelos anos de tuberculose,[24] porém não se tornou um funcionário público como intelectuais da sua geração nos anos 1930 e 1940, muitos deles, aliás, precursores do modernismo no Brasil.

A biografia de Nelson Rodrigues foi marcada por tragédias da vida privada em família que se tornaram públicas por meio da imprensa, seja por força das circunstâncias, como nas mortes de Roberto e Mário Rodrigues, seja por deliberação, como na publicação das suas memórias, intituladas *A menina sem estrela*, uma referência à sua filha Daniela, que nascera cega.[25] Não apenas por uma questão pessoal, mas, sobretudo, por razões históricas reforçadas por dramas íntimos, Nelson Rodrigues estiliza a relação entre o público e o privado em seu teatro. É a sua forma de politizar o âmbito privado.

Além disso, como bem pontua Richard Sennett:

> (...) [a] representação teatral, na forma das boas maneiras, convenções e gestos rituais, é a própria substância de que são formadas as relações públicas e da qual as relações públicas auferem sua significação emocional. (...) Essas modalidades de representação teatral são 'papéis' a desempenhar. Assim sendo, um método para entender a transferência entre o público e o

---

24 É legítimo o paralelo entre a trajetória de Nelson Rodrigues e a dos "anatolianos" circunscritos por Miceli: "[em] quaisquer dos casos, o declínio da trajetória social, ou melhor, esse deslocamento para as posições de refúgio ou para os espaços sociais de relegação, não ocorre de maneira mecânica. Ele se realiza mediante uma transformação profunda no *habitus*, de um processo de 'feminização social' que pode resultar tanto da experiência de declínio familiar como de uma resposta à impossibilidade física de assumir papéis masculinos, todos esses fatores podendo em certos casos se acumular e se reforçar um ao outro". MICELI, Sexo, poder e letras na república velha, *op. cit.*, p. 26.

25 Nelson Rodrigues teve seis filhos, mas com três mulheres diferentes. Casou-se com Elza no final dos anos 1930 e teve Joffre (1941) e Nelsinho (1945). Com Yolanda teve um romance fora do casamento, nos anos 1950, e teve mais três filhos: Maria Lúcia (1953), Sônia (1955) e Paulo César (1957). Segundo Ruy Castro, Nelson Rodrigues reconheceu apenas a paternidade do menino. CASTRO, *op. cit.*, principalmente o capítulo 28, *1968: Flor de obsessão*, p. 363-365. E, por fim, com Lúcia, num segundo casamento nos anos 1960, teve Daniela (1963), "a menina sem estrela".

privado na cultura moderna seria investigar as mudanças históricas destes 'papéis' públicos.[26]

É o que se pretende fazer ao interpretar os papéis nas peças de Nelson Rodrigues, mas não como o que "deve ser" desempenhado, pois o autor já advém de uma tradição de dramaturgos não realistas, conscientemente modernos ou irônicos.[27] Entretanto, é possível investigar historicamente o que esses "papéis não reais" significaram para a realidade brasileira, mesmo que Nelson Rodrigues não pretendesse dialogar explicitamente com a política institucional, mas discutir, a partir dos dramas familiares, uma nova forma de modalidade do espaço político assentada na politização da vida privada por meio da exposição pública no seu teatro.

---

26 SENNETT, Richard. *O declínio do homem público*: as tiranias da intimidade, p. 46.

27 Hayden White comenta que "a ironia representa um estágio na evolução da consciência no qual a própria linguagem se tornou objeto de reflexão, e a percebida inadequação da linguagem à plena representação do seu objeto veio a ser considerada como um problema. O discurso irônico pressupõe uma percepção da possibilidade de fingir, de mentir ou de dissimular". WHITE, Hayden. *Trópicos do discurso*: ensaios sobre a crítica da cultura, p. 229. Para Frederick R. Karl, o que marca o moderno e o modernismo é uma certa consciência do uso da linguagem. Diz ele: "é muito amplamente que o crítico deve abrir a sua rede para exprimir o que é o movimento moderno, assim como no passado foi difícil captar o sentido do romantismo, do realismo, do naturalismo e do simbolismo. Mas podemos formular hipótese ampla, que se mostra verdadeira através de todo o desenvolvimento: o moderno e o modernismo se caracterizam pela linguagem em que se expressam. Em literatura, seja em poesia ou em ficção, há novas palavras e vozes, novos artifícios narrativos que equivalem, no desenrolar das histórias, a novas linguagens. Em pintura, deparamos com sistemas de cor que inovam, com novos arranjos e novas utilizações da tela, com uma nova geometria, com uma nova consciência dos planos, e um dinamismo de linha, forma e massa. Na composição musical, são novos os sons que ouvimos, são novos agrupamentos de sons, e novas as progressões, é novo o sentido de sequência harmônica. Na ópera, dada a influência de Wagner, uma das consequências da nova linguagem operística é o número de experiências visuais dinâmicas. A trilha comum para qualquer um que desejar ser moderno, independente do meio em que se expresse, é a capacidade de renovar a linguagem de sua arte, seja através de rupturas e novas formações, seja através de cores, tons, sequências de sons, efeitos visuais, neologismos". KARL, Frederick R. *O moderno e o modernismo*: a soberania do artista - 1885-1925, p. 11. Acerca disso, consultar também outro grande "manual" sobre o modernismo: BRADBURY, Malcolm e MACFARLANE, James. *Modernismo*: guia geral - 1890-1930, principalmente o capítulo "O teatro modernista", p. 409-468.

É sintomático que um autor de estilo não realista como Nelson Rodrigues tenha sido criado dentro de uma geração de artistas, jornalistas, políticos e intelectuais que ainda acreditava na possibilidade de inclusão de todos os indivíduos no espaço público a partir da construção de um Brasil moderno via Estado-Providência, insuflado inclusive pela crise da república oligárquica, que se delineava nos anos 1920.[28] Nesse período, o Estado deveria ser o agente da modernização do país e o intelectual, o seu representante máximo.[29] Sobre essa continuidade na política brasileira, o cientista político Milton Lahuerta escreve que:

> (...) a perspectiva de missão, forte entre os intelectuais já nos anos iniciais da Primeira República, se aprofunda e ganha novos significados sob o impacto do processo vivenciado ao longo dos anos 20. O questionamento da ordem faz-se com base num ângulo de visão genericamente modernista, que, buscando o 'brasileiro', recoloca com muita força a preocupação com o nacional e o tema do popular. Esse impulso se desdobra na Revolução de 30 e no Estado Novo, implantando um padrão de produção cultural que vai politizar a produção cultural como jamais ocorrera na história do país,

---

28 Sobre o assunto, ver: LESSA, Renato. *A invenção republicana*: Campos Sales, as bases e a decadência da primeira república brasileira, principalmente a terceira parte, "As formas da decadência", p. 183-228.

29 Influência que Sergio Miceli atribuiu principalmente à geração de 1870, mas que foi apropriada pelos "anatolianos". "Para a geração de 1870, o trabalho intelectual era indissociável do trabalho político, a que se ajuntava a atração do modelo político inglês etc. Essa 'anglomania', forma particular de dependência, encontra sua explicação na posição mais autônoma que os escritores dessa geração ocupavam no campo do poder, no qual eram ao mesmo tempo intelectuais e homens públicos. No caso dos 'anatolianos', a marca da literatura francesa, em especial de seus expoentes mundanos, bem como a importação de novos gêneros afrancesados e o efeito de fascinação que Paris provocava, tudo isso era produto da inversão simbólica de sua posição objetiva: assalariados da grande imprensa não dispõem mais das condições necessárias à elaboração de uma obra 'pessoal' que seja a 'criação' única de um produtor individual; de outro lado, o próprio estado de campo não permite que se liberem das determinações políticas mais palpáveis e mais brutais. Não podendo ajustar-se de todo a nenhum dos modelos de excelência intelectual, permaneceram a meio caminho entre os modelos fornecidos pela geração de 1870 e aqueles oferecidos pela vanguarda europeia da época, aos quais acabam por renunciar, pois não dispõem do capital cultural necessário, a fim de proceder à sua importação". MICELI, Poder, sexo e letras na república velha, *op. cit.*, p. 60.

trazendo à tona uma identidade intelectual que se define pela tentativa de construir, como se fossem termos intercambiáveis, a nação, o povo e o moderno. E que faz do Estado o desaguadouro de todas as suas inquietações.[30]

A permanência dessa ideologia de longa duração amparada no Estado positivista, burguês e conservador deve ser relativizada, pois toda ideologia busca a coincidência entre o real e a sua representação, e "nesse processo, inscreve-se a origem da ideologia como tentativa de representação do universal do ponto de vista particular da classe dominante. (...) Em outros termos, a ideologia é o encadeamento das representações que têm por função restabelecer a dimensão da sociedade 'sem história' no próprio seio da sociedade histórica".[31] O grande problema enfrentado por historiadores, críticos literários ou cientistas sociais quando caracterizam essas ideologias de longa duração é não se distanciarem da própria ideologia, isto é, reiterarem o ideológico como o que está imerso na experiência social, mesmo sendo algo abstrato, genérico. As ideologias não conseguem encontrar ressonância nas experiências do dia a dia do mesmo modo como foram "idealizadas".

Em Nelson Rodrigues, encontram-se esses grandes cortes ideológicos não para mostrar a sua validade na experiência cotidiana, mas para expor a fraqueza da sua idealização diante de uma realidade mais complexa e paradoxal. Além do mais, o teatro trabalha com representações genéricas ("o marido ciumento", "a velha louca", "a prostituta") não para revelar a sua validade universal, mas como ponto de partida para a construção dramática, na qual o conflito emerge no embate entre as idealizações da vida e como elas se manifestam socialmente.

A prevalência nas peças dos anos 1940 de dramas morais íntimos se torna uma forma de expor a *permanência de uma cultura moral pública decadente* em meio a uma *cultura moral privada* igualmente nociva, porém, em *ascensão*. Duas concepções ideológicas de "moderno" que se digladiam no teatro rodrigueano: a primeira da *belle époque*, adjetivada como "moralista" no presente do dramaturgo (anos 1940); a segunda do seu próprio presente, adjetivada como "imoral".

---

30 LAHUERTA, Milton. Os intelectuais e os anos 20: moderno, modernista, modernização. *A década de 20 e as origens do Brasil moderno*, p. 95.

31 LEFORT, Claude. *As formas da história*, p. 312-313.

A partir da intimidade da família burguesa de elite, o seu olhar desencantado se estende para toda a sociedade, isto é, a sua forma de tratar da *res publica* a partir da politização do âmbito privado. Essa concepção ideológica de "moderno" em ascensão se chocava diretamente com aquela da *belle époque*, que ainda persistia. Nesse jogo tenso entre duas ideologias de "moderno", Nelson Rodrigues constrói o drama da família burguesa de elite e dos indivíduos que a compunham para questionar a existência do "moderno" na realidade sociocultural do Brasil daqueles tempos.[32] Dessa maneira, coloca em choque as ideologias de "moderno" por meio dos conflitos que as contradizem mutuamente no âmbito familiar.

Na experiência histórica brasileira, o público e o privado jamais estiveram nitidamente separados.[33] Enquanto discurso ideológico, porém, a distinção

---

32 Franscisco Foot Hardman distingue duas "tradições fundantes do processo da modernidade" no Brasil, que se inicia em 1870, bem antes do modernismo de 1922: "um polo *eufórico-diurno-iluminista*, lugar da adesão plena e incontida aos valores próprios da civilização técnica industrial, numa configuração que lembra determinada sorte de deslumbramento reificado, responsável pela produção, em alguns casos, de certas *utopias tecnológicas futuristas*; e, de outro lado, na extremidade oposta, o que chamaríamos de polo *melancólico-noturno-romântico*, lugar por excelência da rejeição, às vezes sob o signo da revolta, mas, de todo modo, agônica e desesperada, do mundo fabricado nas fornalhas da revolução industrial, figurando, assim, imagens emblemáticas de máquinas satânicas e criaturas monstruosas, em todas as suas possíveis variantes, herdadas, na origem, de tradição anticapitalista e anticivilização moderna própria do romantismo". HARDMAN, Francisco Foot. Antigos modernistas. *Tempo e história*, p. 292. Entretanto, essas duas posições se assemelham ao acreditarem no "moderno", seja como redenção, seja como destruição. Nelson Rodrigues pertence a uma época na qual a destruição não era atributo do "moderno", mas exatamente o que fazia questionar a sua existência.

33 Para uma análise da colonização do Brasil, consultar o clássico de HOLANDA, Sérgio Buarque. *Raízes do Brasil*, mais precisamente a página 82: "O quadro familiar torna-se, assim, tão poderoso e exigente, que sua sombra persegue os indivíduos mesmo fora do recinto doméstico. A entidade privada precede sempre, neles, a entidade pública. A nostalgia dessa organização compacta, única e intransferível, onde prevalecem necessariamente as preferências fundadas em laços afetivos, não podia deixar de marcar nossa sociedade, nossa vida pública, todas as nossas atividades. Representando (...) o único setor onde o princípio de autoridade é indisputado, a família colonial fornecia a ideia mais normal do poder, da respeitabilidade, da obediência e da coesão entre os homens. O resultado era predominarem, em toda a vida social, sentimentos próprios à comunidade doméstica, naturalmente particularista e antipolítica, uma invasão do público pelo privado, do Estado pela família". Para

entre as esferas ganhou força entre o final do século XIX e os anos 1920 com a preocupação das elites políticas e intelectuais de implantar efetivamente um Estado-Nação moderno no Brasil; principalmente no período da Primeira Guerra Mundial e nos anos seguintes, impulsionadas pelos discursos nacionalistas de desenvolvimento científico, tecnológico e industrial de caráter liberal.[34]

Por *cultura moral pública* entende-se uma tradição de pensamento advinda da *belle époque* que consistia na defesa de ideais morais burgueses reunidores do *conservadorismo patriarcal* (misoginia, racismo, fundamentalismo religioso), do *positivismo* do *Estado-Providência* (inclusão social total) e do *liberalismo econômico* (progresso econômico via industrialização). Tais ideais deveriam servir tanto para a esfera pública quanto para a esfera privada, nas quais a família burguesa deveria ser a representante moral de um Estado-Nação que se queria moderno.[35]

---

o século XVIII, ver: KUZNESOF, Elizabeth Anne. A família na sociedade brasileira: parentesco, clientelismo e estrutura social (São Paulo, 1700-1980). *Revista Brasileira de História*, p. 37-63; no texto, a autora mostra a permanência da relação entre as famílias e a política local. Para o século XIX, consultar: DIAS, Maria Odila Leite da Silva. Escravas e forras de tabuleiros. *Quotidiano e poder em São Paulo no século XIX*, p. 156, no qual a historiadora comenta que "entre a casa e a rua, havia um desdobramento contínuo de dependências mútuas, que tecia e enredava um no outro o domínio do privado e do público, de modo que o nexo orgânico senhora-escrava foi-se diluindo com a urbanização, no comércio local, a refletir a dependência de elos que uniam entre si, nas fímbrias das classes dominantes, mulheres livres empobrecidas, escravas e forras".

34 Como, por exemplo, podia ser observado na *Revista do Brasil*, pesquisada mais atentamente pela historiadora Tania Regina de Luca entre os anos 1916-1925. *A Revista do Brasil*: um diagnóstico para a (N)ação, *passim*.

35 Ver o trabalho de ARAÚJO, Rosa Maria Barbosa de. *A vocação do prazer*: a cidade e a família no Rio de Janeiro republicano, mais precisamente a página 30, onde se lê: "O programa político republicano, dada a influência da doutrina positivista, concentrou suas atenções no binômio família/cidade, base da proposta de estruturação do Estado Nacional onde o conceito de pátria se baseava na família, sendo a cidade vista como o prolongamento desta. (...) A filosofia republicana frustrou inicialmente as expectativas de liberdade e igualdade da população da capital, perceptíveis no plano das atitudes e sentimentos. A República pôs em prática um projeto político disposto a redefinir a ordem social com base nas ideias-chave de progresso e disciplina. O papel do Rio, como capital, tornou-o o modelo para o desenvolvimento da organização social desejada, reforçando o objetivo de 'civilizar' o espaço urbano, fosse no aspecto físico e funcional da cidade, fosse no ideológico, através da restrição às manifestações populares e controle da atmosfera de crescente permissividade moral. A família, nesse quadro, foi

Esse discurso, mesmo que ideológico, já abria brechas para observar que a fusão entre o público e o privado na experiência histórica brasileira revelava também o caráter elitista desse projeto moderno,[36] que perdurou até os anos 1940.

Por *cultura moral privada* entende-se a ascensão de um tipo de individualismo agressivo baseado na ideia de que a modernização do país, embora devesse ser liderada pelo Estado, necessitava de sujeitos autônomos como principais agentes para a sua (auto)realização. Na cultura moral privada, nenhum daqueles ideais da cultura moral pública servia de parâmetro fixo. O indivíduo desacreditava o *conservadorismo patriarcal*, na medida em que a sociedade não tinha mais um "núcleo duro" para os papéis masculinos e femininos; que a abolição não tinha representado a inserção dos negros na sociedade; e que tampouco o catolicismo era uma religião que havia conseguido alcançar e comandar as atitudes morais dos indivíduos. Ele desmerecia os desígnios do *Estado-Providência positivista*, pois esse não conseguiu incluir todos os indivíduos no espaço público. O indivíduo também não acreditava no *liberalismo econômico*, uma vez que o progresso econômico via industrialização não havia se estendido para a maioria da população e não havia trazido para as elites a harmonia social prometida.

Talvez caiba repetir a questão proposta para entender de que modo Nelson Rodrigues se situa historicamente: como enfrentar o aparente paradoxo entre a

---

vista mais do que nunca como o sustentáculo do projeto normatizador cujo desenvolvimento reequacionou seu papel e inserção na cidade". Ver ainda o estudo de CAULFIELD, *Em defesa da honra...*, *op. cit.*, p. 26, no qual a autora entende que, no período abordado, há uma continuidade da defesa "[d]a honra sexual [que] era a base da família, e esta, a base da nação", onde "sem a força moralizadora da honestidade sexual das mulheres, a modernização – termo que assumiria diferentes significados para diferentes pessoas – causaria a dissolução da família, um aumento brutal da criminalidade e o caos social. O que essas elites não percebiam, ou pelo menos não admitiam, era que a honra sexual representava um conjunto de normas que, estabelecidas aparentemente com base na natureza, sustentavam a lógica da manutenção de relações desiguais de poder nas esferas privada e pública". A autora deixa muito claro em seu livro que, assim como não havia uma única proposta de moderno, não havia um único modo de prescrever para as famílias a defesa da sua honra em nome da nação. Nesse debate, juristas discordavam entre si e com médicos, com a Igreja Católica e com a própria família, que vivia entre a norma e a transgressão.

36 O que foi plenamente documentado no livro de NEEDELL, Jeffrey D. *Belle époque tropical*: sociedade e cultura de elite no Rio de Janeiro na virada do século, *passim*.

Nelson Rodrigues: o fracasso do moderno no Brasil   59

continuidade do poder oligárquico, a partir da sua rearticulação discursiva em torno do liberalismo econômico, e a decadência familiar e/ou política desses intelectuais baseada na derrocada das oligarquias?

Do ponto de vista moral, Nelson Rodrigues parece rejeitar tanto a derrota das oligarquias (hipótese de Sérgio Miceli), mostrando a permanência mesmo que decadente das suas ideologias (*conservadorismo patriarcal* e *Estado-Providência positivista*), quanto a vitória do *liberalismo econômico* como política econômica que se estendeu para toda a população graças à manipulação rearticulada dos discursos pelas "novas" elites (hipótese de Edgar de Decca). Portanto, a decadência num país novo (hipótese de Antonio Candido), antes de ser familiar, social ou pessoal, era produto da prostração diante das ideologias de "moderno" do presente e do passado que se questionavam reciprocamente.[37]

O questionamento de Nelson Rodrigues é ainda relevante por uma posição quase hegemônica na historiografia contemporânea do Brasil – principalmente aquela dedicada ao início do período republicano – de que a origem das soluções e dos problemas atuais estaria no modo como se processou a expansão, a consolidação e a popularização da "modernidade brasileira", tendo como marco zero a *belle époque* carioca e a paulistana.

São poucos os trabalhos que louvam a "modernidade brasileira", muitos são os trabalhos que a criticam, mas não de forma eficiente: a crença na sua existência como a principal armadilha ideológica de um projeto "moderno",

---

37   Nesse sentido, Nelson Rodrigues é tributário do teatro de Oswald de Andrade dos anos 1930, com as peças *O rei da vela* (1933), *O homem e o cavalo* (1934) e *A morta* (1937), menos pelo legado de uma estética moderna e mais pela desilusão que este dramaturgo representou em suas três peças, tanto com as propostas liberais de moderno dos anos 1920, pautadas numa falsa inclusão social, quanto com as propostas da esquerda e da direita dos anos 1930, alicerçadas no desenvolvimento industrial, como via para o progresso do país, o que colocava abertamente a exclusão social para a grande maioria da população. Em suas peças, o jogo entre o atraso do progresso e o progresso do atraso permitiu a Oswald de Andrade uma visão oblíqua da própria esquerda, na qual estava inserido oficialmente desde 1931 com a sua entrada no Partido Comunista. No entanto, Oswald de Andrade acreditava que as ideologias de "moderno" já tinham vencido e precisavam ser, de alguma forma, "espinafradas" em seu teatro. Era uma "des-ilusão" que apontava ainda para uma ilusão de "moderno" da qual Nelson Rodrigues já havia se desprendido nos anos 1940.

que talvez nunca tenha se realizado, mas sempre foi tomado como dado inclusive por seus críticos.

A noção de "moderno" como sinônimo de "novo", "progresso", "cientificidade", "tecnologia", "industrialização", "crescimento urbano", "velocidade" e "mundanidade" não era nova no Brasil dos anos 1940. Nasceu entre o final do século XIX e os anos 1920, como demonstram, por exemplo, Nicolau Sevcenko[38] e Rosa Maria Barbosa de Araújo.[39] No entanto, ambos os autores não investigam o teor moral desses conceitos que se tornaram sinônimos do conceito maior de "moderno", o qual trazia permanências que o contradiziam ou mudanças que não se efetivaram. Ao contrário, acreditam que o projeto "moderno" tinha começado naquele momento a ser executado pelas e para as elites, como se o "novo" de fato tivesse acontecido, desembocando no presente em explicações teleológicas e generalizantes sobre as sensações rápidas, fugazes e catatônicas das metrópoles modernas[40] ou mesmo na sua "vocação" para o prazer, a vida

---

38 SEVCENKO, Nicolau. *Orfeu extático na metrópole*: sociedade e cultura nos frementes anos 1920, *passim*.

39 ARAÚJO, *op. cit.*, *passim*.

40 É notório o que Nicolau Sevcenko traz da sua "exegese do moderno" em *Orfeu extático...*, *op. cit.*, para reflexões mais condensadas como a do livro *A corrida para o século XXI*: no loop da montanha-russa. O autor entende o "loop da montanha-russa" como a terceira fase de um processo mais longo que vai do "século XVI até meados do XIX, quando as elites da Europa ocidental entraram numa fase de desenvolvimento tecnológico que lhes asseguraria o domínio de poderosas forças naturais, de fontes de energia cada vez mais potentes, de novos meios de transporte e comunicação, de armamentos e conhecimentos especializados. (...) A segunda fase em que num repente nos precipitamos numa queda vertiginosa, perdendo as referências do espaço, das circunstâncias que nos cercam e até o controle das faculdades conscientes. Poderíamos interpretar essa situação como um novo salto naquele processo de desenvolvimento tecnológico, em que a incorporação e aplicação de novas teorias científicas propiciaram o domínio e a exploração de novos potenciais energéticos de escala prodigiosa. Isso ocorreu ao redor de 1870, com a chamada Revolução Científica Tecnológica (...). A terceira fase na nossa imagem da montanha-russa é a do loop, a síncope final e definitiva, o clímax da aceleração precipitada, sob cuja intensidade extrema relaxamos nosso impulso de reagir, entregando os pontos entorpecidos, aceitando resignadamente ser conduzidos até o fim pelo maquinismo titânico. Essa etapa representaria o atual período, assinalado por um novo surto dramático de transformações, a Revolução Microeletrônica. A escala das

noturna e o mundanismo. Mas do ponto de vista moral, o projeto "moderno" continha ambiguidades que pareciam questionar a si mesmo.

> (...) Embora procurassem substituir as bases aristocráticas do poder por noções burguesas de mérito pessoal, eles [os juízes] estavam preocupados com os desafios do pós-[primeira]guerra às hierarquias sociais que sustentavam suas próprias posições privilegiadas. Os juristas expressavam essa ambiguidade por meio de um discurso de gênero. Em alguns casos, a modernidade tinha uma conotação de progresso social, desenvolvimento econômico e de relações sexuais familiares saudáveis e racionais. Contudo, podia significar, também, degeneração moral, degradação dos valores tradicionais da família e dissolução dos 'bons costumes'. Quando atribuída ao homem, a modernidade era geralmente entendida em seu sentido positivo de racionalidade progressiva. Quando atribuída à mulher, implicava moral licenciosa e estilo de vida desregrado.[41]

Ora, se o que era "moderno" existia, mesmo que fosse somente entre as elites, por que na visão dos juristas da época a moral pesava mais do que o "êxtase" e o "prazer" que as sensações "modernas" podiam provocar? Porque na cultura moral nacional talvez nunca o Brasil tenha sido "moderno", apesar da tecnologia, da industrialização e do crescimento urbano.

A maioria das interpretações sobre as "sociedades modernas" no Brasil, ao isolar a cultura moral dos "dados concretos" (muitas vezes alicerçados em dados numéricos) de desenvolvimento, inclusive do incremento da pobreza, parte do pressuposto de que a moral social apenas legitima as ideologias de uma época. Entende-se cultura moral como um embate entre "o rígido e o flexível", isto é, entre a:

> Tecnocratização do progresso econômico e a folclorização das expressões cívicas [e] aquilo que uma prática faz com signos pré-fabricados, aquilo que estes se tornam para os usuários ou os receptores (...). Lá se produzem mobilizações e estagnações que não são perceptíveis unicamente com uma

---

mudanças desencadeadas a partir deste momento é de uma tal magnitude que faz os dois momentos anteriores parecerem projeções em câmera lenta", p. 14-16.

41 CAUFIELD, *Em defesa da honra...*, *op. cit.*, p. 186. Mesmo apontando essa ambiguidade, a autora acredita na ideologia do "moderno" como condição explicativa da própria ambiguidade.

análise dos significados: derrubamentos, deslocamentos ou enrijecimento de mentalidade; permanências de comportamentos tradicionais sob sua metamorfose exterior, ou mudanças de seu sentido apesar da estabilidade objetiva; derivados dos 'valores' inseridos na vida em grupo sem que ele se explicite etc. O mensurável encontra por toda parte, nas bordas, esse elemento móvel. O cálculo aí entra (fixando um preço para a morte de um homem, de uma tradição ou de uma paisagem), mas se perde. A gestão de uma sociedade deixa um enorme 'resto'. Em nossos mapas, isso se chama cultura, fluxo e refluxo de murmúrios nas regiões avançadas da planificação.[42]

Grande parte da historiografia brasileira, mesmo quando critica "o moderno" como ideologia, acredita no caráter rígido da moral como legitimadora da tecnocracia econômica e na folclorização cívica – que definiria o "moderno" no Brasil –, por conseguinte, deslegitima a sua flexibilidade. Justamente onde o "moderno" é posto em questão, pois é como os sujeitos de uma época recebem, leem ou usam aquilo que para alguns é considerado "moderno", ou mesmo como o ignoram.[43]

---

42   DE CERTEAU, Michel. *A cultura no plural*, p. 233-234.

43   No sério e competente trabalho de Laura Antunes Maciel sobre a expansão do telégrafo no Brasil, encontra-se um exemplo de como a historiografia contemporânea ratifica a perspectiva ideológica do "moderno" mesmo quando a critica. Afirma a autora: "A República parecia ter pressa em transportar o pensamento de seus cidadãos de um lado a outro do seu território, colocando em comunicação estados-irmãos que até então tinham ficado à parte da nação brasileira em função da distância e, também, do 'atraso' técnico que os separava. Essa imagem de velocidade, de ritmo febril na circulação de mercadorias – incluindo aí o pensamento e a palavra –, da necessidade de maior agilidade e mesmo da urgência nas comunicações e trocas é uma construção do regime republicano autorizada e apoiada pelo telégrafo. Associando o atraso do País à centralização monárquica, a República cunhou uma imagem do Império como sinônimo de estagnação, monotonia e letargia, à qual se contrapunha um novo tempo ágil e vivaz, trazido pela descentralização, pelo regime representativo, pela participação política e pela reunião dos estados autônomos na constituição da 'nação brasileira'. A Repartição Geral dos Telégrafos, por sua vez, viu-se pressionada a responder com maior agilidade e melhorar o desempenho das comunicações telegráficas, de modo a atender o rápido crescimento do número de telegramas e promover a interiorização da Nação via telégrafo". MACIEL, Laura Antunes. *A nação por um fio*: caminhos, práticas e imagens da "Comissão Rondon", p. 53-54. Embora reconheça o discurso ideológico que envolve a expansão do telégrafo para integrar a nação, que ainda estava por ser criada,

Nelson Rodrigues trouxe para a moral familiar o próprio caráter rígido da sua cultura, a fim de flexibilizá-lo a partir do jogo teatral, do qual surge a possibilidade de questionar a existência do "moderno".

Muito embora não houvesse mais no início dos anos 1940 uma "missão intelectual"[44] a ser cumprida – uma cultura moral pública em que o artista/intelectual estaria engajado na construção de uma "nação moderna" –, o Estado

---

e também os problemas logísticos, culturais e de recepção que a nova tecnologia exigia, assim mesmo Maciel a referenda: "o telégrafo é fruto e expressão clara de um momento em que a ideia de aceleração na passagem do tempo torna-se uma realidade, sentida com mais intensidade a partir dos anos 80 do século XIX e que se acentua nas primeiras décadas deste século" (p. 63). A pergunta que fica é: para quem se acentua? A resposta é acachapante quando a própria autora sustenta que "para a ampla maioria da população, porém, o telégrafo e a própria eletricidade eram ainda questões misteriosas, truques de ilusionistas ou um artefato divertido e curioso, cuja aplicação prática estava muito longe de se concretizar ou, sequer, ser entendida". (p. 73). Portanto, que expansão e aceleração eram essas? Para uma minoria que tinha condições de manipular, entender e usufruir não só das novas tecnologias, mas da própria "vida moderna". E mais, se não faziam parte do universo da maioria da população, talvez nem por "truque", tampouco por "ilusão" ou "curiosidade", algumas tecnologias pudessem ser concebidas.

44 Nicolau Sevcenko, em seu livro *Literatura como missão...*, *op. cit.*, mostra que a literatura do período estava engajada tanto em documentar transformações históricas que estavam ocorrendo no despertar da República, quanto em propor visões alternativas para a implantação de um Estado-Nação moderno no Brasil. A literatura naquele momento não se separava de outras áreas do conhecimento que tentavam explicar, conhecer e criticar a realidade brasileira, confundindo-se, por exemplo, com o jornalismo e a sociologia. Na obra, o autor está menos preocupado com a ideologia do moderno e mais interessado na "história dos desejos não consumados, dos possíveis não realizados, das ideias não consumidas. A produção dessa historiografia teria, por consequência, se vincular aos agrupamentos humanos que ficaram marginais ao sucesso dos fatos. Estranhos ao êxito mas nem por isso ausentes, eles formaram o fundo humano de cujo abandono e prostração se alimentou a literatura", p. 22. Também se desvencilhando da ideologia do moderno, José Murillo de Carvalho interpreta que "o povo sabia que o formal não era sério. Não havia caminhos da participação, a República não era para valer. Nessa perspectiva, o bestializado era quem levasse a política a sério, era o que se prestasse à manipulação. Num sentido talvez ainda mais profundo que o dos anarquistas, a política era tribofe. Quem apenas assistia, como fazia o povo do Rio por ocasião das grandes transformações realizadas a sua revelia, estava longe de ser bestializado. Era bilontra". CARVALHO, José Murillo de. *Os bestializados*: o Rio de Janeiro e a república que não foi, p. 160.

Novo era a atualização autoritária desse ideal, transformando "missão" em "obrigação" para os que se propusessem a abraçá-la.[45] Num momento histórico em que a discussão sobre os rumos que o Estado deveria tomar já não continha um ímpeto vanguardista como nos anos 1920, mas um princípio de ordem a ser divulgado, mantido, controlado e ritualizado pelo corpo político da nação, as invectivas no âmbito privado aumentaram.

Alcir Lenharo, em seu livro *A sacralização da política*, comenta como isso recaía feito um peso sobre a família.

> Para Reich, a família – 'microcosmos do estado autoritário', 'célula reacionária central' – atua especialmente como uma fábrica ideológica de sua estruturação. A família opera com a energia sexual dos filhos para lhes impor normas sociais e canalizá-la para os rumos de sua manutenção. Incute a propensão para o esforço e para o trabalho. Faz a apologia do prestígio, da ascensão social; cultiva a honra e o dever, a docilidade não a crítica, a subserviência à autoridade. A visão de Plínio Salgado é especialmente expressiva para os termos reichianos, pois, para ele, o Estado capta da família a força de que precisa para a sua constituição: 'Sem família não há dignidade do Estado'.[46]

---

45 O termo "obrigação" é mais metafórico do que real para diferenciar o engajamento dos intelectuais nos anos 1920 e a participação dos intelectuais nos anos 1930-40, dentro e fora de um Estado nitidamente autoritário, mas altamente conciliador. Sobre a relação entre os intelectuais e a política nos anos 1940, Daniel Pecáult sublinha que: "O Estado lhes reconhecia a vocação para se associarem, como elite dirigente, à afirmação da nação através de sua indispensável contribuição à cultura política nacional. O Estado e os intelectuais, compartilhando o desdém pela representatividade democrática e a nostalgia por uma administração do social que tomasse o lugar da política, foram levados a agir como sócios a serviço da identidade nacional. Se os intelectuais aderiram a uma 'ideologia de Estado', o Estado aderiu a uma ideologia da cultura, que era também a ideologia de um governo 'intelectual'. Além disso, o Estado não reconhecia outra expressão da opinião pública exceto a representada pelos intelectuais". PECÁULT, Daniel. A geração dos anos 1920-40. *Os intelectuais e a política no Brasil*: entre o povo e a nação, p. 72-73.

46 LENHARO, Alcir. *A sacralização da política*, especialmente o capítulo 1, "A pátria como família", p. 45.

As famílias nas peças de Nelson Rodrigues dos anos 1940 vivem, no entanto, esse ideal autoritário como um conflito, e não com uma aceitação passiva. Quando o dramaturgo começou a produzir as suas peças teatrais nem a "missão nacional" dos anos 1920 ou a "obrigação nacional" estadonovista animavam a sua criatividade. Antes de tudo, há uma percepção oblíqua de que a sociedade brasileira estava cindida numa época de permanência de um discurso moral público decadente (moralista), em um momento de ascensão de uma cultura moral privada calcada em um indivíduo solitário e descrente de tudo e de todos (imoral), centrado em seus desejos, culpas, desconfianças e ressentimentos.[47] Produto mesmo da falência dos inúmeros projetos modernizadores dos anos 1920, quando ao menos o ideal de uma cultura moral pública podia ser crível. Tal credibilidade advinha não de um encaixe entre ideologia e sociedade, mas porque os rumos que o Estado, a família e a sociedade deveriam tomar estavam abertos. A concretização de uma modernidade via Estado, que arregimentasse todos os setores da sociedade, era ainda uma possibilidade. Já nos anos 1940, apesar de todos os esforços para mostrar os avanços em relação aos projetos modernizadores do passado, surgiu um "Estado Novo", no qual o único modo de fazer crer na *res publica* era por meio do autoritarismo daquele Estado.

Por tudo que foi até aqui exposto, soa estranho o argumento de Victor Hugo Adler Pereira, segundo o qual a produção dramática de Nelson Rodrigues teria sido utilizada nos anos 1940 para justificar e colocar em prática, no âmbito da cultura, o projeto "modernizador" do Estado Novo.

> *A musa carrancuda* que dá título a este livro, como o leitor deve ter descoberto pela pista deixada na capa, é Nelson Rodrigues. O título do livro lembra a posição destacada que o dramaturgo e jornalista teve na vida cultural durante os anos 40, representando um personagem um tanto diferente com

---

47 Ismail Xavier destaca que o ressentimento é uma das características principais das personagens rodrigueanas: "há, no seu estilo, um toque manipulador que denuncia um espelhamento do que há de perverso no jogo doméstico, prevalecendo, no gesto, o que é a expressão do ressentimento contra a ordem familiar". XAVIER, Ismail. Nelson Rodrigues no cinema (1952-99): anotações de um percurso. *O olhar e a cena*: melodrama, Hollywood, Cinema Novo, Nelson Rodrigues, p. 215. Sua análise refere-se aos textos dramáticos e não à leitura cinematográfica das peças.

que nos habituamos a conviver dos anos 60 em diante. (...) Sua *persona* pública era naquele tempo a de um representante maldito das tendências de vanguarda, figura ligada aos escândalos motivados por seus conflitos com a censura e os defensores da moralidade e também por seu afetado desdém pelo gosto do público. Por esses mesmos motivos, podia ser apontado como comprovação de que, nos moldes dos modernismos dos grandes centros, o Brasil também gerava vanguardistas malditos, o que certamente contribuía para lhe garantir uma certa estima em alguns círculos bem-pensantes. Algumas reações diante de suas primeiras obras deixam patente que ele correspondia aos anseios daqueles que esperavam encontrar no teatro sintomas da renovação e, em outros campos de atividades artísticas, que teve como marco a Semana de Arte Moderna. Nelson Rodrigues seria para alguns setores da intelectualidade carioca, sobretudo, uma espécie de musa do modernismo teatral tardio. (...) Ao congelar sua imagem de então com a carranca fechada de mau humor, procurei destacar o desprezo que ele alegava publicamente devotar ao chamado 'teatro para rir', às comédias digestivas ou a quaisquer outras formas tradicionais e populares de comicidade brasileira que tinham bilheteria garantida na época. Atente-se para o fato de que sua obra era apontada como antídoto do que alguns círculos intelectualizados e identificados com o espírito modernista de 22 ou com o gosto cosmopolita europeu caracterizavam como pragas da subcultura e do atraso (...).[48]

Para Pereira, Nelson Rodrigues representava o "teatro sério" ou "intelectual"/"de arte", ainda associado ao "Modernismo de 1922", em oposição ao "teatro para rir", associado ao teatro de revista e de *boulevard*, muito populares entre os anos 1930 e 1950 na cidade do Rio de Janeiro, que se ancoravam na tradição da comédia de costumes do século XIX no Brasil.[49] De acordo com

---

48 PEREIRA, Victor Hugo Adler. *A musa carrancuda*: teatro e poder no Estado Novo, p. 9-10.

49 Luiz Paulo Vasconcellos denomina comédia de costumes o "que ridicularize os modos, os costumes e aparência de um determinado grupo social. (...) No Brasil, o principal representante da comédia de costumes é Luis Carlos de Martins Pena (1815-1848), que escreveu sobre influência do modelo francês", p. 48. Já sobre o teatro de revista, afirma que, "desenvolvendo-se nos teatros existentes em torno da praça Tiradentes, no Rio de Janeiro, o gênero alcançou grande sucesso popular nos anos 40 e 50, em parte devido ao luxo do guarda-roupa e à beleza das vedetes e coristas, mas principalmente devido à sátira política", p. 190. O teatro de *boulevard* é "um tipo de teatro predominantemente comercial (...).

Nelson Rodrigues: o fracasso do moderno no Brasil   67

o autor, a obra teatral de Nelson Rodrigues era vista como solução para o péssimo gosto do público, para a má-formação dos profissionais do teatro (atores, encenadores, dramaturgos, cenógrafos, produtores etc.) e contra o teatro eminentemente comercial. Além disso, o próprio dramaturgo era identificado por seu desprezo ao público, em função das suas declarações de que o público "é um problema do bilheteiro" ou de que "o autor que pensa no público mata a obra de arte",[50] pois defendia um teatro intelectual, isto é, "verdadeiramente artístico".

Ao trabalhar com polaridades como "teatro para rir" *versus* "teatro sério", público *versus* produção, arte *versus* comércio, Pereira não questiona a ideologia que as encoberta, e, assim, faz com que elas existam. É importante notar também que, ao tentar mudar a concepção de autoria como determinante do sentido dado à obra, libera-se da tarefa de interpretar criticamente as peças: "não se realiza a análise de textos dramatúrgicos de Nelson Rodrigues, mas se procura elaborar a rede em que o intelectual, homem público, suas falas e suas peças tornam-se significativos e provocaram efeitos, a nosso ver, decisivos na história de nossa cultura".[51]

Embora Nelson Rodrigues tenha se utilizado do seu círculo de influências, principalmente do seu irmão Mário Filho, precursor do jornalismo esportivo no Brasil, para que várias das suas peças fossem encenadas por companhias de teatro subsidiadas pelo governo,[52] isso não sustenta a ideia de que o seu teatro estivesse conluiado com a política institucional do período. É na leitura das suas peças que está o melhor contra-argumento.

O repertório desses teatros é geralmente formado por farsas e melodramas, e o objetivo principal é a diversão. O fato destes espetáculos serem destinados ao grande público, que buscava no teatro um mero entretenimento, não invalida a qualidade das produções ali realizadas, nem o tipo de drama ali representado". VASCONCELLOS, Luiz Paulo. *Dicionário de teatro*, p. 31. Sobre o teatro de revista ver ainda: MENCARELLI, Fernando Antonio. *Cena aberta*: a absolvição de um bilontra e o teatro de revista de Arthur Azevedo; VENEZIANO, Neyde. *O teatro de revista no Brasil*: dramaturgia e convenções e, da mesma autora, *Não adianta chorar*: teatro de revista brasileiro... Oba!

50 Entrevista de Nelson Rodrigues concedida a Daniel Caetano em sua coluna *Momento teatral*, do jornal *Diário de Notícias*, Rio de Janeiro, 17 mai. 1946, *apud* PEREIRA, *A musa...*, *op. cit.*, p. 153.

51 *Ibidem*, p. 10-11.

52 Sobre o assunto, ver: CASTRO, *op. cit.*, p. 154-155.

Os enredos se passam no clima asfixiante da intimidade da família burguesa de elite atormentada pelo choque entre as ideologias de "moderno" do passado e do presente: uma cultura moral pública visivelmente moralista em decadência, portanto, idealista e abstrata – que se traduz na crença cega das personagens nos valores do casamento, do relacionamento conjugal harmonioso, do respeito filial, da submissão da esposa ao marido etc. –, e uma cultura moral privada descaradamente licenciosa em ascensão, individualista e desprovida de qualquer princípio moral – que se traduz na desconfiança ou descrença generalizada das personagens em todos esses valores. Tal procedimento vai ao encontro da natureza histórica da linguagem teatral no Ocidente como "arte dos excessos",[53] por meio do jogo de concepções de mundos-limite que se entrechocam e se indeterminam, questionando-se mutuamente.[54]

---

53   Essa expressão foi cunhada da entrevista do ator Cláudio Correa e Castro para Simon Khoury: "O artista não deve ter muito bom gosto, como disse o Pierre Aimée – que foi diretor da 'Commédie Française' – em seu livro, *Dionísio*, no qual diz também que o teatro é a arte dos excessos. A gente sempre faz a mais. Sei muito bem disso porque, quando dirijo uma peça e peço a um ator que grite, ele deve berrar, urrar, para que depois eu possa baixar o seu tom para encontrar o tom exato. Quando o ator fica acanhado, a coisa não vai. Temos de ter o excesso, o derramado que o Machado de Assis tanto odiava. Aquela coisa bem exagerada que depois pode ser ajustada". KHOURY, Simon. *Série Teatro Brasileiro*: bastidores (Dina Sfat, Cláudio Correa e Castro, Aimée e Tony Ramos), p. 187.

54   A tragédia grega nasceu do questionamento entre duas visões de mundo: a mitológica e a político-jurídica da cidade, da *polis*. De acordo com Jean Pierre Vernant "[a] tragédia nasce, observa com razão Walter Nestle, quando se começa a olhar o mito com olhos de cidadão. Mas não é apenas o universo do mito que, sob este olhar, perde sua consistência e se dissolve. No mesmo instante o mundo da cidade é submetido a questionamento e, através do debate, é contestado em seus valores fundamentais. Mesmo no mais otimista dos Trágicos, em Ésquilo, a exaltação do ideal cívico, a afirmação de sua vitória sobre as forças do passado, tem menos o caráter de uma verificação, de uma segurança tranquila que de uma esperança e de um apelo onde a angústia jamais deixa de estar presente, mesmo na alegria das apoteoses finais. Uma vez representadas as questões, para a consciência trágica não mais existe resposta que possa satisfazê-la plenamente e ponha fim à sua interrogação". Tensões e ambiguidades na tragédia grega. VERNANT, Jean-Pierre e VIDAL-NAQUET, Pierre. *Mito e tragédia na Grécia antiga*,- p. 11. Sobre a possibilidade da experiência trágica contemporânea, consultar: WILLIAMS, Raymond. *Tragédia moderna*, especialmente o capítulo 3, "Tragédia e ideias contemporâneas", no qual o autor comenta que "tragédias importantes, ao que tudo indica, não ocorrem nem em períodos de real estabilidade, nem em períodos

Portanto, a visão "moderna" de Nelson Rodrigues questiona a existência do "moderno" por meio do referido jogo entre cultura moral pública e cultura moral privada. O "moderno da belle époque" se torna moralista no "moderno da atualidade" imoral e individualista, representa a decadência e a permanência da ideia de "moderno" baseado na *res publica* da geração de formação de Nelson Rodrigues. Não por acaso, a permanência desse ideal de cultura moral pública ganha ares decadentistas em suas peças ao revelar o autoritarismo e a loucura das personagens.

Nesse sentido, a primeira peça de Nelson Rodrigues, *A mulher sem pecado*, de 1941, é exemplar. Olegário é um marido ciumento que tenta provar que a sua mulher o trai, por isso vigia os seus passos, forja indícios, levanta suspeitas infundadas e finge ser paralítico. Ele é a personagem cindida na defesa dos ideais públicos (genéricos) de moralidade advindos da tradição burguesa da *belle époque* – fidelidade, união familiar, casamento estável e relacionamento conjugal harmonioso –, mas que se tornam decadentes à medida que o seu individualismo o faz desconfiar de tudo, levando-o para a imoralidade extremada. Esse processo de polarização é próprio da linguagem teatral para que dele surjam as mediações.

> (*Abre-se o pano para o 2º ato. Olegário, na cadeira de rodas, de costas para a plateia, aponta o dedo para Lídia. Esta, voltada para Olegário, olha-o com uma expressão de assombro. O pano vai-se levantando e Olegário falando. D. Aninha continua enrolando o paninho.*)
>
> OLEGÁRIO (*berrando*) – Foi! Foi seu amante! Ficou com as duas pernas esmagadas!

---

de conflito aberto e decisivo. O seu cenário histórico mais usual é o período que precede à substancial derrocada e transformação de uma cultura. A sua condição é a verdadeira tensão entre o velho e o novo: entre crenças herdadas e incorporadas em instituições e reações, e contradições e possibilidades vivenciadas de forma nova e criativa. Se as crenças recebidas desmoronam, ampla ou inteiramente, a tensão, é obvio, está ausente; na proporção em que a real presença delas é necessária. Mas as crenças podem ser ativa e profundamente contestadas, não tanto por outras crenças como por uma outra imediata e persistente. Em tais situações, o processo usual de dramatizar e resolver a desordem e o sofrimento se intensifica até o nível que pode ser o mais prontamente reconhecido como tragédia" p. 79.

(Lídia recua, de frente para Olegário, em direção da escada.)

LÍDIA – Não! Não! Eu não tenho amante! Nunca tive amante!

(Olegário a acompanha, na cadeira de rodas.)

OLEGÁRIO *(num grito estrangulado)* – Me enganando... Me traindo...

LÍDIA *(com expressão de terror)* – Eu vou-me embora. Não fico mais aqui!

OLEGÁRIO *(impulsionando a cadeira, enquanto Lídia recua)* – Vai embora, para onde? *(como que caindo em si)* Lídia! Venha cá, Lídia!

LÍDIA *(no segundo degrau, de frente para Olegário, obstinada)* – Eu vou-me embora!

OLEGÁRIO *(encostando a cadeira na escada, em pânico)* – Não, Lídia! Desça! Eu menti! Desça!

LÍDIA *(subindo mais um degrau, implacável)* – Não!

OLEGÁRIO *(em pânico)* – Foi brincadeira, Lídia! Venha cá!

LÍDIA *(com rancor)* – Brincadeira, isso?

OLEGÁRIO *(suplicante)* – Eu quis fazer uma experiência com você, Lídia! Inventei a história das pernas esmagadas. Desça, Lídia! Desça! O telegrama não tem nada! É outra coisa!

(Lídia desce lentamente e senta-se no 1° degrau.)

LÍDIA *(patética)* – E eu ter que aturar isso!

(Olegário observa Lídia à distância, depois aproxima a sua cadeira de rodas. Lídia olha para o marido.)

LÍDIA *(com nervos trepidantes)* – Se ao menos você parasse com essa cadeira! Ficasse quieto!

OLEGÁRIO *(sem lhe dar atenção)* – Eu quis ver se você caía. *(sardônico)* Uma notícia dada à queima-roupa às vezes produz reações surpreendentes. *(para Lídia, com excitação)* Se você desmaiasse, dissesse um nome...

LÍDIA *(dolorosa)* – Você é doido? Que ideia foi essa das pernas esmagadas?

OLEGÁRIO *(vago)* – Foi uma coisa de momento. Nem sei como foi.

LÍDIA *(amargurada)* – E agora, está satisfeito?

(Olegário impulsiona a cadeira, ficando de costas para Lídia.)

OLEGÁRIO *(veemente)* – Não, nunca! Por que satisfeito? *(aproxima-se da mulher)* Esse teu amante não existe. *(feroz)* Ainda assim, esmaguei-lhe as pernas! *(ri, ignobilmente)* Exista ou não, está sem as pernas![55]

Lídia, a esposa, sofre com a obsessão do marido a ponto de um dia realmente se envolver e fugir com o chofer da casa (Umberto). Na situação de jogo, todos os valores entram em conflito: o medo da infidelidade se torna constante no marido, o desejo de um casamento estável e harmonioso provoca desavenças no casal e a boa conduta moral leva à mentira do marido quanto à sua paralisia e à verdade da esposa ao trair o marido com o chofer.

Por um lado, se tem a moral familiar baseada nos valores do *liberalismo econômico burguês*, que devem servir para todos por meio da ideia genérica de moral advinda da ideologia *positivista* do *Estado-Providência*, mesclada a um *conservadorismo patriarcal*, nesse caso, misógino e autoritário. Por outro, se tem a descrença nesses valores, pois o marido não acredita na fidelidade da esposa, não confia que os seus próprios valores morais genéricos possam ser válidos para todos e nem mesmo que a sua esposa os respeite.

Ao colocar em jogo a cultura moral pública e a cultura moral privada, o dramaturgo cria um clima de agonia, solidão e angústia, visto que as suas personagens não conseguem encontrar uma solução para o impasse. Os valores da cultura moral pública são os parâmetros a serem seguidos, mas também transgredidos pelas personagens que convivem em tensão com a descrença na cultura moral privada. O que gera um conflito irresoluto.

O clima estoico da peça não está apenas no conteúdo explícito do enredo, mas também na forma como ele é composto. Nesse sentido, as exigências cênicas nas

---

55 RODRIGUES, Nelson. A mulher sem pecado. *Teatro completo de Nelson Rodrigues 1*: peças psicológicas, p. 67-68.

72 Alexandre Pianelli Godoy

peças dos anos 1940, mesmo nas que prezavam a economia de objetos em cena, são frisadas num texto relativamente longo para uma rubrica ou didascália[56] inicial.

> *(Cenário com fundo de cortinas cinzentas. Uma escada. Mobiliário escasso e só-brio. O Dr. Olegário - um paralítico recente e grisalho - está na sua cadeira de rodas. Impulsiona a cadeira de um extremo a outro no palco, e vice-versa. Excitação contínua. Num canto da cena, D. Aninha, de preto, sentada numa poltrona, está perpetuamente enrolando um paninho. D. Aninha, mãe do Dr. Olegário, é uma doida pacífica. Luz em penumbra. Sentada num degrau da es-cada, está uma menina de dez anos, com um vestido curto, bem acima do joelho, e sempre com as mãos cruzadas sobre o sexo. Luz vertical sobre a criança. Esta é uma figura que só existe na imaginação doentia do paralítico. No decorrer dos três atos, ela aparece nos grandes momentos de crise.)[57]*

A materialidade dos cenários, dos figurinos e dos objetos sugeridos à cena é outra forma de documentar a historicidade do texto. A preocupação com o ce-nário pesado e triste, de "cortinas cinzentas" e "mobiliário escasso e sóbrio", com os adereços e figurinos cênicos, como a cadeira de rodas de Olegário ou o paninho de D. Aninha - que também deve estar vestida de preto - e a roupa da

---

56 No *Dicionário de teatro*, de Luiz Paulo Vasconcellos, rubrica é "qualquer palavra escrita de um texto teatral que não faça parte do diálogo. Essas palavras podem ser tanto o nome do personagem diante de cada fala, quanto a descrição do personagem, do cenário, do figuri-no ou, ainda, comentários explicativos relativos ao estado de espírito dos personagens ao enunciar as palavras do texto. Esta última modalidade, geralmente, constitui um hábito literário considerado duvidoso, pois indica apenas que o diálogo não é suficientemente cla-ro ou expressivo para revelar sua verdadeira motivação. Alguns autores, entretanto, tiram partido das rubricas e criam uma literatura paralela ao texto dramático de indiscutível in-teresse. É o caso de Bernard Shaw (1856-1950), por exemplo, que faz verdadeiros ensaios de personagens e suas motivações, ou de Nelson Rodrigues (1912-1980), cuja poeticidade e irreverência às vezes criam rubricas profundamente perturbadoras", p. 171. Por sua vez, Jean-Pierre Ryngaert denomina as rubricas de *didascálias*: "indicações cênicas na práti-ca moderna, elas reúnem os elementos do texto ('texto secundário') que ajudam a ler e/ou interpretar a obra dramática. Os textos atuais excluem radicalmente todo 'comentário' (Sarraute, Vinaver) ou o utilizam de forma pletórica (Beckett, Vauthier), revelando, assim, relações opostas com o leitor". RYNGAERT, Jean-Pierre. *Ler o teatro contemporâneo*, p. 225. Consultar, ainda, PAVIS, Patrice. Didascálias. *Dicionário de teatro*, p. 96.

57 RODRIGUES, A mulher sem pecado, *op. cit.*, p. 45.

Nelson Rodrigues: o fracasso do moderno no Brasil   73

menina imaginária do paralítico, indicia que o autor estava atento para o tipo de *mise-en-scène* que desejava criar.[58] Independentemente do que os futuros encenadores venham a fazer com o cenário ou o figurino sugerido pelo texto rodrigueano, a sua intenção é enfatizar o paroxismo criado por suas personagens ao acreditarem cegamente em valores morais fixos e intransigentes – públicos –, mas que, por fim, desestruturam-se na solidão do indivíduo que desconfia de tudo e de todos – privado. Um mal-estar contínuo. Lídia, a esposa, torna-se nitidamente confusa, transtornada com a dupla exigência.

> LÍDIA – Vamos! Vamos! Tenho mais que fazer! (*a idiota rejeita a comida*) Quer ou não quer? Largo tudo e vou-me embora! Anda, sua velha (*trincando as palavras, cara a cara*) É a mãe, é o filho! (*grita*) Velha maluca! (*circula em torno da cadeira, depois de pousar o prato em cima do móvel*) (*baixo e feroz*) Quem devia estar aqui era seu filho... meu marido... Enrolando esse paninho... Estou que não posso ouvir nada no meio da rua... Nem ver nome feio desenhado no muro... (*recua, num grito, apertando a cabeça entre as mãos*) Foi ele! Foi teu filho que me pôs neste estado! (*rápida, numa alegria selvagem,*

---

58 Ana Maria Amaral denomina de "teatro de formas animadas" todo aquele em que "os objetos materiais inanimados (máscara, boneco, objeto ou simples imagem) ganham vida e passam a representar essências (por extensão da energia vital do ator-manipulador). E, ao se tornarem personagens, isto é, ao serem animados, perdem as características de corpo material inerte e adquirem *anima*, isto é, alma, passando a transmitir conteúdos, substâncias. Não são mais simples figuras, como diria Hjelmslev, nem *figures*, no sentido da língua inglesa, mas existe neles uma substância, um conteúdo, que se identifica com a sua forma. (...) Portanto, para nós, o termo 'forma' é mais apropriado que o de 'figura', desde que acompanhado de sua qualificação animada, pois o que confere essência (ou substância) ao objeto é a transferência (ou transposição) da essência (ou substância) do ator. Enquanto boneco-objeto, objeto plástico, matéria inanimada, seu nome poderia ser figura, mas enquanto personagem animado, o nome mais correto nos parece forma. Forma animada". AMARAL, Ana Maria. *Teatro de formas animadas*: máscaras, bonecos, objetos, p. 243. Cabe ressaltar que o cenário, os adereços cênicos e os figurinos também podem ser considerados "formas animadas", já que exercem uma função na encenação. Porém, a utilização de dualismos conceituais como "forma"/"figura", "essência"/"aparência", "inerte"/"animado" torna restritiva a caracterização de "teatro de formas animadas". Talvez a grande importância de um teatro que utiliza explicitamente na encenação máscaras, bonecos e objetos não seja o "valor de uso" do material, mas a ampliação e o borramento das fronteiras do que se considera ou não encenar.

aproximando-se da velha) Umberto me beijou! A mim! Tua nora! E me disse um nome, uma palavra que me arrepiou... (*estende as mãos*) Meu marido mete na minha cabeça tudo o que não presta! O dia inteiro em cima de mim: 'olha a cinta'... 'Você não pode andar sem cinta'... E até já perguntou se eu, em criança... (*violenta*) Mas não passa um dia que eu não deseje a morte de teu filho! (*sonhando*) Olegário morto... Sem sapatos e com meias pretas, morto... De smoking e morto! (*em desespero, como que justificando-se*) Não sou eu a única mulher que já desejou a morte do marido (*ri, com sofrimento*) Tantas desejam, mesmo as que são felizes... (*baixa a voz, com espanto*) Há momentos em que qualquer uma sonha com a morte do marido... (*baixo, outra vez*) Escuta aqui, sua cretina! Quando leio no jornal a palavra 'seviciada' – eu fecho os olhos... (*com volúpia*) Queria que me seviciassem num lugar deserto... Muitos... (*grita, num remorso atroz*) Não, é mentira... (*noutro tom*) Umberto me chamou de cínica e eu... Eu gostei... (*baixo e aterrorizada*) Quem sabe se eu não sou? Não! Não! Minhas palavras estão loucas, minhas palavras enlouqueceram! (*recua, aterrorizada e estaca. Súbito, corre para a louca; cai de joelhos, soluça, abraçada às pernas da doida*) Perdão! Perdão! (*súbito, ergue-se. Corre, soluçando*).[59]

O sofrimento de Lídia não pode ser compartilhado com ninguém pelo fato de a sogra não responder, muito embora ela saiba que foram as desconfianças do marido que a levaram a essa quase loucura, o que a aproxima da sogra doida, mas lhe causa repulsa, gerando sentimentos contraditórios. Ela também começa a ter "pensamentos imorais". Observa-se nessa cena como Lídia está cindida entre acreditar nos valores da cultura moral pública do casamento e da abnegação da esposa ao marido e, ao mesmo tempo, descrer de todos eles por pertencer também a uma cultura moral privada, na qual a fidelidade não se realiza, ou melhor, a moral genérica não se concretiza. Lídia se sente tão culpada quanto o seu marido. Conformada à traição, a peça termina com Olegário vivo, embora a rubrica deixe inúmeras possibilidades em aberto a serem ou não completadas pelo leitor/espectador: "Olegário aproxima-se de D. Aninha. Esta continua, na sua atitude, enrolando o eterno paninho. Olegário encosta o revólver na fronte".[60] Para Sábato Magaldi, é suicídio.

---

59 RODRIGUES, A mulher sem pecado, *op. cit.*, p. 99-100.

60 *Ibidem*, p. 103.

Vivendo em paroxismo, Olegário é <u>sequioso de absoluto</u> (grifo meu), a ponto de achar que todos os homens deviam ser mutilados. No delírio, imagina uma situação absurda, em que nunca sairiam do quarto ele, a mulher e o suposto amante. Não dominando o passado de Lídia, como saber onde voavam seus pensamentos? Incapaz de um compromisso menor com a realidade, predestinado, Olegário só pode apaziguar suas contradições no suicídio. A vocação de abismo determina o comportamento inteiro desse alucinado. Trata-se de um ciumento metafísico, que não precisa de nenhum indício exterior para dar largas à imaginação. O ciúme vem da própria existência do outro, ser independente, desligado da sua carne e do seu espírito.[61]

Partindo de outras premissas, me aproximo em alguns pontos da leitura do crítico teatral. É um ciúme metafísico porque Nelson Rodrigues torna a crença em um moralismo burguês tão genérico que Olegário passa a acreditar mais na ideia de traição do que no próprio ato consumado, o que lhe permite imaginar: "Esse teu amante não existe. (*feroz*) Ainda assim, esmaguei-lhe as pernas! (*ri, ignobilmente*) Exista ou não, está sem as pernas!". A loucura de Olegário é viver dilacerado entre uma cultura moral pública que exige que, como marido, ele cobre da sua mulher fidelidade, respeito e resignação e, ao mesmo tempo, uma cultura moral privada, na qual o indivíduo desconfia de qualquer valor, o que não o livra nem do peso do costume, tampouco o leva à compreensão de si mesmo.

O próprio Nelson Rodrigues se projeta como sujeito do seu tempo no conflito de Olegário, até mesmo na dificuldade de expressar racionalmente as transformações da sua época. É a sua forma de politizar o privado em uma sociedade em que o Estado que se pretendia "novo" estava alicerçado em ideais conservadores do final do século XIX, os quais se mantinham, mas se desestruturavam diante de indivíduos que se viam perdidos na sua falência. Um Estado que não conseguia arregimentar todos os indivíduos no espaço público, fosse por estar calcado em um conservadorismo patriarcal altamente excludente, fosse por sustentar valores burgueses pautados num liberalismo econômico incipiente para a maioria da população e insatisfatório para aqueles que detinham o poder econômico. É sintomático que o enredo da peça se passe dentro de um lar burguês elitizado, mas infeliz.

---

61 MAGALDI, Sábato. *Nelson Rodrigues*: dramaturgia e encenações, p. 32.

A existência do "moderno" passa a ser questionada, mas não propriamente negada, pois a *res publica* como espaço da sua realização ainda existia no ideal fundamentado na moral familiar. No entanto, tornava-se moralista e decadente ao cair no descrédito desse indivíduo imoral que desconfiava de tudo e de todos.[62]

Nelson Rodrigues transpõe para o palco, por meio dos dramas das suas personagens, uma sociedade cindida entre duas visões de "moderno", que se indeterminavam e geravam agonia, ou a sensação de enlouquecimento do real. Há aqui uma diferença importante entre esse argumento e aquele do livro *O declínio do homem público*, de Richard Sennett. Diz este autor:

> Foi a geração nascida após a Segunda Guerra Mundial que se voltou para dentro de si ao se libertar das repressões sexuais. É nessa mesma geração que se operou a maior parte da destruição física do domínio público. A tese deste livro é a de que esses sinais gritantes de uma vida pessoal desmedida e de uma vida pública esvaziada ficaram por muito tempo incubados. São resultantes de uma mudança que começou com a queda do Antigo Regime e com a formação de uma nova cultura urbana, secular e capitalista.[63]

É temerário tomar qualquer conclusão estendendo a experiência histórica europeia como válida para outros tempos, espaços e culturas. O livro de Sennett foi de grande impacto nos anos 1970 na Europa e nos Estados Unidos da América do Norte, pois se vivenciava a consolidação do capitalismo na parte ocidentalizada do mundo, tanto nas economias "livres" dos países ricos,

---

62 Realiza-se plenamente o que Michel Foucault definiu como um autor, isto é, dilacerado nele mesmo. O filósofo considera o autor não como aquele que profere um discurso universal e abstrato, tampouco proclama a sua morte individual, mas como função: "a função autor está ligada ao sistema jurídico e institucional que encerra, determina, articula o universo dos discursos; não se exerce uniformemente da mesma maneira sobre todos os discursos, em todas as épocas e em todas as formas de civilização; não se define pela atribuição espontânea de um discurso ao seu produtor, mas uma série de operações específicas e complexas; não reenvia pura e simplesmente para um indivíduo real, podendo dar lugar a vários 'eus' em simultâneo, a várias posições-sujeitos que classes diferentes de indivíduos podem ocupar". FOUCAULT, Michel. *O que é um autor?* p. 56-57.

63 SENNETT, *op. cit.*, p. 30.

quanto nas economias "dependentes" dos países pobres. Era preciso fazer um balanço sociológico desse domínio que atingia não apenas a ideologia política e econômica a ser seguida pelo bloco ocidental ainda em tempos de Guerra Fria, mas principalmente os indivíduos em seu dia a dia, que pareciam se acomodar com a "cultura capitalista" centrada, para além do consumo, no culto da personalidade, no domínio do "eu" e num certo modo de pensar "psicologizante" que se popularizava.

Aos olhos do historiador de hoje, a obra de Sennett é de uma militância intelectual séria e sofisticada, mas talvez lhe escapem os processos históricos que afirmam que o domínio do capitalismo não se deu da mesma forma, principalmente, nos países que viviam na periferia do capitalismo. O que está explícito na noção de "declínio" do homem público é o "domínio" do homem privado.

Esse "domínio" de uma cultura moral privada em cidades como São Paulo e Rio de Janeiro, na década de 1940, era tão questionável como o declínio de uma cultura moral pública. O Estado Novo valorizava no discurso ideológico a nação como um corpo político coeso, no qual a família e o indivíduo deveriam estar integrados, e Nelson Rodrigues mostra que, fora das esferas institucionais, tal discurso era frágil. O discurso de uma moral pública do passado não havia se realizado concretamente, tornando-se moralista, e o discurso de uma moral privada do presente era fruto de um individualismo desconfiado e descrente, convertendo-se em imoral. No Brasil dos anos 1940, não havia propriamente um declínio do homem público, nem um domínio do homem privado. Curiosamente, o discurso ideológico e a criação teatral sustentavam tal argumento, embora partissem de posições bem diferentes.

O teatro considerado "moderno" de Nelson Rodrigues é esse dos anos 1940, com as peças *A mulher sem pecado* (1941), *Vestido de noiva* (1943) e todo o seu teatro "desagradável", que incluía na sequência cronológica *Álbum de família* (1945), *Anjo negro* (1946), *Senhora dos afogados* (1947) e *Dorotéia* (1949). A fase é concluída com o único "monólogo"[64] do autor, *Valsa nº 6* (1951). "Desagradável" porque, segundo o autor, "são obras pestilentas, fétidas, capazes por si sós, de produzir

---

64   O conceito de "monólogo" e a discussão sobre a diferença em relação a "solilóquio" serão abordados mais adiante.

o tifo e a malária na plateia"[65] – que tentava compreender os motivos da censura das suas peças durante todo o governo de Eurico Gaspar Dutra.[66]

Entretanto, antes disso, Antonin Artaud já considerava o teatro como cura e doença e elaborou uma sutil e refinada analogia entre o teatro e a peste.

> O teatro, como a peste, é uma crise que se resolve pela morte ou pela cura. E a peste é um mal superior porque é uma crise completa após a qual resta apenas a morte ou a extrema purificação. Também o teatro é um mal porque é o equilíbrio supremo que não se adquire sem destruição. Ele convida o espírito a um delírio que exalta suas energias; e para terminar pode-se observar que, do ponto de vista humano, a ação do teatro, como da peste,

---

65   RODRIGUES, Nelson. Teatro desagradável. *Dyonisios*, 1949, *apud* CASTRO, *op. cit.*, p. 213.

66   "A boa acolhida à sua obra, porém, não teve continuidade imediata. Ao contrário, a fase seguinte [posterior a *Vestido de noiva*] quase levou Nelson ao completo ostracismo. *Álbum de família*, escrita em 1945, recebeu interdição da Censura em 17 março de 1946, sendo liberada somente em 3 de dezembro de 1965. A publicação em livro não lhe valeu melhor destino. Os admiradores da véspera condenaram o dramaturgo cujo nome, desde então, passou a ser sinônimo de obsceno e tarado. Álvaro Lins decretou que o texto estava fora da literatura. Horrorizaram todo mundo os numerosos incestos retratados. Nelson visaria o escândalo e não à obra de arte autêntica. (...) *Anjo negro*, feita em 1946, trouxe a segunda interdição para o autor, em janeiro de 1948, indo à cena, contudo, dois meses depois, em 2 de abril, no Teatro Fênix do Rio (...). Recepção controvertida, em parte talvez pelo problema racial envolvendo os protagonistas, em parte pela estranheza do procedimento dramático, não corrente em nosso meio, no seu deliberado antirrealismo. (...) Do ano seguinte, 1947, é *Senhora dos afogados*, a terceira interdição do autor, em janeiro de 1948. No início da década de cinquenta, a tragédia (...) entrou em ensaios no Teatro Brasileiro de Comédia em São Paulo, então a companhia de maior prestígio no País. A encenação de Ziembinski asseguraria a fidelidade ao espírito de Nelson. Mas eram outros os ideais estéticos professados pelo elenco e, após, meses de ensaios, abandonou-se o projeto, numa decisão inédita na casa de espetáculos. Lembro-me da melancolia de Nelson, por não ter figurado no repertório do TBC, o que significava a presença de ótimos atores e uma cuidada produção (...). *Senhora dos afogados* só estreou em 1º de junho de 1954 (...). Quarta e última peça da fase que denominei de mítica, na dramaturgia de Nelson, (...) *Dorotéia*, classificada como 'farsa irresponsável', foi escrita em 1949, subindo à cena em 7 de março de 1950, no teatro Fênix do Rio, sob a direção de Ziembinski. Ou porque o encenador lhe deu tratamento de tragédia, ou porque o público não compreendeu a simbologia, a verdade é que *Dorotéia* permaneceu poucas semanas em cartaz, constituindo-se indisfarçável malogro. Parecia afixado ao autor, inapelavelmente, o epíteto de maldito." MAGALDI, *Nelson Rodrigues...*, *op. cit.*, p. 12-14.

é benfazeja pois, levando os homens a se verem como são, faz cair a máscara, põe a descoberto a mentira, a tibieza, a baixeza, o engodo; sacode a inércia asfixiante da matéria que atinge até os dados mais claros dos sentidos; e, revelando para coletividades o poder obscuro delas, sua força oculta, convida-as a assumir diante do destino uma atitude heroica e superior que, sem isso, nunca assumiriam. (...) E a questão que agora se coloca é saber se neste mundo de declínio, que está se suicidando sem perceber, haverá um núcleo de homens capazes de impor essa noção superior do teatro, que devolverá a todos nós o equivalente natural e mágico dos dogmas em que não acreditamos mais.[67]

Cabe ressaltar que essa concepção de teatro elaborada pelo poeta Antonin Artaud foi produzida nos anos 1930 na Europa, momento no qual se vivia o auge dos novos meios de comunicação de massa, como o cinema, o rádio e a propaganda, a serviço principalmente dos regimes totalitários, que cada vez mais provocavam um distanciamento do humano da sua realidade, fosse no extermínio dos corpos, fosse no domínio da reprodutibilidade técnica.[68] Aliás, Artaud propunha um teatro baseado não na mediação das palavras, mas no corpo do ator (entonação e gestualidade), que mais tarde seria apropriado pelo teatro do absurdo e do cotidiano, inclusive no seu modo de tratar as próprias palavras no texto.[69]

---

67 ARTAUD, Antonin. O teatro e a peste. *O teatro e o seu duplo*, p. 28-29.

68 Walter Benjamin escreveu o seu texto já consagrado, "A obra de arte na era da sua reprodutibilidade técnica", no mesmo período (1935/36), para se contrapor à ideologia fascista ("esteticização da política") que veiculava a homogeneização da sociedade por meio dos recursos da reprodutibilidade técnica. Propõe uma politização da arte, de onde provém a tomada de consciência da perda de sua "aura" e das suas possibilidades heteróclitas e críticas de captar a realidade, justamente agudizada por sua reprodução. BENJAMIN, Walter. *Obras escolhidas I*: magia e técnica, arte e política, p. 165-196. Para melhor compreensão da historicidade do trabalho de Antonin Artaud, mas a partir de uma perspectiva diferente da que adotei, ver FELÍCIO, Vera Lúcia. *A procura da lucidez em Artaud*, principalmente o capítulo 3, 'Definição e inserção histórica do Teatro da Crueldade', p. 79-98.

69 RYNGAERT, *op. cit.*, p. 155, sublinha que "o teatro francês repousa sobre a tradição histórica de uma 'bela língua', a do século XVII, que lhe valeu a reputação de um teatro feito para ser 'falado' mais do que para ser encarnado. Suas representações padecem, às vezes, de uma espécie de déficit corporal, como se a voz não fizesse parte do corpo e como se fosse possível confiar inteiramente no verbo para exprimir tudo. Talvez seja por esta razão que

80   Alexandre Pianelli Godoy

Portanto, as vanguardas teatrais dos anos 1950 na Europa Ocidental e nos Estados Unidos da América do Norte[70] vinham atualizar e "popularizar" uma proposta de teatro dos anos 1930.[71] No Brasil, a mudança na proposta de teatro concebida por Nelson Rodrigues adquire contornos específicos, pois aqui não havia se realizado um regime totalitário, tampouco a massificação da cultura, que marcou a consolidação traumática do mundo moderno na Europa e nos Estados Unidos. O esforço de Nelson Rodrigues é o de traduzir teatralmente a ambiguidade do "moderno" na sua época e especificidade cultural. Num país onde o Estado jamais teve força de arregimentação social, inclusive para se tornar totalitário, o teatro rodrigueano expõe, na decadência de uma cultura moral pública, a fraqueza do Estado como agente modernizador do país. Da mesma forma, a incipiência da massificação da cultura revelava na ascensão de uma cultura

---

a vanguarda dos anos [19]50 criticou a língua, utilizando como argumento sua fragilidade, sua falta de segurança como instrumento de comunicação, ou exibindo a teatralidade cômica de seus clichês. Contra uma tradição dita 'literária' que percorre o teatro francês desde suas origens, alguns autores marcavam, assim, a insuficiência do verbo e a sua incapacidade de transmitir tudo com igual autoridade. (...) Por outro lado, os autores do teatro do cotidiano se fixaram na dificuldade que seus personagens tinham de falar, na dor da afasia e na resistência da linguagem quando se trata de exprimir um sofrimento social que não encontra suas palavras ou que existe para além das palavras".

70   Sobre o teatro que foi considerado inaugurador do teatro contemporâneo, também denominado de "Vanguarda" ou "Absurdo" dos anos 1950, pode-se citar alguns expoentes: Arthur Adamov (1908-1970), Samuel Beckett (1906-1989), Eugène Ionesco (1912), Harold Pinter (1930), Jean Tardieu (1903), Jean Vauthier (1910), Michel Vinaver (1927) e Fernando Arrabal (1933). Sobre isso, ver RYNGAERT, op. cit., passim, e PAVIS, Patrice. Absurdo. Dicionário de teatro, p. 1-2.

71   Todavia, Artaud traz explicitamente em sua obra influências do modernismo europeu da década de 1890, principalmente da figura de Alfred Jarry, autor da peça Ubu rei. Tanto que batizou o seu grupo de "Teatro Alfred Jarry". Diz ele: "O teatro de Alfred Jarry, consciente da derrota do teatro diante do desenvolvimento invasor da técnica internacional do cinema, se propõe por meios especificamente teatrais (grifos do autor) contribuir para a ruína do teatro tal como ele existe atualmente na França, arrastando nessa destruição todas as ideias literárias e artísticas, todas as convenções psicológicas, todos os artifícios plásticos etc., sobre os quais o teatro se edifica, e reconciliando, ao menos provisoriamente, a ideia do teatro com as partes mais ardentes da atualidade". ARTAUD, Antonin. O teatro Alfred Jarry em 1930. Linguagem e vida: obras completas, p. 43-44.

moral privada um individualismo solitário e descrente, em que não havia parâmetros morais fornecidos por um "mercado de bens simbólicos"[72] consistente.

Luis Costa Lima, em texto de 1969 sobre a cultura de massas no Brasil, corrobora essa ideia.

> (...) o modelo clássico [tecnologia avançada, sociedade de consumo e cultura de massa] seguido, tanto nos Estados Unidos quanto na Europa, pela cultura de massa, aqui não se reproduz. [Um] país, onde a desigualdade de rendas faz com que a um décimo da população correspondam 40% da renda nacional e onde o desequilíbrio continua a ser acusado mesmo no interior deste um décimo, de modo que 20% da renda nacional corresponde a 1% daquele décimo (...), não pode conter uma sociedade de consumo, mas sim e apenas bolsões, ilhas resumidas a círculos restritos nas poucas metrópoles. Isto, entretanto, não significará dizer que a cultura de massa simplesmente inexiste no Brasil? Não, apenas ela não segue seu modelo clássico.[73]

Na década de 1950, por exemplo, nem mesmo as camadas médias da sociedade tinham poder aquisitivo e hábitos culturais para se inserir numa sociedade de consumo. O período assistiu ao início do processo de massificação da cultura, concomitantemente com a ascensão das camadas médias na hierarquia social, pois aquele ainda estava longe da sua consolidação, que, a meu ver, ocorreu apenas a

---

72 A expressão é de Renato Ortiz. Diz o autor: "a consolidação de um mercado cultural somente se dá entre nós a partir de meados dos anos 60, o que nos permite comparar duas situações, uma, relativa às décadas de 40 e de 50, outra, referente ao final de 60 e início dos anos 70. Creio que é possível falarmos, neste caso, de duas ordens sociais diferenciadas, e ao contrapô-las, captarmos algumas especificidades da atualidade. A indústria da cultura pode, desta forma, ser tomada como um fio condutor para se compreender toda uma problemática cultural. Fruto do desenvolvimento do capitalismo e da industrialização recente, ele aponta para um tipo de sociedade que outros países conheceram em momentos anteriores". ORTIZ, Renato. *A moderna tradição brasileira*: cultura brasileira e indústria cultural, p. 8. Tomando como parâmetro o âmbito da produção da indústria cultural, isso se torna parcialmente verdadeiro, pois quando se coloca a questão do consumo e dos hábitos culturais, a massificação da cultura custa a se consolidar num país com tantas diversidades e adversidades sociais.

73 LIMA, Luis Costa. Introdução geral: comunicação e cultura de massa. *Teoria da cultura de massa*, p. 63-64.

partir dos anos 1960, com a popularização da televisão e a inclusão paulatina, até os anos 1990, dos setores empobrecidos da sociedade numa cultura visual-televisiva de consumo,[74] bem diferente do que ocorreu na Europa do pós-guerra.[75]

---

74 GODOY, *op. cit.* Ver especialmente o capítulo 1, "Numa sociedade muito elegante", p. 18-95. Nesse trabalho, documentei a dificuldade de se estabelecer uma cultura de classe média no Rio de Janeiro dos anos 1950. Tais camadas se deixam ver a partir das fontes mais pela precariedade, do que pela consistência da sociedade moderna no Brasil. Outros estudos, no entanto, deslocam o início da cultura de massa no Brasil para entre o final do século XIX e os anos 1920, como é o caso do trabalho de MENCARELLI, *op. cit.*, no qual há nítida confusão entre cultura de massa e cultura dita "popular", produzida por parte das elites artísticas daqueles tempos no teatro de revista. Uma pesquisa sobre a consolidação da cultura de massa no Brasil correspondente à consolidação da televisão é estudo histórico ainda a ser feito, embora alguns textos sejam indicativos: HAMBURGUER, Esther. Diluindo fronteiras: a televisão e as novelas no cotidiano. *História da vida privada no Brasil 4*, p. 439-487.

75 O historiador inglês Eric Hobsbawm, em sua autobiografia, lembra e analisa que "[a]s vidas privadas (...) estão condicionadas pelas circunstâncias mais amplas da história. Destas, a mais poderosa foi a inesperada prosperidade dos tempos. Ela foi chegando lentamente à minha geração e nos tomou de surpresa, especialmente os socialistas entre nós que estavam despreparados para uma era de espetacular êxito capitalista. No início dos anos 60 já era difícil deixar de notá-la. Não posso dizer que a tivéssemos reconhecido como o que chamei 'A Era de Ouro' em meu *Era dos Extremos*. Isso somente foi possível depois de 1973, quando ela já havia terminado. Como todos os demais, os historiadores são mais perceptivos depois que as coisas acontecem. Mesmo assim, no início da década de 60 era evidente, para a minha geração na Grã-Bretanha, isto é, para as pessoas comuns que tinham visto o fim da guerra aos vinte e poucos anos, que estávamos vivendo muito melhor do [que] esperávamos na década de 1930. (...) As gerações que se tornaram adultas antes da guerra podiam comparar suas vidas no pós-guerra com as de seus pais ou com suas próprias expectativas anteriores. Não era muito fácil para eles, principalmente ao enfrentar os imutáveis imperativos de sustentar uma família, perceber que sua situação na nova 'sociedade afluente' ocidental era distinta da do passado na espécie e no grau. Afinal das contas, os trabalhos domésticos permanentes não haviam mudado, mas simplesmente haviam sido facilitados pela nova tecnologia. Após o casamento, ganhar a vida, cuidar dos filhos, da casa e do jardim, lavar roupa e limpar a casa ainda preenchiam a maior parte do tempo e do planejamento de um casal. Somente os jovens que dispunham de mobilidade podiam reconhecer e utilizar todas as possibilidades de uma sociedade que pela primeira vez lhes proporcionava dinheiro suficiente para comprar o que quisessem e tempo suficiente para fazer o que quisessem, ou que de outras formas os tornava independentes da família. Juventude era o nome do ingrediente secreto que revolucionou a sociedade de consumo e a cultura ocidental. Isso foi dramaticamente patente na ascensão do rock'n'roll, música que depende

As peças de Nelson Rodrigues consideradas "modernas" traduzem o questionamento da existência do "moderno" no presente (anos 1940) por meio do jogo com o passado rememorado (*belle époque*) naquele mesmo presente. Mas o seu teatro faz isso na forma, ou seja, na maneira como o tema é tratado no enredo, como sagazmente notou Décio de Almeida Prado, sobretudo na peça *Vestido de noiva*.

A peça se passa em três planos, nos quais há o entrecruzamento da realidade, da alucinação e da memória, visando expor, no plano estético (da forma), o que no plano da experiência (histórica) talvez fosse difícil expressar. Ou seja, a decadência de uma cultura pública que valoriza um moralismo abstrato/genérico arraigado aos valores burgueses da *belle époque* (plano da memória) – o casamento como valor ideal para uma mulher, a fidelidade conjugal e a estabilidade familiar – e o início de uma cultura moral privada centrada num individualismo descrente, egoico e frustrado (plano da realidade) – um casamento fruto da cobiça, do roubo, da traição e do desentendimento entre as irmãs Lúcia e Alaíde.

No entanto, esse predomínio da forma indica que o autor não tinha uma consciência histórica da questão, mas uma consciência tão dilacerada quanto a de Alaíde no plano da alucinação. A citação a seguir é longa, mas vale estar atento à ação e intercalação dos planos para o conjunto da peça.

Primeiramente, o plano da memória.

> ALAÍDE *(advertindo)* – Mamãe deve estar estranhando.
>
> MULHER DE VÉU – Não faz mal. Deixa! *(noutro tom)* Se você não fosse o monstro que é.
>
> ALAÍDE – E você presta, talvez?

---

quase que exclusivamente de fregueses adolescentes ou no início de seus vinte anos, ou os que haviam sido convertidos a esse tipo de música naquela faixa etária. As vendas de discos nos Estados Unidos cresceram de 277 milhões de dólares em 1955, ano de nascimento do rock'n'roll, para mais de 2 bilhões em 1973, dos quais entre 75% e 85% representam vendas de rock e sons semelhantes". HOBSBAWM, Eric. *Tempos interessantes*: uma vida no século XX, p. 248-249; 250-251.

MULHER DE VÉU *(patética)* – Pelo menos, nunca me casei com os seus namorados! Nunca fiz o que você fez comigo: tirar o único homem que eu amei! *(com a possível dignidade dramática)* O único!

ALAÍDE – Não tenho nada com isso! Ele me preferiu a você – pronto!

MULHER DE VÉU – Preferiu o quê? Você se aproveitou daquele mês que eu fiquei na cama, andou atrás dele, deu em cima. Uma vergonha!

ALAÍDE *(sardônica)* – Por que você não fez a mesma coisa!

MULHER DE VÉU – Eu estava doente!

ALAÍDE – Por que então não fez depois? Tenho nada que você não saiba conquistar ou... reconquistar um homem? Que não seja mais mulher – tenho?

MULHER DE VÉU – O que me faltou sempre foi seu impudor.

ALAÍDE *(rápida)* – E quem é que tem pudor quando gosta?

MULHER DE VÉU *(saturada)* – Bem, não adianta discutir.

ALAÍDE *(agressiva)* – Não adianta mesmo!

MULHER DE VÉU – Mas uma coisa só eu quero que você saiba. Você a vida toda me tirou todos os namorados, um por um.

ALAÍDE *(irônica)* – Mania de perseguição![76]

O plano seguinte é o da alucinação, representado aqui apenas pela voz de Madame Clessi ao microfone.

CLESSI *(microfone)* – Então você tirou os namorados da mulher de véu?

CLESSI *(microfone)* – Também você não se lembra de nada! Procure vê-la sem véu. Ela não pode ser uma mulher sem rosto. Tem que haver um rosto debaixo do véu.

---

76 RODRIGUES, Nelson. Vestido de noiva. *Teatro completo de Nelson Rodrigues I*: peças psicológicas, p. 133-134.

(*Pausa para outra réplica não ouvida.*)

CLESSI (*microfone*) – Daqui a pouco você se lembra, Alaíde.

(*Trevas. Luz no plano da realidade. Sala de operação.*)[77]

De repente, o plano da realidade é intercalado abruptamente.

MÉDICO – Pulso?

MÉDICO – 160.

1º MÉDICO (*pedindo*) – Pinça.

2º MÉDICO – Bonito corpo.

1º MÉDICO – Cureta.

3º MÉDICO – Casada – olha a aliança.

(*Rumor de ferros cirúrgicos.*)

1º MÉDICO – Aqui é amputação.

3º MÉDICO – Só milagre.

1º MÉDICO – Serrote.

(*Rumor de ferros cirúrgicos.*)

(*A memória de Alaíde em franca desagregação. Imagens do passado e do presente se confundem e se superpõem. As recordações deixaram de ter ordem cronológica. Apaga-se o plano da memória. Luz nas escadas laterais. Dois homens aparecem no alto das escadas, cada um empunhando dois círios; descem, lentamente. A luz os acompanha. Um deles é gordo, ventre considerável, já entrando em anos; usa imensas barbas negras, cartola; o outro é um adolescente lírico e magro. Ambos de negro, vestidos à maneira de 1905. Colocam os quatro círios; acendem. Depois do que, cumprimentam-se e vão se ajoelhar diante de um cadáver invisível. Fa-*)

---

77 *Ibidem*, p. 134.

zem o sinal da cruz, com absoluta coincidência de movimentos. Os dois cavalheiros estão no plano da alucinação.)

(Luz no plano da memória. Alaíde e mulher de véu.)[78]

E retorna-se para o plano da memória.

MULHER DE VÉU (*continuando a frase*) – ...mas com Pedro você errou. (*luz vertical sobre cada grupo*)

ALAÍDE (*levantando-se e atravessando entre os círios com ar de deboche. Luz vertical acompanha*) – Vou-me casar com ele daqui uma hora, minha filha.

MULHER DE VÉU – Pois é por isso que eu estou dizendo que você errou. Por que vai se casar!

ALAÍDE (*irônica*) – Ah! é? Não sabia!

MULHER DE VÉU – Você roubou meus namorados. Mas eu vou lhe roubar o marido. (*acintosa*) Só isso!

ALAÍDE (*numa cólera reprimida*) – Vá esperando!

(Alaíde volta para o espelho e a mulher de véu atrás.)

MULHER DE VÉU – Você vai ver. (*noutro tom*) Não é propriamente roubar.

ALAÍDE (*irônica*) – Então está melhorando.

MULHER DE VÉU – Você pode morrer, minha filha. Todo mundo não morre?

ALAÍDE – Você quer dizer talvez que me mata?

MULHER DE VÉU (*mais a sério*) – Quem sabe? (*noutro tom*)/(*baixo*) Você acha que eu não posso matar você?

(Luz no plano da alucinação onde já está a mulher, espartilhada, com vestido à 1905, e faz o sinal da cruz ante o invisível ataúde. A referida senhora, depois de

---

78   *Ibidem*, p. 134-135.

cumprimentar os dois cavalheiros presentes, tira da bolsa um lencinho e chora em silêncio. Luz no plano da memória.)[79]

O constante movimento e intercalação entre os planos é um dos desafios lançados para a encenação no palco. O dramaturgo é um exigente encenador. Elaborou rubricas que participavam do texto principal, antecipando um procedimento que seria muito utilizado pelo teatro de vanguarda europeu dos anos 1950. Os excessos das indicações demonstram que o teatro rodrigueano estava num momento de transição entre a fidelidade do texto/autor e a liberdade do encenador/ator.[80] Ou seja, ao se proteger dos desvios da encenação no palco por meio de rubricas detalhadas que prescrevem atitudes, gestos e pensamentos das personagens ou mesmo figurinos e adereços cênicos, o dramaturgo busca se manter fiel à tradição de transparência do texto e das intenções do autor, como se estivesse atrelada à cultura moral pública que fixava sentidos ou significados prévios.

No entanto, indicações cênicas mais complexas e detalhadas permitem que atores e encenadores modifiquem o texto pelo excesso de significados possíveis à sua representação no palco, como se esse "hábito" já fosse um indício de uma cultura moral privada sem parâmetros fixos. Logo, o modo como é elaborado o texto teatral também revela a sua historicidade. Embora a importância do encenador já fosse mostrada nos finais do século XIX no teatro europeu

---

79 *Ibidem*, p. 135.

80 Jean-Pierre Ryngaert nota que "[Samuel] Beckett multiplica as indicações cênicas até a obsessão, como que para impedir qualquer desvio. Dessa forma, em *Cette fois* [Desta vez], ele indica até a duração dos silêncios: *Silêncio de 7 segundos. Olhos abertos. Respiração audível, lenta e regular.* (...) A opressão das didascálias pode, portanto, tornar-se uma espécie de tentativa desesperada por parte de alguns autores, que protegem seus textos contra o espetáculo. (...) Trata-se exatamente do *status* do texto no *espetáculo*. A tradição lhe concedia um lugar exorbitante, o primordial, às vezes em detrimento dos outros meios de expressão cênica. O pensamento moderno, quando considera, tal como Barthes, a representação como uma partitura, 'um sistema de signos', refunde o texto em um conjunto significante no qual o processo sensível da encenação ocupa amplamente o espaço. A oposição texto/representação tem apenas interesse em polemizar, exceto quando o texto é somente pretexto para efeitos de espetáculo que nem sempre qualificaremos de encenação". RYNGAERT, *op. cit.*, p. 63.

88   Alexandre Pianelli Godoy

"moderno",[81] no Brasil, ela apenas começou a se revelar nos anos 1940, com o reconhecido papel do encenador Ziembinski na peça *Vestido de noiva*.[82] A força dramática está nas potencialidades virtuais que o texto joga para e com o encenador. Nesse sentido, o texto é ponto de partida para uma leitura historista[83]

---

81   Sobre isso, consultar: PAVIS, Patrice. O texto impostado. *A análise dos espetáculos*, p. 185-209. Ressalva o autor, porém: "foi apenas a partir do século XVII que o texto precede a representação e que o ator se coloca a serviço de um texto de um autor: antes, havia uma estreita aliança dos corpos e das palavras e o autor improvisava a partir de roteiros conhecidos", p. 189. Sobre a resistência dos dramaturgos em publicar as suas peças na imprensa no século XVII: CHARTIER, Roger. *Do palco à página*: publicar teatro e ler romances na Época Moderna – séculos XVI-XVIII, especificamente o capítulo "Entre o palco e a página", no qual o autor afirma: "A resistência em imprimir peças teatrais era muito comum em toda a Europa do começo da época moderna. As fórmulas retóricas presentes nos prólogos e nas advertências ao leitor multiplicam esta manifestação do 'estigma do impresso'. (...) Para [John] Marston [dramaturgo inglês do século XVII (1604)] a resistência em imprimir devia-se a duas razões: por um lado o próprio processo de publicação, que abandonava a obra nas mãos dos '*rude mechanicals*' (...) empregados nas oficinas, que introduziriam muitos erros nos textos, e, por outro lado, a incompatibilidade estética entre o propósito original das peças escritas para serem representadas, vistas e ouvidas, e a forma impressa, que as privavam de sua 'vida'", p. 70-71.

82   Sábato Magaldi comenta que "Nelson Rodrigues teve a oportunidade histórica de renovar não só a dramaturgia mas também a encenação brasileira moderna, com o lançamento de *Vestido de noiva*, que Ziembinski dirigiu para os Comediantes, em 1943. (...) Se Ziembinski não se instalasse no Brasil, fugindo da Europa assolada pela guerra, e a peça caísse na mão de um diretor medíocre, provavelmente a estreia passaria desapercebida. Sem a montagem que lhe fizesse justiça, a obra não revelaria o valor imediato proclamado. Mas Ziembinski sentiu, em *Vestido de noiva*, o elemento instigador de sua potencialidade, já então convertida em plenitude criativa. E Santa Rosa pôde aplicar, na cenografia, sua profunda concepção do teatro moderno. Por isso o espetáculo tornou-se o marco reconhecido por todos". MAGALDI, *Nelson Rodrigues...*, *op. cit.*, p. 189.

83   Uso o termo "historismo" tendo consciência da sua diferença em relação a "historicista". Este se remete à concepção positivista de história. Aquele se trata de uma tradução para o português do termo *Historik*, em alemão, que distingue claramente a história como acontecimentos do passado (*Geschichte*) da história como ciência da *Geschichte*, ou a arte de sua apresentação/narrativa (*Historie*) da história como uma ciência teórica que estuda as condições de histórias possíveis (*Historik*). Para tal diferenciação dos termos, usei um texto de Verena Alberti, no qual comenta que "(...) escrever uma história sobre um período significa encontrar asserções que nunca puderam ser feitas naquele período. Desse modo, (...) se *Historik* engloba as condições de possíveis histórias, ela remete a processos de longa

das peças de Nelson Rodrigues. No caso de *Vestido de noiva*, cada plano corresponde a uma ação temporal-moral específica.

O plano da memória é aquele no qual se acredita na recuperação do passado assim como foi. Por isso, nesse plano não há esquecimento, só lembrança absoluta ou a certeza de lembrar-se de acontecimentos que não só explicam por que Alaíde foi procurar Madame Clessi no plano da alucinação (o fato de ter ido morar numa casa que antes era de uma "cocote" de 1905, que deixara um diário contando a sua trágica história de amor), mas os motivos de ela parar no plano da alucinação, retirando o pesado vestido de noiva que recobria o seu passado: a tomada de consciência de que estava se casando com o ex-namorado (Pedro) da irmã Lúcia ("Mulher de Véu"), após uma discussão entre elas que antecede a entrada na igreja, e nesse momento nasce a culpa por ter feito isso.

Esse plano representa a cultura moral pública, pois pretende que os valores morais burgueses sejam válidos para todos. Há uma filiação entre a lembrança absoluta e a imposição dos valores morais vigentes que devem ser constantemente lembrados para que possam se perpetuar. Valores que estão calcados também numa ideia misógina (conservadora) na qual a mulher é a responsável pela manutenção moral do núcleo familiar. Pedro não aparece no conflito a não ser como pivô da tragédia, que é vivida somente pelas duas irmãs. O fato de Alaíde não saber inicialmente quem é a "Mulher de Véu" não invalida a ideia da lembrança absoluta, pois, no plano da memória, ela procura restabelecer "a" verdade. Tanto que, posteriormente, a memória de Alaíde reconhece a sua "rival".

> (*Lúcia fala com a cabeça entre as mãos. Alaíde responde através do microfone escondido no bouquet. Luz cai em penumbra, durante todo diálogo evocativo.*)

---

duração que não estão contidos em nenhum texto enquanto tal, mas antes *provocam textos*. (...) Fazer história no sentido de procurar as condições de surgimento de possíveis histórias é descobrir o espaço extra textual – o contexto certamente – que permite a constituição de textos. Podemos dizer que é apenas nesse momento, em que toma o texto como documento de algo, que o historiador se afasta da inserção linguística – porque algo de que o texto é documento não é primordialmente linguístico". ALBERTI, Verena. A existência na história: revelações e riscos da hermenêutica. *Revista Estudos Históricos*, p. 18.

ALAÍDE (*com voz lenta e sem brilho*) – Nem que eu morra, deixarei você em paz!

LÚCIA (*falando surdamente*) – Pensa que eu tenho medo de alma do outro mundo?

ALAÍDE (*microfone*) – Não brinque, Lúcia! Se eu morrer – não sei se existe vida depois da morte, mas se existir – você vai ver!

LÚCIA (*sardônica*) – Ver o quê, minha filha?

ALAÍDE (*microfone*) – Você não terá um minuto de paz, se casar com Pedro! Eu não deixo – você verá!

LÚCIA (*irônica*) – Está tão certa assim de morrer?

ALAÍDE (*microfone*) – Não sei! Você e Pedro são capazes de tudo! Eu posso acordar morta e todo o mundo pensar que foi suicídio.

LÚCIA – Quem sabe? (*noutro tom*) Eu mandei você tirar Pedro de mim?

ALAÍDE (*microfone*) – Mas o que foi que eu fiz, meu Deus?

LÚCIA (*sardônica*) – Nada!

ALAÍDE (*microfone*) – Fiz o que muitas fazem. Tirar um namorado! Quer dizer, uma vaidade... (*com veemência*) Você, não! Você e Pedro querem me matar. Isso, sim, é que é crime, não o que eu fiz![84]

A culpa se revela na atitude defensiva de Alaíde em não reconhecer que traiu a irmã. O atropelamento de Alaíde ocorre depois do casamento com Pedro. Novamente, a moral burguesa genérica, calcada na fidelidade e no casamento representado pela pureza não só da noiva, mas dos sentimentos que unem o casal depositado (vestido) no corpo da mulher, é tomada com tamanha verdade por Alaíde que, ao ter consciência de que traiu a irmã, o conflito se torna insuportável. É uma memória moralista porque só quer lembrar daquilo que deve ser considerado moralmente correto. Alaíde jamais poderia lembrar que tirou o noivo da

---

84 RODRIGUES, Vestido de noiva, *op. cit.*, p. 162.

irmã por ambição, mas como algo quase inocente, brincadeira de moças da sua idade "que muitas fazem".

O tempo da lembrança absoluta se funde com o da moral abstrata. Dessa forma, os valores morais do passado (da *belle époque*) são representados no presente desencantado do dramaturgo. Ele sabia que tais valores haviam permanecido, mas sabia também que a crença neles não era mais possível. Apenas uma memória que não esquecia e uma moral absoluta poderiam resgatar o passado tal como foi.

O plano da memória representa não a *belle époque*, mas o que resta dela nos anos 1940. Por isso, nesse plano, as relações com a mãe, o pai, a irmã e o marido de Alaíde remetem aos costumes familiares e amorosos advindos das prescrições públicas para a família, a qual deveria respeitar as normas que um Estado-Providência burguês e conservador previa para o lar. A única exceção é a cena dos pequenos meninos jornaleiros que anunciam as tragédias do dia a dia nas ruas, mas que também remete a um costume da *belle époque* que Nelson Rodrigues deliberadamente utilizou na sua evocação do passado.

O plano da realidade é aquele do presente imediato. Um presente imoral porque há o esquecimento completo das normas morais do passado. Alaíde aparece desacordada numa mesa de cirurgia circundada pelos comentários jocosos dos médicos. Há uma mistura de curiosidade e desdém diante do seu corpo, que é bonito, mas será amputado pelo serrote. Ela porta uma aliança, o que chama a atenção para o fato de ser casada. A imoralidade (ou o esquecimento das normas morais do passado) é representada pela falta de escrúpulos dos médicos em notar a beleza e o estado civil de Alaíde e conceder um tratamento frio para o seu corpo em busca de salvamento. Num individualismo que não respeita, que desconfia e que explora a dor do outro. O jornalismo e a notícia também são expressões dessa cultura moral privada.

> (*Música cortada. Ilumina-se o plano da realidade. Quatro telefones, em cena, falando ao mesmo tempo. Excitação.*)
>
> PIMENTA – É o Diário?
>
> REDATOR – É.
>
> PIMENTA – Aqui é o Pimenta.

CARIOCA-REPÓRTER – É A Noite?

PIMENTA – Um automóvel acaba de pegar uma mulher.

REDATOR D'A NOITE – O que é que há?

PIMENTA – Aqui na Glória, perto do relógio.

CARIOCA-REPÓRTER – Uma senhora foi atropelada.

REDATOR DO DIÁRIO – Na Glória, perto do relógio?

REDATOR D'A NOITE – Onde?

CARIOCA-REPÓRTER – Na Glória.

PIMENTA – A Assistência já levou.

CARIOCA-REPÓRTER – Mais ou menos no relógio. Atravessou na frente do bonde.

REDATOR D'A NOITE – Relógio.

PIMENTA – O chofer fugiu.

REDATOR DO DIÁRIO – OK.

CARIOCA-REPÓRTER – O chofer meteu o pé.

PIMENTA – Bonita, bem vestida.

REDATOR D'A NOITE – Morreu?

CARIOCA-REPÓRTER – Ainda não. Mas vai.

(*Trevas. Ilumina-se o plano da alucinação.*)[85]

Embora, nas peças de Nelson Rodrigues dos anos 1940-50, o diálogo entre jornalismo e teatro não seja marca distintiva, a formação profissional do autor já se faz presente desde a sua primeira peça, *A mulher sem pecado*.

---

85   *Ibidem*, p. 111.

Sábato Magaldi comenta que "a matéria de *A mulher sem pecado* (...) não se constitui de especial transcendência. Está próximo do *fait divers*, do quase anedótico".[86] Nelson Rodrigues não trabalha a ficção como se fosse um *fait divers* ou uma "notícia"[87] de jornal. Não se trata de imitar a notícia, mas de utilizá-la como um recurso dramático. No caso de *Vestido de noiva*, inserindo a notícia no plano da realidade como mercadoria de jornal. O que faz a realidade cruel é o fato de que o atropelamento de Alaíde se transforma num jogo de informações sem nenhuma importância intrínseca. Surge apenas como mais uma notícia, porém de uma atropelada rica. Não por acaso, o diálogo rápido, seco e jocoso entre os médicos na sala de cirurgia está no plano da realidade, assim como o diálogo entre os repórteres. O jornalismo e a notícia aparecem como produtos do individualismo desencantado da cultura moral privada que ascendia.

É importante insistir que a crítica ao individualismo não se refere aos jornalistas e médicos, cada vez mais concupiscentes, mas antes a uma concepção de indivíduo solitário e descrente que sustentava todas as formas de exploração. Não se trata de uma crítica às grandes estruturas políticas e econômicas. O processo que Nelson Rodrigues descortina é mais perverso, na medida em que essas grandes estruturas não eram um norte para que o indivíduo pudesse se orientar: o "moderno" claudica no seu teatro. O que significa também a falência do Estado-Providência positivista, pois o indivíduo se tornava o centro da vida e não "a nação" como um ente abstrato; do liberalismo econômico, pois mesmo para as famílias burguesas de elite a perda de valores morais tradicionais as tornava infelizes, magoadas ou ressentidas; e do conservadorismo patriarcal, uma vez que, embora preconceituosos, aqueles valores legitimavam as hierarquias sociais e sustentavam certa aura de respeitabilidade e equilíbrio moral.

O plano da alucinação representa antes de tudo a consciência dilacerada do dramaturgo sobre as transformações da sua época. Há nele uma compreensão dos

---

86 MAGALDI, Sábato. Introdução. *Teatro completo de Nelson Rodrigues 1*: peças psicológicas, p. 10.

87 A expressão não tem correspondente preciso em língua portuguesa, sendo traduzida comumente por "notícia", mas significa a parte de um jornal destinada aos acidentes, pequenos crimes ou escândalos. Sobre isso, consultar o excelente texto de BARTHES, Roland. A estrutura da notícia. *Crítica e verdade*, p. 57-67 e também o último item da segunda parte desta pesquisa, "A imprensa como teatro: uma história".

conflitos entre a cultura moral pública e a cultura moral privada. O autor sabia que estava entre uma ideologia do "moderno" que morria e de outra que estava nascendo. Todavia, ainda não o expressa racionalmente, assim como Alaíde que sabe que está entre dois momentos da sua vida sem distingui-los com clareza. Por essa razão, há sempre um embate entre lembrança e esquecimento, realidade e imaginação, pudor e despudor, passado e presente, o qual se personifica entre ela e Madame Clessi.

> CLESSI – Você parece maluca!
>
> ALAÍDE (*ao lado de Clessi*) – Eu?
>
> CLESSI – Você está fazendo uma confusão! Casamento com enterro!... Moda antiga com moda moderna! Ninguém usa mais aquele chapéu de plumas, nem aquele colarinho!
>
> ALAÍDE (*agoniada*) – Tudo está tão embaralhado na minha memória! Mistu-ra coisa que aconteceu e coisa que não aconteceu. Passado com o presente (*num lamento*) É uma misturada![88]

Nesse plano, as próprias personagens representam vidas que se opõem e se complementam, gerando um conflito alucinatório. Alaíde é moça de família dos anos 1940 (uma mulher da vida privada) e Madame Clessi, uma "cocote" (prostituta) de 1905 (uma mulher da vida pública). Ambas com verdades morais distintas, mas com passados aparentemente interligados. Alaíde não se lembra de todo o seu passado, mas sabe que Madame Clessi não só tem a ver com ele, como pode ajudá-la a esclarecê-lo.

Deve-se atentar para o fato de que, nas peças dos anos 1940, as referências ao início do século XX são constantes, muito embora o autor não tivesse um compro-misso estético realista de retratar o período. Nesse plano, a lembrança de Alaíde aparece fragmentada, como se não fosse mais possível resgatar uma lembrança ab-soluta do passado. Ela está cindida em seus valores morais, ora tenta restabelecer os valores normativos do passado, ora os esquece completamente. Madame Clessi,

---

88 RODRIGUES, Vestido de noiva, *op. cit.*, p. 143.

por sua vez, instiga Alaíde a lembrar do que esqueceu, isto é, de que havia rompido com os valores do casamento e da família, embora ela mesma seja uma prostituta para a qual tais valores não servem de parâmetro à sua conduta. Madame Clessi faz o papel de inquiridora da memória de Alaíde, como se julgasse moralmente as suas atitudes. Alaíde fica no papel de inquirida como se fosse a prostituta. A relação se inverte para que o conflito alucinatório ganhe mais concretude do que nos outros planos, pois nele reside o próprio conflito de época entre a perda de valores morais públicos e a manutenção e a valorização da família, do casamento e da estabilidade familiar de caráter positivista, burguês e conservador.

Alaíde é uma mulher da vida privada que deve se esquecer de acontecimentos que possam se tornar escândalos morais públicos – o fato de ter roubado o noivo da irmã. Já Clessi, como mulher da vida pública, deve se lembrar de acontecimentos da vida privada para que se tornem escândalos morais públicos – o fato de ser uma prostituta proscrita lhe permite essa "liberdade". A modernidade de Alaíde (do presente) é imoral à medida que esquece os seus próprios erros. A modernidade de Clessi é moralista (do passado), pois deve lembrar somente do erro alheio.

Diante disso: será que existia modernidade? Para o crítico literário Hommi K. Bhabha, esse recurso performativo da arte, de expor a dialética entre a lembrança e o esquecimento, é uma nova forma de construir uma (contra)narrativa para a nação nos tempos modernos, pois faz lembrar constantemente os valores que formam a nação enquanto "comunidade imaginada",[89] resgatando-os de um passado "imemorial" e homogêneo e, ao mesmo tempo, fazendo esquecer tais valores pelo presente imediato do indivíduo que, para lembrar, necessita esquecer; esse indivíduo de fato compõe a heterogeneidade da nação que o discurso pedagógico insiste em homogeneizar. Nessa disputa entre o *pedagógico* – identificado nas peças de Nelson Rodrigues como as duas ideologias de "moderno" (pública e privada) – e o *performativo* – que é o próprio pôr em jogo do teatro –, surge uma nova forma de narrar "a nação moderna" e as suas margens.

> Essa escrita-dupla ou dissemi-*nação* não é simplesmente um exercício teórico nas contradições internas da nação liberal moderna. A estrutura de liminaridade cultural *no interior da nação* seria uma pré-condição essencial para um

---

89   Esse conceito é de ANDERSON, Benedict. *Nações e consciência nacional, passim.*

96   Alexandre Pianelli Godoy

> conceito tal como a distinção crucial de Raymond Williams entre práticas residuais e emergentes em culturas oposicionais que requerem, como ele insiste, um modo de explicação 'não-metafísico', 'não-subjetivista'. Esse espaço de significação cultural que venho tentando abrir por meio da intervenção do performativo atenderia a essa pré-condição importante. A figura liminar do espaço-nação asseguraria que nenhuma ideologia política pudesse reivindicar autoridade transcendente ou metafísica para si. A razão disso é que o sujeito do discurso cultural – a agência de um povo – se encontra cindido na ambivalência discursiva que emerge na disputa pela autoridade narrativa entre o pedagógico e o performático. (...) As contra-narrativas da nação que continuamente evocam e rasuram suas fronteiras totalizadoras – tanto reais quanto conceituais – perturbam aquelas manobras ideológicas através das quais 'comunidades imaginadas' recebem identidades essencialistas.[90]

Para o crítico indiano, os discursos nacionalistas pretendem homogeneizar, com o uso de conceitos como o de "povo", a heterogeneidade de grupos e indivíduos que compõem um território. É por meio da representação desse território que o espaço cultural – ou o lugar onde um grupo manifesta as suas especificidades e necessidades sociais ("minorias", "exilados", "marginais" e "emergentes"), que ele denomina de "agência de um povo" – torna-se homogêneo. No entanto, esse "tornar-se homogêneo" já abre um espaço para o que o autor chama de "ponto liminar desse deslocamento ideológico" entre a coletividade e a unicidade. Não se trata apenas de um jogo de palavras, mas de uma perspectiva política. Por certo, o autor busca uma alternativa frente às perspectivas que, ao criticarem os nacionalismos, reforçam as suas ideologias ou aquelas mais "pós--modernas", que, ao tentarem escapar de qualquer jugo ideológico, reforçam uma pluralidade vazia, sem rosto ou idealizada. Como crítico literário, Bhabha se interessa por essa literatura contemporânea estrangeira, exilada e marginal que coloca em jogo, no drama, o pedagógico e o performativo, pois *o que* narra é homogêneo e *como* narra é heterogêneo, numa constante tensão narrativa.

Embora Nelson Rodrigues não pretendesse no seu tempo fazer uma narrativa contra ou a favor da nação, a forma (ou performance) como apresenta, nos

---

90   BHABHA, Homi K. DissemiNação: o tempo, a narrativa e as margens da nação moderna. *O local da cultura*, p. 210-211.

seus textos dramáticos, passado e presente, lembrança e esquecimento, família e indivíduo reforça o argumento de que o plano da alucinação é esse campo disputado entre cultura moral pública – de lembrar da moral do outro – e cultura moral privada – de esquecer a própria moral.

A partir dos momentos de lembrança de Alaíde, Madame Clessi compõe o seu passado. E por meio do que Alaíde lê no diário de Madame Clessi, ela recompõe o próprio passado.

> ALAÍDE – A senhora não morreu? (...)
>
> ALAÍDE – Li o seu diário.
>
> MADAME CLESSI (*céptica*) – Leu? Duvido! Onde?
>
> ALAÍDE – Li, sim. Quero morrer agora mesmo, se não é verdade!
>
> MADAME CLESSI – Então diga como é que começa. (*Clessi de costas para Alaíde*)
>
> ALAÍDE (*recordando*) – Quer ver? É assim... (*ligeira pausa*) 'Ontem, fui com Paulo a Paineiras'... (*feliz*) É assim que começa.
>
> MADAME CLESSI – Assim mesmo. É.[91]

Esse jogo de fragmentos da memória demonstra o entendimento de Nelson Rodrigues sobre as transformações culturais da sua época, tentando recompor um sentido para as ambiguidades morais do passado e do presente. No plano da memória propriamente dito, não há um jogo entre lembrança e esquecimento, apenas a certeza de lembrar o que deveria ser considerado moralmente correto, pois esse é o plano da cultura moral pública decadente. O plano da realidade, por sua vez, escancara a ascensão de uma cultura moral privada, isto é, individualista, inescrupulosa, egoica, que se esqueceu das normas morais. E, por fim, o plano da alucinação retrata a consciência dilacerada de viver num mundo em conflitos no qual se questiona a existência do "moderno".

---

91 RODRIGUES, Vestido de noiva, *op. cit.*, p. 114-115.

O procedimento de jogo é o mesmo da peça *A mulher sem pecado*, mas, em *Vestido de noiva*, se torna mais complexo porque, na forma como a peça é construída, Nelson Rodrigues expressa também o seu conteúdo. O que está ausente em outras peças é exatamente a alucinação como jogo teatral explícito, que já está suposto na própria encenação teatral entre cultura moral pública e cultura moral privada.

É por meio do procedimento estético/dramático que o dramaturgo consegue trazer a público as contradições não resolvidas da "modernidade" brasileira, baseada na permanência das ideologias do Estado-Providência positivista, burguês e conservador que entraram em choque com os valores morais da vida privada das famílias de elite no Brasil dos anos 1940. Momento histórico em que o Estado Novo, ao pretender controlar e alinhavar o espaço da nação ao da família, aprofundou o fosso entre as instituições e a experiência cotidiana. Tal descompasso não foi documentado pela historiografia tradicionalmente político-institucional, tampouco ganhou contornos específicos na historiografia sociocultural, por estar atrelada à ideologia de "moderno", isto é, tomou-se a "modernidade" brasileira como uma verdade que havia se concretizado, principalmente quando se reconhece a sua eficácia ao enfatizar os efeitos nocivos dela para a sociedade.

Quando *Vestido de noiva* estreou no Teatro Municipal do Rio de Janeiro, em 28 de dezembro de 1943, Nelson Rodrigues tinha 31 anos de idade. Apesar de ser um homem já maduro para compreender os problemas da sua época, a sua criação teatral não pode ser vista como uma resposta imediata à decadência de uma cultura moral pública e à ascensão de uma cultura moral privada. Nelson Rodrigues não fez um teatro engajado, assim como futuramente abominaria – sendo coerente com a sua trajetória – qualquer forma de arte politizada.[92]

Politizar uma obra no tempo cabe ao historiador. Todavia, mais condizente torna-se o seu trabalho se reconhece quando a motivação principal de uma obra é antes de tudo poética. O que não significa dizer que Nelson Rodrigues deixou de politizar o privado, mas o fez a partir da linguagem teatral.

---

92 O dramaturgo afirmou: "Nas velhas gerações, o brasileiro tinha sempre um soneto no bolso. Mas os tempos parnasianos já passaram. Hoje, ferozmente politizado, ele tem sempre à mão um comício". RODRIGUES, Nelson. *Flor de obsessão*: as 1000 melhores frases de Nelson Rodrigues, p. 136.

Como já enfatizado, tanto a loucura de Olegário que se transfere para a esposa Lídia, como a alucinação de Alaíde são procedimentos estéticos que remetem à própria consciência dilacerada do autor de estar historicamente entre uma cultura moral pública e uma cultura moral privada. Dois discursos que, por meio do jogo performático de Nelson Rodrigues, podem ser lidos pelo historiador como "pedagógicos" sobre a nação que se queria moderna em perpétuo questionamento existencial.

Recorro mais uma vez às palavras de Homi K. Bhabha.

> Temos então um território conceitual disputado, onde o povo tem de ser pensado num tempo-duplo; o povo consiste em 'objetos' históricos de uma pedagogia nacionalista, que atribui ao discurso uma autoridade que se baseia no preestabelecido ou na origem histórica constituída no passado; o povo consiste também em 'sujeitos' de um processo de significação que deve obliterar qualquer presença anterior ou originária do povo-nação para demonstrar os princípios prodigiosos, vivos, do povo como contemporaneidade, como aquele signo do presente através do qual a vida nacional é redimida e reiterada como um processo reprodutivo. (...) Os fragmentos, retalhos, e restos da vida cotidiana devem ser repetidamente transformados em signos de uma cultura nacional coerente, enquanto o próprio ato da performance narrativa interpela um círculo crescente de sujeitos nacionais. Na produção da nação como narração ocorre uma cisão entre temporalidade continuísta, cumulativa, do pedagógico e a estratégia repetitiva, recorrente do performativo. É através deste processo de cisão que a ambivalência conceitual da sociedade moderna se torna o lugar de escrever a nação.[93]

Essa "escrita da nação", embora não fosse intenção clara e objetiva do autor, é uma forma de dizer que a nação que se queria moderna, fosse por via pública ou privada, não se concretizou nem para a maioria da população, tampouco para as próprias elites que pensavam ser as principais incluídas no projeto "moderno". O fato de Nelson Rodrigues escolher personagens ou famílias de elite para serem os protagonistas do dilema de viver entre uma cultura moral pública e uma cultura moral privada é, nesse sentido, bastante significativo.

---

93 BHABHA, *op. cit.*, p. 206-207.

2. A família em jogo:
entre a regularização e a secularização

Muito embora o Estado Novo tenha encerrado o seu percurso a partir da segunda metade dos anos 1940, a sua ideologia, centrada na defesa da moral familiar como representante de um Estado-Providência burguês e conservador que se queria "moderno", permaneceu por toda a década.

A ideologia que cercou a família não explica Nelson Rodrigues, apenas ajuda a compreender a cultura moral pública misógina, racista e fundamentalista católica que conviveu cinicamente com as ideias de inclusão social total e do liberalismo econômico, o que provocava um conflito ainda mais intrincado com a cultura moral privada, na qual esses valores ideológicos eram desacreditados. O lugar-comum segundo o qual o dramaturgo expõe no seu teatro a hipocrisia da família burguesa não é verdadeiro, pois, em todas as suas peças, as personagens escancaram os seus conflitos no palco.

O que causa espanto no seu teatro é justamente a ausência de hipocrisia, isto é, a hipocrisia que o leitor/espectador projeta no teatro de Nelson Rodrigues não pertence à obra como um protocolo para a sua compreensão, mas, antes, ao universo social do leitor/espectador. O autor expõe as contradições e ambiguidades que cercavam a moral familiar em tempos de transição, enquanto a sua própria consciência estava dilacerada entre uma cultura moral pública e uma cultura moral privada e oscilava entre essas duas ideologias de "moderno".

Nelson Rodrigues foi fruto desse entretempo. Por isso, o distanciamento que o seu teatro trouxe acerca da sociedade dos (e nos) anos 1940 não garantiu que as suas peças fossem compreendidas naquele momento dessa forma. A tarefa do historiador, por sua vez, é interpretar um significado histórico do próprio distanciamento,[1] sem o qual não haveria uma nova percepção da obra no passado.

Parece ter ficado evidente a importância da família como um dos temas centrais na dramaturgia de Nelson Rodrigues, tanto do ponto de vista histórico – no qual a família é o corolário de um Estado-Nação que se queria "moderno" –, como do ponto de vista mais pessoal, singular do autor – dos seus dramas familiares. No entanto, na perspectiva estética, a família nem sempre aparece da mesma forma nas suas peças.

Na peça *A mulher sem pecado*, a família é o pano de fundo para os conflitos conjugais de Olegário e Lídia e, na peça *Vestido de noiva*, para os conflitos entre Alaíde e Lúcia. Nas duas obras, a família não é apresentada como um problema explícito, embora isso permeie toda a ação dramática. Nas peças *Álbum de família*, *Anjo negro* e *Senhora dos afogados*, a família aparece em primeiro plano ao lado de temas como preconceito racial, misoginia, autoritarismo e fundamentalismo católico, o que indicia que, por meio da politização da vida em família, Nelson Rodrigues solapa a ideologia do Estado-Providência burguês e conservador escancarando as suas contradições, bem como a ideologia da vida privada baseada no descrédito total em qualquer valor público comum.

A família burguesa de elite que compõe as personagens principais do drama rodrigueano nos anos 1940 advém da decadência da família extensa e aristocrática num mundo mais individualista, mas não em função da concretização do projeto "moderno".[2] Dito de outra forma, as famílias nas peças de Nelson Rodrigues são

---

1 Sobre o distanciamento como uma categoria de análise histórica, ver GINZBURG, Carlo. *Olhos de madeira*: nove reflexões sobre a distância, especialmente o capítulo 1, "Estranhamento: pré-história de um procedimento literário", p. 15-41.

2 Como contraponto, ver: NAZZARI, Muriel. A decadência do dote. *O desaparecimento do dote*: mulheres, famílias e mudança social em São Paulo, Brasil, 1600-1900. Na página 189, a autora afirma que "[à] medida que o individualismo crescia e os negócios e a família se separavam, a prática do dote ia se tornando menos frequente. O estudo da amostra dos inventários da São Paulo do século XIX demonstra que a maioria das filhas casava de mãos abanando e que as poucas famílias que ainda dotavam suas filhas concediam-lhes dotes

burguesas não como um apanágio de quem ascendeu, mas de quem justamente decaiu. Pode-se dizer que são famílias aristocráticas em processo de aburguesamento, ressentidas com a progressiva perda dos valores morais tradicionais (conservadores) e com o advento de um individualismo nada promissor, apesar do dinheiro, da aparência e do poder (liberalismo econômico). Famílias que – por serem possuidoras de estirpe, posição ou *status* social – deveriam ser a tradução do sucesso dos valores burgueses modernos daquela época, mas acabam por vivenciá-los como desilusão somente entre elas. Isso por não saberem expressá-los para uma sociedade que nunca pôde vivenciar o desencanto do "moderno" como um todo, pois os valores burgueses não haviam sido disseminados para a maioria da população, como fez acreditar a sua ideologia. Ainda não havia massificação possível.

Diz o personagem Edmundo na peça *Álbum de família*:

> Mãe, às vezes eu sinto como se o mundo estivesse vazio, e ninguém mais existisse, a não ser nós, quer dizer, você, papai, eu e meus irmãos. Como se a nossa família fosse a única e a primeira. (...) Então, o amor e o ódio teriam de nascer de nós. (...) Mas não, não! – Eu acho que o homem não devia sair nunca do útero materno. Devia ficar lá, toda a vida, encolhidinho, de cabeça para baixo, ou para cima, de nádega, não sei.[3]

É como se o conflito de viver entre uma cultura moral pública e uma cultura moral privada se manifestasse primeira e isoladamente nas famílias de elite, dentro das quais os seus próprios valores morais fixos e intransigentes (que outrora

---

relativamente menores e se despojavam de parte menos significativa de seus bens em favor dos dotes. Além disso, o conteúdo dos dotes se alterou, refletindo a transformação da família, de uma unidade principalmente de produção para uma unidade de consumo". Não é objetivo deste trabalho discutir esse assunto, mas a visão de que o declínio do dote tem a ver com o desenvolvimento do comércio, dos mercados, do individualismo e das oportunidades de emprego, que liberaram os matrimônios e as famílias desse "sistema", reforçam a minha tese de que a historiografia ainda acredita na ideologia do "moderno", mesmo quando a representa como um sinal de crise, pois não leva em consideração o modo como essas famílias poderiam ter representado moralmente a sua própria realidade, mesmo com a ampliação do mercado.

3 RODRIGUES, Nelson. Álbum de família. *Teatro completo de Nelson Rodrigues 2*: peças míticas, p. 102.

eram "valores públicos modernos") estavam sendo questionados por meio do "individualismo moderno" dos seus membros, reunidos numa mesma casa por seus desejos, mágoas ou ressentimentos pessoais (privados). Nelson Rodrigues faz com que, em seus dramas morais das famílias burguesas de elite, a existência do "moderno" seja questionada dentro da própria família, como se, ao interpelar a si mesma, pusesse em questão o "moderno" decadente (público) e ascendente (privado) que representava.

A peça *Álbum de família* foi escrita em 1945. No entanto, não deixa de ser notório que o seu enredo transcorra entre 1900 e 1924, isto é, numa clara menção à *belle époque* dos anos 1940, ou ainda a esse desencantamento com a ideia de "moderno" baseada na família como a representante moral da *res publica*. Embora no seu decorrer, a peça escancare a desagregação da família, o jogo teatral se dá na insistência na sua perenidade, o que fica claro desde a primeira rubrica.

> *(Abre-se o pano: aparece a primeira fotografia do álbum de família, datada de 1900: Jonas e Senhorinha, no dia seguinte ao casamento. Os dois têm a ênfase cômica dos retratos antigos. O fotógrafo está em cena, tomando as providências técnico-artísticas que a pose requer. Esmera-se nessas providências, pinta o sete; ajeita o queixo de Senhorinha; implora um sorriso fotogênico. Ele próprio assume sua atitude alvar que seria mais compatível com uma noiva pudica depois da primeiríssima noite. De quando em quando, mete-se dentro do pano negro, espia de lá, ajustando o foco. E vai, outra vez, dar um retoque na pose de Senhorinha. Com esta cena, inteiramente muda, pode-se fazer o pequeno balé da fotografia familiar. Depois de mil e uma piruetas, o fotógrafo recua, ao mesmo tempo que puxa a máquina, até desaparecer de todo. Por um momento, Jonas e Senhorinha permanecem imóveis: ele, o busto empinado; ela, um riso falso e cretino, anterior ou não sei se contemporâneo de Francesca Bertini etc. Ouve-se, então, a voz do* speaker, *que deve ser característica, como a de D'Aguiar Mendonça, por exemplo. NOTA IMPORTANTE: o mencionado* speaker, *além do mau gosto hediondo dos comentários, prima por oferecer informações erradas sobre a família.)*
>
> *(O* speaker *é uma espécie de Opinião Pública.)*[4]

---

4   *Ibidem*, p. 55.

A peça é composta por sete "fotos" do álbum de família, que são poses a serem encenadas. A foto do álbum não mostra a hipocrisia da pose, mas a sinceridade da personagem diante da obrigação de ter de aparentar algo que não existe. D. Senhorinha tem um "riso falso e cretino", apesar do esforço do fotógrafo. Não era intenção do autor denunciar a hipocrisia familiar. As outras fotos do álbum são as da família reunida, da filha Glória na primeira comunhão, das irmãs Rute e Senhorinha, do filho Nonô, do marido Jonas e, por fim, do filho Edmundo com a esposa Heloísa. Todas as "fotos" são acompanhadas pelos comentários edulcorados do *speaker* à família. Era proposital mostrar o choque entre a opinião pública (*speaker*) e os conflitos da família no âmbito privado. Um bom exemplo é que a despeito do ódio explícito entre as irmãs Rute e Senhorinha, "a opinião pública" considera que:

> SPEAKER – Senhorinha não é apenas *doublée* de esposa e mãe; é irmã, também, extremosa, como as que mais o sejam. Durante a doença de Rute, ela permaneceu na cabeceira da enferma, como um esforçado anjo tutelar. Nem dormia! Nós vivemos numa época utilitária, em que afeições assim, singelas e puras, só se encontram alhures. Por sua vez, Rute, que é a mais velha das duas, não fica atrás. São resultados da educação patriarcal![5]

A cultura moral pública representa a decadência desse ideal de regularização da família, mas que permaneceu ao longo do tempo. Uma regularização que ainda acreditava no patriarcalismo e no moralismo religioso. Por isso, os valores moralistas da instituição familiar são defendidos não apenas pelo speaker, como de forma autoritária pelo "pai": "JONAS (*gritando*) – Mas ELES estão enganados comigo. Eu sou o PAI! O pai é sagrado, o pai é o SENHOR! (*fora de si*) Agora eu vou ler a Bíblia, todos os dias, antes de jantar, principalmente os versículos que falam da família!".[6]

Jonas é o pai de uma família em desagregação, que vive isolada do mundo na fazenda S. José de Colgonhas. Ele trai explícita e deliberadamente a esposa, D. Senhorinha, com a ajuda da tia Rute. Tem preferência por adolescentes virgens.

---

5   *Ibidem*, p. 87.

6   *Ibidem*, p. 65.

É pai de quatro filhos: Guilherme, Edmundo, Nonô e Glória. Glória estava internada num colégio de freiras, mas voltou para casa por ter sido flagrada em relações amorosas com a amiga Tereza. Nonô é um "possesso", ou seja, um louco que anda nu pelas imediações da casa. Edmundo separou-se da esposa Heloísa porque é apaixonado por D. Senhorinha. Odeia o pai. Guilherme, que estava no seminário para se tornar padre, voltou para casa porque é apaixonado pela irmã Glória, assim como o pai. Aliás, é Guilherme quem mata a irmã com um tiro quando ela se mostra incapaz de fugir ou morrer com ele. Glória confessa a sua fidelidade ao pai. D. Senhorinha ama apenas os seus filhos homens e confessa não gostar da filha Glória. Aceita essa situação do marido porque sente culpa de tê-lo traído com outro homem – o texto sugere ser o próprio filho Nonô, o que explicaria a sua loucura repentina. Tia Rute nunca manteve relações com outro homem a não ser com o próprio cunhado Jonas, quando bêbado.

Na peça, o sentimento de descrédito da instituição familiar dentro da própria família é inversamente proporcional à sua valorização ideológica, o que, de certa forma, justifica o fato de a família se manter unida apesar dos conflitos que apontam para a sua desagregação. Seus membros não conseguem ser hipócritas diante dos seus amores e dos seus ódios pessoais. De um lado, a regularização paterna, religiosa, misógina e autoritária; ou seja, moralista. De outro, a secularização desencantada, frustrada, ressentida e individualista; ou seja, imoral. Esse jogo forma o drama da família burguesa de elite.

No trecho a seguir, Guilherme é o filho que desafia o pai e a família porque segue estritamente o seu desejo pela irmã e o seu amor pela mãe. Tia Rute representa a moralidade familiar, pois quer manter o *status quo*, embora seja ressentida por não poder assumir o seu desejo pelo cunhado e inveja o desejo que a sua irmã provoca nos homens e nas mulheres.

> TIA RUTE – Quem é você para dar ordens ao seu pai?
>
> GUILHERME – Quem vai sair daqui, já, já, é você!
>
> JONAS (*espantado*) – Mas o que ela fez?
>
> TIA RUTE (*num lamento*) – Eu não fiz nada – nada, nada!

GUILHERME – Você é alma danada aqui de dentro. (*mais agressivo*) Não discuta: SAIA!

(*D. Senhorinha aparece e aproxima-se.*)

TIA RUTE – (*recuando, com medo*) – Só se ele quiser, se ele mandar!

GUILHERME (*segurando-a pelos pulsos*) – Ou prefere ir arrastada?

D. SENHORINHA (*intervindo*) – Vá, Rute, vá!

(*Tia Rute desprende-se violentamente.*)

TIA RUTE (*para D. Senhorinha*) – Quem lhe pediu opinião?

D. SENHORINHA – Rute, lembre-se de mamãe...

TIA RUTE (*agressiva*) – Mamãe o quê... (*mudando de tom*) Eu prometi, jurei à mamãe... (*cínica*) Mas o que é que tem? Ela não gostou nunca de mim. Tudo era você, você! Tinha uma admiração indecente pela sua beleza. Ia assistir a você tomar banho, enxugava as suas costas! Quero que você me diga: POR QUE É QUE ELA NUNCA SE LEMBROU DE ASSISTIR AOS MEUS BANHOS?

D. SENHORINHA (*chocadíssima*) – Você não está regulando bem!

TIA RUTE (*num crescendo*) – Ela, papai, todo mundo!... Ninguém gostou de mim, nunca!... Uma vez em Belo Horizonte, eu saí com você...

(*Guilherme, rápido, torce o pulso de tia Rute, que assim fica de costas para ele.*)

GUILHERME – Cale essa boca!

TIA RUTE (*apesar da dor*) – ... uma porção de sujeitos sopravam coisas no seu ouvido – às vezes cada imoralidade! Mas a mim nunca houve um preto, no meio da rua, que me dissesse ISSO ASSIM! Você está-me quebrando o braço, ahn!

(*Guilherme solta a velha*)

TIA RUTE (*possessa*) – Quer dizer, toda a mulher tem um homem que a deseja, nem que seja um crioulo, um crioulo suado, MENOS EU!

D. SENHORINHA (*saindo*) – E eu tenho culpa? Se você não é mais bonita, eu que sou culpada?

TIA RUTE – Desde menina, tive inveja de sua beleza. (*em tom de acusação*) Mas ser bonita assim é até imoralidade porque nenhum homem se aproxima de você, sem pensar em você PARA OUTRAS COISAS!

(*Tia Rute pára, cobre o rosto com as mãos.*)

GUILHERME (*irônico*) – Pode continuar!

JONAS (*num grito*) – Basta!

GUILHERME – Pode continuar, porque depois vai sair daqui, para não voltar nunca mais!

TIA RUTE (*meio histérica*) – Você me põe para fora?

GUILHERME – Pois é!

TIA RUTE – Mas eu não tenho para onde ir!... não tenho parente, nada!... Querem que eu morra de fome?

GUILHERME – Tanto faz.

TIA RUTE (*num crescendo*) – Vocês não podem fazer isso comigo. (*grita*) EU CONHEÇO SEGREDOS DA FAMÍLIA! SEI por que Guilherme e Edmundo voltaram – SEI! Sei por que Nonô enlouqueceu – por que mandaram Glória para o colégio interno!...[7]

É nesse clima "desagradável" que a peça se desenvolve. A sensação é de que tudo está apodrecendo num único lugar, de onde também não há fuga. A família se deteriora reunida ao se desagregar. A regularização moralista está no sentido das falas das personagens em contraste com o que aparece nas falas, isto é, a desestruturação da família e dos seus valores morais por meio de uma secularização desmedida. Tia Rute expressa bem esse jogo. Nelson Rodrigues coloca o leitor/espectador diante de uma situação sem saída para questionar a existência do "moderno". Se o que era "moderno" no passado decaiu, mas permanecia como regra, e o que era "moderno" naquele momento presente ascendia, mas era desacreditado, então o que era "moderno"?

---

7   *Ibidem*, p. 81–82.

Sueann Caulfield mostra que, na visão dos juristas no período pós-Primeira Guerra, o conceito de modernidade já era bastante ambíguo, oscilando entre a defesa da moralidade e a denúncia do que era considerado imoral. Sem acreditar em nenhuma dessas polaridades, Nelson Rodrigues coloca em jogo no teatro (performance) as contradições entre duas ideologias morais de "moderno", possibilitando mostrar que talvez a modernidade brasileira fosse uma farsa. Contradições que deveriam ser empanadas pelo discurso institucional (pedagógico), mesmo que contivessem claras distorções. Embora a autora se refira aos anos 1920, essa ambiguidade parece ter permanecido e se agudizado na década de 1940, com o desencanto dos projetos modernos de toda ordem por parte do dramaturgo. Já nos anos 1950, a visão ideológica do "moderno" estava mais associada à estabilidade da nação via desenvolvimento econômico[8] e, no plano cotidiano, ao culto das aparências,[9] no qual se tratou de conjugar o "antigo" ao "novo" em busca de estabilidade, respectivamente, política e moral. Ou seja, "moderno" se tornava um conceito mais positivo do que ambíguo nos "anos dourados". O teatro de Nelson Rodrigues dos anos 1950 busca, então, outra forma de jogo para

---

8   Sobre isso, ver o estudo clássico de BENEVIDES, Maria Victoria de Mesquita. *O governo Kubitschek*: desenvolvimento econômico e estabilidade política. Para a autora, tal estabilidade foi alcançada com a conjugação do papel dos partidos políticos, das forças armadas e do executivo. Celso Lafer comenta no prefácio da obra, p. 17, que "(...) o colapso da República Populista em função de uma paralisia de decisões, tendo em vista os limites da administração paralela no esgotamento de uma fase do processo de substituição de importações, [e] a combinação do novo e do velho, que assinalaria a vocação conciliatória do Governo JK e sua racionalidade específica (...) se veem complementadas por Maria Victoria de Mesquita Benevides pela dinâmica, por ela identificada, da aliança PSB/PTB – que permitiu, numa conjuntura, a combinação estável do novo e do velho (o estado de compromisso) – e que, ao esgotar-se, pelo impacto da política econômica do regime partidário, agravou a fragilidade institucional da República Populista (a paralisia das decisões), exigindo uma recomposição do 'sistema', que desembocou no regime de 1964".

9   Sobre isso, consultar a minha dissertação de mestrado: GODOY, *Imagens veladas...*, *op. cit.* A ideia de culto da aparência, baseada na conjugação entre antigos costumes e novos hábitos urbanos, era disseminada por jornais e revistas da época não se voltando apenas para as camadas médias da população, mas para uma concepção de "média" que deveria atingir todos os setores sociais. Era o início de uma cultura de massa que tinha nas camadas médias emergentes na hierarquia social a sua principal inspiração.

caracterizar uma fase em que, aparentemente, o "moderno" tinha vencido como discurso ideológico.[10]

Ao mesmo tempo em que essa ambiguidade do "moderno" permanecia na década de 1940, pode ser interpretado um significado histórico para um tema que nem sempre é considerado "moderno", mas recorrente nas peças *Álbum de família* e *Anjo negro*: a religiosidade. Nelson Rodrigues foi associado a uma visão cristã de mundo, o que seria um modo de colocar em questão a secularização de uma cultura moral privada. Mas também não há nas suas peças uma ironia quanto à regularização opressora de uma cultura moral pública? De fato, na peça *Álbum de família*, várias são as analogias com os símbolos cristãos. Porém, para Eudinyr Fraga, isso só reforça o seu sentimento irreligioso.

> Na verdade, a Fazenda São Jonas, em São José de Golgonhas, referenciando Congonhas do Campo e o Gólgota, local da paixão de Cristo, é o lugar privilegiado da paixão de Jonas, com aspecto 'meio nazareno, vaga semelhança com Nosso Senhor' [diz a rubrica]. A escolha do nome bíblico mostra a preocupação de criar um ambiente 'genesíaco', de fugir ao anedótico, ao histórico; isto sem esquecer a ligação que pode ser estabelecida com Jonas, o profeta bíblico que, tentando fugir de suas obrigações para com Deus, após ser engolido por um 'grande peixe' (...), arrepende-se e é expelido após três dias. Tal episódio é visto pelo simbolismo cristão como 'uma prefiguração da própria morte e ressurreição' de Cristo. Como Cristo, Jonas é o senhor todo-poderoso, origem e causa de tudo. Na verdade o pensamento nelson-rodrigueano é irreligioso não só nesta como em outras peças. Suas personagens vivem no aqui/agora e os ecos do mundo religioso ou são hipócritas (como no colégio de freiras de Glória e Tereza) ou se reduzem a frases em latim (o coro final) [a peça termina com um coro de vozes pronunciando uma frase em latim em intenção da morte de Jonas].[11]

A questão do sentimento religioso cristão só reforça o jogo teatral que o dramaturgo estabelece entre cultura moral pública e cultura moral privada. Não é possível dizer que Nelson Rodrigues seja "irreligioso", como querem alguns,

---

10   Ver o primeiro item da segunda parte da pesquisa, "A imitação fracassada: a cultura de camadas médias".

11   FRAGA, Eudinyr. *Nelson Rodrigues expressionista*, p. 75.

ou "evangelista", como querem outros.[12] No caso da peça *Álbum de família*, por um lado, o sentimento religioso cristão é algo que sustenta o moralismo regulador da família congregada em torno do pai, o que não significa que o autor critique diretamente a religião ou a tome como base para a sua dramaturgia; por outro lado, a secularização se expressa não só no ódio assumido pela família ao pai autoritário, mas no modo em que ele mesmo se vê, como indivíduo, quando encontra apenas "meninas sujas" para satisfazer o seu desejo por adolescentes virgens: "JONAS (*mudando de tom*) – O pior é que eu não acho uma, não encontro... Tenho vontade de bater, até de estrangular! São umas porcas e eu também! (*cai em prostração*)".[13]

Dessa forma, Nelson Rodrigues não deixa de questionar tanto a regularização quanto a secularização em que a família e os seus componentes estão envolvidos: um "moderno" em constante conflito existencial. Ao contrário do dramaturgo, o filósofo Gianni Vattimo dá um significado positivo para a secularização, que está mais relacionado à experiência moderna europeia.

> A chave de todo este discurso é o termo 'secularização'. Com ele, como se sabe, indica-se o processo de 'deriva' que liberta a civilização laica moderna das suas origens sagradas. Mas se o sagrado natural é o mecanismo violento que Jesus veio revelar e desmentir, é bem possível que a secularização – que é também perda de autoridade temporal por parte da Igreja, autonomização da razão humana em relação à dependência de um Deus Absoluto, juiz ameaçador, de tal modo transcendente em relação às nossos ideais do bem e do mal a ponto de parecer um soberano caprichoso e bizarro – seja precisamente um efeito positivo do ensinamento de Jesus e não um modo de nos afastarmos dele. (...) Todavia, não se trata de procurar implicações paradoxais e pitorescas. O sentido 'positivo' da secularização, isto é, a ideia de que a modernidade laica se constitui também e sobretudo como continuação e interpretação des-sacralizante da mensagem bíblica é claramente reconhecível, por exemplo, nos estudos de sociologia religiosa de Max Weber, de quem todos recordamos a tese sobre o capitalismo moderno como efeito da ética protestante; e, mais genericamente, a ideia de que a racionalização da sociedade moderna é impensável fora da perspectiva

---

12   Sobre isso, ver a abordagem de CUNHA, Francisco Carneiro da. *Nelson Rodrigues, evangelista.*

13   RODRIGUES, Álbum de família, *op. cit.*, p. 71.

do monoteísmo hebraico-cristão. Podemos falar da modernidade como secularização em muitos outros sentidos – sempre ligados à ideia de dessacralização do sagrado violento, autoritário e absoluto da religiosidade natural –; por exemplo, a história da transformação do poder estatal desde a monarquia de direito divino à monarquia constitucional e desta às actuais democracias representativas é facilmente descritível (se não apenas) em termos de secularização.[14]

Não se pode deixar de reconhecer que, para a experiência europeia ocidental, a modernidade vingou e por isso alcançou já no século XIX um nível de expansão e penetração social[15] impensável no Brasil mesmo entre as décadas de 1940-1960.[16] Isso altera, substancialmente, o que se entende por "moderno" e "modernidade". Mesmo as perspectivas mais renovadoras e críticas da filosofia europeia não deixam de generalizar para toda a parte ocidentalizada do mundo o que é fruto de uma experiência específica. A obra de Nelson Rodrigues, como "o representante mais característico da desencantada literatura moderna"[17] no Brasil, permite a interpretação de que, se havia alguma "modernidade" entre os brasileiros, esta estava tão cindida entre dois momentos históricos conflitantes que não se poderia determinar a sua existência efetiva. Portanto, nos anos 1940, a regularização e a secularização eram a mesma face de um "moderno" que talvez jamais tivesse existido para a maioria das pessoas, nem mesmo para as famílias burguesas de elite.

---

14 VATTIMO, Gianni. *Acreditar em acreditar*, p. 33.

15 Ver GAY, Peter. *O século de Schnitzler*: a formação da cultura da classe média – 1815-1914. O autor documenta a formação de uma cultura de classe média por meio da ambiência social do dramaturgo vienense Arthur Schnitzler. Evidentemente, toda essa discussão está articulada na questão da modernidade europeia, pois "(...) os estimulantes movimentos nas artes, literatura e pensamento que denominamos de Modernismo e associamos ao século XX estavam incubados, e de certa forma já em andamento, muitos anos antes de 1914", p. 12.

16 Na minha dissertação de mestrado (GODOY, *Imagens veladas...*, *op. cit.*), abordo a dificuldade de se estabelecer uma cultura de classe média no Rio de Janeiro dos anos 1950, seja por falta de condições econômicas, seja por medo de aceitar novos hábitos urbanos sem um crivo moralista.

17 PRADO, *op. cit.*, cf. p. 43.

Nelson Rodrigues: o fracasso do moderno no Brasil   113

A dúvida, o desespero e a angústia permanecem no drama familiar da peça *Anjo negro*, cujo nome pode ser interpretado como aquele que vem revelar (o anjo) o que ninguém quer ver (o negro), isto é, o racismo na cultura moral pública, bem como na cultura moral privada. Talvez seja o racismo no Brasil o que mais coloque em xeque as ideologias de "moderno" do passado (regular) e do presente (secular).[18]

A peça em questão trata da história da família do negro Ismael e da branca Virgínia. É composta também por um coro de senhoras que expiam o sofrimento do casal. Na cena logo a seguir, elas comentam a perda consecutiva do terceiro filho do casal, afogado num tanque raso. O coro das senhoras é um veículo extremo de teatralidade, não só porque está ligado a um dos elementos constitutivos da tragédia grega,[19] mas porque é o próprio jogo dentro do jogo teatral. Nesse

---

18   Diante da semelhança do que venho interpretando das peças de Nelson Rodrigues e do que o crítico literário Homi K. Bhabha formula em seu estudo sobre a cultura, torna-se inevitável citá-lo mais uma vez: "Aceitar esta perspectiva significaria que vemos o 'racismo' não apenas como um remanescente de concepções arcaicas da aristocracia, mas também como parte das tradições históricas do humanismo cívico e liberal que criam matrizes ideológicas de aspiração nacional, em conjunto com seus conceitos de 'um povo' e sua comunidade imaginada. Esse privilégio dado à ambivalência nos imaginários sociais da nacional*idade* [nation*ness*] e suas formas de afiliação coletiva permitiriam-nos compreender a tensão coeva, frequentemente *incomensurável*, entre a influência das várias identificações 'etnicistas' tradicionais que coexistem com as aspirações seculares, modernizantes, contemporâneas. O 'presente' enunciativo da modernidade que proponho forneceria um espaço político para a articulação e negociação dessas identidades sociais culturalmente híbridas". BHABHA, Homi K. "Raça", tempo e a revisão da modernidade. *O local da cultura*, p. 345. É preciso esclarecer que o hibridismo que Nelson Rodrigues apresenta em seu jogo teatral não é entre tradição e modernidade, mas entre uma "modernidade' que se tornou tradição e outra que estava nascendo. A primeira da *belle époque* do período (1940) – que sem dúvida traz um ranço aristocrático, patriarcal, religioso e escravista, apesar de ter um caráter público – e a segunda daquela atualidade – individualista, egoica, secular –, e que, ao entrarem em conflito, permitem o questionamento existencial do "moderno" no Brasil e das quais emergem as suas contradições e ambiguidades.

19   De acordo com Aristóteles, "*prólogo* é toda a parte da tragédia que antecede a entrada do coro; *episódio*, toda uma parte da tragédia situada entre dois cantos corais completos; *êxodo*, toda a parte da tragédia após a qual não vem o canto do coro. Do canto coral, o *párodo* é todo o primeiro pronunciamento do coro; *estásimo*, o canto coral sem anapestos e troqueus; *como*, um lamento conjunto do coro e dos atores". ARISTÓTELES, Poética. *Os pensadores*, p.

caso, o jogo é a fala conflitante das senhoras entre a presença do preconceito por vias moralistas – daquele que expia o sofrimento público como sendo apenas o do outro – e a sua confirmação por vias imorais, nas quais tudo é permitido para o indivíduo egoico, inclusive detestar o outro por sua cor.

SENHORA (*doce*) – Um menino tão forte e tão lindo!

SENHORA (*patética*) – De repente morreu!

SENHORA (*doce*) – Moreninho, moreninho!

SENHORA – Moreno, não. Não era moreno!

SENHORA – Mulatinho disfarçado!

SENHORA (*polêmica*) – Preto!

SENHORA (*polêmica*) – Moreno!

SENHORA (*polêmica*) – Mulato!

SENHORA (*em pânico*) – Meu Deus do Céu, tenho medo de preto! Tenho medo, tenho medo!

SENHORA (*enamorada*) – Menino tão meigo, educado, triste!

SENHORA (*encantada*) – Sabia que ia morrer, chamou a morte!

SENHORA (*na sua dor*) – É o terceiro que morre. Aqui nenhum se cria!

SENHORA (*num lamento*) – Nenhum menino se cria!

SENHORA – Três já morreram. Com a mesma idade. Má vontade de Deus!

SENHORA – Dos anjos, má vontade dos anjos!

SENHORA – Ou é o ventre da mãe que não presta!

SENHORA (*acusadora*) – Mulher branca, de útero negro!

---

41. Deve-se lembrar que Aristóteles não foi contemporâneo das tragédias, mas um sistematizador dos seus procedimentos. No entanto, não deixa de ser verdadeira a presença do coro como elemento central na tragédia grega.

Nelson Rodrigues: o fracasso do moderno no Brasil   115

SENHORA (*num lamento*) – Deus gosta das crianças. Mata as criancinhas! Morrem tantos meninos!

TODAS – Ave-maria, cheia de graça... (*perde-se a oração num murmúrio ininteligível*) Padre-nosso que estais no céu... (*perde-se o resto num murmúrio ininteligível*)

SENHORA (*assustada*) – E se afogou num tanque raso!

SENHORA – Ninguém viu!

SENHORA – Ou quem sabe foi suicídio?

SENHORA (*gritando*) Criança não se mata! Criança não se mata!

SENHORA (*doce*) – Mas seria tão bonito que um menino se matasse!

SENHORA – O preto desejou a branca!

SENHORA (*gritando*) – Oh! Deus mata todos os desejos!

SENHORA (*num lamento*) – A branca desejou o preto!

TODAS – Maldita seja a vida, maldito seja o amor![20]

O coro das senhoras expressa tanto o moralismo que expia o sofrimento alheio, como a imoralidade do preconceito incorporado como um "direito". O clima de sofrimento, solidão e angústia é reforçado inclusive pelas indicações cênicas: "A casa não tem teto para que a noite possa entrar e possuir os moradores. Ao fundo, grandes muros que crescem à medida que aumenta a solidão do negro".[21] Ou seja, não há escapatória: numa cultura moral pública, o preconceito racial não é repelido, mas apenas encarado como um sofrimento do outro. Numa cultura moral privada, o preconceito é reafirmado porque se torna um "direito" do sujeito individualista. O jogo das vozes das senhoras expõe simultaneamente essas duas dimensões, provocando um vazio existencial: "maldito seja a vida, maldito seja o amor!". A branca Virgínia e o negro Ismael vivem nessa solidão

---

20   RODRIGUES, Nelson. Anjo Negro. *Teatro completo de Nelson Rodrigues 2*: peças míticas, p. 125-126.

21   *Ibidem*, p. 125.

obtusa. Por isso, mesmo sendo negro, Ismael detesta a sua cor; Virgínia abomina os próprios filhos, porque nasceram pretos.

Ismael era um médico que vivia isolado com a sua esposa Virgínia numa casa de elite burguesa. A mesma casa onde Virgínia roubou o namorado da prima e esta se matou. Por vingança, a tia de Virgínia deixou a porta do quarto aberta para que Ismael a violentasse. Ismael era o médico da família. Dessa "noite de núpcias", nasceu o primeiro filho preto, depois o segundo e o terceiro. Virgínia matou todos eles. No entanto, a peça se inicia com a presença de Elias, o irmão branco e cego de Ismael, durante o velório do terceiro filho. Ismael é o irmão de criação de Elias. Este, por sua vez, envolve-se com Virgínia e eles acabam concebendo uma filha branca, Ana Maria. Ismael mata Elias.

O diálogo a seguir é do terceiro ato da peça, quando se passaram 16 anos da morte de Elias e do nascimento de Ana Maria. Ana Maria é cega porque Ismael feriu os seus olhos para que não visse que ele era negro, assim como fez com o irmão Elias. Já Virgínia pensou que teria um filho branco e não uma filha. O conflito se dá porque Ismael e Virgínia incorporam o preconceito como um "direito", entretanto, reconhecem também o sofrimento que isso lhes proporciona, mas nada fazem a respeito. A peça termina com Ana Maria isolada num mausoléu de vidro, enquanto Ismael e Virgínia esperam por um novo filho, um futuro "anjo negro" que seria morto pela mãe, como se cumprisse uma sina. A família vive entre a expiação do sofrimento público por ter sido constituída pela miscigenação de um negro e uma branca e a exposição do preconceito como um "direito" dos seus membros.

> ISMAEL – Durante os nove meses, eu sentia nos teus olhos, na tua boca – o desejo, a esperança, a certeza de que seria um filho, e não uma filha. E queres saber o que pensavas neste tempo?

> VIRGÍNIA (*possuída de desespero*) – Eu mesma te direi o que pensava. Eu pensava que quando ele crescesse...

> ISMAEL (*possesso, também, cortando a palavra da mulher*) – Tu o amarias, não como mãe, mas como mulher, como fêmea!...

VIRGÍNIA (*ao mesmo tom*) – Sim; como mulher, ou como fêmea! (*muda de tom, lenta*) – Quando Elias me disse – 'Ama meu filho como a mim mesmo' – compreendi tudo. Compreendi que o filho branco viria para me vingar. (*com a voz grave*) De ti, me vingar de ti e de todos os negros! (*numa euforia*) Depois de crescido, ele pousaria a cabeça no meu travesseiro, perfumando a fronha... (*violenta*) Seria homem branco!

ISMAEL – E cego!

VIRGÍNIA (*num desafio*) – E cego, por que não? Seria melhor cego, até melhor, Ismael. Se ele não enxergasse, seria mais meu, eu o tomaria para mim, só para mim; não deixaria que ninguém – nenhuma mulher – surgisse entre nós. Eu e ele criaríamos um mundo tão pequeno, tão fechado, tão nosso, como uma sala... Como uma sala, não! Como um quarto... (*eufórica*) Nada mais que este espaço, nada mais que este horizonte – o quarto.

ISMAEL (*numa alegria selvagem*) – Só isso, não! Eu vou te dizer o que farias mais. Mentirias, não é?

VIRGÍNIA (*apaixonada*) – Mentiria, sempre, sempre!

ISMAEL – Para um cego, que a gente cria, desde que nasceu, que a gente esconde, guarda – não é? –, é melhor mentir. É preciso até mexer nos Dez Mandamentos.

VIRGÍNIA (*caindo em si, acovardada*) – Por que os Dez Mandamentos? Os Dez Mandamentos, não. Eu tenho medo de Deus, Deus castigaria!

ISMAEL – Espera! (*muda de tom, caricioso e ignóbil*) Você diria a seu filho – diria, sim! – que um dos Dez Mandamentos manda amar a nossa mãe acima de todas as coisas – como se ela fosse a Virgem! E dirias ao filho cego que tu mesma, com tuas mãos, e ninguém mais, tinhas criado a água, o fogo e os peixes. Dirias, não dirias? Dirias que todas as mulheres – não você, mas todas as outras – estavam apodrecendo como frutos malditos – enquanto você era a única, entre todas – a única bonita, linda, (*ri, sordidamente*) a única que não tinha moléstia de pele... Dirias tudo isso, guardarias teu filho com essas e outras mentiras; e te fecharias com ele. (*feroz*) Ou não? (*rindo*) Quem sabe se não fiz isso com tua filha?

VIRGÍNIA (*sem ouvir a última frase*) – Eu convenceria meu filho, sim – desde pequenininho – que outras mulheres eram perdidas; diria que, em vez de olhos, elas tinham buracos vazios. (*num riso soluçante*) Ele acreditaria em mim, acreditaria em tudo o que dissesse!... Eu podia me entregar a todos os homens, todos (*está no auge do riso histérico*) e meu filho continuaria pensando que as outras é que eram perdidas, e eu não!....

ISMAEL – Mas em vez de um menino, que seria mais tarde – que seria hoje – um homem e branco – nasceu Ana Maria!...

VIRGÍNIA (*caindo em si, espantada*) – Nasceu Ana Maria!

ISMAEL (*num grande riso, apontando para a mulher*) – Quando viste que era menina – teus olhos escureceram de ódio. (*cortando o próprio riso*) Tu odiaste tua filha, Virgínia. Confessa!

VIRGÍNIA (*com sofrimento*) – Naquele momento, sim. (*com vergonha do próprio sentimento*) Naquele momento eu odiei.

ISMAEL (*enchendo o palco com a sua voz grave e musical de negro*) – Mas eu, não. Quando vi que era uma filha, e não um filho, eu disse: 'Oh, graças, meu Deus! Graças!' Queimei os olhos de Ana Maria, mas sem maldade nenhuma! Você pensa que fui cruel, porém Deus, que é Deus, sabe que não. (*num riso soluçante*) E sabes o que eu disse a ela? Desde menina? Que os outros homens – todos os outros – é que são negros, e que eu – compreendes? – eu sou branco, o único branco (*violento*) eu e mais ninguém. (*baixa a voz*) Compreendes esse milagre? É milagre, não é? Eu branco e outros, não! Ela quase cega de nascença, mas odeia os negros como se tivesse noção de cor.[22]

A cultura regular é aquela que acata a figura do marido autoritário, quase patriarcal, inclusive o negro quando chefe de família, pois Ismael é uma figura truculenta. É aquela que resguarda a presença de Deus como extensão do pai autoritário na Terra, que provoca medo. É também aquela do moralismo público no qual quem erra é apenas o outro. Por conseguinte, é ainda aquela que expia o preconceito, mas nada faz contra ele.

A cultura secular, por sua vez, é aquela do individualismo, na qual não há autoridade possível; Ismael e Virgínia não respeitam a si mesmos e nem aos outros. É aquela em que a presença de Deus legitima toda a forma de

---

22   *Ibidem*, p. 173-174.

destruição em seu nome. É também aquela do moralismo privado em que o "eu" nunca erra.

A presença de temas como o preconceito racial, o fundamentalismo religioso e a misoginia nas peças de Nelson Rodrigues dos anos 1940 deve ser encarada mais como ironia a um "moderno" que se pretendia eficaz, do que como crença numa tradição patriarcal. No entanto, o seu pessimismo ou desencanto com o "moderno" não deve ser visto apenas como uma repetição das teorias degenerativas europeias do século XIX ligadas à raça e à mulher moderna.[23] Essas teorias eram realistas no sentido de acreditarem nas suas proposições. O dramaturgo, porém, pertencia a uma geração de artistas conscientemente modernos,[24] isto é, que já utilizavam a ironia até mesmo para questionar o próprio "moderno". Por isso, não era também a negação da arte moderna, mas a contradição de produzir um "teatro moderno" num país onde não se sabia se o "moderno" de fato existia.

O Brasil vivia as várias contradições de um Estado-Providência que previa a inclusão de todos os indivíduos no espaço público e perdia a consistência ideológica ao manter preconceitos raciais, religiosos e sexistas, bem como de um liberalismo econômico como sinônimo de progresso econômico e, por sua vez, social, que dissipava a sua eficácia ao não proporcionar, mesmo para famílias elitizadas, a felicidade e a harmonia prometidas. A cultura moral privada também não saiu vencedora, pois ao não propor nenhuma alternativa frente ao descrédito a todo e qualquer valor público comum, produziu indivíduos solitários, ressentidos e angustiados, ou, para usar o título de uma peça do autor, "afogados" em si mesmos.

---

23 No Brasil, isso também ocorreu; sobre o assunto, ver respectivamente: SCHWARCZ, Lilia Moritz. *O espetáculo das raças*: cientistas, instituições e questão racial no Brasil do século XIX; MALUF, Marina e MOTT, Maria Lúcia. Recônditos do mundo feminino. *História da vida privada 3*: República: da Belle Époque à Era do Rádio, p. 368-421.

24 Recorro mais uma vez ao estudo de Frederick R. Karl: "os artistas modernistas realizavam o contrário [dos teóricos da degeneração]. Buscando fraquezas pessoais, projetando essas fraquezas como ingredientes importantes de sua cultura, eles construíram modos alternativos de percepção. A fraqueza torna-se, assim, não uma fonte de debilitação, mas uma fonte de uma nova visão, de nova experiência dos sentidos, de novas experiências". KARL, *op. cit.*, p. 137.

A peça *Senhora dos afogados* expressa no próprio título a agonia de viver num "oco", entre essas ideologias de "moderno" do passado e do presente. A avó doida da peça representa a obsolescência de uma cultura moral pública e o mar, a imensidão, a profundidade e a imprevisibilidade do desejo em uma cultura moral privada.[25] *Senhora dos afogados* conta a história da família Drummond em três atos e seis quadros, porém no tempo da ficção ocorre entre uma noite e um alvorecer.[26] Embora aparentemente poéticos, o tempo condensado e o espaço aberto (demais: "perto de uma praia selvagem") visam reforçar o clima de agonia: a angústia de viver a profundidade de cada instante que passa. A presença dos vizinhos aparece mais uma vez como um tipo de coro que representa o entretempo da expiação pública e da exposição privada. A máscara é utilizada como uma forma de expiar o outro,[27] de ser mascarado porque se revela a máscara,[28] ou para

---

25 O historiador das ideias Paolo Rossi, em seu livro *Naufrágios sem espectador*: a ideia de progresso, p. 24, afirma que a metáfora do mar não é contemporânea. Francis Bacon, no século XVII, já a utilizara como sinônimo da "inconstância, do risco, do movimento, contrapostos à certeza, à segurança, à estabilidade da terra firme".

26 No programa da peça, lê-se: "AÇÃO: perto de uma praia selvagem. ÉPOCA: Quando quiser. PASSAGEM DO TEMPO: 1º quadro: noite; 2º quadro: mesma noite; 3º quadro: ainda a mesma noite; 4º quadro: de noite, p/madrugada; 5º quadro: a mesma; 6º quadro: dia seguinte, crepúsculo". RODRIGUES, Nelson. Senhora dos afogados. *Teatro completo de Nelson Rodrigues 2*: peças míticas, p. 256.

27 De acordo com Ana Maria Amaral, a máscara na Grécia representa "a força que o olhar fixo adquire. Quando os olhares se cruzam surge um ponto crucial, o encontro entre opostos: o que fita e o que lança, através do olhar, uma estranheza". AMARAL, *op. cit.*, p. 45.

28 "VIZINHO (*logo que Misael aparece à porta*) – Olha o grande pai!/VIZINHO – O grande bêbado!/VIZINHO – Não bebe! O doutor não bebe!/VIZINHO – Bebe, sim!/VIZINHO – Não!/ VIZINHO – Tem úlcera no duodeno!/VIZINHO – Mas foi ele, não foi ele?/VIZINHO – Quem?/VIZINHO – Foi ele!/VIZINHO – Quem matou aquela mulher?/(*Vizinhos cochichando entre si*)/VIZINHO – Dizem que foi ele!/VIZINHO – Mentira! (*Os vizinhos aproximam-se, uns agachados, outros rindo, outros gritando. A família nada percebe, nada vê.*)/VIZINHO (*numa ofensa coletiva*) – Família que não chora os seus defuntos!/VIZINHA (*patética*) – Não chora seus afogados!/VIZINHO (*patético*) – Nem seus doidos!". RODRIGUES, Senhora dos afogados, *op. cit.*, p. 274.

expor o próprio rosto como uma nova forma de máscara, de fingir ser educado, condescendente, civilizado.[29]

> VIZINHO – Mas foi suicídio ou não foi?
>
> VIZINHO – Foi, sim.
>
> VIZINHO – Não foi.
>
> VIZINHO – A menina se matou.
>
> VIZINHO – Que o quê!
>
> VIZINHO – Dou-lhe a minha palavra!
>
> (*Mudam de atitude os vizinhos e vêm, solícitos, ouvir D. Eduarda e Moema.*)
>
> D. EDUARDA – Desculpem... Eu me enganei...
>
> MOEMA – A senhora parece louca!
>
> D. EDUARDA (*desorientada*) – Eu disse 'suicídio', disse?
>
> VIZINHOS – Disse. A senhora disse.
>
> MOEMA (*vingativa*) – Está ouvindo?

---

29 "VIZINHO – Vamos tirar o rosto!/VIZINHO – E colocar a máscara!/VIZINHO – Ótimo!/ VIZINHO – Agora?/VIZINHO – Já./(*Simultaneamente, arrancam a máscara. Estão com o rosto. Entra o noivo de Moema. Deixou de ser oficial da Marinha: é agora um lírio vagabundo de cais. Nenhum vestígio de disciplina naval, mas uma contínua tensão, uma incessante embriaguez. O noivo vem gritando.*)/NOIVO – Moema! Moema! (*Silêncio*)/NOIVO – Moema! (*Vizinhos cochichando*)/VIZINHOS – Procura Moema!/VIZINHO – O noivo de Moema!/VIZINHO (*humilde, chapéu na mão*) – O senhor procura Moema?/NOIVO – Moema!/VIZINHO – Subiu!/ VIZINHO – Sua noiva subiu.../NOIVO – E vocês são o quê?/TODOS (*mesura*) – Vizinhos.../ (...) NOIVO (*baixo com certa ferocidade*) – Minha mãe chegou./VIZINHO (*depois de uma pausa, baixo*) – Quem?/NOIVO (*cara a cara com o outro*) – Minha mãe!/VIZINHO – A senhora sua mãe!/NOIVO – Sim. Chegou, depois de tanto tempo; anos e anos! (*exultante*) Eu sabia; tinha certeza de que ela viria. E assim, quando menos se esperasse. De repente./VIZINHO (*mesura de menina*) – Deve ser bonita como o senhor./VIZINHO – O tenente é simpaticíssimo!/VIZINHO – Muito!/NOIVO – Obrigado./VIZINHO – E aposto que bem conservada". RODRIGUES, Senhora dos afogados, *op. cit.*, p. 287-288.

122 Alexandre Pianelli Godoy

D. EDUARDA (*desesperada*) – Foi sem querer... Eu não sei nada. Quem sabe é Moema.

MOEMA (*altiva*) – Na nossa família ninguém se mata...

(*A Avó intervém outra vez. Avança para os vizinhos que, juntos, recuam, amedrontados.*)

AVÓ – Minha neta Clarinha não se matou... Foi o mar... Aquele ali... (*indica na direção da plateia*) Sempre ele...

VIZINHOS (*espantados e em conjunto*) – O mar!

AVÓ – Não gosta de nós. Quer levar toda a família, principalmente as mulheres. (*num sopro de voz*) Basta ser uma Drummond, que ele quer logo afogar. (*recua diante do mar implacável*) Um mar que não devolve os corpos e onde os mortos não boiam! (*violenta, acusadora*) Foi o mar que chamou Clarinha, (*meiga, sem transição*) chamou, chamou... (*possessa, de novo, e para os vizinhos que recuam*) Tirem esse mar, daí, depressa! (*estendendo as mãos para os vizinhos*) Tirem, antes que seja tarde! Antes que ele acabe com todas as mulheres da família!

VIZINHOS (*em conjunto*) – Primeiro Dora, depois Clarinha!

VIZINHO (*solista, para um e outro*) – Já duas afogadas na família!

AVÓ – Depois das mulheres, será a vez dos homens...

VIZINHO (*solista*) – Acredito!

AVÓ – E depois de não existir mais a família – a casa! (*olha em torno, as paredes, os móveis, a escada, o teto*) Então, o mar virá aqui, levará a casa, os retratos, os espelhos![30]

Nessa família, todas as mulheres morrem afogadas porque é sobre elas que recai em primeira instância todo o moralismo de uma regularização pública e toda a imoralidade de uma secularização privada. Aliás, algo constante nas peças do dramaturgo são personagens femininas que carregam todo o peso do drama familiar, como Lídia, que acaba sofrendo com a obsessão de ciúmes do marido (*A mulher sem*

---

30 *Ibidem*, p. 261–262.

pecado); Alaíde, que se sente culpada por ter traído a irmã Lúcia (*Vestido de noiva*); D. Senhorinha, que consente a traição do marido por tê-lo traído com o filho Nonô (*Álbum de família*); Virgínia, que assume a sina de matar os próprios filhos porque são pretos (*Anjo negro*); e também Moema (*Senhora dos afogados*).

> MOEMA (*frenético*) – Querias, não querias? Um companheiro para teu medo e para tua insônia? Pai, eu tirei a vida de alguém... Eu matei... Sou assassina – como tu!

> MISAEL (*acovardado*) – Não!

> MOEMA (*apertando entre as suas mãos o rosto do pai*) – Não estás sozinho no mundo... Pai, chama-me assassina... Grita para mim – assassina!

> MISAEL (*sem voz*) – Assassina... (*desesperado*) Mas é mentira! Se tivesses matado, eu saberia, todos saberiam... Eu matei e toda a cidade sabe... Não havia ninguém espiando... Só minha mãe que não me denunciaria... E teu crime? Alguém conhece teu crime? Tua mãe?... Paulo?...

> MOEMA – Ninguém... Minha mãe talvez desconfie... Mas tem medo da própria suspeita... e Paulo é meigo demais... Morreria aos meus pés se desconfiasse...

> MISAEL – Mataste – quem?

> MOEMA – Sou assassina duas vezes. Sou mais criminosa do que tu...

> MISAEL (*espantado*) – (*violento*) Diz os nomes – quero os nomes!

> MOEMA (*rosto a rosto com o pai*) – Dora...

> MISAEL (*sem compreender*) – Dora?

> MOEMA – Clarinha...

> MISAEL (*assombrado*) – Dora e Clarinha...

> MOEMA (*triunfante*) – Compreendes agora? Minhas irmãs e tuas filhas... Sou mais assassina do que tu...

> MISAEL – Mais.

MOEMA – Afoguei minhas irmãs, como se ferisse no meu próprio ser... Afoguei as filhas que preferias e acariciavas, enquanto eu sofria na minha solidão...

MISAEL (*desesperado*) – Elas não te fizeram nenhum mal. E por que as odiaste?

MOEMA (*no seu ódio*) – Tiraram todo o amor que eu teria de ti. Receberam as carícias que eu não tive... Elas descalçavam e acariciavam os teus pés... E eu, não! Era preciso que deixassem este mundo...

MISAEL (*espantado*) – Só tens em ti – ódio!...

MOEMA (*fanática*) – E era preciso que não as visses mortas. Matá-las, mas de uma maneira que ninguém lhes achasse o corpo. Eu não queria que tu fizesses quarto, que chorasses o caixão... E na hora de sair o enterro, tu beijarias o rosto das duas... Eu sofreria com esse beijo e com o teu gemido... Compreendes agora?

MISAEL – Não.

MOEMA – Compreendes por que as dei ao mar, a esse mar que não devolve os afogados? Procura o corpo de Clarinha para chorar, sobre ele, para te abraçares a ele... (*frenética*) Anda! Procura![31]

Moema é a "senhora dos afogados". Ela afoga as irmãs, assim como se afoga na sua solidão, no seu desejo de ser filha única, na sua necessidade de confessar ao pai que também é uma criminosa. A peça abre o pano em torno da polêmica sobre a morte de Clarinha. Suicídio ou homicídio? A explicação "mítica" é a de que a família vive a sina de as suas mulheres morrerem afogadas.

D. Eduarda e Misael são os pais de uma família numerosa: Dora e Clarinha, cronologicamente, as filhas que morreram afogadas, e Moema e Paulo. Além disso, a "avó" mora também na casa dos Drummond. Uma família que apodrece frente ao desejo de Moema de ser a filha única e a única mulher da família, como se Moema maximizasse a tensão entre ter uma família (o ideal público) para si e provocar a sua desagregação (o egoísmo privado).

---

31 *Ibidem*, p. 304-305.

D. Eduarda poderia ser a "senhora dos afogados", a mãe da família. No entanto, ela não é uma Drummond. O que não significa que D. Eduarda também não sofra um afogamento, uma angústia por unir-se a uma família que se desagrega. Inicialmente, D. Eduarda é fiel ao marido, pois a fidelidade na família já não era um dever, mas "um hábito de trezentos anos".[32] Novamente, a fidelidade é um valor associado à família como ideal público e a traição é vinculada ao individualismo desmedido que provoca o seu estiolamento.

Misael, o marido, havia matado 19 anos atrás uma prostituta do cais do porto no mesmo dia em que se casou com D. Eduarda. O crime ficou conhecido por toda a cidade, mesmo assim a esposa resistia em acusá-lo. A traição só se torna possível quando D. Eduarda descobre que o "noivo" de Moema é, na verdade, o filho de Misael com a prostituta assassinada no cais do porto. Confirmados o adultério e o homicídio do marido, D. Eduarda foge para o cais ao lado do "noivo" da filha. É nesse momento que Moema confessa o assassinato das irmãs ao pai. Provoca também a ira do ciumento irmão Paulo ao contar sobre a traição da mãe. Paulo vai até o cais do porto com Moema para confirmar a história e mata o seu "noivo".

Já D. Eduarda é morta porque o marido corta as suas mãos na praia. A metáfora das mãos é bastante utilizada na peça como aquelas que "são mais culpadas no amor... Pecam mais... Acariciam... O seio é passivo; a boca apenas se deixa beijar... O ventre apenas se abandona... Mas as mãos, não... São quentes e macias... E rápidas... E sensíveis... Correm o corpo...".[33] D. Eduarda e Moema têm mãos idênticas até nos gestos. A mão é o sinônimo da individualidade. Moema trai a família ao querer se tornar filha única, assim como D. Eduarda trai o marido ao saber da traição dele. Moema se torna também a única mulher da casa, pois a "avó" falece de inanição quando a neta deixa de alimentá-la. Porém, Misael morre e Moema fica realmente só, apenas com as suas mãos.

Todo o enredo é baseado na relação conflituosa de Moema-pai-fidelidade (público) e D. Eduarda-marido-infidelidade (privado). São elas que unidas

---

32 "PAULO – (...) Na nossa família todas as esposas são fiéis... A fidelidade já deixou de ser um dever – é um hábito. Te será fácil cumprir um hábito de trezentos anos...". RODRIGUES, *Senhora dos afogados*, *op. cit.*, p. 273.

33 *Ibidem*, p. 308.

pelas mãos sintetizam o conflito da manutenção regular e da desagregação secular da família. O questionamento da existência do "moderno" passa "pelas mãos" de Moema e D. Eduarda. A primeira finalmente consegue ser a única e a segunda, a "outra". No entanto, ao assumirem os seus desejos (o mar), ambas são "afogadas" (angustiadas) quando conseguem realizá-los. Não por acaso, o individualismo nas peças de Nelson Rodrigues não leva à autonomia dos sujeitos, tampouco à realização plena dos seus desejos, mesmo que sejam de famílias burguesas de elite.

3. Solidão feminina, individualismo masculino

Assim como todas as mulheres nas peças de Nelson Rodrigues dos anos 1940, Moema e D. Eduarda escancaram as contradições morais entre cumprir os papéis impostos pela "tradição moderna" da *belle époque* – por exemplo, de "rainha do lar" – e, ao mesmo tempo, estar num mundo mais individualista – no qual devem exercer o aprimoramento do eu, ainda que em função do outro.[1] O

---

1 Susan K. Besse comenta que "a literatura normativa procurava, em primeiro lugar, reconciliar as donas-de-casa com o papel que lhes era atribuído – demonstrar que o único caminho para a verdadeira felicidade e realização pessoal encontrava-se no cultivo permanente do papel de esposa virtuosa. Em segundo lugar, instruí-as sobre o modo de cumprir melhor sua missão de preservar a estabilidade familiar e social, de criar uma força de trabalho produtiva e de promover a prosperidade doméstica e nacional. Se grande parte da literatura difundia normas higiênicas modernas, o restante dela era mais retrógrada do que avançada, apresentando como padrão uma era de ouro mítica e reforçando velhos estereótipos sobre a natureza feminina. Assim, as mensagens eram muitas vezes gritantemente contraditórias, refletindo interesses conflitantes do sistema social e econômico moderno. As mulheres eram relegadas à difícil tarefa de mediar entre o passado e o presente, bem como padrões públicos racionais de comportamento, desempenho e recompensas e padrões domésticos quase religiosos de devoção e autossacrifício". BESSE, *op. cit.*, p. 78. É interessante notar que, mesmo sendo um entrave ao individualismo feminino, a autora insiste que a desigualdade foi modernizada, ainda que ela fosse o próprio empecilho à modernidade. Mais uma vez, os discursos críticos adotam a ideologia do "moderno" como viés de interpretação histórica. Ou seja, a autora acredita demasiadamente nos discursos normativos modernos do passado e do presente, mesmo quando os critica.

dramaturgo se apropria da relação de gênero para mostrar que, mesmo com a ascensão de uma cultura moral privada, homens e mulheres estavam longe de realizar as promessas de uma sociedade mais "liberal". Nas suas peças, o individualismo feminino é solitário, enquanto o individualismo masculino, embora igualmente imoral, é aceito socialmente.

Na peça *Dorotéia*, Nelson Rodrigues cria somente personagens femininas. As únicas exceções são as "botinas desabotoadas", que representam o noivo da filha de D. Flávia, Das Dores, como se o individualismo masculino fosse suposto independentemente da sua presença física, e o Sr. Nepomuceno – apenas citado na peça –, homem misterioso responsável por lançar as chagas no corpo de Dorotéia para que ela se tornasse uma mulher feia.

Dorotéia carrega toda a angústia de ter sido uma mulher de "vida airada" e que procura na solidão das primas viúvas a ausência de desejo, de sonho, de beleza e de amor.

> D. FLÁVIA – É também esta a nossa vergonha eterna!... (*baixo*) Saber que temos um corpo nu debaixo da roupa... Mas seco, felizmente, magro... E o corpo tão seco e tão magro que não sei como há nele sangue, como há nele vida... (*gritando*) Que vem fazer nesta casa de viúvas? (*exultante*) procura por toda parte, procura debaixo das coisas, procura, anda, e não encontrarás uma fronha com iniciais, um lençol, um jarro!

> DOROTÉIA – Acredito... Acredito... mas escutai-me... ajoelhei diante da memória do meu filho e, então, jurei que homem nenhum havia de tocar nessa! (*espeta o dedo no próprio peito*) Em mim, não!... porém preciso de vossa ajuda... Para ser como vós e uma de vós... Não ter quadris e, conforme possa, um buraco no lugar de cada vista... (*exaltando-se*) Perdoai-me, Das Dores, se vos chamei de linda! (*desesperada*) Eu queria ser como a outra Dorotéia, que se afogou no rio... (*baixo e sinistra*) Se duvidardes, eu me afogarei no rio...

> D. FLÁVIA – Não!

> DOROTÉIA (*eufórica*) – ... me matarei...

> D. FLÁVIA – Não, mulher miserável! Em nossa família, nenhuma mulher pode morrer antes da náusea... É preciso, primeiro, sentir a náusea...

E aquela que perecer antes, morre em pecado e paixão... (*lenta*) Nem terá sossego na sua treva... Não podes morrer ainda, talvez não possas morrer nunca...

DOROTÉIA (*apavorada*) – Nunca?

D. FLÁVIA (*baixo, apontando das Dores*) – Vês?

DOROTÉIA (*num sopro*) – Das Dores?

D. FLÁVIA – Sim, Das Dores... Quando Das Dores se gerava em mim, tive um susto... Eu estava no quinto mês...

MAURA (*para Dorotéia*) – Foi, sim!...

D. FLÁVIA – E, com o susto, Das Dores nasceu de cinco meses e morta...

AS DUAS (*choramingando*) – Claro!

D. FLÁVIA – Sim, porque eu podia ter dito 'Minha filha, infelizmente você nasceu morta' etc. etc. (*patética*) Mas não era direito dar esta informação... Seria pecado enterrá-la sem ter conhecido o nosso enjoo nupcial... (*tom moderado*) de forma que Das Dores foi crescendo... Pôde crescer, na ignorância da própria morte... (*ao ouvido de Dorotéia*) pensa que vive, pensa que existe... (*formalizando-se e com extrema naturalidade*) E ajuda nos pequenos serviços da casa.

DOROTÉIA (*olhando na direção de Das Dores*) – Morta...

D. FLÁVIA (*agressiva*) – Tu ousarias morrer antes? Te deixarias enterrar sem cumprir tua obrigação?

MAURA (*rosto a rosto, com Dorotéia*) – Linda!

DOROTÉIA – Deixai-me ficar...

CARMELITA – Não!

DOROTÉIA – Deixai-me ser uma de vós...

CARMELITA – Não!

DOROTÉIA – Preciso de vosso auxílio (*olha apavorada, para os lados*) antes que *ele* apareça... porque se *ele* aparecer – será tarde demais...

D. FLÁVIA – Quem?

DOROTÉIA (*cochichando para as três*) – No meu quarto havia um jarro...

D. FLÁVIA – Jarro...

DOROTÉIA – Depois que meu filho morreu, não tenho tido mais sossego... O jarro me persegue... Anda atrás de mim... não que seja feio... Até que é bonito... De louça, com flores desenhadas em relevo... E inteligente, muito inteligente... (*de novo olha para os lados*) (*com exasperação*) Quando um homem qualquer vai entrar na minha vida, eu o vejo... direitinho... (*baixo a voz*) Sei, então que não adiantará resistir... Que não terei remédio senão agir levianamente... (*com terror*) É isso que eu não quero... (*feroz*) depois que meu filho morreu, não! (*suplicante*) Porém, se me expulsardes, ou se demorardes numa solução (*terror*) o jarro aparecerá...

D. FLÁVIA – Não faz mal!

DOROTÉIA (*estende as mãos*) – Pela vossa filha que casa amanhã!

D. FLÁVIA – Não![2]

Ao chegar à casa das primas, Dorotéia é recebida com grande hostilidade. Confundem a Dorotéia que morreu afogada com a Dorotéia que se perdeu. As três primas entabulam um inquérito sobre a vida de Dorotéia, encabeçado por D. Flávia, a prima com maior autoridade. Todas usam máscaras em cena, exceto Dorotéia. Além disso, se ocultam atrás de leques em situações de medo ou pudor. São mulheres que estão sempre de luto "num vestido longo e castíssimo, que escondem qualquer curva feminina. De rosto erguido, hieráticas, conservam-se em obstinada vigília, através dos anos. Cada uma das três jamais dormiu, para jamais sonhar. Sabem que, no sonho, rompem volúpias secretas e abomináveis",[3] diz a rubrica.

A descrição do figurino das primas visa reforçar o moralismo de uma cultura moral pública. Dorotéia, todavia, "(...) veste-se de vermelho, como as profissionais do amor, no princípio do século",[4] para representar em cena a

---

2   RODRIGUES, Nelson. Dorotéia. *Teatro completo de Nelson Rodrigues 2*: peças míticas, p. 207-209.

3   *Ibidem*, p. 197.

4   *Ibidem*, p. 198.

imoralidade de uma cultura moral privada. Esse é mais um recurso dramáti-co que indicia como Nelson Rodrigues, por meio das personagens femininas, questiona as ideologias do "moderno" do passado e do presente com o uso dos preconceitos que (re)vela.

Dorotéia mente quanto à sua vida pregressa. Teve um filho e não é casada. Não tem o defeito visual que impede as mulheres da família de ver homens e nem a náusea que só ocorre na noite de núpcias. Depois que o filho morreu: "Fiquei com ódio de mim, de tudo! E mais ainda da vida que levava... (...) Então eu pensei na minha família... Em vós... Jurei que havia de ser uma senhora de bom conceito... E aqui estou...".[5]

Ela consegue ficar na casa e vencer a resistência das primas com a promes-sa de fracassar como mulher. Mas o processo não é simples. Deve pedir cha-gas que lhe cubram o corpo, principalmente o rosto. Deve deixar de ser linda. Deve ter a cegueira visual que impede as mulheres da família de ver homens. Deve também ter a náusea na noite de núpcias que as impede de sentir prazer. Dorotéia vive o dilema de deixar de ser uma mulher de "vida airada" para se tornar uma mulher de "bom conceito", mas sofre porque o jarro (desejo),[6] a beleza e o amor a perseguem, não conseguindo tornar-se feia e seca.

Nelson Rodrigues carrega nas tintas propositadamente para expor a contra-dição: a mulher num mundo mais individualista era taxada como "degenerada" e trazia essa culpa por meio de uma moral pública repleta de "virtudes femininas" que chegavam ao paroxismo de negar qualquer feminilidade. Por muito tempo, foi considerado machista justamente por reforçar a teatralidade dos papéis sociais. O dramaturgo trabalha com as personagens femininas como aquelas que, por serem mais obrigadas a encenar com vistas a agradar publicamente, também são aquelas que melhor revelam a "desagradável" dúvida quanto à existência do "moderno".

DAS DORES – Nasci morta... Não existo, mas (*incisiva*) quero viver em ti...

D. FLÁVIA (*apavorada*) – Nunca!

---

5   *Ibidem*, p. 205-206.

6   O jarro representa o desejo culpado num sentindo amplo, mas também restrito ao ato sexu-al consumado, pois depois do sexo há a lavagem das partes íntimas.

DAS DORES (*histérica*) – Em ti... serei, de novo, tua carne e teu sangue... e nascerei de teu ventre...

D. FLÁVIA (*recuando*) – Não quero!

DAS DORES (*para Dorotéia*) – E tu, Dorotéia...

DOROTÉIA (*numa mesura*) – Às ordens...

DAS DORES – Outrora de vida airada e hoje de bom conceito... Foste testemunha de minha mãe... agora serás de mim contra minha mãe... Escuta: serei, de novo, filha de minha mãe! E nascerei viva... e crescerei... e me farei mulher...

DOROTÉIA – Acho difícil...

DAS DORES (*feroz*) – Olha! (*num gesto brusco e selvagem tira a própria máscara e coloca-a no peito de D. Flávia*)

D. FLÁVIA – Não! Não!

(*A própria D. Flávia, com uma das mãos, mantém a máscara de encontro ao peito. Este é o símbolo plástico da nova maternidade.*)

D. FLÁVIA (*gritando histericamente*) – Não te quero na minha carne! Não te quero no meu sangue!

(*D. Flávia dirige suas palavras à mascara.*)

D. FLÁVIA – Eu seria mãe até de um lázaro, menos de ti!

(*Segurando a máscara de encontro ao peito D. Flávia se torce e se retorce no seu medo e no seu ódio.*)

DOROTÉIA – É tua sina, mulher![7]

A passagem é forte. D. Flávia finalmente confessa à filha que ela nasceu morta diante da sua insistência em gostar do noivo – representado pelo par de botinas desabotoadas –, pois Das Dores não sente a náusea na sua "presença". As botinas já haviam sido palco do desejo das primas Carmelita e Maura, que, por esse motivo, acabam sendo estranguladas por D. Flávia.

---

7 RODRIGUES, Dorotéia, *op. cit.*, p. 242-243.

Nelson Rodrigues: o fracasso do moderno no Brasil   133

A situação dentro da casa vai saindo do controle quando também as prometidas chagas de Dorotéia custam a se manifestar no seu corpo. A maternidade é mostrada como um papel social que a máscara representa, que deposita na mulher a sua expectativa de reproduzir corpórea e simbolicamente papéis familiares trazidos pela "tradição moderna" da *belle époque*. Todavia, Nelson Rodrigues utiliza o jogo teatral entre negar a maternidade, como um impulso individualista porque se acredita numa pureza moral, e ser obrigada a aceitá-la publicamente para expor os desejos morais privados.

Ao receber as chagas, Dorotéia pergunta à prima: "Qual será o nosso fim?". E D. Flávia, que finalmente reconhece a "desgraça" da outra, afirma: "Vamos apodrecer juntas".[8] Era o "moderno" que se deteriorava. Apodrecia o Estado-Providência burguês e conservador, pois, ao se tornar "mulher de bom conceito", Dorotéia apenas acentua os preconceitos que cercavam os papéis femininos, principalmente para as mulheres de elite, e degenera-se o individualismo descrente, visto que, ao se manifestarem tardiamente no corpo de Dorotéia, as chagas lhe retiram a beleza e o viço, isto é, a possibilidade de se sentir atraente e desejada, o que acarretaria em mais uma cobrança por essa "falta". Dessa forma, "elas" estão condenadas a uma profunda solidão.

Não por acaso, Nelson Rodrigues associa a solidão ao feminino. É indicativo que a última peça dessa primeira fase seja um solilóquio - *Valsa nº 6* - protagonizado por "SÔNIA, menina assassinada aos 15 anos".[9]

> MOCINHA (*aumentando progressivamente a voz, até o grito*) - Sônia!... Sônia!... Sônia!...
>
> (*para si mesma*)
>
> Quem é Sônia?... E onde está Sônia?
>
> (*rápida e medrosa*)
>
> Sônia está aqui, ali, em toda parte!
>
> (*recua*)

---

8   *Ibidem*, p. 253.

9   RODRIGUES, Nelson. Valsa nº 6. *Teatro completo de Nelson Rodrigues I*: peças psicológicas, p. 171.

Sônia, sempre Sônia...

(*baixo*)

Um rosto me acompanha... E um vestido... E a roupa de baixo...

(*olha para todos os lados; e para a plateia, com meio riso*)

Roupa de baixo, sim,

(*com sofrimento*)

diáfana, inconsútil...

(*com medo, agachada numa das extremidades do palco*)

O vestido me persegue... De quem será, meu Deus?

(*corre, ágil, para a boca de cena. Atitude polêmica*)

Mas eu não estou louca! (*já cordial*) Evidente, natural!... Até, pelo contrário, sempre tive medo de gente doida!

(*amável e informativa, para a plateia*)

Parente doido, não tenho!

(*sem exaltação, humilde e ingênua*)

Só não sei o que eu estou fazendo aqui...

(*olhando em torno*)

Nem sei que lugar é este...

(*recua espantada; aperta o rosto entre as mãos*)

Tem gente me olhando!

(*olha para os lados e para o alto. Lamento maior*)

Meu Deus, por que existem tantos olhos no mundo?[10]

---

10   *Ibidem*, p. 173-174.

A personagem Sônia não sabe que é Sônia. Ela fala antes de tudo com ela mesma, o público se torna apenas um anteparo. Por isso, a peça é um solilóquio, isto é, recurso dramático em que uma personagem dialoga consigo mesma.[11]

O monólogo, por sua vez:

> (...) seria dirigido a uma outra, eventual, o público, evidentemente. Existiria, pois (...) um interlocutor em potencial que, na prática, nunca se torna ativo. Pode-se argumentar que tal conceituação é enganosa, senão mesmo falha, já que, na verdade, os dois se assemelham. (...) Em Valsa há momentos em que não somente o público é interrogado como se torna participante e cúmplice da ação (...). Particularmente parece-me bizantinismo ficar discutindo as diferenças e aproximações entre solilóquio e monólogo e os estudiosos de teatro não se preocupam em teorizar a respeito.[12]

Para o historiador, entretanto, um detalhe pode se revelar mais do que um "bizantinismo" quando se trata de recompor o mosaico do passado. Nelson Rodrigues parece ter se aproximado mais de um solilóquio do que de um monólogo, pois a personagem Sônia acredita fazer um juízo moral sobre outra Sônia que não ela mesma. Portanto, ela já se considera parte do público. Não necessita dele como interlocutor, apenas como "caixa de ressonância" para suas divagações solitárias, embora o interpele.

---

11 Patrice Pavis destaca que solilóquio é um "discurso que uma pessoa ou uma personagem mantém consigo mesma. O *solilóquio*, mais ainda que o *monólogo*, refere-se a uma situação na qual a personagem medita sobre sua situação psicológica e moral, desvendando assim, graças a convenção teatral, o que continuaria a ser simples monólogo interior. A técnica de solilóquio revela ao espectador a alma ou o inconsciente da personagem (...)". PAVIS, Patrice. *Dicionário de teatro*, p. 366-367.

12 FRAGA, *op. cit.*, p. 103-104. Pavis, no entanto, parece levar mais a sério tais diferenciações, em que o monólogo "se distingue do diálogo pela ausência de intercâmbio verbal e pela grande extensão de uma fala destacável do contexto conflitual e dialógico. O contexto permanece o mesmo do princípio ao fim, e as mudanças de direção semântica (próprias do diálogo) são limitadas a um mínimo, de maneira a garantir a unidade do assunto da enunciação". PAVIS, *Dicionário de teatro*, *op. cit.*, p. 247.

Aqui, alguém conhece o Dr. Junqueira? Por que eu, imagine, eu guardei o nome, mas não me lembro de seu rosto e... (*aperta a cabeça com as mãos*) – Será mocinho? (*senta-se no alto da escadinha que leva à plateia*) – É por isso que, às vezes, eu mesma, me julgo doida... (*num lamento*) – Porque as coisas, as pessoas deslizam e fogem de mim, como cobras... (*baixo*) – Sei que, naquela noite, o Dr. Junqueira acudiu de pijama e, por cima, a capa de borracha... (*ergue-se, apontando*) – Agora mesmo. O senhor, que esta aí... (*escolhe um espectador*) – Sim, o senhor! Estou vendo o seu paletó... E seus sapatos... Eles estão aqui... (*ri*) Posso tocá-los... Mas não vejo mais nada... (*irritação*) – Como se não existissem pés nos sapatos... (*grita*) – Mas o senhor precisa ter rosto! (*para si mesma*) – Sei que as pessoas usam rosto... (*sobe as escadinhas, fazendo as contas*) – Cada perfil tem dois lados e... (*vira-se, feroz, para a plateia e interpela o mesmo cavalheiro*) – Então como é que o senhor não usa as duas faces?[13]

Sônia foi assassinada por um homem mais velho. Mas parece ter se esquecido não só dos motivos do assassinato, como dos rostos das pessoas. Quem seria o assassino? Não se sabe quem matou Sônia. O autor só deixa claro que é um homem casado, que poderia ser tanto um "mocinho" (Paulo?) como o próprio Dr. Junqueira, um "velho". A ambiguidade "mocinho" e "homem mais velho" é um elemento que sustenta o jogo teatral de Sônia, pois, ao matar, o velho tem uma atitude individualista para com a sociedade. O "mocinho", que nunca aparece, é quem deveria ser o ideal moral público de relacionamento amoroso para uma jovem.

A "inversão de papéis" entre o novo que se torna velho (mocinho-público) e o velho que se torna novo (velho-privado) reforça o questionamento, uma vez que o velho se destrói ao incorrer no assassinato e cai no esquecimento; o "mocinho", como um ideal antiquado, não só pode, mas deve ser lembrado por Sônia. Tal recurso dramático evidencia o próprio dramaturgo, cindido entre a lembrança do moralismo (público) e o esquecimento do imoral (privado), que se repete nas falas e atitudes de Sônia.

O assassinato do corpo e a impossibilidade de ver os rostos das pessoas também fazem parte do jogo entre a imoralidade do assassinato que é esquecido por Sônia e a lembrança do moralismo que a impede de reconhecer a face de um assassino entre qualquer sujeito, mesmo que da plateia. Sônia que, aliás, não sabe

---

13   RODRIGUES, Valsa n° 6, *op. cit.*, p. 179-180.

Nelson Rodrigues: o fracasso do moderno no Brasil 137

que é Sônia porque também não pode ver o rosto de uma morta assassinada, ignora a si mesma. Tudo que é imoral nela deve ser esquecido.

> Odeio a um Paulo que não conheço, que nunca vi... Mas... (*encara com um dos espectadores*) – Se eu não conheço Paulo, ele poderá ser um de vós!... (*ri, cantarola*) – Talvez um de vós seja Paulo... (*com medo*) – Mas eu não vejo o vosso rosto... Nem o de ninguém aqui... (*grita*) – E cada um de vós? (*percorre e examina, face a face, cada um dos rostos da plateia*) – Tem certeza da própria existência? (*grita*) – Respondam! (*baixo, com riso surdo, feliz e cruel*) – Ou sois uma visão minha, vós e vossa cadeira? (*corre, cambaleando, para o palco. Senta-se ao piano. Começa a Valsa nº 6*) – Não![14]

Nos poucos momentos em que "monologa" com a plateia, Sônia quer entender mais sobre os seus conflitos do que propriamente dividi-los com o público. O público é apenas percebido pela personagem por meio do vestuário, como se fossem "figurinos-espectadores". Em todas as situações na peça, o público é masculino, representando um individualismo sem rosto, impessoal, como em *Dorotéia*. Por isso, ela joga a responsabilidade do esquecimento do imoral para "eles". Seria o próprio público (masculino) imoral a ponto das suas faces e da sua existência não se revelarem? Essa pergunta exige menos uma resposta e atenta mais para o jogo teatral que Nelson Rodrigues estabelece entre passado/moralidade/lembrança e presente/imoralidade/esquecimento fundido numa só personagem. Procedimento semelhante ao adotado em *Vestido de noiva*, como já havia notado Sábato Magaldi.[15]

---

14 *Ibidem*, p. 188-189.

15 Muito embora o crítico utilize outros referenciais teórico-metodológicos: "O monólogo *Valsa nº 6*, de 1951, retoma o subconsciente e seu procedimento me permitiu considerá-lo uma espécie de *Vestido de noiva* às avessas. O tempo real de *Vestido de noiva* se passa entre o atropelamento de Alaíde e sua morte, numa mesa de operação. Sua mente em desagregação projeta as personagens que surgem em cena, fora do plano da realidade. O tempo de *Valsa nº 6* é semelhante: Sônia recebeu um golpe mortal e, no delírio, até expirar, revive o mundo que a envolve. Se as personagens de *Vestido de noiva* são a projeção exterior do subconsciente de Alaíde, as de *Valsa nº 6* se encarnam no monólogo de Sônia. Situação idêntica, levando a composições dramatúrgicas opostas". MAGALDI, *Nelson Rodrigues...*, *op. cit.*, p. 15.

É significativo que, na última peça dessa primeira fase, o dramaturgo tenha retomado um procedimento similar ao da peça que o consagrou, mas por meio da solidão da personagem, que, por estar morta e ignorar a morte e a si mesma, vive somente na alucinação, no jogo teatral que nunca se autoexplicita. O que revela uma diferença importante com a peça *Vestido de noiva*, em que o delírio e a alucinação são uma forma de a personagem se dar conta dos conflitos, do jogo teatral. Sônia, por sua vez, ignora o espetáculo ("Só não sei o que eu estou fazendo aqui... *(olhando em torno)* – Nem sei que lugar é este..."), embora só viva nele. E quem seria Paulo? Teria ele a ver com outra imoralidade que foi esquecida, além do assassinato de si mesma?

(com desprezo)

Imagine, Sônia!

(feroz)

Falsa, falsíssima!

(rápida)

Os olhos, o sorriso, a cor dos olhos!

(exultante)

Tudo, em Sônia, não presta, juro!

(corre à boca de cena)

Até eu soube de um caso... Não sei se alguém me contou ou se eu mesma vi...

(feroz)

Eu mesma vi!

Com estes olhos que a terra há de comer!

(coro ávido)

Viu, é?

Conta!

Ah, conta!

(*tons diferentes e caricaturais de súplica*)

Mas olha que é segredo!

(*intencionalmente lenta*)

Pois Sônia...

(*frívola*)

...tem um caso...

(*deixa cair a bomba*)

...COM UM HOMEM CASADO!

(*pausa*)

Que tal?

(*cochichos escandalizados*)

O quê?

E Sônia?

Virgem!

Nossa Mãe!

Que blasfêmia!

(*confirmando, feroz*)

Pois é, homem casado! Casadinho! E está direito! Claro que não, evidente, onde já se viu, essa é muito boa!

(*vaidosa*)

Eu, não, Deus me livre! Homem casado, comigo, está morto, enterrado!

(*súbita angústia*)

Oh, Paulo!

(*incoerente*)

Além disso, eu não acharia bonito homem casado! Homem casado não é bonito.

(*com involuntária doçura*)

Nem tem lábios meigos de beijar,

(*incerta*)

Nem sombreado azul da barba!

(*veemente*)

Eu preferia morrer!

(*solene*)

Jamais homem casado roçou meu corpo com a fímbria de um desejo![16]

Sônia só pode lembrar-se do que é imoral quando se esquece de si mesma. Quando se coloca na posição de coro maldizente ou prega valores moralistas tomados como absolutos. No entanto, como ela é uma personagem cindida, apenas pode ter lembranças moralistas quando assume que a outra Sônia é imoral, pois se relaciona com um homem casado, possibilitando que ela conte sobre a própria imoralidade, que de outro modo não poderia ser revelada. Sônia está morta porque já é uma "degenerada", que confessa se negando. Uma fracassada.

A Valsa n° 6 de Chopin[17] é tanto o fio dessa lembrança do moralismo, que resgata os bons hábitos da menina Sônia[18] numa música já consagrada publi-

---

16 RODRIGUES, Valsa n° 6, *op. cit.*, p. 200-201.

17 A Valsa n° 6, de Chopin, conhecida como *Valsa do minuto*, foi composta em ré bemol maior, de andamento acelerado, que poderia sugerir uma breve alegria à personagem. Ao levarmos em conta que Sônia está morta, a sua alegria é efêmera como "um minuto". Agradeço a Heitor Gribl pela sugestão.

18 "(*cochicho*) Sônia, sim, como não? – Aquela menina. – Uma que tocava muito bem. – E sabia francês. – Natural. – Estudou nos melhores colégios". RODRIGUES, Valsa n° 6, *op. cit.*, p. 211.

camente, quanto o esquecimento do imoral, pois, ao ser executada, a música se torna um subterfúgio particular de Sônia para esquecer que foi assassinada e, por isso mesmo, ela ignora o motivo de a música persegui-la e ser inevitavelmente tocada por ela.[19]

Essa música, estão ouvindo?

(*Valsa n° 6*)

Era a paixão de Sônia!

A música que Sônia tocava muito!

(*dando um acorde selvagem*)

Mas eu não odeio Paulo!

(*outro golpe*)

Eu disse que odiava?

Mas, não, nunca!

Tudo não passou de um mal-entendido!

(*irresponsável*)

Pois se até gosto muito dele!

Tenho verdadeira adoração!

(*coro escandalizado*)

Adoração como?

Ora essa!

---

19 "(*em desespero*) Não quero mais esta música! – Qualquer uma, menos esta! (*cantarola*) – Nesta rua, nesta rua, tem um bosque, que se chama, que se chama solidão, dentro dele, dentro dele, mora um anjo etc. etc. etc. (*diz o etc. etc. etc. e fala*) – Vou tocar esta, que é mais bonita! (*cantarola*) – Nesta rua, nesta rua... (*mas, contra a vontade, a Valsa n° 6*) – Não é isso! (*insiste no canto*) Mora um anjo que... (*e o que sai do piano é, ainda, a Valsa*) – Valsa amaldiçoada! (*aperta a cabeça entre as mãos*) – Meus dedos só sabem tocar 'isso'!". RODRIGUES, Valsa n° 6, *op. cit.*, p. 189-190.

Depois do que ele fez!

Beijou outra!

Eu hem!

(*selvagem*)

Odeio, sim, mas Sônia!

(*roda o dedo, ameaçadora*)

Ah, se fosse comigo!

Porque fique sabendo que eu sou geniosa

(*faz voz de nortista*)

Nasci no Recife, bairro da Capunga![20]

O "moderno" é posto em questão quando Sônia publicamente condena a si mesma. Ela adora Paulo, mas titubeia sem saber o que de fato ele significa para a sua vida. Só consegue odiar Sônia como outra, odiando si mesma. Odiar Sônia é condená-la pela própria imoralidade de ter tido um caso com um homem casado. Adorar Paulo é esquecer qualquer imoralidade que a tenha envolvido. Porém, como consciência dilacerada, lembra moralmente que Paulo "beijou outra!" (ela mesma). Por isso, não admite que o mesmo seja feito com ela, embora isso já tivesse sido feito. À revelia de si mesma, Sônia expõe o colapso moral do "moderno", assim como Nelson Rodrigues.

Sônia sintetiza a solidão feminina dentro de uma sociedade cindida entre a manutenção dos preconceitos travestidos de "modernidade" do Estado-Providência burguês e conservador e o desamparo do indivíduo frente à falência da *res publica*, incapaz de resolver ou dar conta das contradições culturais vividas pelas famílias e mulheres de elite. Sônia sempre se lembra do que deve fazer e acreditar socialmente, isto é, comentar e reprovar as atitudes imorais de uma "outra" Sônia, mas sempre esquece que ela é também a "outra", ou melhor, aquela jovem

---

20 *Ibidem*, p. 198-199.

que por ter se envolvido com um homem casado teve um fim trágico, à altura da sua "transgressão". Nesse sentido, nem o Estado (promotor da "modernidade"), tampouco o indivíduo (encapsulado no seu ressentimento) conseguem explicar por si sós as mediações sociais. Ao trazer a família de elite para o palco como o *lócus* onde se desenvolvem os conflitos entre o público e o privado, o teatro de Nelson Rodrigues não pretende resolvê-los. Por meio de mediações proporcionadas pelo jogo teatral, os torna visíveis como uma nova forma de politizar o privado na realidade cotidiana de homens e mulheres daqueles tempos.

É evidente que aqui se reconheça a leitura do historiador sobre a obra quando articula o jogo teatral entre morais extremadas ao jogo entre público e privado, visando mostrar, por meio da sua historicidade, a especificidade dos conflitos sociais desse questionamento existencial. Questão pertinente nos tempos atuais, quando afirmações tão categóricas tendem a insistir que "jamais fomos modernos"[21] ou que o Brasil "sempre"[22] o foi, principalmente a partir do final do século XIX, sendo "o novo" uma aceleração ou variação em torno do mesmo molde. Sem entrar num debate isolado de conceitos, é impossível determinar se "jamais" ou "sempre" o Brasil foi "moderno" se não for interpretada a historicidade de tempo e espaço específicos, não generalizáveis a qualquer país ou cultura, como normalmente são aceitas algumas ideias aqui recebidas.

---

21 Latour fundamenta, por meio da sua "antropologia simétrica", a não separação entre natureza e cultura, que desbastaria a crença moderna na superação da natureza pela razão. Uma vez que a natureza e a cultura nunca estiveram dissociadas, não haveria motivos para "festejar" qualquer emancipação da natureza ou do natural (pró-modernos), nem tampouco "criticar" os ideais modernos (pós-modernos). O que também não significa que o autor adote uma postura "antimoderna", mas, sobretudo, desvela um mundo *não moderno* "no qual pretendo que entremos sem jamais termos saído". LATOUR, Bruno. *Jamais fomos modernos*, p. 129.

22 Esse é o caso do volumoso e já citado estudo de KARL, Frederick R. *O moderno e o modernismo*, principalmente quando se propõe a criticar os "pós-modernos". Bom exemplo disso é o que se lê na página 578: "O que nos faz regressar a Nietzsche consiste em demonstrar que mesmo os novos argumentos na hermenêutica são velhos argumentos sobre a história, o historicismo, o relativismo e o absolutismo. Nietzsche previu dilemas e lidou com os paradoxos por meio da ironia. Um dos motivos, talvez, pelos quais os críticos pós-modernos estão tão ansiosos por indicar uma ruptura com o modernismo e para definir uma nova época é o desejo que sentem de reafirmar o processo histórico".

144   Alexandre Pianelli Godoy

O solilóquio rodrigueano aumenta na medida em que não se trata de negar o "moderno", reafirmar a tradição ou ser precursor do pós-moderno, mas de ser um autor que, ao seu tempo, pôde perceber que o questionamento da existência do "moderno" era uma forma estética de entender a experiência de "moderno" que não se expandiu, não se consolidou e não se popularizou, ao contrário do que fez acreditar a sua ideologia. Todavia, o que prevaleceu na crítica teatral foi a visão moderna do autor.

Para Ângela Leite Lopes:

> Modernidade significa ruptura e é como tal que Nelson Rodrigues aparece na história do nosso teatro. Um teatro que buscava, nas décadas de 30 e 40, uma existência efetiva, uma produção contínua e de boa qualidade, alheio ao fato que a característica da arte é justamente a descontinuidade. Algo assim como uma constelação de momentos, para usar uma expressão de Theodor Adorno e Walter Benjamin. São esses momentos, aparentemente isolados, em que a obra transcende e funda o próprio conceito de arte que nos permite falar em evolução. (...) Parece-nos interessante assinalar, para começar, o seguinte fato: Nelson Rodrigues decidiu escrever para o teatro para tentar ganhar dinheiro, já que seus proventos de jornalista eram modestos. Não frequentava as salas de espetáculos e só tinha lido até então uma única peça, *Maria Cachucha*, de Joracy Camargo. Os *vaudevilles* faziam muito sucesso na época, e deviam portanto proporcionar uma boa renda. Nelson Rodrigues decidiu tentar o gênero, mas, como ele mesmo confessa, desde as primeiras páginas foi a peça que o guiou, e o resultado foi *A mulher sem pecado*, drama em três atos que revela, de imediato uma tendência intrigante para a teatralidade.[23]

A tese da autora mostra, por meio da obra teatral de Nelson Rodrigues, que é possível existir tragédia na modernidade. Antes disso, porém, ela justifica na passagem anterior porque o dramaturgo é "moderno". Quanto ao fato de ser possível a tragédia na contemporaneidade, Raymond Williams, em estudo de 1966, já havia dado uma resposta contundente.[24] Mas se não se deve

---

23   LOPES, Ângela Leite. *Nelson Rodrigues*: trágico, então moderno, p. 9-10.

24   O livro *Tragédia moderna*, entretanto, ganhou tradução no Brasil apenas em 2002. Para o autor: "No sofrimento e na confusão do nosso próprio século [XX], houve uma grande pressão

generalizar "a" noção de tragédia, definir "o moderno" como "ruptura" ou "descontinuidade" é também ignorar a especificidade estética/histórica do teatro rodrigueano. Além disso, não é verdade que Nelson Rodrigues tinha um pequeno repertório de leituras sobre o teatro, embora tenha pensado em ganhar dinheiro com as peças.[25]

---

para que se lançasse mão de um conjunto de obras do passado, usando-o então como uma maneira de rejeitar o presente. É comum dizer que houve tragédia (ou magnanimidade, ou similar), mas que, na falta de uma crença ou de uma lei, somos agora incapazes de retomá-la. E obviamente é necessário, se desejarmos manter essa posição, rejeitar os sentidos contemporâneos usuais de tragédia e insistir em que eles sejam resultado de um equívoco. (...) A experiência trágica, no entanto, por causa da sua importância central, comumente atrai as crenças e as tensões fundamentais de um período, e a teoria trágica é interessante principalmente neste sentido: por meio dela compreendemos muitas vezes mais a fundo o contorno e a conformação de uma cultura específica. Se, todavia, pensamos nela como uma teoria sobre um fato único e permanente em sua natureza, só poderemos ter como resultado, ao final, as conclusões metafísicas que estão implicadas em qualquer destas premissas. Central entre elas é a que diz respeito a uma natureza humana permanente, universal e essencialmente imutável (suposição que se alimenta de um tipo de cristianismo, estendendo-se então à antropologia 'ritual' e à teoria geral da psicanálise). Dada esta configuração, a explicação da tragédia tem de ser feita, forçosamente, em termos dessa essência humana imutável ou de algumas de suas faculdades. Mas, se rejeitamos a premissa (perseguindo um tipo diferente de cristianismo, uma diferente teoria psicológica e a evidência da antropologia comparada), o problema necessariamente se transforma. Tragédia passa a ser então não um tipo de acontecimento único e permanente, mas uma série de experiências, convenções e instituições. Não se trata de interpretá-las com referência a uma natureza humana permanente e imutável. Pelo contrário, as variações da experiência trágica é que devem ser interpretadas na sua relação com as convenções e as instituições em processo de transformação. O caráter universalista da maior parte das teorias sobre a tragédia localiza-se então no polo oposto ao nosso necessário interesse". WILLIAMS, *Tragédia moderna, op. cit.*, p. 69-70.

25 Na biografia do dramaturgo, Ruy Castro comenta que, "de concreto mesmo, sabe-se que, entre *A mulher sem pecado* e *Vestido de noiva*, Nelson leu peças como *Ricardo III* (1592), de Shakespeare; *O inimigo do povo* (1882), de Ibsen; e *O luto assenta a Electra*, de O'Neill – as duas últimas em espanhol, a única língua, além da sua, com a qual ele ia para a cama. (...) E como se sabe disso? Porque Nelson, certamente cansado de brincar de 'Maria Cachucha' e de passar por inculto, deixou escapar essa revelação numa entrevista. E é claro que leu Pirandello: seu irmão Milton, que em certa época exerceu influência em suas leituras, era perito no dramaturgo italiano desde 1926, quando publicou um enorme artigo sobre ele em 'A manhã'". CASTRO, *op. cit.*, p. 178.

Quanto ao fato de ser "moderno", novamente a obra responde. Nelson Rodrigues, travestido de Sônia, revela não só o local do seu nascimento, mas o que sentia ao ser denominado como "moderno": *(selvagem)* Odeio, sim, mas Sônia! (*roda o dedo, ameaçadora*) – Ah, se fosse comigo! – Porque fique sabendo que eu sou geniosa (*faz voz de nortista*) – Nasci no Recife, bairro da Capunga!".[26] Sem querer deslocar o contexto dessa citação na peça, que se refere ao fato de Sônia não admitir que Paulo tivesse beijado outra, sendo ela mesma a outra, o trecho revela a intenção do autor de falar sobre si mesmo por meio da personagem. Mas falar não da sua vida pessoal, embora assim se manifeste esteticamente, mas da sua vida como autor de uma época em que o questionamento do "moderno" não foi notado por ninguém. Nem racionalmente pelo próprio autor. E como falar de um "moderno" que talvez não tenha existido senão por meio de uma morta que ignora a morte e a si mesma?

> Sabe o que me invocou?
>
> (*avidez*)
>
> Que foi? Que foi?
>
> (*bêbedo*)
>
> É que, mesmo ferida, mesmo com o punhal enterrado nas costas...
>
> (*soluço*)
>
> ... a vítima ainda queria continuar tocando. Vocação, ora essa!
>
> (*comadre melíflua*)
>
> Nessas ocasiões, eu tenho pena de quem fica! E eu de quem morre.

---

26 Nelson Rodrigues de fato nasceu em Recife, no bairro da Capunga, como se pode ler na sua biografia ou mesmo em suas memórias: "Nasci a 23 de agosto de 1912, no Recife, Pernambuco. Vejam vocês: eu nascia na rua Dr. João Ramos (Capunga) e, ao mesmo tempo, Mata Hari ateava paixões e suicídios nas esquinas e botecos de Paris". RODRIGUES, *A menina sem estrela...*, *op. cit.*, p. 11. Aqui não se trata de procurar semelhanças entre vida e obra, mas ressaltar o jogo entre personagem de si mesmo e sujeito da sua época.

(*sofisticada*)

Mas nem tem comparação.

Eu, hem!

Claro! Porque quem fica chora...

E o defunto?

O defunto nem sabe que morreu!

(*Sônia corre ao piano. Valsa nº 6. E grita dentro da música!*)

Sempre! Sempre!

FIM DO SEGUNDO E ÚLTIMO ATO[27]

Como consciência dilacerada, a "primeira fase" de Nelson Rodrigues termina com um solilóquio de si mesmo, de um autor que, na singularidade da sua obra, permitiu questionar a ideologia da eficácia histórica do "moderno" como um processo evolutivo e linear para toda a população brasileira, a qual remonta da *belle époque* e se mantém até os dias atuais. Ideologia que foi incorporada por parte da historiografia contemporânea ao não questionar a "veracidade" dos documentos, não só produzidos por uma elite que se via como a "população em geral", vivendo entre a rejeição ou a aceitação do "moderno", como interpretados pelos historiadores da atualidade, portanto, por uma elite intelectual que pensa não acatar a ideologia do "moderno" ao simplesmente criticá-la. É preciso discernir entre a crítica como crença nos papéis sociais e os papéis sociais como crítica das crenças. O teatro de Nelson Rodrigues optou pelo segundo caminho: "O defunto [o 'moderno'] nem sabe que morreu!".

---

27 RODRIGUES, Valsa nº 6, *op. cit.*, p. 213-214.

PARTE II

Por uma história dos fracassos...

Na vida, o importante é fracassar.

Nelson Rodrigues

1. A imitação fracassada:
a cultura das camadas médias

No dia quinze de junho de 1957, o dramaturgo Nelson Rodrigues escrevia para a revista *Manchete* mais uma das suas crônicas. O assunto do dia era o convite que recebera não só para desengavetar a peça *Perdoa-me por me traíres*, mas para nela atuar e estrear como ator.[1] Dizia em tom confessional:

> (...) Mas sou o antiator, o contra-ator por excelência. Imagine que, se tivesse de morrer em cena, haveria de fazê-lo sem a correção extrema e suspeita de um Laurence Olivier. Acontece que o meu personagem morre à vista de todos. E o que me animou foi a esperança de morrer feio, de morrer com o ríctus ignóbil das agonias verídicas. (...) Por outro lado, a técnica não viria interpor-se entre mim e o personagem, entre mim e o texto, entre mim e o público. Como não sei representar, não me resta outra oportunidade senão *viver* o papel, *vivê-lo* com todo peso de uma contribuição emocional imensa. Além disso, quero ser um exemplo. O engano milenar do teatro é que fez do palco um espaço exclusivo de atores e atrizes. Por que nós, os não-atores, as não-atrizes, não teremos também direito de representar? Objetará alguém que não dominamos o meio de expressão teatral. Protesto:

---

1   No programa da peça *Perdoa-me por me traíres*, estreada no Teatro Municipal do Rio de Janeiro, em 19 de junho de 1957, Nelson Rodrigues constava no elenco no papel de Tio Raul. RODRIGUES, Nelson. Teatro completo de Nelson Rodrigues 3: tragédias cariocas I, p. 125. Sobre esse episódio da vida de Nelson Rodrigues, ver CASTRO, *op. cit.*, p. 271-284.

> dominamos, sim. Que fazemos nós, desde que nascemos, senão autêntico, válido, incoercível teatro? Inclusive na morte, como é lindo o ríctus horrendo de nossa agonia! Para mim, o teatro é uma arte não criada ainda, porque não se escancarou para todos. Dia virá, porém, em que cada um de nós poderá fazer o seu *Rei Lear* de vez em quando. Ninguém nos exigirá nada, senão tarimba vital (grifos do autor).[2]

O trecho da crônica é uma amostra da grande produtividade de Nelson Rodrigues, na década de 1950, na imprensa e no teatro, a ponto de os dois meios se confundirem e se alimentarem num constante intertexto. Nesse momento da sua trajetória, a crônica era a testemunha do que o seu teatro começaria a enfatizar no período: *o fracasso não assumido do "moderno" no Brasil*. O fato de fracassar como ator era o que o habilitava a ser um verdadeiro intérprete. "Representar" significava, naquele momento histórico no Brasil, esconder os fracassos diários de não ter sido uma "comunidade imaginada" ou um Estado-Nação moderno tal como "imaginado" na *belle époque*, com valores morais comuns em um mundo cada vez mais individualista e solitário, no qual uma cultura liberal-burguesa não triunfou como modelo de economia e sociedade, mas produziu indivíduos frustrados, cismados e culpados.

No entanto, o que ainda não havia sido escancarado era que as elites e, principalmente, as camadas médias representavam uma estabilidade social como se pertencessem a uma sociedade moderna que não existia. Nelson Rodrigues expõe no seu teatro dos anos 1950 o fracasso das próprias representações de "moderno".

A experiência jornalística de Nelson Rodrigues como repórter policial e cronista da vida e a sua crescente dependência dos órgãos de imprensa para sobreviver como escritor, em um país de cultura predominantemente iletrada, haviam permitido descortinar no seu teatro dos anos 1950 uma cultura das camadas médias baixas provenientes da zona norte da cidade do Rio de Janeiro. Principalmente numa sociedade que valorizava tanto as aparências como sinônimo de um comportamento estável e equilibrado, como se quisesse apagar uma cultura liberal

---

2 RODRIGUES, Nelson. Teatro dos loucos. CASTRO, Ruy (org.). O remador de Ben-Hur: confissões culturais, p. 13.

burguesa, que não havia se consolidado, e atenuar o peso de uma cultura moral pública misógina e autoritária, que permanecia naquele momento.

O jornal *Última Hora*, destinado às camadas médias emergentes que frequentavam as suas páginas, convidava os leitores a assistirem, em traje de gala, a uma reapresentação da peça *Vestido de noiva*. Na coluna *Black tie*, de João da Ega, de 11 de março de 1955, notava-se o tom polêmico do convite.

Um programa suicida

Nelson Rodrigues é este nome que dispensa qualquer apresentação. Detestando-o, admirando-o, compreendendo-o ou indiferente às reações de seu teatro, ele é o que ele é e pouco se importa com o que pensam dele. Desconfia dos que o elogiam, lamentando que nem sempre seja dez por cento bem interpretado. (...) Sua obra de maior furor e êxito retumbante foi e será 'O [sic] Vestido de Noiva'. E o modelo deste 'vestido', em primeira mão foi da autoria de Ziembinski. Muitos anos são passados, Nelson, tentando um novo 'croquis', agora não mais de um costureiro polonês, mas de artífice italiano, que é Bollini, vai mostrar ao público carioca, um 'vestido' de outro feitio. Essa [é] a expectativa dos que assistiram à primeira interpretação. Aos que ainda não viram a montagem a oportunidade é única e maior – consequentemente – a ansiedade.[3]

A maioria dos leitores do jornal *Última Hora* dificilmente pousaria os seus olhos na coluna de João da Ega para se informar sobre um espetáculo teatral cujo texto era de Nelson Rodrigues. A coluna se destinava a um momento de glamour e sofisticação dentro do conteúdo de um jornal que não tinha como proposta editorial principal a vida social e cultural das elites. O próprio Nelson Rodrigues, que trabalhou durante dez anos como colunista nesse diário, trouxe em suas histórias de *A vida como ela é...* uma variedade de tragédias cotidianas, que agradavam em cheio aos leitores de camadas médias, embora o jornal pretendesse alcançar um diversificado público leitor.

Outro grande chamariz do jornal eram as pequenas notas e crônicas policiais da coluna *Na ronda das ruas*, que certamente inspiraram Nelson Rodrigues a dar um

---

3   EGA, João da. Black tie. *Última Hora*, Rio de Janeiro, 11 mar. 1955, Caderno 2, p. 4.

conteúdo mais dramático, tenso e ambíguo aos contos-crônicas de *A vida como ela é...*, sobre as agruras do dia a dia. Diferentemente das notas ou crônicas policiais, que apenas pretendiam "ilustrar" os crimes com a realidade nua e crua.

De qualquer forma, tanto *A vida como ela é...*, de Nelson Rodrigues, como *Na ronda das ruas* eram "produtos" que se afinavam mais ao gosto do leitor habitual do jornal do que a reapresentação da peça *Vestido de noiva*, do mesmo autor. O que não significava que problemas para a realização do espetáculo não deixassem entrever a precariedade da produção cultural daqueles tempos e a dificuldade de cooptar espectadores que não fossem de um seleto grupo de "mecenas em condomínio".

O colunista João da Ega continuou o seu texto.

> A dificuldade, senão o drama, de quem tem na gaveta uma peça, ou apenas a louvável pretensão de fazer teatro no Rio de Janeiro, se assenta em vários capítulos, entre os quais os dois mais importantes são: a casa e o capital. (...) O primeiro deles, a sala, está resolvido: Teatro Dulcina. O segundo – no caso o numerário – encontra-se no plano do projeto. (...) Como Nelson tenha batizado o seu teatro de 'Teatro suicida' – o que sabiamente prepara a ideia de qualquer colapso – o autor de 'A vida como ela é' e de 'Senhora dos Afogados', resolveu formar uma equipe de 'suicidas', que seriam os Mecenas em condomínio, uma espécie de loteamento de boa vontade, dividiu e sacrificou o risco. (...) Com certa antecipação seriam postas à venda as entradas da pré-estreia, ao preço mínimo de duzentos cruzeiros a poltrona, podendo cada um destes subscritores, dar quotas além do preço teto, o que seria altamente apreciado.[4]

Em resumo, Nelson Rodrigues montaria um novo espetáculo da peça *Vestido de noiva* caso houvesse uma subscrição de "mecenas" que comprassem antecipadamente os ingressos a um preço alto ou que dessem "quotas além do preço teto", custeando, assim, a produção da peça. Dificilmente, os leitores de camadas médias do jornal aceitariam esse "programa suicida", mas as elites intelectualizadas talvez pudessem se interessar em financiar a produção de peça tão renomada. O público-espectador das peças de Nelson Rodrigues sempre pertenceu

---

4   *Idem.*

a esse seleto grupo, tanto que o colunista apresentava as vantagens para aqueles que aceitassem tal empreitada.

> Como compensação aos serviços prestados à causa do teatro nacional, os subscritores teriam diversas vantagens, a saber:
>
> a) seus nomes constariam do chamado 'Quadro Negro dos Suicidas', colocado bem à vista da entrada do teatro, durante toda a exibição da peça, o que não deixa de ser uma esplêndida publicidade, no elevado setor de proteção às artes;
>
> b) Nelson Rodrigues se compromete a não utilizar em suas crônicas diárias de nenhum caso que se possa parecer com os das famílias dos 'suicidas' inscritos no 'Quadro Negro', o que não deixa de ser uma garantia de sossego e tranquilidade, na explicação futura de possíveis coincidências; e finalmente
>
> c) esta coluna teceria os mais adjetivados elogios aos figurantes do 'Quadro Negros dos Suicidas', nominalmente, o que não deixa de ser – afinal das contas – uma sorte de prêmio pouco comum e bastante almejado...[5]

Qualquer leitor do jornal se sentiria lisonjeado em ser citado na coluna *Black tie* numa sociedade que valorizava tanto as aparências. Porém, poucos eram aqueles que poderiam encampar o projeto. De fato, Nelson Rodrigues escrevia peças numa época em que somente os espetáculos mais digestivos, como as *revistas musicais* e as *comédias ligeiras*, possuíam um relativo público-espectador das elites e das camadas médias, mesmo com os inúmeros problemas de produção e qualidade artística.[6] Entretanto, João da Ega tinha razão ao afirmar que

---

5   *Ibidem.*

6   A. Acciolly Netto reclamava em sua coluna *Teatro*, da revista *O Cruzeiro*, que "nada existe de mais condenável em teatro do que a displicência para com o público. Displicência significa falta de respeito diante daqueles que saem de suas comodidades caseiras, enfrentam condução difícil, sacrificam seus orçamentos domésticos na bilheteria, prestigiando o espetáculo, e cooperando de modo decisivo para a sobrevivência de uma classe que também luta para sobreviver. Em última análise, significa o que sobre todas as coisas é imperdoável num palco – a desonestidade artística. Entre nós, onde o Teatro possui ainda pequenas plateias, (por muitos motivos longos de enumerar), a displicência de autores e empresários representa uma traição contra os que trabalham noite e dia para fazer respeitável a profissão de ator,

158   Alexandre Pianelli Godoy

o dramaturgo pouparia os possíveis colaboradores, não se utilizando "em suas crônicas diárias de nenhum caso que se possa parecer com os das [suas] famílias".

A produção jornalística e sobretudo dramática de Nelson Rodrigues nos anos 1950 trata de um universo totalmente diferente do público que podia frequentar as salas de espetáculos mais sofisticadas. As camadas médias baixas da zona norte da cidade do Rio de Janeiro se tornam as personagens principais das suas peças. Por isso, a "fase" dos anos 1950 do teatro rodrigueano é aquela que mais agride o moralismo das elites intelectuais da direita e da esquerda que assistiam às montagens das suas peças, o que lhe valeu a pecha de "tarado".[7]

---

no conceito do espectador, já em si propenso, por uma má propaganda, a descrer dos que se apresentam diante das luzes da ribalta". A crítica prossegue mais esclarecedora quando se dirige ao espetáculo *Brotos em 3-D*, que estava sendo apresentado no Teatro Glória, na zona norte da cidade do Rio de Janeiro. Era um tipo de espetáculo teatral musicado pertencente ao gênero de revistas musicais ou *music-halls,* de apelo mais "popular". E continua: "César Ladeira e Haroldo Barbosa caem agora, apresentando *Brotos em 3-D*, nesse pecado, dando como 'nova', uma revista que não passa de autêntica colcha de retalhos, de coisas vistas e ouvidas em teatros e 'boites' da Zona Sul da Cidade. Não se diga que isso acontece porque o público da Cinelândia é outro do público de Copacabana. Na realidade, uma grande parte dos espectadores do Teatro Glória é constituída de habitantes da Zona Norte, ou seja, Tijuca, Vila Izabel, Andaraí, subúrbios. Mas não me parece justo que se engane a outra parte de seus clientes, atraídos por nome diferente, um produto velho e recondicionado. O conceito que esses autores gozam, proíbe que usem de tais expedientes. É assim que 'Brotos em 3-D', se compõe, em quase totalidade, de quadros velhos, já apresentados no 'Follies', no 'Jardel' ou talvez nos 'Cafés-Concerto' do teatro da meia-noite". NETTO, A. Acciolly. Teatro. *O Cruzeiro*, Rio de Janeiro, 3 abr. 1954, p. 83. Para Evelyn Furquim Werneck Lima, "até a década de 1950, apesar das inovações nos sistemas construtivos e modernização introduzida pela depuração das formas após a Exposição das Artes Decorativas e Industriais de 1925, havia uma crise nas artes cênicas. O público não apreciava mais os espetáculos grandiosos, nem mesmo os dramas e comédias de renomados autores. Preferia os *music-halls*, os cafés-concertos, os cassinos e os cinemas, locais onde os espetáculos exigiam do espectador menos concentração. Os hábitos frenéticos, consequência de um estilo de vida na ocasião julgado alucinante, não incluíam mais ir ao teatro para refletir, mas simplesmente descansar e distrair. As salas de cinema e os *music-halls* vão proporcionar maior conforto e luxuosa ornamentação, visando às novas exigências do público. É a preponderância do teatro 'ligeiro' sobre o teatro erudito". LIMA, Evelyn Furquim Werneck. Arquitetura do espetáculo: teatros e cinemas da formação da Praça Tiradentes e da Cinelândia, p. 309.

7   Sobre a pecha de tarado nos anos 1950, ver o capítulo 19 da biografia de Nelson Rodrigues, "O tarado de suspensórios". CASTRO, *op. cit.*, p. 243-256.

Os anos 1950 marcam essa virada na obra teatral de Nelson Rodrigues. Ao tratar mais explicitamente do cotidiano carioca das camadas médias baixas – mesmo que o autor não tivesse uma preocupação realista –, as peças rodrigueanas se tornam as que melhor captam a tensão e a ambiguidade entre a precariedade da vida e a tentativa de superá-la por meio da valorização das aparências, que atingia diversos setores sociais, sendo um bom "material" para a ficção, ou melhor, um veículo de teatralidade. Talvez por isso o dramaturgo tenha afirmado certa vez que "o teto da nossa ficção é a classe média. Se pedirmos ao nosso romancista uma grã-fina, ele não saberá recriá-la".[8]

Em outra oportunidade de pesquisa, documentei o cotidiano das camadas médias cariocas dos anos 1950 no plano das representações. Nesse período, tais setores atingiram uma grande importância na hierarquia das sociedades mais urbanizadas do Brasil, perceptível em revistas como *O Cruzeiro* e o jornal *Última Hora*, do Rio de Janeiro.[9] O jornal *Última Hora* dedicava uma coluna chamada *Luzes na cidade* para registrar os "acontecimentos sociais" nos bairros da zona norte carioca, que se concentravam em clubes e agremiações esportivas.

> HASTEAMENTO da bandeira do clube pelos atletas. E muito mais oferecerá o Grajaú, no dia festivo de amanhã. As 21 horas, em comemoração ao 21º aniversário do clube, teremos um coquetel seguido de Hora de arte.
>
> ASSOCIAÇÃO Atlética do Méier, que comemora o seu 6º aniversário de fundação, realizará, depois de amanhã a sua festa. Será prestada uma homenagem a LUZES NA CIDADE.[10]

Ou, então, dedicava-se a noticiar bailes, festas, formaturas, coquetéis e aniversários de "ilustres desconhecidas" dessas regiões da cidade.

---

8   RODRIGUES, *Flor de obsessão...*, *op. cit.*, p. 98.

9   Foram essas as minhas principais fontes de pesquisa na dissertação de mestrado GODOY, *Imagens veladas...*, *op. cit.*

10   RAHL, Leda e RENATO, Carlos. Luzes da cidade. *Última Hora*, Rio de Janeiro, 4 set. 1956, Caderno 2, p. 5.

ANIVERSARIA depois de amanhã, a Sra. Amália de Castro, esposa do nosso caríssimo amigo Rob, técnico de basquete do América F. C., Amália e Rob receberão para um coquetel.

MARIA Aparecida Medice, filha do casal Nerino Medice, aniversaria amanhã. A família reside à Rua Vitor Bengo, em Nilópolis. A aniversariante receberá para um coquetel.[11]

Era uma tentativa de imitar o colunismo social das elites. O dono do jornal, Samuel Wainer, relembra em suas memórias como nasceu a coluna *Luzes da cidade*.

Tanto Jacinto de Thormes, responsável pela seção 'Na hora H', quando Carlos de Laet, nosso colunista social, publicavam notícias sobre o *jet set*. Alguns mitos da alta sociedade carioca surgiram ali: foi Jacinto, por exemplo, quem apelidou Didu e Teresa de Sousa Campos de 'casal 20'. Mas um dos grandes achados da *Última Hora* foi descobrir que a Zona Norte existia, e que também ali havia, embora menos brilhante que a Zona Sul, vida social. (...) Naquele ano, por coincidência, uma jovem de Vila Izabel, Leda Rahl, fora eleita Miss Rio de Janeiro. Era a primeira vez que alguém da Zona Norte ganhava o concurso. Leda e sua mãe foram visitar-me na redação da *Última Hora* para agradecer o apoio que o jornal lhe dera. Ainda impressionado com o que vira em Madureira, tive na hora a ideia de convidá-la para trabalhar comigo: se não fosse eleita Miss Brasil, propus, teria um lugar assegurado na redação. Ela aceitou, e procurou-me algum tempo depois. Decidi formar uma dupla de colunistas e designei Carlos Renato para trabalhar ao Lado de Leda Rahal. Assim nasceu a coluna 'Luzes da cidade', que rapidamente se transformou numa das coqueluches da *Última Hora*. Leda e Carlos Renato frequentavam clubes de Ramos, do Méier, de Bonsucesso, apresentando festas e colhendo notas para a coluna. Em pouco tempo, os dois eram celebridades em todos os bairros da região.[12]

No entanto, tal importância não refletia um crescimento econômico dessas camadas, tampouco da sociedade como um todo, ainda que as representações de

---

11 RAHL, Leda e RENATO, Carlos. Luzes da cidade. *Última Hora*, Rio de Janeiro, 5 set. 1956, Caderno 2, p. 7; 6 set. 1956, Caderno 2, p. 5.

12 WAINER, Samuel. Minha razão de viver: memórias de um repórter, p. 151-152.

época assim fizessem acreditar. Era antes de tudo em uma crença na aparência de "moderno" que essas camadas mais investiam e popularizavam por meio da imprensa. O que significava um cuidado excessivo com a aparência física: os gestos, as roupas, a higiene, a fala e a correção estética. Na revista *O Cruzeiro*, observa-se uma série de prescrições autoritárias para que a mulher tivesse uma resposta (im) positiva à questão: "Você tem bom gosto?".[13]

> COMO todas as artes, a de vestir precisa ser estudada e cultivada. Você pode ficar conhecendo as regras que orientam o vestuário, se analisar o seu próprio tipo físico e as modificações nele provocadas pelo que usa, se observar com atenção as outras mulheres e os seus trajes. O vestuário não é apenas um conjunto de peças que você aplica sobre o seu corpo ao acaso, mas sim com objetivos estéticos. Bem escolhido, poderá realçar os seus encantos, melhorar a sua aparência. Estude-o, pois, com cuidado. Do mesmo modo que você aprende a arrumar objetos num ambiente (grifo meu) conforme a cor, o tamanho, a forma, o estilo, aprenda a combinar as peças do seu vestuário, para que melhor se adaptem à sua pessoa, dando-lhe mais atração, mais elegância, mais distinção e mais personalidade. (...) Vestir bem é uma questão de bom gosto, e bom gosto é a escolha das coisas e a combinação harmoniosa dessas coisas. As regras que devem orientar o bem-vestir são, em essência, as mesmas que garantem a disposição harmoniosa, artística, de qualquer conjunto. Essas regras fundamentais são: Harmonia. Proporção. Equilíbrio. Ritmo. Realce.[14]

A mulher tornada objeto de uso estético era uma das imposições apresentadas às integrantes das camadas médias que almejavam ingressar na vida social, anteriormente restrita às mulheres de elite. O conselho se voltava principalmente às que ainda não haviam introjetado certa consciência corporal e estética do "bem apresentar-se" socialmente. Desde o início do século XX, as mulheres de elite já vinham "aprendendo" a lidar com o corpo e a aparência por meio

---

13 MARZULLO, Elza. Elegância e beleza – Você tem bom gosto? *O Cruzeiro*, Rio de Janeiro, 7 fev. 1953, p. 95.

14 *Idem.*

da imprensa diária e periódica.[15] Para as mulheres das camadas médias dos anos 1950, os cuidados com aparência em público se constituíam em uma novidade no meio urbano carioca. A fim de que não houvesse erros, o caminho da harmonia, da estabilidade ou da proporção estéticas era a saída para as que estavam debutando na vida social, mas sem exageros ou excessos, por isso a "distinção" e a "elegância" eram altamente valorizadas.

No entanto, o próprio conselho deixa uma questão em aberto: para uma sociedade que já se considerava "moderna" desde o início do século XX, ensinar regras de elegância e beleza para as camadas médias nos 1950 não era um indício de que esses ideais ainda não haviam sido incorporados pela maioria da população, seja por falta de condições econômicas ou de hábitos culturais?

A excessiva preocupação com o olhar social, isto é, com a moral e a aparência, era uma forma de tentar obliterar a precariedade da vida, ou seja, a "falta de meios e modos" na convivência social. Na coluna *Da mulher para a mulher*, da revista *O Cruzeiro*, homens e mulheres eram ensinados sobre regras básicas que "nunca" falhavam.

> Diz uma colunista americana que: 'Nunca é errado dizer a um rapaz que ele é inteligente, vivo e interessante. Dizer a uma moça que ela é linda. Dizer 'não sei' se realmente não sabe. Pedir um conselho a um técnico. Elogiar a refeição da anfitriã. Notar que uma pequena mudou de penteado. Não se irritar com uma piada de mau gosto. Não dar ouvidos a intrigas. Procurar por os outros à vontade. Encorajar um rapaz que é tímido a declarar-se. Dizer ao anfitrião que você se divertiu muito. Pedir desculpas quando cometeu um engano. Dizer a um rapaz quanto preza sua opinião.[16]

---

15 SCHPUN, Mônica Raisa. Beleza em jogo: cultura física e comportamento em São Paulo nos anos 20. Cabe chamar a atenção ao fato de que a autora, nesse livro, acredita demasiadamente no discurso normativo e, consequentemente, reitera a hegemonia do "moderno" como discurso ideológico, mesmo reconhecendo tratar do restrito universo das camadas mais elitizadas da cidade de São Paulo.

16 TERESA, Maria. Da mulher para a mulher - Nunca é errado. *O Cruzeiro*, Rio de Janeiro, 21 fev. 1953, p. 111.

Para o olhar de hoje, tais normas podem ser consideradas ingênuas e óbvias. Porém, naqueles tempos, indicavam a excessiva teatralização social a que deveriam estar submetidos aqueles que desejassem adquirir traquejo social, principalmente as mulheres. As camadas médias da sociedade tornaram a representação um *modus vivendi* central para uma sociedade que queria ser moderna e, sem dúvida, deveria aparentar ser. A síntese desse comportamento, que denominei de *padrão médio*, era conjugar antigos costumes aos novos hábitos urbanos, visando aparentar uma estabilidade social.

Uma mãe da década de 1950 pediu um conselho no jornal *Última Hora*, a fim de encontrar um "termo médio" para a educação dos filhos: "Como se pode decidir quando uma criança deve ser castigada ou advertida? Muitas das minhas amigas acham que a ausência de castigos torna a criança mimada e outras opinam que a criança se expresse sem restrições. Não haverá um *termo médio?* (grifo meu)".[17]

A conselheira respondeu que "não existe uma regra simples para chegar até lá", mas deixou claro que um "termo médio" era um ideal a ser alcançado com muita "sensatez". Admoestou a mãe leitora com um pesado "equilíbrio".

> As rigorosas medidas disciplinares do passado estão sendo abandonadas – e com acerto – pois muitos casos se revelam perniciosas. (...) No entanto, também é um erro passar para o extremo oposto... criar um filho sem restrição de espécie alguma e deixá-lo desenvolver-se sem qualquer noção de suas responsabilidades para com as outras pessoas, os animais e a propriedade. (...) As crianças precisam de disciplina. Isso não significa que sejam obrigadas a aceitar as regras desnecessárias ou que devem ser punidas com regularidade e brutalidade. Significa que precisam de orientação. Não estão aparelhadas para tomar decisões importantes e não podem aprender o que é certo e o que é errado sem instrução. A verdadeira disciplina consiste numa orientação inteligente, inclusive a aprovação pelo bom comportamento e a censura e o castigo pelo comportamento inconveniente. (...) Você poderá aprender a disciplinar o seu filho sensatamente. Observe, em primeiro lugar, as outras crianças e leia livros especializados para saber o que pode esperar dele em cada fase de seus desenvolvimentos. Quando souber suas

---

17 MORRIS, Vera. Conselho às mães. *Última Hora*, Rio de Janeiro, 20 set. 1956, Caderno 2, p. 4.

possibilidades, estará em melhores condições para decidir o que constituiu 'malcriação' e como tratá-lo.[18]

Observar as outras crianças, as outras mulheres, procurar conselhos de especialistas e técnicos ligados à moda, ao embelezamento do corpo, aos gestos, à educação dos filhos e aos cuidados com a família e a casa: recaía sobre a mulher um olhar vigilante visando buscar um equilíbrio entre a "rainha do lar" do passado e a "mulher da sociedade" daquele momento. O comportamento feminino deveria ser uma junção da figura da mãe e da amante. Uma rearticulação do discurso autoritário e misógino do passado sob o manto de uma pretensa aparência de moderno. Com maior sutileza do que no início do século XX, o ideal de equilíbrio e harmonia "medianos" escondia o seu componente ideológico, ou seja, a precariedade da vida deveria ser mascarada, tornando a aparência uma essência. O que se estendeu para o consumo, para o comportamento masculino e para a idealização da figura do jovem.

No que diz respeito ao consumo, a compra de produtos mais caros não poderia prescindir do "crediário" (instituição nova naquele período para bens de consumo como móveis e eletrodomésticos). "Economia" era uma palavra que começava a ser usada em muitas propagandas comerciais da época.

No jornal *Última Hora*, a propaganda de uma "sala de jantar em estilo mexicano" prometia "um rico presente para seu lar. Aproveite... agora e economize" com "cem de entrada e o restante (...) pelo crediário".[19] No mesmo jornal, outra propaganda anunciava "uma cozinha americana feita para a sua própria cozinha", com um preço à vista de "2.070 ou 270, de entrada e prestações de 170", pois a loja "Ponto Frio" estava avalizada pela "honra ao crédito".[20] Em anúncio da revista *O Cruzeiro*, divulgava-se que uma enceradeira poderia ser comprada "nos revendedores Walita..." e paga "em suaves prestações!".[21] Ou, ainda,

---

18 *Idem.*

19 *Última Hora*, Rio de Janeiro, 3 mar. 1955, Caderno 1, p. 7.

20 *Última Hora*, Rio de Janeiro, 6 jul. 1954, Caderno 2, p. 2.

21 *O Cruzeiro*, Rio de Janeiro, 8 jan. 1953, p. 69.

propagandeava-se móveis em madeira, pois a "duratex faz móveis de beleza, re-sistência e economia".[22]

O comportamento masculino, por sua vez, também deveria se adequar ao padrão médio de culto à aparência, equilibrando a manutenção da virilidade com a gentileza e os bons modos. Na seção "Etiqueta" da revista *O Cruzeiro*, o homem "moderno" poderia aprender a ser elegante.

> O cavalheiro que acompanha uma senhora em sociedade, leitor Nero, de São Paulo, assume muitos deveres. Primeiro entre todos o de combinar ri-gorosamente a sua elegância à da sua dama; se está em dúvida (e ela tem bastante traquejo social, diz você), peça-lhe conselhos. Não lhe ficará mal, não, porque para um homem a elegância do vestuário é sempre um proble-ma. Quando a sua dama usa um vestido a rigor, para um baile ou uma gran-de estreia no teatro, use 'smoking' ou a casaca. O 'smoking', atualmente é de uso mais corrente e é o traje aconselhável para quem está no dilema da escolha. Quando se tratar de uma reunião, um jantar; uma recepção em que não seja exigido traje a rigor, use um terno escuro, de corte austero, camisa branca, gravata sóbria sem fantasias, sapatos pretos. Um terno cinza escu-ro, por exemplo, é de segura distinção.[23]

Embora possa parecer um conselho voltado apenas aos homens de cama-das sociais mais elitizadas, a recomendação visava atingir os homens de camadas médias que também estavam aprendendo a debutar na vida social. Ensinava a conselheira que pedir opinião à sua dama "não lhe ficará mal", isto é, não depo-ria contra a masculinidade do cavalheiro. Por isso, sugeria um "terno escuro" e "gravata sóbria sem fantasias" para situações menos formais, que seriam a pro-va da sua "distinção", ou seja, de que a sua virilidade não seria ameaçada pelos "bons modos" adquiridos.

Afinal, os homens tornavam-se codependentes do olhar vigilante que pairava como um peso sobre as mulheres. Uma propaganda comercial explorava a receita do olhar alheio sobre a aparência masculina: ao usar a loção pós-barba "Aqua Velva (...) sua aparência é melhor... (...) Protege sua pele e proporciona à sua face aquele

---

22   *O Cruzeiro*, Rio de Janeiro, 19 mai. 1956, p. 45.

23   LORRAINE, Jeanne. Etiqueta. *O Cruzeiro*, Rio de Janeiro, 3 abr. 1954, p. 82.

166   Alexandre Pianelli Godoy

aspecto saudável e juvenil de vitalidade que as mulheres admiram". E completava: "possui aroma discreto e masculino – dá uma sensação estimulante!".[24]

Aliás, a "jovialidade" e a "vitalidade" citadas na propaganda figuravam entre as qualidades mais prezadas na década de 1950 para o discurso normativo. Outro aspecto novo daquela década, pois "ser jovem" se tornava uma atitude perante a vida. O que prepararia para as décadas subsequentes a importância que o jovem ganharia socialmente. Todavia, a figura do jovem bem-comportado ou moralmente correto era vendida como a síntese da idade ideal e, portanto, sinônimo do modelo de aparência estável ou "mediana".

No jornal *Última Hora*, "ser jovem" era ser alegre, sereno, arrumar uma ocupação, cuidar da aparência e acompanhar a moda.

> Beleza significa juventude. Enquanto estiver (sic) interesse pela vida e com a cabeça serena e em constante atividade, pode se afirmar que é jovem. Se puder passar trinta minutos ou mais, durante o dia, lendo, sua imaginação será estimulada. Ou então procure ouvir boa música pelo rádio; procure acompanhar a época em que se vive e deixe para trás os anos de insatisfação e tristeza.[25]

Evidentemente, as mulheres eram o alvo certeiro quando o assunto era juventude. Mas não se restringia à mulher jovem, pois a conselheira explicitava que ser jovem era uma atitude, o que englobava mulheres de todas as idades. Era a atitude de manter a aparência de leveza, harmonia, alegria e tranquilidade na vida. Uma esquizofrênica vitalidade diante dos problemas do dia a dia. Tudo poderia ser resolvido "afastando a tristeza e o cansaço", dizia a colunista da revista *O Cruzeiro*.

> Se você é volúvel de temperamento, se muda de humor de um momento para outro, se facilmente se cansa, lembre-se de que tudo isto se reflete em seu rosto. Para que se mostre sempre bonita ou atraente, é preciso que nunca esteja de mau humor e nunca demonstre o seu aborrecimento ou o seu cansaço. Quando estiver aborrecida ou cansada, recorra a um banho

---

24   *O Cruzeiro*, Rio de Janeiro, 13 abr. 1955, p. 54.

25   Conselhos úteis. *Última Hora*, Rio de Janeiro, 25 set. 1956, Caderno 2, p. 4.

quente, e ponha-se 'de molho', durante quinze minutos, com os olhos fechados. É um segredo para rejuvenescer, para acalmar os nervos e para tirar o cansaço. Não se esqueça: tristeza ou cansaço pode torná-la feia; somente o repouso e uns lábios sorridentes podem fazer parecer atraente um rosto, mesmo quando este rosto não possui uma destacada beleza.[26]

O que mais impressiona nesses conselhos é o extremo autoritarismo mesclado de docilidade. Autoritarismo porque impunha à mulher a tarefa de estar sempre de bem com a aparência e, consequentemente, com a vida. Docilidade porque tentava introjetar a necessidade de manter-se jovem, tornando o conselho indispensável para as que tivessem temperamento volúvel, ou seja, todas as pessoas. Ao criar o impasse, o tom de zelo e preocupação autolegitimava o conselho.

A maioria das propagandas comerciais era destinada às mulheres, principalmente as de produtos de beleza, roupas e higiene corporal. Essas também ratificavam a junção de autoritarismo e docilidade nos seus textos e imagens. Uma propaganda da revista *O Cruzeiro* dizia "Viva num mar de rosas!... Sinta-se mais repousada e mais bela... vendo sua pele renascer com um frescor de primavera... dando a todo o seu corpo uma acetinada maciez de flores... sentindo no ar uma nuvem de perfume que parece nascer de você... com talco para toilete Cashmere Bouquet".[27] O anúncio apresentava uma mulher jovem repousada em cima de uma camada de flores. Outra propaganda prometia "Juventude e beleza na espuma cremosa do sabonete Palmolive!".[28]

As mulheres que não podiam comprar os caros produtos de beleza aprendiam no jornal *Última Hora* técnicas de massagens faciais[29] ou andar com mais

---

26 MARZULLO, Elza. Elegância e beleza – Afaste a tristeza e o cansaço. *O Cruzeiro*, Rio de Janeiro, 15 jan. 1955, p. 49.

27 *O Cruzeiro*, Rio de Janeiro, 20 abr. 1957, p. 57.

28 *O Cruzeiro*, Rio de Janeiro, 26 mai. 1956, p. 2.

29 Técnica de uma massagem facial. *Última Hora*, Rio de Janeiro, 26 mar. 1955, Caderno 2, p. 8.

elegância.[30] Na revista *O Cruzeiro*, instruíam-se sobre como mudar o tom da voz[31] e como respirar corretamente para evitar a "cintura grossa".[32]

Tratava-se de uma série de normas com alta carga de teatralização social, que sintetizava a exigência de culto às aparências do padrão médio de comportamento estável e harmonioso. O que poderia ser resumido no conselho: "Nem bonita demais, nem inteligente demais – parece que o meio termo é o que mais beneficia à mulher".[33]

Nesse breve apanhado sobre o cotidiano das camadas médias cariocas da cidade do Rio de Janeiro dos anos 1950 – desenvolvido com maior profundidade em pesquisa anterior – procurei mostrar principalmente a constante teatralização social a que estavam submetidos homens e mulheres que quisessem ocupar um lugar social até então restrito ao mundo das elites. Era uma sociedade que tentava não romper com as normas moralistas do passado, fazendo recrudescer valores como os da família, do casamento e da autoridade paterna, mesmo com as condições precárias de ascensão das camadas médias na hierarquia social por falta de hábitos culturais e condições econômicas adequadas para o desenvolvimento do liberalismo burguês de forma ampla.

Era sempre uma tentativa de imitar hábitos das camadas sociais mais elitizadas por meio da improvisação de recursos estéticos, financeiros, culturais e morais: a falta de dinheiro seria driblada pela compra a prazo; a misoginia deveria ser suavizada com a imagem da mulher que sai de casa, mas que sabe se comportar; o homem deveria ser mais elegante, porém sem perder a masculinidade; o jovem deveria ser a tradução de uma sociedade que não queria ser excessivamente tradicionalista, nem demonstrar a incipiência de uma cultura liberal para um público mais amplo. Uma cultura da imitação ou da representação de "moderno" era o que deveria prevalecer. A historiografia que se debruçou sobre esse período também acreditou em uma representação de "moderno" estável, "médio".

---

30 O Modo de andar também revela a personalidade. *Última hora*, Rio de Janeiro, 10 dez. 1957, última página do tabloide feminino.

31 MARZULLO, Elza. Elegância e beleza – A voz: elemento de sedução. *O Cruzeiro*, Rio de Janeiro, 20 abr. 1957, p. 113.

32 MARZULLO, Elza. Se tem a cintura grossa. *O Cruzeiro*, Rio de Janeiro, 15 jan. 1955, p. 49.

33 TERESA, Maria. Da mulher para a mulher. *O Cruzeiro*, Rio de Janeiro, 19 mai. 1956, p. 93.

Nelson Rodrigues: o fracasso do moderno no Brasil   169

No plano político-institucional, estudos sobre o governo de Getúlio Vargas e Juscelino Kubitschek[34] reiteram a ideologia do nacional-desenvolvimentismo e o "Plano de Metas" como caminhos para a estabilidade econômica do país. A partir dos anos 1950, "moderno" passou a ser um conceito mais positivo porque estava relacionado à estabilidade moral, política e econômica daquele momento. Do final do século XIX até o fim da Segunda Guerra Mundial, no Brasil, a ideologia do "moderno" oscilou entre o rompimento com o passado e o avanço para o futuro, representando ora um, ora outro, dependendo das circunstâncias. Era um conceito ligado à instabilidade, seja porque retirava as certezas do passado, seja porque modificava radicalmente o presente pelo avanço rápido do futuro.

Aliás, é essa ideologia de "moderno" que Nelson Rodrigues questiona no seu teatro dos anos 1940, mostrando que não houve nem rompimento com o passado, tampouco transformação radical rumo ao futuro. Somente com os adventos da ditadura militar e do conceito de "modernização conservadora",[35] a ideologia do "moderno" sofreu um abalo, mesmo que grande parte da *intelligentsia* brasileira tenha acreditado nos seus efeitos perniciosos e, portanto, na sua eficácia. Além disso, grande parte da historiografia sobre os anos 1950 foi produzida nos anos 1960-70, num momento de desilusão com a "modernidade conservadora" dos militares. A historiografia buscou na década de 1950 uma modernidade mais "democrática" no interregno entre a ditadura estadonovista dos anos 1940 e a ditadura militar dos anos 1970, embora essa "democracia" já representasse um sinal de dependência econômica do capital norte-americano, que teria motivado a política de substituição das importações dos anos 1950.[36]

Já consolidado como autor dramático, Nelson Rodrigues passou a ser mais requisitado como jornalista, apesar de a oferta de trabalhos na imprensa nem sempre

---

34 BENEVIDES, *op. cit.* e LAFER, Celso. JK e o programa de metas (1956-1961): processo de planejamento e sistema político no Brasil.

35 Esse conceito se tornou lugar-comum nas ciências sociais como crítica ao período da ditadura militar e ao "milagre econômico" dos anos 1970. Para Francisco de Oliveira, a "modernização conservadora" se caracteriza por "uma revolução produtiva sem revolução burguesa". OLIVEIRA, Francisco de. *O ornitorrinco*, p. 131.

36 Pelo menos essa é a "versão" da história para CARDOSO, Fernando Henrique e FALLETO, Enzo. Dependência e desenvolvimento na América Latina: ensaio de interpretação sociológica, original de 1966-1967.

ter sido grande e de o autor necessitar constantemente de complementar a sua renda. Escrevia para diversos jornais e revistas os mais variados tipos de textos: crônicas de futebol para a revista *Manchete Esportiva*, entre 1955 e 1959;[37] uma coluna diária que mesclava conto e crônica para o jornal *Última Hora*, intitulada *A vida como ela é...*, entre 1951 e 1961;[38] e "romances-folhetins", sob os pseudônimos

---

37 Com seleção e organização de Ruy Castro, o livro À sombra das chuteiras imortais é composto por 31 crônicas publicadas em *Manchete Esportiva* e mais 39 crônicas publicadas em *O Globo*, entre 1962-1970. Num segundo livro também selecionado e organizado por Castro, *A pátria em chuteiras*, estão crônicas publicadas entre a década de 1950 e o final dos anos 1970, em diversos jornais e revistas, além dos já citados, *Jornal dos Sports*, de propriedade de Mário Filho, irmão de Nelson Rodrigues, e revistas *Fatos & Fotos, Manchete, Realidade* e *Revista Brasileira de Relações Públicas*.

38 Além dos contos-crônicas da coluna *A vida como ela é...*, que coletei diretamente do jornal *Última Hora*, de 1953-1957, existem duas publicações em livro organizadas e selecionadas por Ruy Castro: *A vida como ela é...: o homem fiel e outros contos* e *A coroa de orquídeas e outros contos* de *A vida como ela é...* Ambas as coletâneas não apresentam a data de publicação dos contos-crônicas, entretanto, sabe-se que foram produzidos entre 1951-1961. No ano de fundação do jornal *Última Hora*, 1951, a coluna se chamava *Atire a primeira pedra*, mas logo o título foi substituído pelo próprio autor. Sobre isso, consultar as memórias do proprietário do jornal, WAINER, *op. cit.*, p. 152-153. Nelson Rodrigues escrevia ainda para a revista *Jornal da Semana - Flan*, do mesmo proprietário, o conjunto de crônicas intitulado *Pouco amor não é amor*, que, segundo o organizador do livro, Caco Coelho, são histórias "em geral mais extensas do que os contos de *A vida como ela é...*" (p. 225). Tinham o mesmo teor, isto é, misto de crônica social do subúrbio carioca com largas pinceladas ficcionais de um contista interessado nos detalhes morais da vida cotidiana.

Nelson Rodrigues: o fracasso do moderno no Brasil   171

de Suzana Flag[39] e Myrna[40] ou assinados por ele mesmo,[41] respectivamente, em *O Jornal*, *Última Hora* e *Diário da Noite*. Além desses textos, publicava conselhos sentimentais destinados às mulheres, também usando tais pseudônimos.[42] Escrevia

39 Como Suzana Flag, Nelson Rodrigues escreveu, desde os anos 1940, cinco livros, sendo que quatro deles foram publicados originalmente em *O Jornal* – dos Diários Associados de Assis Chateaubriand –, em capítulos diários aos moldes dos folhetins do século XIX, mas com o conteúdo ficcional do século XX: Meu destino é pecar, Escravas do amor (ambos em 1944), Minha vida (1946) e Núpcias de fogo (1948). No ano de fundação do jornal *Última Hora*, também publicou em capítulos diários o último romance O homem proibido, usando o pseudônimo Suzana Flag. É preciso deixar claro que não é objetivo desta tese trabalhar com o conjunto dos seus "romances-folhetins". As peças de Nelson Rodrigues continuam sendo as fontes principais.

40 Como Myrna, Nelson Rodrigues escreveu apenas um romance, publicando-o em capítulos diários, em 1949, no *Diário da Noite*, também do conglomerado dos Diários Associados de Assis Chateaubriand: A mulher que amou demais. O nome "folhetim" para os textos romanescos de Nelson Rodrigues-Suzana Flag-Myrna pode levar a uma falsa historicidade da estética do autor, haja vista que, no seu procedimento literário e teatral dos anos 1940, ele estilizou a estética folhetinesca do final do século XIX e início dos anos 1920, criticando a sua forma melodramática por meio do conteúdo agônico, solitário e degradado da vida das suas personagens femininas, bem como do ambiente social e familiar. Diferentemente do estilo melodramático dos folhetins do século XIX, baseados no ideal de amor burguês em que o final da história se calcava no "felizes para sempre". Um bom exemplo dessa leitura não histórica dos folhetins de Nelson Rodrigues se encontra no artigo de WALDMAN, Berta. O império das paixões: uma leitura dos romances-folhetins de Nelson Rodrigues. Cadernos Pagu, p. 159-176, em que a autora os analisa em função de critérios a priori do gênero folhetinesco-melodramático do final do século XIX e início dos anos 1920, sem atentar para o fato de que Nelson Rodrigues estabelece um jogo entre os ideais de família e relacionamento amoroso da *belle époque* como sinônimos de uma ideologia de "moderno" decadente, mas que persistia nos anos 1940, e outra individualista do seu próprio presente, que levava às traições, aos suicídios e aos ódios que carcomiam por dentro as histórias de amor das suas personagens.

41 Como Nelson Rodrigues escreveu dois "romances-folhetins". O primeiro foi publicado no já citado *Jornal da Semana - Flan*, de Samuel Wainer, em 1953: A mentira. O segundo, publicado no jornal *Última Hora*, entre 1959-1960, ficou conhecido posteriormente como o romance mais famoso do autor, Asfalto selvagem: Engraçadinha, seus amores e seus pecados. O único romance de Nelson Rodrigues publicado diretamente em livro foi "O casamento", de 1966.

42 Em março de 1949, no jornal *Diário da Noite*, escreveu como Myrna. Em livro, foi publicada uma coletânea dos conselhos sentimentais de Myrna-Nelson Rodrigues com o título Não se pode amar e ser feliz ao mesmo tempo: o consultório sentimental de Nelson Rodrigues, também organizado por Caco Coelho. Nos anos 1950, no jornal *Última Hora*, como Suzana Flag, publicou a coluna *Sua lágrima de amor*.

ainda crônicas sociais, que mais pareciam memórias sobre a sua trajetória profissional e pessoal mescladas a temas recorrentes daquela atualidade[43] e concedia entrevistas para periódicos de grande circulação, como *O Cruzeiro*.[44]

A expressão de Nelson Rodrigues "remador de Ben-Hur"[45] é uma imagem irônica sobre si mesmo por ter de escrever muito para sobreviver. O dramaturgo relembra nas suas memórias como eram feitos os pagamentos dos funcionários do jornal *Última Hora*, de Samuel Wainer, no qual trabalhou durante toda a década de 1950, como colunista.

> Eu só trabalhava na *Última Hora* e não recebia. Por que não morri então de fome? Explico: – porque juntara uns suados, sofridos, amargurados oitenta contos. Era dinheiro, para a época era dinheiro. O Vilaça, de *Os Maias*, diria que, apesar da catástrofe, eu ainda tinha uma fatia de pão e um pouco de manteiga para lhe borrar por cima. Mas gastei minhas economias, até o último vintém. (...) Disse que a *Última Hora* deixara de pagar. Não foi bem assim. Na *belle époque* do jornal, havia um departamento de concursos. O sujeito ia lá e via brindes pendurados até no lustre. Eis o que eu queria explicar: – enquanto durou a campanha [de Carlos Lacerda contra

---

43 No já citado livro O remador de Ben-Hur..., foram reunidas crônicas sociais do autor, em sua maioria publicadas no jornal *O Globo* e outras nas revistas *Manchete*, *O Cruzeiro* e *Brasil em marcha*. Compreendem, na maior parte, crônicas dos anos 1960 em diante.

44 Ruy Castro publicou em sua biografia sobre Nelson Rodrigues uma curiosa entrevista do dramaturgo para essa revista nos anos 1950, na qual foi questionado sobre as dez coisas de que mais gostava e detestava. Essas foram suas provocativas respostas: "Na coluna 'gosto', escreveu: 1. Minhas peças. 2. Cigarro ordinário. 3. Música barata. 4. Criança desdentada. 5. Fluminense. 6. Filme de diligência. 7. Mulher bonita e burra. 8. Dramalhão. 9. Visitar cemitério. 10. Estar só. Na coluna 'detesto', suas respostas foram: 1. Luar 2. Chicória. 3. Cumprimento. 4. Varizes. 5. Teatro dos outros. 6. Samba. 7. Trabalho. 8. Psicanalista. 9. Sujeito inteligente. 10. Qualquer político". CASTRO, *op. cit.*, p. 292. É possível notar como o autor joga "o gosto" e "o detesto" nas duas colunas, a ponto de confundir o leitor do que seria "certo" ou "errado", "justo" ou "injusto", "bonito" ou "feio" e, principalmente, "opinião sincera" ou "jogo de cena". Provavelmente, ambos os aspectos se permutavam constantemente e o que se pode depreender é que o autor estava sendo sincero quando fazia jogo de cena e jogo de cena quando estava sendo sincero. Ou seja, Nelson Rodrigues estava sendo ele mesmo quando era dramaturgo e dramaturgo quando era ele mesmo.

45 No conjunto de crônicas O remador de Ben-Hur..., p. 5, o autor se justifica: "Minha vida tem sido um esforço braçal só comparável ao que faz um remador de Ben-Hur".

Samuel Wainer, acusado de ter montado seu jornal subsidiado pelo governo Getúlio Vargas que, de fato, facilitou os créditos] recebi, a título de salário, liquidificadores, panelas, colchões, cinzeiros, bandejas etc. etc. Era tão funda minha depressão que me sentia remunerado com generosidade e abundância.[46]

Nelson Rodrigues evidencia a condição de pequeno aburguesamento dos autores da época, bem como da profissão de escritor em um país iletrado, cuja dependência dos órgãos de imprensa se tornava uma saída para os intelectuais que não dispunham do capital das elites, tampouco do acesso a empregos públicos ou a altos escalões do poder institucional.[47] Se bem que o dramaturgo nunca esteve apartado do meio jornalístico, o que facilitou o seu acesso e manutenção nos órgãos de imprensa. Tal situação social do autor foi objeto de teatralização nas suas peças dos anos 1950 a partir de uma constante ironia ao universo social das camadas médias baixas e da imprensa escrita. Com certa dose de exagero próprio do seu estilo ficcional, mas que explicita o chão social do qual emergia, o dramaturgo confessa: "Sou um suburbano. Acho que a vida é mais profunda depois da praça Saenz Peña. O único lugar onde ainda há o suicídio por amor, onde ainda se morre e se mata por amor, é na Zona Norte".[48]

Para o teatro escreveu mais seis peças, na seguinte ordem: *A falecida* (1953), *Perdoa-me por me traíres* (1957), *Viúva, porém honesta* (1957), *Os sete gatinhos* (1958), *Boca de Ouro* (1959) e o *Beijo no asfalto* (1960). Nelson Rodrigues jamais deixou de

---

46 RODRIGUES, A menina sem estrela..., *op. cit.*, p. 68.

47 Situação diferente inclusive da descrita por Sérgio Miceli no que tange aos intelectuais dos anos 1930 e 1940, que ainda possuíam vínculos com as elites, seja por pertencerem à fração dos "parentes pobres", seja por estabelecerem relações de apadrinhamento ou patronato. Além disso, ingressavam e eram cooptados para as fileiras dos serviços públicos federal e estadual, o que lhes permitia o acesso aos órgãos de imprensa e a publicação dos seus romances. Isso demonstra o nível de pequeno aburguesamento desses intelectuais. Ver MICELI, Intelectuais e classe dirigente no Brasil (1920-1945), *op. cit.* e, principalmente, MICELI, Sergio. *A expansão do mercado do livro e a gênese de um grupo de romancistas profissionais.* Intelectuais à brasileira, p. 141-194.

48 RODRIGUES, Flor de obsessão..., *op. cit.*, p. 181.

exercer a profissão de jornalista, mesmo quando escrevia as suas peças nos anos 1940, como dialogista de história em quadrinhos ou diretor de redação.[49]

Como entender que um autor com tamanha produção em um país iletrado, cuja cultura valorizava a aparência moral média, tenha conseguido chamar a atenção de um público leitor-espectador restrito e moralista, elegendo ainda como mote os fracassos e os fracassados de toda ordem? A resposta talvez resida na crença nas representações de "moderno" que prevaleceram e transformaram a produção de Nelson Rodrigues em um assunto meramente "desagradável", no sentido de expor uma realidade que ninguém queria ver e não da produção de outro olhar sobre o vivido. Aliás, a sua produção foi considerada (e ainda é por muitos) como "subliteratura", "pornografia" ou mesmo "a verdade oculta" contra ou a favor da sociedade burguesa, dependendo das circunstâncias históricas.

Paradoxalmente, foram essas representações que levaram à série de interdições que a sua obra teatral sofreu por parte da censura desde o seu início nos anos 1940 até os anos 1970, demonstrando que a sua "subliteratura" era levada mais a sério do que as representações de "moderno" que a deslegitimavam. O próprio autor contribuiu para que essas representações se popularizassem em um misto de autopromoção e provocação.

Ao contrário das representações do período e da historiografia sobre os anos 1950, Nelson Rodrigues expõe a completa inexistência desse moderno estável e equilibrado no cotidiano carioca das camadas médias baixas, que a todo momento tentavam imitar um padrão de vida elitista "moderno" já fracassado na sua base, como se observa nas peças rodrigueanas dos anos 1940.

Na peça *A falecida*, de 1953, a família é pequeno-burguesa e o clima não é asfixiante e restrito ao ambiente doméstico. O cômico dialoga com o trágico, catalisando a ironia. O cinismo é escancarado como farsa.

---

49 De acordo com Ruy Castro, em 1944, Nelson Rodrigues foi diretor de redação das revistas *Detetive*, de contos de mistério, e *O Guri*, dos Diários Associados de Assis Chateaubriand: "a função de Nelson era titular as histórias, resumi-las e criar as chamadas de capa (...)". CASTRO, *op. cit.*, p. 184. Anteriormente, porém, atuou na revista *O Globo Juvenil*, de Roberto Marinho, na qual escrevia balões para histórias em quadrinhos. Embora tenha trabalhado desde cedo como jornalista, seu registro profissional se deu apenas no ano de 1950.

MADAME CRISÁLIDA – Quem é?

ZULMIRA – Por obséquio. Eu queria falar com Madame Crisálida.

MADAME CRISÁLIDA – Consulta?

ZULMIRA – Sim.

MADAME CRISÁLIDA – Da parte de quem?

ZULMIRA – de uma moça assim, assim, que esteve aqui outro dia.

(*Madame, sempre acompanhada pelo garoto de dedo no nariz, abre a porta imaginária*)

MADAME CRISÁLIDA – Sou eu. Vamos entrar.

(*Zulmira entra, fechando o guarda-chuva.*)

ZULMIRA – Com licença.

(*Madame suspira.*)

MADAME CRISÁLIDA – É preciso estar de olho. A polícia não é sopa. Outro dia fui em cana.

ZULMIRA – Caso sério!

MADAME CRISÁLIDA – Sente-se.

(...)

ZULMIRA – Estou numa aflição muito grande, Madame Crisálida.

MADAME CRISÁLIDA – Silêncio!

(*Madame inicia a sua concentração.*)

MADAME CRISÁLIDA – Vejo, na sua vida, uma mulher.

ZULMIRA – Mulher?

MADAME CRISÁLIDA – Loura.

(*Zulmira ergue-se, atônita. Senta-se, em seguida.*)

ZULMIRA – Meu Deus do Céu!

MADAME CRISÁLIDA – Cuidado com a mulher loura!

ZULMIRA – Que mais?

(*Madame ergue-se. Muda de tom. Perde o sotaque.*)

MADAME CRISÁLIDA – Cinquenta cruzeiros.

(*Zulmira, atarantada, abre a bolsa, apanha a cédula, que entrega.*)

(*Madame empurra-a na direção da porta.*)

MADAME CRISÁLIDA – Passar bem.

ZULMIRA – Passar bem.[50]

A peça se inicia com Zulmira consultando uma cartomante, mas não há nenhuma intenção do autor de esconder o charlatanismo de Madame Crisálida e a completa inocência de Zulmira diante das evidências. Madame Crisálida afirma que foi presa, muda de sotaque e ainda encerra a consulta após a primeira "adivinhação". A rubrica inicial sugere a seguinte aparência para a cartomante: "de chinelos, desgrenhada, um aspecto inconfundível de miséria e desleixo", assim como para os que a cercam: "Madame, sempre acompanhada pelo garoto de dedo no nariz (...)".[51]

Enquanto Madame Crisálida é retratada como uma figura que escancara a farsa, Zulmira é aquela que acredita nas aparências. A primeira assume o fracasso da representação, isto é, não faz nenhum esforço para aparentar ser uma cartomante fidedigna. A segunda acredita no que é precariamente representado. Madame Crisálida é uma cartomante que atende o público, mas não disfarça o seu individualismo para obter dinheiro, tampouco para ser uma boa charlatã. Zulmira é a cliente que deseja uma consulta sobre a sua vida privada, não lhe interessa o mundo externo. Seu egocentrismo é tamanho que não percebe que

---

50 RODRIGUES, Nelson. A falecida. Teatro completo de Nelson Rodrigues 3: tragédias cariocas I, p. 57-59.

51 *Ibidem*, p. 57.

está sendo ludibriada. O individualismo de Zulmira leva à crença e à produção provisória de um mundo público no qual a desonestidade não reina.

A cena caracteriza o público e o privado como esferas não separadas e não circunscritas na vida cotidiana dita "moderna". Não existem na peça valores comuns que arregimentem toda uma sociedade em torno das aparências. A moral privada também não sai vencedora, na medida em que a busca do interesse financeiro redunda no seu malogro, pois Madame Crisálida mal sabe fingir o seu charlatanismo e desleixo físico. Zulmira, além de não perceber que está sendo enganada, recebe uma previsão que a desagrada e a deixa atônita: "cuidado com a mulher loura!". Para as ideologias de "moderno" fracassarem, é necessário que alguém acredite no seu sucesso, mesmo que de forma temporária e efêmera.

Nesse sentido, Nelson Rodrigues descortina nos anos 1950 aquilo que o sociólogo José de Souza Martins escreve sobre os conceitos de "inclusão" e "exclusão" social como categorias ideológicas para a análise da sociedade brasileira dita "moderna", com a diferença de que isso se torna atualmente um processo que atinge não apenas as camadas mais elitizadas e médias da sociedade, mas todas as camadas.

> O pobre ostensivo, mal vestido ou esfarrapado, estereotipado, que havia há algumas décadas, foi substituído pelo pobre para o qual a aparência e o aparente e, portanto, o disfarce, tornaram-se essenciais. Os pobres descobriram uma característica fundante da sociedade contemporânea e da Modernidade, a da realidade social como máscara, a incorporaram e por meio dela realizam a sua plena e impotente integração social. Negam no imaginário e na vivência a propalada 'exclusão social' de que falam os militantes de classe média incomodada. (...) Os pobres, do mesmo modo que as elites e a classe média, descobriram que na sociedade contemporânea o consumo ostensivo é um meio de afirmação social e de definição da identidade. A identidade na Modernidade é um meio manipulável de realização da pessoa. Cada um é o que parece ser e não o que é 'de fato'. Justamente por isso é que falar em 'exclusão' social, do ponto de vista analítico, não tem propriamente um significado profundo nem denuncia algo significativo. Parece antes expressão de uma mentalidade conservadora, ainda mergulhada em valores de um passado não muito distante, uma forma de atraso ideológico em descompasso com o tempo do atual. Uma expressão de conservadorismo porque orientada pela

valorização da inclusão no existente, no que permanece, e não no que muda e, sobretudo, no que pode mudar.[52]

A citação é eloquente quanto à importância que a aparência adquiriu para todas as camadas sociais na "modernidade". Mas a aparência que torna os conceitos de exclusão ou de inclusão ideológicas – pois os supostos "excluídos" negam qualquer exclusão aparentando serem iguais e a inclusão pressupõe inserir-se numa sociedade que nega qualquer desigualdade teatralizando a igualdade[53] – também torna ideológicos os conceitos de "moderno" e "modernidade" no Brasil. Aparentar ser igual não é só o lema de quem não quer ser desigual, mas de quem quer estar sempre inserido numa cultura moral pública que professa valores morais comuns, todavia não existe na realidade concreta. É, enfim, aparentar ser "moderno". O que Nelson Rodrigues expõe no seu teatro dos anos 1950 é o desejo das camadas médias baixas de se inserirem no mundo das elites, que não se concretizou diante de um individualismo frustrado. Para o dramaturgo, o teatro não é concebido como representação social (como acredita o sociólogo e que,

---

52 MARTINS, José de Souza. *A sociedade vista do abismo: novos estudos sobre exclusão, pobreza e classes sociais*, p. 37.

53 Adiante no livro, Martins afirma: "[o] que procuro mostrar, no fundo, é que *exclusão* não diz respeito aos 'excluídos'. É, antes, uma impressão superficial sobre o outro por parte daqueles que se consideram 'incluídos' (humanizados) e não o são de fato. (...) Para enfrentar essa dificuldade é essencial reconhecer os ardis da sociedade contemporânea, os obscurecimentos de que ela se reveste para fazer do autoengano um meio de sua persistência e reprodução. Em particular, a exclusão nos fala de situações objetivas de privação, mas não nos fala tudo nem nos fala o essencial. As teorias sociológicas de orientação fenomenológica sugerem que a desigualdade social e a diferenciação social não têm como se materializar nos processos interativos na medida em que os *agentes se utilizam de recursos dramatúrgicos para simular o que não são, para teatralizar a igualdade* (grifo do autor). Esse é um dos ardis do que está sendo chamado de 'exclusão'. MARTINS, *op. cit.*, p. 43-44. Pode-se fazer uma objeção a esse argumento, uma vez que não se teatraliza apenas a igualdade, mas também a desigualdade, dependendo das circunstâncias históricas. É difícil, portanto, realizar qualquer discussão partindo-se das categorias abstratas de "pobres, ricos ou camadas médias", sem interpretar a especificidade espaço-temporal na qual estão inseridos esses sujeitos. A abstração conceitual criticada pelo autor das categorias de "inclusão" e "exclusão" social se volta contra o seu próprio argumento, quando ele se vale de outras categorias abstratas, como a de uma "modernidade" com características genéricas.

Nelson Rodrigues: o fracasso do moderno no Brasil   179

portanto, acaba acatando o "moderno" como ideologia vencedora), mas o palco, sim, onde é exposta a derrota das representações sociais de "moderno".

Bom exemplo de como Nelson Rodrigues não acredita nas aparências, mas as expõe como sendo constitutivas daquela sociedade, ao mesmo tempo em que geravam frustrações, é o diálogo entre Zulmira e a sua mãe. Zulmira quer um enterro de luxo. Tem ideia fixa de que vai morrer cedo de doença nos pulmões, por isso vai a uma agência funerária encomendar um caixão. No diálogo com a mãe, imagina que os enterros mais bonitos são os do passado.

ZULMIRA – Que pena, mamãe!

MÃE – Por que, minha filha?

ZULMIRA (*de mãos postas*) – Antigamente, os enterros eram mais bonitos!

MÃE – Mesma coisa.

ZULMIRA – Puxa que a senhora é do contra!

(*Zulmira chega a cadeira mais para a mãe. Argumenta, com energia.*)

ZULMIRA – Escuta, mamãe, presta atenção. Antigamente, usavam-se cavalos nos enterros, com um penacho na cabeça. Não é mais alinhado cavalo de penacho? Mais bonito? Não é?

MÃE – Não acho negócio! Cavalo não é negócio!

ZULMIRA – Mas como?!...

MÃE (*pondo as mãos na cabeça*) – Ah, se você visse o que os cavalos fizeram quando morreu o teu falecido avô!...

ZULMIRA (*ávida*) – Conta! Conta! Conta!

MÃE – Eu era assim, pequenininha... Nesse tempo, minha família tinha dinheiro... Mas ah! Quando o enterro saiu, a nossa porta ficou que era uma nojeira! Nunca vi cavalos tão grandes e bonitões! Mas sujaram tudo!... Muito desagradável!...[54]

---

54   RODRIGUES, A falecida, *op. cit.*, p. 85.

Despretensioso, irreverente e até mesmo deslocado da trama central, o diálogo entre mãe e filha demonstra a valorização do passado por Zulmira, que representa o tempo em que a sua família "tinha dinheiro", isto é, o tempo em que apenas as elites tinham acesso à reprodução de um mundo das aparências. Porém, no presente, a mãe de Zulmira desfaz as ilusões da filha, escancarando a "nojeira" que os cavalos deixam na porta do passado. A mãe contesta a ideia de que os enterros do passado são os mais bonitos, o que irrita Zulmira. Como a necessidade de aparentar ser "moderno" – "cavalos grandes e bonitões" –, mas tentando esconder o "sujo" e o "desagradável", que o dramaturgo, na persona da mãe, trata logo de expor.

É importante enfatizar novamente que Nelson Rodrigues não denuncia a hipocrisia social: o seu gesto teatral é o de expor como as aparências não deram certo em um mundo que mesmo assim acreditou nelas. Nelson Rodrigues não transige com o "moderno", não acredita nele.

A trama central ocorre entre Zulmira e o marido Tuninho. No primeiro ato da peça, ao consultar a cartomante, Zulmira fica cismada com a "mulher loura". Tuninho sugere que essa mulher possa ser a prima e vizinha Glorinha. Zulmira também concorda. Por isso, começa a desconfiar da pureza moral da prima, que é protestante. De repente, Zulmira também se torna evangélica (da "Igreja Teofilista"). Fica tão "puritana" quanto a prima Glorinha. Tuninho a acusa de estar imitando a prima, pois Zulmira sequer deixa o marido beijá-la na boca. Paralelamente a essa trama, há sempre o diálogo dos funcionários da casa funerária, personificado por Timbira, cuja função é vender enterros pelo maior preço possível.

O segundo ato tem início com Zulmira procurando Timbira na funerária para encomendar o seu próprio enterro, mas sem que ele desconfie de nada. Em seguida, Zulmira vai ao médico. Para a sua frustração, Dr. Borborema não diagnostica nada em seus pulmões. Porém, convencida de que vai morrer, Zulmira pede a Tuninho que procure o homem que pagará o seu enterro. O marido promete não fazer perguntas e jura um "enterro bonito, lindo... de penacho... 36 mil cruzeiros", de acordo com Zulmira. De fato, ela morre.

O último ato da peça está centrado em Tuninho e o homem que supostamente custearia o enterro da esposa, Pimentel. Pede o dinheiro sem se identificar como o marido. Pimentel resolve contar como conheceu Zulmira. O marido descobre que foi traído pela esposa no banheiro de uma sorveteria quando, aliás, a acompanhava. O próprio amante abre o jogo e Zulmira retorna em flash back para apresentar as suas razões. Tuninho escuta tudo.

ZULMIRA (*dolorosa*) – Começou na primeira noite... Ele se levantou, saiu do quarto... Para fazer, sabe o quê?

PIMENTEL – Não.

ZULMIRA (*num grito triunfal*) – Lavar as mãos!

PIMENTEL – E daí?

ZULMIRA – Achas pouco? Lavava as mãos, como se tivesse nojo de mim! Durante toda a lua-de-mel, não fez outra coisa... Então, eu senti que mais cedo ou mais tarde havia de traí-lo! Não pude mais suportá-lo... Aquele homem lavando as mãos... Ele virava-se para mim e me chamava de fria.

(*Zulmira altiva, empinando o queixo, como se desafiasse a plateia*)

ZULMIRA – Fria, coitado!

(*Zulmira, rápida e amorosa, volta-se para Pimentel. Apanha o rosto do amante entre as mãos.*)

ZULMIRA (*veemente*) – Sou fria, sou?

PIMENTEL (*alvar*) – Você é um espetáculo!

ZULMIRA – Odeio meu marido!

(...)

PIMENTEL (*para Tuninho*) – Compreendeu?

TUNINHO (*com surdo sofrimento*) – Odiava o marido!

PIMENTEL – O negócio ia muito bem, ótimo, quando, de repente... Entrou areia... Porque há sempre um espírito de porco, sempre! Vê só que azar, que peso! Uma tarde, eu ia saindo, com Zulmira, de braço... não sei por que, naquela tarde, cismei, estupidamente, de dar o braço... E foi batata! Zulmira ainda avisou. 'Olha esse braço!' Demos de cara com uma conhecida!

TUNINHO – Quem?

PIMENTEL – Aliás, uma prima de Zulmira...

TUNINHO – Glorinha?

PIMENTEL – Acho que é... Glorinha, sim... A tal Glorinha encarou com Zulmira, passou adiante e nem bola... Sabe que Zulmira ficou assombradíssima?[55]

Ao não revelar que é o marido, Tuninho acaba sabendo da traição da esposa. O motivo da traição – lavar as mãos – revela uma dupla surpresa: o que poderia ser representado como "higiene" pelo marido é entendido como "nojo" pela esposa, e esse detalhe aparentemente insignificante se torna fruto de um ressentimento profundo e de uma vingança futura. Para coroar os fracassos da história, Tuninho desmascara o pretenso puritanismo da esposa. Toma consciência de que ela o odeia apesar da convivência matrimonial. E o que é pior, só descobre isso depois da morte de Zulmira.

No teatro de Nelson Rodrigues dos anos 1950, a tentativa de representar o "moderno" se frustra, pois esse é sempre uma imitação malfeita. A tentativa de imitar um ideal de relacionamento conjugal burguês é motivada por interesses individualistas não propriamente liberais, mas como uma resposta magoada e ressentida diante do mundo liberal que também não se realizou. Zulmira tenta aparentar ser uma esposa impoluta, mas se torna "teofilista", o que causa um transtorno na família.

TUNINHO – Eu não tenho nada com isso. Você é maior vacinada, pode ter a religião que quiser e pronto. Mas vamos à praia, ora bolas! O que é que tem a praia com as calças?

ZULMIRA – Tu me achas com cara de ir à praia? Agora que me converti?

TUNINHO – Será que em tudo, agora, você me contraria? Põe maiô, anda!

ZULMIRA – Não tenho maiô.

TUNINHO – E o teu?

---

55 *Ibidem*, p. 108–110.

ZULMIRA – Joguei no lixo!

TUNINHO – Mentira!

ZULMIRA – Te juro!

TUNINHO – Que bicho te mordeu?

ZULMIRA – Não sei. Mudei muito. Sou outra.

TUNINHO – Essa é a maior!

(*Zulmira incisiva.*)

ZULMIRA – Não aprovo praia, não aprovo maiô.

(*Zulmira ergue o rosto, fanática.*)

ZULMIRA – A mulher de maiô está nua. Compreendeu? Nua no meio da rua, nua no meio dos homens!

(*Entram os parentes de Zulmira. Esta afasta-se e vai ler o jornal numa extremidade da cena e Tuninho sobe na cadeira. Círculo de parentes em torno da cadeira.*)

TUNINHO – O senhor é meu sogro, a senhora, minha sogra... E vocês, meus cunhados!...

UM – Perfeitamente!

OUTRO – Claro!

TUNINHO – Pois é. Eu pergunto: estarei errado?

SOGRO – Caso sério!

SOGRA – Enfim!...

TUNINHO – Por exemplo, sabem qual é a mais recente mania de minha mulher? É a seguinte: digamos que eu queira beijar na boca. Ela, então, me oferece a face.

SOGRA – Virgem Maria!

TUNINHO – Afinal das contas, eu sou o marido. E se eu, por acaso, insisto, que faz minha mulher? Fecha a boca!

CUNHADO – Muito curioso!

TUNINHO – Mas como? – perguntei eu a minha mulher – você tem nojo de seu marido? Zulmira rasgou o jogo e disse assim mesmo: 'Tuninho, se você beijar na boca, eu vomito, Tuninho, vomito!'

SOGRA – Ora veja!

CUNHADO (*de óculos e livro debaixo do braço*) – Caso de psicanálise!

OUTRO – De quê?

CUNHADO – Psicanálise.

OUTRO (*feroz e polêmico*) – Freud era um vigarista![56]

O diálogo ocorre antes de ser revelado para o leitor/espectador que Zulmira havia traído Tuninho. Num primeiro momento, parece um capricho da esposa que, recém-convertida, chega ao paroxismo de negar um beijo ao marido em razão da sua vontade de imitar a prima Glorinha. Num segundo momento, o leitor/espectador pode reler o fundamentalismo religioso de Zulmira como mais uma farsa que se revela em função da traição.

A tentativa de imitar um ideal burguês elitista, não somente de família e de relacionamento conjugal, mas de busca de valores materiais – um enterro de luxo –, também acaba para Zulmira. A frase "Freud era um vigarista" é direta, pois o modelo burguês de compreensão da sociedade não funciona para todos, mesmo que sobreviva como uma máscara aderida ao rosto. Ao descobrir a traição, Tuninho exige o dinheiro do amante mediante a chantagem de denunciá-lo para um jornal sensacionalista (chamado de O Radical). Ele vai à funerária e encomenda um enterro paupérrimo para Zulmira. Em seguida, dirige-se ao estádio de futebol para assistir ao jogo do seu time preferido. O pano cai depois desta cena.

---

56 *Ibidem*, p. 70-72.

(*Luz no Maracanã. Vai entrando Tuninho. Atrás, de boné, o chofer do táxi, empunhando uma bandeira do Vasco. Os dois atravessam uma multidão imaginária de duzentas mil pessoas. Efeitos sonoros do Campeonato do Mundo.*)

TUNINHO (*no seu deslumbramento*) – Parece até Brasil-Uruguai!

CHOFER – Vai ser um rendão!

TUNINHO – Pra lá de milhões!

(*Chofer olha em torno.*)

CHOFER – Vamos ficar aqui? Aqui está bom!

(*Contrarregra põe cadeira para os dois. Sentam-se. Exaltação de Tuninho.*)

TUNINHO (*numa euforia, esfregando as mãos*) – Está na hora da onça beber água! (*Muda de tom, feroz*) Hoje vou tomar dinheiro desses pó-de-arroz! Não entendem bolacha de futebol! Sou Vasco e dou dois gols de vantagem!

(*Tuninho vem à boca de cena, numa alucinação. Bate no peito.*)

TUNINHO – Tenho dinheiro! Dinheiro!

(*Arranca dinheiro dos bolsos. Crispa as mãos nas cédulas.*)

TUNINHO – Vou apostar com duzentas mil pessoas! Dou dois! Três! Quatro! Cinco gols de vantagem e sou Vasco!

(*Tuninho insulta a plateia.*)

TUNINHO – Seus cabeças-de-bagre!

(*Tuninho atira para o ar as cédulas. Grita com todas as forças.*)

TUNINHO – Casaca! Casaca! A turma é boa! É mesmo da fuzarca! Vassssssco!

(*Tuninho cai de joelhos. Mergulha o rosto nas duas mãos. Soluça como o mais solitário dos homens.*)[57]

---

57 *Ibidem*, p. 118-119.

Aparentemente, a vingança de Tuninho se consuma perante a vida pública, pois consegue castigar a esposa adúltera ao não realizar o enterro de luxo. Porém, apesar de ficar com o dinheiro, dar um enterro pobre para Zulmira e ainda gastá-lo no jogo de futebol, o marido termina "com o rosto nas duas mãos (...) como o mais solitário dos homens", diz a rubrica final. É importante observar aqui as especificidades de um texto dramático no qual a ação principal nem sempre se concentra no diálogo, no que é dito, mas no gesto a ser realizado pelo ator no palco. Para demonstrar o fracasso de Tuninho, o choro representa a mágoa e a solidão, embora no diálogo ele esteja comemorando como um torcedor de futebol.

A confusão entre público e privado não é condizente com as atitudes das personagens da "primeira fase" do teatro rodrigueano, na qual o conflito entre as culturas morais pública e privada ainda coloca em questão a existência do "moderno" numa sociedade que criava valores moralistas tão abstratos que eram deslegitimados por força da sua coerção autoritária, individualista.

Nessa "segunda fase", embora permaneça o jogo entre moralismo-público e imoralidade-privado, o que muda é a consciência não mais dilacerada do autor sobre a existência ou não do "moderno", a qual o leva à certeza de que o fracasso patente do "moderno" não havia sido assumido pela sociedade. Por isso, vaticinou: "Para mim, o teatro é uma arte não criada ainda, porque não se escancarou para todos. Dia virá, porém, em que cada um de nós poderá fazer o seu Rei Lear de vez em quando. Ninguém nos exigirá nada, senão tarimba vital".[58] Dessa forma, passa-se do conflito à confusão entre o público e o privado nas peças dos anos 1950. Nelson Rodrigues não questiona mais a existência do "moderno": expõe o seu fracasso por meio da tentativa de mantê-lo como um ideal.

No entanto, grande parte dos historiadores ainda acredita no "moderno" como fórmula explicativa da inclusão e da exclusão social, visto que a ideologia do "moderno" calcado na aparência se tornou tão forte nos anos 1950 que dificultou a sua leitura no plano das ideologias. É o que se pode observar em explicações conclusivas sobre o período: "As alternativas políticas (...) representadas pelos partidos e/ou, seus respectivos candidatos, não pareciam pôr em risco a

---

58 Ver a crônica que iniciou este item do trabalho.

natureza capitalista da sociedade brasileira, incidindo muito mais sobre a intensidade e qualidade da expansão industrial".[59]

Essas explicações reiteram a ideologia do "moderno" por estarem aderidas às representações político-institucionais sobre o período, ou seja, a do mito do crescimento econômico via política de substituição das importações (nacional desenvolvimentismo) e da incorporação de outros setores consumidores, como as camadas médias, que encontraram no Estado o desaguadouro ideológico para a sua inserção social (populismo).[60] Ao interpretar atentamente o cotidiano de setores sociais médios e pobres daquela sociedade, distanciando-se das ideologias que cercaram o período, observa-se que esses setores sociais não só colocavam em xeque "a natureza capitalista da sociedade brasileira", como desmascaravam "a intensidade e qualidade da expansão industrial".

No teatro de Nelson Rodrigues e na sua produção jornalística dos anos 1950, os conflitos são vivenciados pelas famílias pequeno-burguesa ou de classe média baixa, pois são elas as que mais tentam esconder o fato de não ser o Brasil uma "nação", tampouco "moderna". É desse substrato cultural que Nelson Rodrigues bebeu para construir os contos-crônicas de *A vida como ela é...*, as quais não só dão um tratamento literário-teatral às crônicas policiais, mas expõem a precariedade da vida do próprio autor e da sua sociedade contra a unanimidade das aparências e da política institucional que se queria moderna.

Nas suas memórias de 1967, Nelson Rodrigues relembra a crise em que viveu por ganhar pouco, conjuntamente com a campanha que fizeram contra Samuel Wainer, dono do *Última Hora*, que havia recebido do governo federal verbas para financiar a montagem do seu jornal. Todos os que trabalhavam no periódico sofreram execração pública, principalmente Nelson Rodrigues, com os seus polêmicos contos-crônicas.

> E o certo é que *A vida como ela é...* foi um pretexto para exasperar a unanimidade. Os vizinhos que me viam chegar em casa, com um liquidificador

---

59 TREVISAN, Maria José. Anos 50: os empresários e a produção cultural. *Revista Brasileira de História*, p. 139.

60 Sobre uma abordagem mais recente do tema, ver FERREIRA, Jorge (org.). *O populismo e sua história*: debate e crítica.

debaixo do braço, olhavam para mim com escândalo e ira. 'Lá vai o tarado', deviam cochichar entre si. Eu podia abrir o embrulho e argumentar: – 'Estão vendo esse liquidificador? É o meu salário'. No fundo, no fundo, eu achava o seguinte: – aquele liquidificador provava minha pureza, provava minha inocência. O sujeito que recebe, como remuneração profissional, uma panela, uma fruteira, é quase um são Francisco de Assis. (...) Uso muito nas minhas crônicas de esporte a imagem do pobre-diabo que se senta no meio-fio e começa a chorar. Eis o que eu queria dizer: – essa figura me ocorreu, era eu o Marmeladov de Crime e castigo. Vendo que a unanimidade também se voltava contra mim, e me chamava de 'obsceno', de 'tarado', sentia a vontade de me sentar no meio-fio para chorar lágrimas de esguicho.[61]

A imagem do "pobre-diabo" é, ao mesmo tempo, a do dramaturgo sobre si mesmo, das suas personagens e, principalmente, daquela sociedade que tentava esconder a sua precariedade. A "unanimidade" social exigia uma moralização da "coisa" pública por meio da denúncia do favorecimento do governo para a montagem do jornal *Última Hora*. Para os opositores de Samuel Wainer e Getúlio Vargas, tal imoralidade se refletia no conteúdo do diário. Nelson Rodrigues foi presa fácil.

Carlos Lacerda teve a paciência de selecionar trechos de um mês da minha coluna. Como uma pinça, catava uma frase ou um episódio e o isolava de seu ambiente e de sua justificação psicológica e dramática. O destaque feito valorizava o extrato ao infinito. E, além do mais, ele criava suspense, inflexionava, representava. No fim, até um bom-dia ficava obsceno. (...) Lembro-me de uma fala que ele selecionou para a antologia de *A vida como ela é...* Certo personagem dizia o seguinte: – 'Amor entre homem e mulher é uma grossa bandalheira'. A coisa dita assim, em tom de ópera, sem uma motivação lógica, causou o maior efeito na Câmara dos Deputados. Segundo me disseram, o então deputado Antônio Balbino teve um esgar de nojo supremo; e outros congressistas abriram os braços para o lustre, num mudo escândalo desolado.[62]

---

61 RODRIGUES, *A menina sem estrela...*, *op. cit.*, p. 70.

62 *Ibidem*, p. 69.

Sem dúvida, as memórias do dramaturgo não estão isentas de teatralidade, mas antes de serem consideradas a explicação definitiva sobre a obra legitimada pelo próprio autor, elas fazem parte do seu conjunto. Dessa forma, o jogo entre a indignação dos deputados e a situação do jornal no cenário político (público) pode coexistir, no texto memorialístico, em tensão com as histórias que envolvem a coluna de *A vida como ela é...* e a precariedade da vida do autor por receber como salário utensílios e eletrodomésticos (privado).

Os contos-crônicas de *A vida como ela é...* não são os únicos textos desse gênero na obra de Nelson Rodrigues. Nos contos publicados originalmente nos anos 1950, como parte integrante da coluna *Pouco amor não é amor*, no *Jornal da Semana – Flan*, também de propriedade do jornalista Samuel Wainer, o escritor apresenta histórias permeadas de insucessos diários. O que nem sempre está explícito nos enredos rodrigueanos, ora aparece no destino trágico das personagens, ora na frustração de um desejo, de um casamento ou mesmo de uma vingança, ora ainda no ressentimento das personagens. Entretanto, há momentos em que a decadência é patente.

Virou-se para o marido:

– Não me tira a dentadura.

Como era uma exigência nova, sem precedentes, ele estranhou:

– Por quê, carambolas?

E ela, nos seus maus modos e na sua irritação:

– Pensa, raciocina, criatura! Você não vê que é falta de poesia? Que espécie de amor eu posso ter, vendo você todas as noites tirar a chapa de cima e de baixo e pôr no copo?

Surpreso, Lobato abotoou o pijama que acabara de vestir, e aproximou-se da cama. Perguntou:

– Mas, meu anjo, você não me conheceu sempre assim? Na nossa primeira noite eu não fiz isso? Responde. Não fiz?

Sofia estava deitada. Sentou-se na cama indignada:

- Você fez! Claro que fez! E foi por isso que eu, de cara, perdi todas as ilusões! Ah, quando te vi sem dentes, quando vi teus dentes no copo, adeus amor! Adeus poesia!

O pobre-diabo caiu das nuvens; fazia espanto: 'Você acha que uma dentadura influi num casamento? Num amor?'. Sofia confirmou, feroz: 'Como não? Sim, senhor! Perfeitamente! Um homem desdentado liquida qualquer amor!'. Levantou-se e foi desafiar o marido: 'Queres fazer uma experiência? Queres? Tira a dentadura e vai te olhar no espelho!'. Por mais estranho que pareça, Lobato obedeceu. E quando viu, no espelho, as próprias gengivas vazias, a boca de velha, de bruxa, crispou-se num pudor convulso. Com mais autoridade, Sofia fez o apelo:

- Dorme de dentadura! É um favor que eu te peço! Dorme! Não tira!

Sentou-se numa extremidade da cama. Sentindo-se um miserando, justificou-se: 'Meu anjo, eu queria te atender, mas não posso! Imagina se engulo a dentadura!'. Era esse, com efeito, o seu medo, o seu complexo. Sofia perdeu a paciência:

- Você é o maior fracassado de todos os tempos![63]

Mas a história não termina aí. A mulher ainda o insulta por não tomar banho direito e um amigo no trabalho chama a sua atenção por estar cheirando mal. Ressentido, Lobato resolve ficar com o dinheiro da firma onde trabalha. Gasta todo o dinheiro passeando de táxi por vários dias, pois, segundo ele, o seu sonho de menino era andar "de táxi e não de automóvel particular. (...) Até que chegou um dia em que sobraram, apenas, no seu bolso, cem cruzeiros. Coça a cabeça: 'Vamos dar mais uma volta. A última!'. Quando passavam pelo Estádio do Maracanã, Lobato apanhou o revólver, introduziu o cano na própria boca e puxou o gatilho".[64]

A história é de uma família suburbana; o marido trabalha para sobreviver e tem o sonho de andar de táxi e esbanjar dinheiro. Ao não conseguir manter a

---

63 RODRIGUES, Nelson. 9. *Pouco amor não é amor*, p. 69-70. Esses contos não têm títulos específicos e foram publicados em livro numerados de 1 a 28.

64 *Ibidem*, p. 75.

boa aparência pessoal, encontra no suicídio a solução para o dilema existencial. Embora se trate do universo das camadas médias baixas, o conto-crônica atinge em cheio o moralismo dos setores elitizados e das camadas médias mais abastadas, que valorizavam a aparência, a ascensão e a manutenção da posição social a qualquer custo.

As semelhanças entre a peça *A falecida* e o conto são grandes. Tanto Tuninho como Lobato são humilhados em seus papéis masculinos e se veem frustrados diante da vida. Zulmira e Sofia também têm seus motivos: o marido de uma se limpa em demasia e aparenta ter nojo da mulher e o marido da outra não preza pela aparência, a ponto de tirar a dentadura na frente dela. Ambos os casais se sentem malogrados diante do mundo das aparências, do qual eles mesmos acreditam ter de participar.

A própria representação social de "moderno", no sentido de omitir os fracassos da vida, passa a ser exposta nas peças rodrigueanas dos anos 1950, bem como nos contos ou mesmo em crônicas de futebol, como esta:

> E o patético é que, desta vez, não se trata de gente. Insisto: o meu personagem da semana não pertence à triste e miserável condição humana. É, com escrúpulo e vergonha o confesso, uma cusparada. (...) A vida dos homens e dos times depende, às vezes, de episódios quase imperceptíveis. Por exemplo: – o jogo Canto do Rio x Flamengo, que foi tão árduo, tão dramático para o rubro-negro. Antes da partida, havia rubro-negros olhando de esguelha, e com o coração pressago, o time da vizinha capital. É certo que o Canto do Rio não esfrega na nossa cara grandes nomes, grandes cartazes. (...) Começa o *match* e logo se percebe que o Flamengo teria de molhar a camisa. O Canto do Rio fez jogo que rende, que interessa: – bola no chão, passe rasteiro, penetração, agressividade. Termina a primeira etapa com um escandaloso 1 x 0 a favor do Canto do Rio. Cá fora, vários rubro-negros se entreolharam, em pânico. Imaginem se o Flamengo cai da liderança, como de um trapézio. Mas vem o tempo final e o rubro-negro consegue, com um gol notabilíssimo de Henrique, o empate. Mas não bastava. Um empate significaria, do mesmo modo, a humilhação de um segundo lugar. Continua a tragédia. (...) E, de repente, com a bola longe, nos pés de Jairo, se não me engano, há um incidente na área do Canto do Rio. Alguém chuta alguém. Malcher [o árbitro], de uma só cajadada, mata dois coelhos: – expulsa Floriano, que lhe pareceu culpado, e assinala pênalti contra o Canto do Rio. Amigos, eu

confesso: – tive pena do Canto do Rio, porque o árbitro o punia duas vezes pela mesma falta. Achei que era justiça demais, castigo demais. Vem Moacir e desempata: – Flamengo 2 x 1. Inferiorizado no placar e com dez elementos, lá parte, outra vez, o Canto do Rio. Jogo duro, viril, disputado com gana e, eu quase diria, com ódio. (...) Faltando quatro ou cinco minutos para acabar a batalha, ocorre contra o Flamengo o pênalti que, para muitos, foi compensação. Devia ser empate, ou seja: – o resultado que viria pôr abaixo, da ponta, o Flamengo. Foi então que Dida teve uma lembrança maléfica e mesmo diabólica. Estava a bola na marca fatídica. Dida aproxima-se, ajoelha-se, baixa o rosto e vai fazer o que nem todos, na afobação, percebem. Para muitos, ele estaria rezando o couro. Mas eis, na verdade, o que acontecia: Dida estava cuspindo na bola. Apenas isso e nada mais. (...) Objetará alguém que este é um detalhe anti-higiênico, antiestético, que não devia ser inserido numa crônica. Mas eu vos direi que, antes de Canto do Rio x Flamengo, já dizia aquele personagem shakespeariano que há mais coisas no céu e na terra do que supõe a nossa vã filosofia. Quem sabe se a cusparada não decidiu tudo? Só sei que lá ficou a saliva, pousada na bola. O que aconteceu depois todos sabem: – Osmar bate a penalidade de uma maneira que envergonharia uma cambaxirra. Atirava o Canto do Rio pela janela a última e desesperada chance do empate glorioso. (...) E ninguém desconfiou que o fator decisivo do triunfo fora, talvez, a cusparada metafísica de Dida, que ungiu a bola e a desviou, na hora H.[65]

As crônicas de futebol de Nelson Rodrigues não enfocam os comentários técnicos e táticos de uma crônica de futebol tradicional. É clara a sua motivação literária. A crônica intitulada "A cusparada metafísica" é um bom exemplo dessa subversão às regras do futebol. A cusparada na bola é um gesto improvisado. O mesmo improviso a que as camadas médias baixas tinham de recorrer numa situação difícil da vida, na falta de melhores condições para manterem as aparências.

Nelson Rodrigues transforma tanto o time vencedor como o time derrotado em "camadas médias". A personagem da semana é a cusparada na bola e não o jogador, o juiz, o jogo ou a torcida. O cuspe se torna "metafisicamente" o

---

65 RODRIGUES, Nelson. A cusparada metafísica. CASTRO, Ruy (org.). *À sombra das chuteiras imortais*: crônicas de futebol, p. 31-32. A crônica foi originalmente publicada na revista *Manchete Esportiva*, em 9 nov. 1957.

responsável pela vitória do Flamengo sobre um time pequeno, providencialmente chamado de "Canto do Rio". O peculiar na crônica não é a vitória do Flamengo por meio de um cuspe, mas o cuspe exposto como o motivo que possibilita tanto a vitória, quanto a derrota. Ao lançar essas duas representações, a imagem do cuspe na bola surge como uma terceira representação (ou representação liminar), que confunde os ideais de ser vitorioso (público) ou derrotado (privado), fazendo com que um e outro dependam da "nojeira" que o cuspe representa socialmente. A crônica assume aquilo que a sociedade gostaria de expulsar do seu convívio, isto é, tudo o que nela representa o que é "antiestético" e "anti-higiênico".

O futebol sempre esteve presente na produção literária e dramática de Nelson Rodrigues dos anos 1950, principalmente porque o assunto fazia parte constante dos jornais e revistas da época, que o utilizavam como chamariz importante para conquistar novos leitores, como os das camadas médias.

Na revista *O Cruzeiro* e no jornal *Última Hora*, muitas reportagens sobre futebol eram recheadas de imagens se comparadas aos textos longos que ainda permaneciam. As imagens atraíam a atenção de um público pouco habituado à leitura, sobretudo de uma modalidade esportiva tão apreciada socialmente. Buscava-se maior afinidade entre o prazer de jogar e o prazer de se informar sobre o jogo.[66]

No Brasil do início do século XX, embora o caráter "popular" do futebol já fosse atribuído por cronistas da época, era provável que esses "homens das letras impressas" o vissem como uma mudança brusca na paisagem urbana em função do extremo elitismo das suas concepções de mundo, ora representando o jogo como amálgama ou cadinho cultural, ora como desordem social.

---

66 Sobre isso, ver as fotorreportagens de *O Cruzeiro*, que imprimiram um novo estilo visual de imprensa na década de 1950. Como exemplo, pode-se observar a reportagem "O 16 de julho dos paraguaios", com texto de Mário de Moraes acompanhado de uma sequência de quase quarenta fotos em tamanhos diferentes, compondo uma narrativa visual. *O Cruzeiro*, Rio de Janeiro, 3 abr. 1954, p. 8-13. Outro exemplo é a reportagem "Revivendo Obdúlio, Rossi derrotou o futebol sem alma", sobre a derrota da seleção brasileira para a seleção argentina no campeonato sul-americano, também composta por várias fotos de tamanhos diversos, mostrando os lances da partida, as personagens principais e o desolamento da seleção brasileira diante da derrota simbolizada pela foto de Djalma Santos no vestiário. *O Cruzeiro*, Rio de Janeiro, 20 abr. 1957, p. 124-128.

> Fosse como fosse, visto pelo alto ou pela base da hierarquia social, no centro ou na periferia, o futebol propiciava o embaralhamento das posições relativas, suscitava identificações desautorizadas, invadia espaços interditos e desafiava tanto o tempo do trabalho quanto o do lazer. Esse componente indisciplinado, essa pressão insurgente contra espaços e restrições discriminadoras, se incomodava alguns grupos, por outro lado atraía multidões. O adensamento físico e simbólico da sua presença e significados desencadeava por sua vez reações na direção inversa. Isso ocorria na medida em que, à popularidade arrebatadora do futebol e a sua concepção como representativo de um instinto puro e autêntico do povo, se acrescentava o atrativo dele ser visto como uma fonte genuína de identidade, oferecendo assim um refrescante refúgio para aqueles que respiravam uma atmosfera saturada de afetações cosmopolitas e maneirismos de salão. O futebol fornecia ademais uma alternativa de vitalidade e perspectivas de uma nova atitude física e mental, um sucedâneo, enfim, adequado tanto aos jovens e modernos desencantados com o colapso da velha Europa e sua cultura, quanto aos contingentes em turbilhão que a crise internacional e a metropolização precipitada privaram seja da sua cultura de raiz, seja de uma educação convencional.[67]

Ao não se distanciar dos relatos de época, Nicolau Sevcenko tende a acreditar nas representações do futebol como fenômeno precípuo de massa no início do século XX, quando nem mesmo nos anos 1950 havia se consolidado uma cultura de massa no Brasil.[68] Acreditar nas representações de uma época é omitir os fracassos do dia a dia. Embora a paixão pelo futebol fosse atribuída ao "povo", a visão que prevalecia era a dos homens das letras: o futebol se tornava a salvação para a "cultura brasileira", seja como um encontro com a "identidade miscigenada de origem", seja como válvula de escape para o academicismo de elite. Não havia "indisciplina" ou "embaralhamento das posições relativas", tampouco a visão do futebol pela "base" ou "periferia", a não ser pelo crivo desses cronistas de época, que pertenciam a uma elite cultural.

---

67 SEVCENKO, *Orfeu extático na metrópole...*, *op. cit.*, p. 61-62.

68 Retoma-se a discussão do primeiro item da parte I deste trabalho, assim como da minha dissertação de mestrado, GODOY, *Imagens veladas...*, *op. cit.*

Não é difícil imaginar que o futebol fosse jogado por diversas camadas sociais, mas talvez seja apressado concluir que ele fosse de uma "popularidade arrebatadora" a ponto de ser um sintoma da "metropolização precipitada" da cidade de São Paulo ou mesmo do Rio de Janeiro. Termos esses que o historiador deduz ser de uma época quando eram de uma camada social que via a sua época de determinada perspectiva, isto é, a dos homens das letras; os quais, de uma forma ou de outra, queriam a construção de uma nação moderna a partir de uma base comum, em que todos os indivíduos pudessem ser inseridos no espaço público à maneira da concepção liberal de sociedade, que seccionava abstratamente os interesses individuais sob o nome de vida pública do espaço privado.

O futebol era um bom meio de projetar um Estado-Nação moderno ou mesmo de explicar as tentativas, até então malogradas, da sua construção no Brasil. Teria esse processo se concluído nos anos 1950?

Deve-se lembrar que, no ano de 1950, foi realizada a primeira Copa do Mundo de futebol no Brasil, na cidade do Rio de Janeiro, na qual o Uruguai se sagrou campeão contra o Brasil, no estádio do Maracanã. O estádio foi construído especialmente para o evento a partir dos esforços do irmão de Nelson Rodrigues, Mário Filho, que até o presente momento dá o nome oficial ao lugar. Tal empreendimento vinha na esteira das transformações ocorridas na imprensa como meio de divulgação também da notícia esportiva.

> Robert M. Levine, num breve texto sobre o futebol brasileiro (...), afirma que, já em 1913, as reportagens sobre uma partida de futebol frequentemente cobriam uma página inteira. Os jornais importantes do Rio e São Paulo começaram a empregar repórteres de futebol em período integral, e os jornais diários esportivos a fazer sucesso surgiram na década de 1930. Antes disso, não havia manchetes de primeira página sobre eventos esportivos, embora estes sempre fossem registrados nas páginas internas dos jornais. (...) A atuação de Mário Filho nos bastidores do futebol foi de certo modo decisiva para que o profissionalismo vingasse no futebol brasileiro no início dos anos 1930. Assumindo o caráter de ocupação remunerada, esse esporte passava a encarar de outra maneira a relação entre jogadores, clubes e plateia. Da mesma forma, a imprensa poderia dispor de mais elementos para também se defrontar com uma nova ocupação profissional, qual seja a do jornalista esportivo. A luta de Mário Filho permitiu que se ultrapassasse

> a oposição do amadorismo no futebol, que trazia consigo um conceito de prática esportiva oriunda da Inglaterra e reservada a uma elite, e também se deixasse de lado a ação paternalista representada por certos clubes, que praticavam um 'profissionalismo' às escondidas, uma vez que já subvencionavam os craques com prêmios e gorjetas. (...) Já na obra *O futebol no banco dos réus*, de P. Murphy *et al.*, analisa-se o comportamento da imprensa esportiva inglesa ao longo do século XX. Na virada do século XIX, ela se caracterizava pela ausência de qualquer expressão palpável: as notícias eram o menos sensacionalista possível e a prática jornalística implicava a total rejeição de excessos. Já no período entre Guerras, os relatos ganharam um grau bem maior de dramaticidade e o estilo mudou sensivelmente: há uma menor quantidade de notícias, mais fotografias acompanhando os fatos e maior seletividade do material noticioso. Após a Segunda Guerra Mundial, a imprensa popular passou a relatar os incidentes de forma mais sensacionalista, ao mesmo tempo em que passava a dispor de meios mais modernos de difusão da notícia.[69]

De fato, a imprensa podia ter se "modernizado" nos anos 1950, mas teria o mesmo ocorrido com os seus leitores, ou melhor, com a sociedade na qual estava inserida? O ímpeto de aparentar ser "moderno" se estendeu para a maneira como as notícias deveriam ser apresentadas ao público, como se precisassem obnubilar que "a massa" para a qual se dirigiam era a dos setores médios e elitizados da sociedade. Preservar um mundo das aparências de "moderno" era tão ou mais essencial do que alcançá-lo.[70]

O grande desafio de escrever a história do Brasil consiste em se desprender da ideologia de "moderno" estranha à realidade cotidiana do país, porém, formadora dos pontos de vista das representações do passado e dos próprios historiadores do

---

69 MARQUES, José Carlos. *O futebol em Nelson Rodrigues*: o óbvio ululante, o Sobrenatural de Almeida e outros temas, p. 81-83.

70 Sobre isso, consultar a segunda parte da minha dissertação de mestrado, "O leitor como telespectador", na qual interpreto a historicidade do meu próprio material de pesquisa como devir de uma cultura visual-televisiva de consumo – a revista *O Cruzeiro* e o jornal *Última Hora* do Rio de Janeiro –, em que o descompasso entre a imprensa "modernizada" e o universo social dos leitores é escancarada por meio da própria imprensa nas propagandas comerciais, no humor visual ou mesmo na presença de contos-crônicas como os de Nelson Rodrigues, por exemplo *A vida como ela é...*

presente; os quais, se não concebem mais ingenuamente um tempo progressivo ou linear (diacronia) como sinônimo de um tempo histórico hegemônico, acreditam que, ao documentar as múltiplas temporalidades ou ao criticar as hegemonias, estariam supostamente a salvo do mito do "moderno" (sincronia).

No entanto, um historiador pode reiterar o ideológico caso documente ou critique uma sociedade em função da norma. É preciso interpretar as representações de uma época, inclusive daquelas que fazem acreditar nas vozes dos excluídos, da pluralidade ou da multiplicidade, de forma que encontre "um caminho (...) que desvende um processo importante até ali invisível, por força da tonalidade restrita das perguntas tendo em vista o estritamente normativo".[71]

Nelson Rodrigues oferece uma interpretação oblíqua sobre a sua própria sociedade. Travestido de cronista, interessa-se por um aspecto em nada "moderno" dentro de uma partida de futebol: um cuspe pousado na bola. Afinal, para os padrões de aparência daquela sociedade, o dramaturgo transforma uma "cusparada" em algo grande, único e desagradável demais. Além disso, tal detalhe em nada contribui para a vitória do time "mais fraco". Por meio das suas crônicas de futebol, ao seu modo, Nelson Rodrigues afirma ainda sofrer o brasileiro naquele tempo de um "complexo de vira-latas".[72]

> Hoje vou fazer do escrete o meu numeroso personagem da semana. Os jogadores já partiram e o Brasil vacila entre o pessimismo mais obtuso e a esperança mais frenética. Nas esquinas, nos botecos, por toda parte, há quem esbraveje: '– O Brasil não vai nem se classificar!'. E, aqui, eu pergunto: – não será esta atitude o disfarce de um otimismo inconfesso e envergonhado? (...) Eis a verdade, amigos: – desde 50 que o nosso futebol tem pudor de acreditar em si mesmo. A derrota frente aos uruguaios, na última batalha, ainda faz sofrer, na cara e na alma, qualquer brasileiro. Foi uma humilhação nacional que nada, absolutamente nada, pode curar. Dizem que tudo passa,

---

71 DIAS, Maria Odila Leite da Silva. Teoria e método dos estudos feministas: perspectiva histórica e hermenêutica do cotidiano. COSTA, Albertina de Oliveira e BRUSCHINI, Cristina (orgs.). *Uma questão de gênero*, p. 40.

72 RODRIGUES, Nelson. Complexo de vira-latas. CASTRO (org.), *À sombra das chuteiras...*, *op. cit.*, p. 51-52. Publicada originalmente em *Manchete Esportiva*, em 31 mai. 1958, sendo a última crônica antes da estreia do Brasil na Copa de 1958, na qual se sagrou campeão mundial pela primeira vez.

mas eu vos digo: menos a dor-de-cotovelo que nos ficou dos 2 X 1. E custa crer que um escore tão pequeno possa causar uma dor tão grande. O tempo passou em vão sobre a derrota. Dir-se-ia que foi ontem, e não há oito anos, que, aos berros, Obdúlio arrancou, de nós, o título. Eu disse 'arrancou' como poderia dizer: – 'extraiu' de nós o título como se fosse um dente. (...) A pura, a santa verdade é a seguinte: – qualquer jogador brasileiro, quando se desamarra de suas inibições e se põe em estado de graça, é algo único em matéria de fantasia, de improvisação, de invenção. Em suma: – temos dons em excesso. E só uma coisa atrapalha e, por vezes, invalida as nossas qualidades. Quero aludir ao que eu poderia chamar de 'complexo de vira-latas'. Estou a imaginar o espanto do leitor: – 'O que vem a ser isso?'. Eu explico. (...) Por complexo de vira-latas entendo eu a inferioridade em que o brasileiro se coloca, voluntariamente, em face do resto do mundo. Isto em todos os setores e, sobretudo, no futebol. Dizer que nos julgamos 'os maiores' é uma cínica inverdade. Em Wembley, por que perdemos? Porque, diante do quadro inglês, louro e sardento, a equipe brasileira ganiu de humildade. Jamais foi tão evidente e, eu diria mesmo, espetacular nosso vira-latismo. Na já citada vergonha de 50, éramos superiores aos adversários. Além disso, levávamos a vantagem do empate. Pois bem: – e perdemos de maneira abjeta. Por um motivo muito simples: – porque Obdúlio nos tratou a pontapés, como se vira-latas fôssemos. Eu vos digo: – o problema do escrete não é mais de futebol, nem de técnica, nem de tática. Absolutamente. É um problema de fé em si mesmo. O brasileiro precisa se convencer de que não é um vira-latas e que tem futebol para dar e vencer lá na Suécia. Uma vez que ele se convença disso, ponham-no para correr em campo e ele precisará de dez para segurar, como o chinês da anedota. Insisto: – para o escrete, ser ou não ser vira-latas, eis a questão.[73]

Nelson Rodrigues sempre utilizou as suas crônicas de futebol para tratar da imagem que "o brasileiro" fazia de si mesmo, ou melhor, de sua autorrepresentação. Embora possa parecer um texto recoberto de generalizações identitárias ("o brasileiro"), é preciso compreender o modo como o dramaturgo trabalha com tais generalizações, isto é, como um jogo de representações. Por meio desse jogo de representações, é possível interpretar um significado histórico da crônica rodrigueana. De um lado, a visão pessimista do "brasileiro". De outro, a visão

---

73 *Idem.*

eufórica ou otimista. O cronista-dramaturgo embaralha os sentidos ao desconfiar dessas duas visões com a questão: "não será esta atitude o disfarce de um otimismo inconfesso e envergonhado?". Traduzindo: ou ser pessimista era um disfarce do otimismo brasileiro ou ser otimista era confessar a vergonha nacional. O conflito entre essas duas representações chama a atenção para o complexo de humilhado ou de inferioridade dos brasileiros.

Todo "complexo" se torna um jogo de espelhos entre o que está presente e o que está ausente, o mesmo jogo que ocorre com o fenômeno da representação,[74] pois, se me sinto humilhado, tento aparentar ser grandioso ou, se tento aparentar ser grandioso, assumo a condição de humilhado. Na crônica rodrigueana, a aparência é sempre desnudada, seja pelo que esconde, seja pelo que revela. Neste caso, a inferioridade "em que o brasileiro se coloca, voluntariamente, em face do resto do mundo. Isto em todos os setores e, sobretudo, no futebol". Portanto, o poder de invenção, de criação ou improvisação dos brasileiros era fruto muito mais de um drible nas suas dificuldades, inclusive do "problema de fé em si mesmo", do que da demonstração das suas qualidades inatas ou perenes.

Para Nelson Rodrigues, a percepção de um mundo de simulacros, no qual todos se tornavam "camadas médias", aponta mais para as dificuldades da vida de diversos setores sociais do ponto de vista econômico, moral ou político, do que para o seu poder de convencimento. Por meio do jogo teatral, o autor arma situações de impasse, de não conclusão ou de mediações que impossibilitam uma imagem da "grande nação" de se sobrepujar aos problemas ou contradições sociais, que colocam os brasileiros diante de um "complexo de vira-latas".

Nos anos 1950, a consciência dramática dessa "confusão" no teatro de Nelson Rodrigues atesta a passagem de uma sociedade com valores burgueses mais elitizados, para uma sociedade tendente à sua massificação, mas não consolidada, na qual tal popularização afrouxava os limites entre o que deveria ser tornado espetáculo ou preservado na intimidade. A obra rodrigueana se torna essa zona de jogo entre o público e o privado, o sucesso e o fracasso, o país e o indivíduo.

---

74 Adiante, tratarei da questão do fenômeno da representação e, no item 2, especificamente na obra de Nelson Rodrigues.

Vejam como tudo mudou. A vitória passará a influir em todas as nossas relações com o mundo. Eu pergunto: – que éramos nós? Uns humildes. O brasileiro fazia-me lembrar aquele personagem de Dickens que vivia batendo no peito: –'Eu sou humilde! Eu sou o sujeito mais humilde do mundo!'. Vivia desfraldando essa humildade e a esfregando na cara de todo mundo. E, se alguém punha em dúvida a sua humildade, eis o Fulano esbravejante e querendo partir caras. Assim era o brasileiro. Servil com a namorada, com a mulher, com os credores. Mal comparando, um São Francisco de Assis, de camisola e alpercatas. (...) Mas vem a deslumbrante vitória do escrete e o brasileiro já trata a namorada, a mulher, os credores de outra maneira; reage diante do mundo com um potente, um irresistível *élan* vital. E vou mais além: – diziam de nós que éramos a flor de três raças tristes. A partir do título mundial, começamos a achar que a nossa tristeza é uma piada fracassada. Afirmava-se também que éramos feios. Mentira! Ou, pelo menos, o triunfo embelezou-nos. Na pior das hipóteses, somos uns ex-buchos. (...) E a quem devemos tanto? Ao meu personagem da semana. Ninguém aqui admitia que fôssemos os 'maiores' em futebol. Rilhando os dentes de humildade, o brasileiro já não se considerava o melhor nem em cuspe à distância. E o escrete vem e dá um banho de bola, um show de futebol, um baile imortal na Suécia. Como se isso não bastasse, ainda se permite o luxo de vencer de goleada a última peleja [5 X 2]. Foi uma lavagem total. (...) Outra característica da jornada: – o brasileiro sempre se achou um cafajeste irremediável e invejava o inglês. Hoje, com a nossa impecabilíssima linha disciplinar no Mundial, verificamos o seguinte: – o verdadeiro inglês, o único inglês, é o brasileiro.[75]

A crônica de futebol trata da primeira vitória do "escrete" numa Copa do Mundo de Futebol, em 1958. O Brasil deixou de ser humilde para se tornar o país que dominava a geopolítica nesse esporte. Tomou o lugar da Inglaterra como criadora do futebol, a partir do triunfo sobre outra nação "desenvolvida", a Suécia. No imaginário das elites do início do século XX no Brasil, o caráter coletivo do futebol legitimava as projeções de um Estado-Nação moderno. Nos anos 1950, diante do inelutável "avanço" das potências capitalistas, conquistar um

---

75 RODRIGUES, Nelson. É chato ser brasileiro. CASTRO (org.), *À sombra das chuteiras...*, *op. cit.*, p. 61. Publicada originalmente em *Manchete Esportiva*, em 12 jul. 1958.

título mundial representava entrar para o concerto das "nações modernas" ou pelo menos "aparentar ser" com maior eficácia.

Porém, seria ingênuo atribuir à crônica de Nelson Rodrigues uma defesa da ideologia do nacional-desenvolvimentismo via futebol, pois o autor se esforça em exagerar tanto a "humildade" quanto a "vitória" do "brasileiro". Mais uma vez, se apropria dos papéis sociais para escancará-los como farsa. Nesse caso, do discurso nacionalista (pedagógico) de domínio de uma nação sobre outra (inclusive por meio do esporte) para, constantemente, lançar na performance narrativa a humildade e a vitória, pois "ser humilde" era reconhecer o poder ou a vitória do outro, o mais "avançado".

Não por acaso, a humildade se torna um corolário para a vitória e vice-versa, expondo que a representação da humildade do brasileiro – "vivia desfraldando essa humildade e a esfregando na cara de todo mundo. E, se alguém punha em dúvida a sua humildade, eis o Fulano esbravejante e querendo partir caras" – era tão forçada quanto a vitória alcançada – "hoje, com a nossa impecabilíssima linha disciplinar no Mundial, verificamos o seguinte (...) o verdadeiro inglês, o único inglês, é o brasileiro".

Nelson Rodrigues não esconde o seu gesto comemorativo como torcedor de futebol, mas também revela o exagero por meio da sua comemoração. As próprias representações são colocadas em tensão, mostrando que os brasileiros não eram "humildes" (e a vitória do "escrete" provou a suspeita), tampouco se tornaram ingleses (a condição de "ex-buchos" era mais forte do que a da beleza). Dessa maneira, o contista faz mais explicitamente (ao contrário da forma sutil com que isso se manifesta no seu teatro) o que o crítico literário Homi K. Bhabha atribui às contranarrativas da nação na literatura contemporânea.

> A linguagem da coletividade e da coesão nacionais está agora em jogo. Nem a homogeneidade cultural nem o espaço horizontal da nação podem ser autoritariamente representados no interior do território familiar da esfera pública: a causalidade social não pode ser compreendida adequadamente como um efeito determinístico ou sobredeterminado de um centro 'estatista'; tampouco pode a racionalidade da escolha política ser dividida entre as esferas polares do privado e do público. (...) Este pluralismo do signo nacional, em que a diferença retorna como o mesmo, é contestado pela 'perda

de identidade' do significante que inscreve a narrativa do povo na escrita ambivalente, 'dupla', do performativo e do pedagógico. O movimento de significado entre a imagem imperiosa do povo e o movimento de seu signo interrompe a sucessão de plurais que produzem a solidez sociológica da narrativa nacional.[76]

A abstração público versus privado é colocada em jogo por meio do discurso performático. Na performance narrativa, os brasileiros são vitoriosos e humildes, ou seja, duas imagens contrastantes que, ao se chocarem, perdem a consistência ideológica. Ao tentarem construir a generalidade da nação a partir de uma identidade fixa negativa ("tristes, feios, cafajestes e servis") ou positiva ("vitoriosa, potente, bonita e inglesa"), as representações abstraem a pluralidade dos sujeitos que, nem humildes nem vitoriosos, compunham um espaço cultural específico.

É preciso deixar claro que, provavelmente, Nelson Rodrigues não tinha em mente essas elaborações sobre o que escrevia, mas isso não invalida minhas explanações, uma vez que interpreto a partir de indícios do texto – além do cotejo de passagens paralelas[77] –, mostrando a não arbitrariedade do que foi traduzido.

---

76 BHABHA, DissemiNação..., *op. cit.*, p. 217, 218.

77 Método esse que, se não serve como regra absoluta, parece ter orientado toda uma geração de estudiosos da literatura e, por que não dizer, de historiadores. Antoine Compagnon esclarece que "(...) o recurso ao método das passagens paralelas (*Parallelstellenmethode*), que, para esclarecer uma passagem obscura de um texto, prefere uma outra passagem do mesmo autor a uma passagem de um outro autor, testemunha, junto aos mais céticos, a persistência de uma certa fé na intenção do autor. Esse método mais geral e menos controvertido, em suma, o procedimento essencial da pesquisa em estudos literários. Quando uma passagem de um texto apresenta problema por sua dificuldade, sua obscuridade ou sua ambiguidade, procuramos uma passagem paralela, no mesmo texto ou num outro texto, a fim de esclarecer a passagem problemática. Compreender, interpretar um texto é sempre, inevitavelmente, com a identidade, produzir diferença, com o mesmo, produzir outro: descobrimos diferenças sobre um fundo de repetições. É por isso que o método das passagens paralelas encontra-se no fundamento da nossa disciplina: ele é mesmo a técnica de base. Recorremos a ele sem pensar. Do singular, do individual, da obra na sua unicidade aparentemente irredutível (...) ele permite passar ao plural e ao serial, e daí tanto à diacronia quanto à sincronia". E mais à frente, conclui que "não seria o autor como intenção, mas como ventríloquo ou palimpsesto literário que o método das passagens paralelas convocaria". COMPAGNON, Antoine. *O demônio da teoria*: literatura e senso comum, p. 68, p. 74.

Ademais, acredito que o que é interpretado estava em germe na obra, mas não pôde ser percebido em razão dos limites da historicidade do tempo em que foi produzida e que sobreviveu no presente.

É claro que, nas crônicas de futebol de Nelson Rodrigues, que abordam a Copa do Mundo ou os jogos amistosos internacionais da seleção, temas como nacionalismo ou características genéricas dos países acabam aparecendo. No entanto, o que chama a atenção é o modo como o autor constrói essas representações, à maneira dos seus textos teatrais, questionando-as por meio do jogo. A crônica de futebol facilita tais aproximações, pois, assim como o diálogo e o gesto no teatro, o futebol consiste em jogar com outro mediante a exposição pública.

Significativo é o título de um dos livros de Nelson Rodrigues que reúne as suas crônicas de futebol, *A pátria em chuteiras*; representa mais um disfarce de nação do que um signo nacionalista.[78] O livro tem esse nome em função de uma crônica que trata da vitória do Brasil contra a Itália no Torneio do Bicentenário da Independência do Brasil, em 1976, quando o Brasil se sagrou campeão, vencendo por 4 x 1. Foi originalmente publicada em *O Globo*, em 2 de junho de 1976. A crônica foi escrita seis anos depois do tricampeonato do Brasil na Copa do Mundo de 1970, momento em que a seleção estava devendo grandes atuações e não recebia elogios da crônica esportiva convencional.

> Amigos, a vitória de anteontem justifica uma meditação sobre o escrete. Pergunto: – para nós, o que é o escrete? Digamos: – é a pátria em calções e chuteiras, a dar rútilas botinadas, em todas as direções. O escrete representa os nossos defeitos e nossas virtudes. (...) Em suma: – o escrete chuta por 100 milhões de brasileiros. E cada gol do escrete é feito por todos nós. Digo isso e, ao mesmo tempo, o desdigo. E, com efeito, se o povo é o escrete, e o escrete é o povo, por que a crônica é tão restritiva contra a seleção?[79]

Se o escrete representa o povo brasileiro e vice-versa, por que o Brasil era mal visto pela crônica esportiva? As perguntas subjacentes são: como o Brasil podia falar mal de si mesmo como pátria? E se o fazia, por que insistia-se em

---

78 RODRIGUES, *A pátria em chuteiras...*, *op. cit.*

79 *Ibidem*, p. 179.

representá-lo como uma coletividade? Seria mais uma representação (ou imitação) fracassada? O Brasil se tornava um país de "camadas médias" não apenas pela maneira desastrada como se autorrepresentava, mas principalmente pela pluralidade desses setores sociais, que começavam a emergir na sociedade e colocavam em xeque as representações identitárias da nação como "moderna".

Nos romances-folhetins do autor, é nítido que cada capítulo diário publicado no jornal surge como uma expectativa que se frustra de maneira inesperada. Ao contrário dos folhetins do final do século XIX e do início do século XX, em que cada capítulo promete e projeta um final feliz, que de fato acontecia.

Publicado originalmente em capítulos diários para o jornal *Última Hora*, entre 1959-1960, o romance *Asfalto selvagem: Engraçadinha, seus amores e seus pecados* conta a história da família de Engraçadinha em duas fases. Na primeira (dos doze aos dezoito anos da personagem), a história se passa em Vitória, Espírito Santo, nos anos 1940. Engraçadinha mora numa grande casa burguesa, habitada por uma numerosa família com tios e tias, primos e primas. Ela se apaixona pelo primo, Sílvio. Depois do envolvimento amoroso, descobrem que são irmãos por parte de pai. Culpados, Sílvio corta os órgãos genitais e o pai (Dr. Arnaldo) comete suicídio. Grávida, a moça se casa com Zózimo, um amigo da família que já era apaixonado por ela.

Na segunda fase (depois dos trinta anos da personagem), Engraçadinha passa a morar no subúrbio do Rio de Janeiro (Vaz Lobo, zona norte da cidade) com Zózimo e os filhos. Nessa passagem de tempo, há uma nítida intenção de mostrar a queda do nível social de Engraçadinha. Ela e a sua família se tornam suburbanas, pertencentes às camadas médias baixas. Sua filha mais nova, Silene, é muito parecida com ela. Por coincidência, o juiz Odorico, que conhece a família desde os tempos das tragédias, nota a semelhança física da filha com a mãe e vai conversar com a jovem. Pede para acompanhá-la até a sua casa. Ele encontra uma Engraçadinha mais madura, porém muito bonita. Engraçadinha se tornou evangélica e o marido, torcedor fanático do Flamengo. Dr. Odorico se sentia atraído por Engraçadinha desde quando era "apenas" um jovem promotor. A segunda parte da história é entremeada por uma série de tentativas malogradas do (agora) juiz Odorico de conquistá-la. Eis que chega o momento derradeiro da confissão, quase no fim da história.

– Meu êxito é uma ilusão. Qualquer êxito é uma ilusão. O êxito só faz Pedros Calmons. E o único problema da vida é não ser Pedro Calmon. Eu daria tudo, agora, já, para ter um beijo, um beijo não roubado, um beijo, Engraçadinha, e não roubado!

Chorava. Gostaria de dizer ainda: – 'Fracassei como juiz também. Eu queria ser o Aguiar Dias, que não tem medo de nada. O Aguiar Dias dá murros em faca de ponta. Ser juiz é dar murros em faca de ponta!'. Todavia, calou-se. Puxou uma cadeira e, ofegante, põe a mão em cima da úlcera.

Engraçadinha olhava para o juiz com uma curiosidade nova. Ele próprio estava espantadíssimo consigo mesmo. (Era a primeira vez em que, em toda a sua vida, repudiava o êxito.) Olhavam-se em silêncio.

E, então, Engraçadinha levanta-se. Aproxima-se. A princípio, ele chegou a pensar numa agressão. Ela inclina-se e pergunta:

– É tão importante assim um beijo dado e não roubado?

Geme:

– Engraçadinha!

Com uma feminina delicadeza, apanha o rosto do juiz entre as mãos. Beija-o numa face e, depois, na outra. Suspira:

– Adeus.

Sai lentamente, sem se voltar. Durante uns dez, quinze minutos, Dr. Odorico não sai do lugar. Dir-se-ia que desabara sobre ele um edifício, com todos os andares. Por fim, levanta-se. Fora de si, atira-se para o telefone e liga para o Nelsinho. Despejou tudo:

– Você é um gênio! Um gênio!

– Funcionou tudo direitinho? E foi mesmo em cima dos processos?

Explicou:

– Não chegou a tanto ou por outra. O caso é que fiz a choradeira e...

Nelsinho exultava: – 'Mulher é dos extremos! Tanto gosta do Napoleão, como do vira-lata!'. Dr. Odorico reconhecia, numa vaidade triunfal:

– Eu sou o vira-lata![80]

Dr. Odorico sempre foi apaixonado por Engraçadinha. Espera dela um beijo dado, e não roubado. Ao se aconselhar com o colega Nelsinho, este sugere ao juiz que conquiste a moça com a chantagem emocional de ter nascido em lugar pouco conhecido (Mimoso do Sul) e de a mãe não ter sido casada. No raciocínio de Nelsinho, a moça concederia o beijo ao juiz, pois nada causaria mais surpresa e comoção do que um homem "bem-sucedido" confessando seus "fracassos". Nesse trecho, porém, ninguém é poupado. Dr. Odorico não só assume que o seu êxito era uma ilusão, assim como qualquer outro triunfo. Em vez de Engraçadinha se espantar ou se comover com a confissão, beija o juiz no rosto como se reafirmasse que o êxito – que também poderia ser entendido como o beijo na boca – é uma ilusão. Dr. Odorico não consegue dizer a Nelsinho que a sua ideia não deu certo, e apenas devolve ao amigo conselheiro a ilusão do êxito, para mais uma vez assumir: "Eu sou o vira-lata!".

A história de Engraçadinha amplia o leque de sujeitos sociais que estavam emergindo naquela sociedade e expõe a frustração diante das aparências de estabilidade emocional, conjugal e financeira.

Na peça *Perdoa-me por me traíres*, de 1957, o próprio título anuncia uma experiência duplamente malfadada: o pedido de perdão por aquele que sofreu a traição. Não basta expor a traição, uma vez que não se trata de denunciar a hipocrisia familiar. Ao contrário, Nelson Rodrigues mostra a ambiguidade do traidor, que agride a ordem familiar burguesa, e do traído, que é obrigado a punir física e moralmente o traidor ou confinar a sua mágoa à intimidade muda de um casal. Ao trair, a esposa não consegue agredir a moral do marido traído, pois ele mesmo pede perdão para a "adúltera", culpando-se publicamente. O dramaturgo embaralha a lógica dos papéis prescritos que a família deveria desempenhar caso houvesse o perigo do seu desmantelamento.

No diálogo a seguir, Gilberto deixa confusa toda a família, que espera dele outra atitude.

---

80 RODRIGUES, *Asfalto selvagem...*, *op. cit.*, p. 543-544.

GILBERTO – Parece um julgamento!

MÃE – Quem sabe?

TIO RAUL (*para os outros*) – Agora eu peço que não me interrompam. (*para Gilberto*) Hoje, bem cedinho, eu reuni toda a família para comunicar o que você vai saber neste momento. Aliás o principal interessado é você mesmo. Trata-se do seguinte: quando você foi para a casa de saúde, eu comecei a observar umas tantas coisas que me desagradaram. Finalmente, há um mês, fiz apenas o seguinte, vá escutando: paguei um ex-investigador, meu conhecido, para acompanhar os passos (*elevando a voz*) de Judite!

GILBERTO – Por que de Judite? A troco de quê?

TIO RAUL – Já chegaremos lá. O fulano fez o diabo: espiou em buracos da fechadura, ouviu nas portas, meteu-se detrás de guarda-vestidos. No fim de vinte dias apareceu. Gilberto, a minha intuição estava certa. Hoje tenho aqui, comigo, tudo: nome, endereço, telefone e sei, inclusive, de vários detalhes de alcova.

GILBERTO – Mas que isso? Nome de quem? E que endereço?

TIO RAUL (*feroz*) – Do amante, percebeste? Do amante!

MÃE – Do amante de tua mulher!

PRIMEIRO IRMÃO – Falem baixo.

GILBERTO – Vocês estão falando de Judite?

TIO RAUL – Te digo, já, nome, profissão, residência, idade do amante. Queres?

GILBERTO – É mentira!

PRIMEIRO IRMÃO – Não gritem, que ela pode ouvir!

MÃE – Escuta o resto!

TIO RAUL – Ainda ontem, dia da tua chegada, ela teve coragem de te largar aqui e, sob que pretexto? De uma promessa! E a promessa era o amante, o amante que a esperava. (*muda de tom, arquejante*) Que dia era ontem? Sexta-

-feira. Muito bem: sexta-feira é um dos três dias da semana que ela se encontra com o amante.

GILBERTO – Acabaste?

TIO RAUL – Por quê?

GILBERTO – Quero que me respondas: que interesse é esse? A mulher é minha ou tua? E por que odeias a quem traiu a mim e não a ti?

MÃE – Acreditas ou não?

GILBERTO (*num grito estrangulado*) – Não!

TIO RAUL (*possesso*) – Você resiste à evidência? Você recusa os fatos? Recusa as provas?

GILBERTO – Recuso! Eu não acredito em provas, eu não acredito em fatos e só acredito na criatura nua e só.

TIO RAUL – Mas é uma adúltera.

GILBERTO – A adúltera é mais pura porque está salva do desejo que apodrecia nela.

TIO RAUL (*para os outros*) – Vocês estão vendo? (*para Gilberto*) É essa a tua cura? Esse o resultado da malarioterapia?

GILBERTO (*veemente*) – Ouçam ainda! Não acabei!

TIO RAUL (*com achincalhe*) – Vamos ouvir! Vamos ouvir!

GILBERTO – Na casa de saúde eu pensava: nós devemos amar a tudo e a todos. Devemos ser irmãos até dos móveis, irmão de um simples armário! Vim de lá gostando mais de tudo! Quantas coisas deixamos de amar, quantas coisas esquecemos de amar. Mas chego aqui e vejo o quê? Que ninguém ama ninguém, que ninguém sabe amar ninguém. Então é preciso trair sempre, na esperança do amor impossível. (*agarra o irmão*) Tudo é falta de amor: um câncer no seio ou um simples eczema é o amor não possuído!

SEGUNDO IRMÃO – Bonito!

PRIMEIRO IRMÃO – Que papagaiada!

TIO RAUL (*contido*) – E, finalmente, qual é a conclusão?

MÃE (*para si mesma*) – Meu filho não diz coisa com coisa...

GILBERTO – É que Judite não é culpada de nada! E, se traiu, o culpado sou eu, culpado de ser traído! Eu o canalha!

TIO RAUL (*segura Gilberto pelos braços e sacode-o*) – Tua cura é um blefe. A tua generosidade, doença! Agora sim, é que estás louco!

GILBERTO (*recuando*) – Vocês exigem o quê, de mim?

TIO RAUL – O castigo de sua mulher!

MÃE – Humilha bastante!

PRIMEIRO IRMÃO – Marca-lhe o rosto!

GILBERTO – Devo castigá-la mesmo? Na frente de vocês? (*com súbita exaltação*) Judite! Judite! (*para os outros*) Vocês vão ver! Vocês vão assistir! (*grita*) Judite! Judite!

JUDITE (*aparece, em pânico*) – Que foi, meu Deus do céu?

(*Silêncio geral. E, fora, então, de si, o marido atira-se aos pés de Judite.*)

GILBERTO (*num soluço imenso*) – Perdoa-me por me traíres!

JUDITE (*para a família*) – Não está em si! Eu não traí ninguém!

TIO RAUL (*para a família que se agita*) – Ninguém se meta! Ninguém diga nada! (*para a cunhada, caricioso e hediondo*) Pode falar, Judite! Quer dizer que você concorda conosco? Acha também que seu marido recaiu, digamos assim?

GILBERTO – Não responda, Judite!

JUDITE – Mas é evidente que está alterado... E, depois, não tem cabimento: diz 'Perdoa-me por me traíres', ora veja!

TIO RAUL – E acha que ele deve ser internado, não acha, Judite? Diga para a sua sogra, seus cunhados, diga Judite!

JUDITE (*crispada e com certa vergonha*) – Deve ser internado!

210 Alexandre Pianelli Godoy

TIO RAUL (*rápido e violento*) – Vocês me ajudem!

GILBERTO – Mas que é isso?

(*Gilberto é seguro, primeiro por Raul e, em seguida, pelos outros. O doente esperneia e soluça.*)

MÃE – Cuidado, não machuquem meu filho!

GILBERTO – Amar é ser fiel a quem nos trai!

TIO RAUL (*arquejante*) – É preciso! Você não pode ficar solto! (*para os outros*) Ponham num táxi e levem para a casa de saúde, já!

GILBERTO (*aos berros*) – Não se abandona uma adúltera!

MÃE (*chorando*) – Você vai ficar bom, Gilberto![81]

Nelson Rodrigues consegue elaborar nesse diálogo três frases que seguem o mesmo estilo. A primeira – "a adultera é mais pura porque está salva do desejo que apodrecia nela" –, a segunda – "amar é ser fiel a quem nos trai" – e a última – "não se abandona uma adúltera". Todas as frases são pronunciadas por Gilberto. É ele quem confunde o que deve ser exposto publicamente e o que deve ser preservado na intimidade. Essas frases mostram a crença e a descrença nas prescrições sociais.

A adúltera é nomeada, mas ela é mais pura porque assume o seu desejo que frustra as expectativas sociais de fidelidade. A traição é designada, porém ela faz parte do amor incondicional que também não se realiza.

Flora Sussekind chama atenção para esse procedimento na obra de Nelson Rodrigues como:

> (...) o mesmo do entimema ou silogismo retórico, onde não estão presentes todas as partes do silogismo filosófico, podendo estar ausentes uma das premissas ou a conclusão (...). Mas nele o entimema não é utilizado simplesmente para reafirmar a opinião pública. Pelo contrário, denuncia o

---

81 RODRIGUES, Nelson. Perdoa-me por me traíres. *Teatro completo de Nelson Rodrigues 3*: tragédias cariocas I, p. 162-165.

Nelson Rodrigues: o fracasso do moderno no Brasil 211

procedimento pelo qual se forma a reafirmação do senso comum, ou seja, o tipo de raciocínio truncado que precede a formação das 'opiniões públicas'. Mostrando como esse raciocínio incompleto lhe permite gerar pensamentos aparentemente 'absurdos' ('Uma gata não deve ser assassinada'; 'Criança é safada'; 'Mulher é burra'; 'Ninguém é honesto') dá ao público a possibilidade de enxergar como, sendo gerados da mesma maneira, seus pressupostos morais e opiniões podem esconder absurdos iguais. (...) Todos estes procedimentos, na verdade, estão submetidos a um mesmo movimento, à revelação dos mecanismos de articulação de conceitos, máximas e sentenças. Utilizando-se de tais mecanismos e articulações para emitir conceitos insólitos ou absurdos, Nelson Rodrigues permite ao espectador a visão da maneira pela qual são geradas as ideias que norteiam seu comportamento e a dúvida com relação à credibilidade dessas mesmas ideias.[82]

É o que a autora nomeia de frases com "fundo falso",[83] ou seja, frases que significam não apenas aquilo que foi dito no conteúdo explícito do enunciado, mas pelo jogo que a própria frase executa entre o que foi dito e o que deixou de ser dito ou completado. O que mais uma vez remete ao fenômeno da representação como jogo entre presença e ausência. Todavia, o entimema não deve restringir a compreensão da obra ou do estilo de Nelson Rodrigues como um fenômeno estritamente linguístico, ou melhor, retórico. Se o autor elaborou frases com "fundo falso" foi porque estava inserido em uma sociedade que tomava a aparência de "moderno" como uma essência, inclusive por meio do uso da linguagem.

A família de Gilberto é a representante da moral pública. Exige e representa o papel de instituição que vigia a sua manutenção. Por isso, todos pedem o castigo da esposa adúltera. A própria esposa se espanta com a atitude do marido ao expor a traição dela a partir do perdão dele. Aliás, o termo "traição" já é ambíguo por colocar em jogo o que se esconde e o que se revela.[84] Mas o que talvez cause

---

82 SUSSEKIND, Flora. Nelson Rodrigues e o fundo falso. *I Concurso Nacional de Monografias do Serviço Nacional de Teatro - 1976*, p. 31-33.

83 A expressão "fundo falso" foi retirada de uma frase da peça *Otto Lara Resende ou Bonitinha, mas ordinária*, de 1962: "essa frase tem um fundo falso. E a verdade está lá dentro...", ao se referir a outra frase que é o mote da peça: "o mineiro só é solidário no câncer".

84 Gustavo Bernardo, em artigo sobre "o estatuto da traição" também no teatro de Nelson Rodrigues, comenta que "(...) o verbo 'trair' comporta bela ambiguidade: é tanto

mais estranhamento na família é que anteriormente Gilberto era um ciumento incorrigível. Tanto que ele foi internado em uma clínica de saúde e lá ficou durante seis meses. Ao retornar, todos pensam que ele está curado. Na perspectiva de Gilberto, a cura é perdoar a traição para questionar a representação dos papéis de esposa e de marido.

O diálogo entabulado não é fruto do plano do presente, mas da memória de tio Raul relatando para a sobrinha Glorinha a história da morte da sua mãe, Judite. Antes disso, a peça tem início com Glorinha gazeteando a escola na companhia da amiga Nair, para ir à casa de Madame Luba, cafetina lituana que se sustenta no Brasil às expensas de "meninas de família", colegiais e menores de idade.

Nair e Glorinha, embora sejam garotas de famílias "respeitáveis" de camadas médias baixas, pretendem ganhar algum dinheiro com as "visitas" à Madame Luba. Diz Nair, para convencer a amiga: "Azar o teu. Olha que tem um deputado aí, que é tarado, maluco por ti (...). Te viu várias vezes. Capaz de te arranjar um big emprego num Instituto desses. Pra Ivonete arranjou um empregão. Arranja pra ti, com o pé nas costas".[85] O que interessa na atitude das meninas não é a avidez pelo lucro, mas a forma como isso justifica qualquer atitude moral, mesmo que a mercadoria seja a frágil aparência.

Na casa de Madame Luba, onde "vive-se tropeçando em imunidades",[86] Glorinha é aliciada e espera a chegada do deputado Jubileu de Almeida, um velho político que como tantos outros passavam por lá, e "isso em plena Capital da República Teofilista!",[87] diz uma personagem. No encontro com Glorinha, a atitude do deputado se resume em declamar constantemente um ponto de física, pois "na minha casa eu não posso fazer isso...".[88] A única intenção do deputado é o de recitar uma informação meramente retórica disfarçada de conhecimento e

---

infidelidade quanto revelação – quanto fidelidade à verdade que, todavia, ainda não se sabia". BERNARDO, Gustavo. O estatuto da traição. *Range Rede – Revista de Literatura*: Dossiê Nelson Rodrigues, p. 54.

85 RODRIGUES, Perdoa-me por me traíres, *op. cit.*, p. 132.

86 *Ibidem*, p. 131.

87 *Ibidem*, p. 130.

88 *Ibidem*, p. 135.

Nelson Rodrigues: o fracasso do moderno no Brasil   213

erudição. O que não acontece na sua casa, onde provavelmente não é respeitado nem pelo que aparenta, tampouco pelo que diz.

Ao sair da casa de Madame Luba, Nair praticamente obriga Glorinha a acompanhá-la à clínica de abortos. A amiga tem uma série de complicações e está para morrer na mesa de cirurgia. Assustada, Glorinha foge e retorna para a casa onde morava com tio Raul e tia Odete, sua esposa. Esta, por sua vez, repete a mesma frase durante a peça: "Está na hora da homeopatia!". Representa a apatia da mulher que, mesmo louca, não consegue se desvencilhar do papel de esposa e mãe que serve aos outros e se esquece de si mesma. Quiçá, por essa "ponta" de ironia, tio Raul chega a desconfiar: "Não fala, ou antes: repete uma frase, vive e sobrevive por causa de uma frase! (*com surdo sofrimento*) Mas talvez seja tão falsa como tu [para Glorinha], na sua loucura de silêncio! Talvez me odeie como tu odeias! E eu só queria saber o que ela não diz, o que ela não confessa!".[89]

Ao chegar à sua casa, tio Raul põe em dúvida a ida da sobrinha para a escola. Pede que Glorinha jure por sua mãe. Ao fazê-lo, ele interfere: "Mas espera! Não jures ainda, por que é dela mesma, é de tua mãe, que vamos falar. (*muda de tom*) Que sabes de tua mãe?".[90] A partir desse diálogo, o plano do passado é evocado por meio do relato de tio Raul, mas antes adverte a sobrinha: "E se eu te disser que menti? (*sôfrego*) Responde: queres saber quem foi tua mãe, tal como foi, queres? E saber por que se matou? Queres?".[91] Ele mesmo resolve escancarar a farsa que construiu para preservar o seu desejo pela mãe de Glorinha.

Glorinha descobre que tio Raul matara a sua mãe obrigando-a a tomar um copo de veneno, pois, após o internamento de Gilberto, Judite confessou que o traiu com vários homens. Voltando ao presente, tio Raul espera que a sua sobrinha o deteste por ter matado a mãe dela, mas Glorinha tem medo de confessar o seu próprio medo e a sua raiva.

Enquanto está para morrer na mesa de operação, Nair conta para tio Raul toda a história na casa de Madame Luba. A sobrinha tenta negar e ele a pressiona insistindo para que revele tudo, inclusive sobre o seu íntimo. Em diálogo

---

89   *Ibidem*, p. 171.

90   *Ibidem*, p. 148.

91   *Ibidem*, p. 148.

tenso, tio Raul assume finalmente que amava a mãe de Glorinha e que também acha a sobrinha muito "parecida" com ela. Tio e sobrinha se beijam e trocam insultos. Tio Raul pretende matar Glorinha da mesma forma que matou Judite, mas a sobrinha propõe que morram juntos. Ele aceita e assim procedem. No entanto, apenas tio Raul toma o veneno. Glorinha atira o conteúdo do copo na cara dele e telefona para a casa de Madame Luba, marcando um novo encontro com o deputado.

Ao final da peça, o dramaturgo subverte a lógica da representação por meio da personagem mais vilipendiada: "Tio Raul agoniza. Consegue erguer-se, num último esforço. Mas acaba rolando no degrau. Glorinha corre, abre a porta e desaparece. Tia Odete, que vinha passando, estaca. Caminha lentamente para o marido morto. Senta-se no degrau. Pousa a cabeça de Raul em seu regaço. TIA ODETE (*na sua doçura nostálgica*) – Meu amor!".[92]

A doçura de tia Odete ao revelar o seu amor pelo marido morto, que mal a notava em vida, reforça de forma virulenta a decadência dos ideais sociais, pois, mesmo numa situação limite, ela continua "acostumada" a esquecer-se de si mesma.

As famílias das camadas médias baixas aprofundam tal exposição sob a "direção" de Nelson Rodrigues. São elas que escancaram a distância entre a nação moderna que quiseram que o Brasil fosse e a realidade que não chegou a se consumar. Para suprir esse fosso, a aparência ou a representação de papéis sociais prescritos se tornou uma solução, ainda que precária, ou uma imitação fracassada.

---

92   *Ibidem*, p. 179.

2. A consciência dos fracassos: uma estética

A experiência teatral do ator Cláudio Correa e Castro ilumina sobre a necessidade de pensar a relação entre representação e fracasso nas sociedades ditas "modernas". Diz ele:

Acredito que sociólogos e psicólogos ainda não estudaram a fundo o fenômeno [de] representar. Acho que todo o ser humano tem um lado muito forte de ator que precisa ser estudado. Quando esse estudo é feito, é de uma maneira intelectualizada ou pouco afeita à realidade da representação. Chego à conclusão de que nós, atores, apenas representamos mais papéis que o ser humano normal (Ri). Afirmo a você que o homem comum vai trabalhar na Bolsa de Valores, discute com o patrão, tem um acidente de automóvel, argumenta com a polícia, participa de um almoço com clientes, tenta conquistar uma vendedora de supermercado, é roubado por um técnico que consertou a televisão e, quando chega em casa, vai contar de modo bem diferente pra sua mulher, filhos e amigos tudo que fez durante o dia. O que estará fazendo? Estará representando uns 10 papéis diferentes. Na verdade, foi humilhado pelo patrão, se acovardou ante o brutamontes do carro em que ele bateu, ficou morto de medo de ir à delegacia, foi gozado pelos clientes e ainda teve que pagar o almoço, levou um tremendo fora da moça do supermercado e pagou mais do que devia pro técnico da televisão. Pra sua família, filhos e amigos, ele fantasiou tudo e se mostrou herói, um vitorioso, um super-homem. Isso é exatamente o que ocorre com os atores, compreende? Sinto que o que sou no palco recebe a aprovação oficial dos espectadores. Lá eu falo e penso o que quero, sou valoroso, enfrento qualquer titã, posso representar qualquer papel. Você pode prescindir do aplauso de todo o mundo, mas tem que ter na plateia pelo menos uma pessoa que o aprove.[1]

Para o ator, representar é a arte de omitir os fracassos durante a vida. Assim, deve-se ser convincente no papel que representa. Para isso, é preciso também a aprovação dos outros, como um ator no palco para o sucesso do espetáculo. E para o historiador?

Carlo Ginzburg produziu um texto sobre a historicidade do conceito de representação.[2] É surpreendente descobrir que o conceito de representação, outrora um signo religioso responsável por fazer presente uma ausência (o sagrado, o desconhecido, a vida), se tornou um procedimento secular na sociedade a partir do momento em que foi criado o dogma da transubstanciação, isto é, a hóstia sagrada se tornou uma "superpresença" que liberou outras formas de representação "mundanizadas" na arte e na vida.[3] Portanto, o conceito de representa-

---

1   KHOURY, *op. cit.*, p. 157-158.

2   GINZBURG, Carlo. Representação: a palavra, a ideia, a coisa. *Olhos de madeira...*, *op. cit.*, p. 85-103.

3   O autor conclui assim o texto: "A presença de Cristo na hóstia é, de fato, uma superpresença. Diante dela, qualquer evocação ou manifestação do sagrado - relíquias, imagens - empalidece, pelo menos em teoria. (Na prática, as coisas são diferentes.) [...] Depois de 1215, o medo da idolatria começa a diminuir. Aprende-se a domesticar as imagens, inclusive as da Antiguidade pagã. Um dos frutos dessa reviravolta histórica foi o retorno à ilusão na escultura e na pintura. Sem esse desencantamento do mundo das imagens, não teríamos tido nem Arnolfo di Cambio, nem Nicola Pisano, nem Giotto. A 'ideia da imagem como representação no sentido moderno do termo', de que Gombrich falou, nasce aqui. (...) O dogma da transubstanciação, na medida em que negava os dados sensíveis em nome de uma realidade profunda e invisível, pode ser interpretado (pelo menos por um observador externo) como uma vitória extraordinária da abstração. (...) A abstração também triunfa, no mesmo período, no âmbito da teologia e da liturgia política. Na grande pesquisa de Kantorowicz sobre o duplo corpo do rei, as alusões à eucaristia são curiosamente marginais. É provável, porém, que o dogma da transubstanciação tenha desempenhado, nesse processo histórico, uma função decisiva. (...) É a presença real, concreta, corpórea de Cristo no sacramento que possibilita, entre o fim do Duzentos e o princípio do Trezentos, a cristalização do objeto ex-

Nelson Rodrigues: o fracasso do moderno no Brasil   217

ção remete a um fazer acreditar na imagem, visa ao êxito da presença apesar da ausência. Nesse sentido, também é uma forma de omitir os fracassos da vida.

Sem ignorar os diferentes conceitos de Paul Ricoeur, Luis Costa Lima e Roger Chartier,[4] na obra de Nelson Rodrigues, a representação está mais colada

---

traordinário de que parti, até fazer dele o símbolo concreto da abstração do Estado: a efígie do rei denominada *representação*". GINZBURG, *Olhos de madeira...*, *op. cit.*, p. 102-103.

4   Para o filósofo Paul Ricoeur, na representação existe um constante jogo entre o mesmo e o outro, a que acrescenta o termo "análogo" para designar essa permuta. É sempre uma imitação que, ao tentar aproximar-se do "original", refrata, no ato da leitura, para a produção de novos significados a partir da coisa representada. Nesse sentido, é uma diferença que se produz na repetição. Paul Ricoeur prefere chamar a representação, nos termos aqui descritos, como "representância". Diz o autor: "Essa problemática de lugar-tenência ou de representância da história relativamente ao passado diz respeito ao *pensamento* da história, mais do que ao *conhecimento histórico*. Para este último, com efeito, a noção de rastro constitui uma espécie de *terminus* na sequência de remissões que, dos arquivos, conduzem ao documento, e do documento, ao rastro. Mas ele não se detém, normalmente, no enigma da referência histórica, no seu caráter essencialmente indireto. Para ele, a questão ontológica, simplesmente contida na noção de rastro, é imediatamente recoberta pela questão epistemológica do documento, a saber, seu valor de garantia, de apoio, de prova, na explicação do passado. (...) Com as noções de face-a-face, de lugar-tenência ou representância, apenas damos um nome, mas de alguma forma uma solução, ao problema do valor mimético do rastro e, para além disso, ao sentimento de dívida com o passado". RICOEUR, Paul. *Tempo e narrativa*. tomo III, p. 243. Já para Luis Costa Lima, o conceito de representação é entendido como "representação-efeito", principalmente no que diz respeito às obras literárias. Para ele: "representação, acrescente-se ainda, que, por seu caráter de efeito, não é automática quanto à obra produzida. Assim, a recusa da palavra exortada para uns provocará asco, para outros será apenas intrigante, para outros ainda vista como marca de um lugar infernal etc. Se pensássemos que a representação-efeito é automática, estaríamos mantendo uma das consequências, do ponto de vista da leitura, da concepção tradicional do sujeito: à sua centralidade expressiva corresponderia *uma* interpretação correta. É o contrário o que se diz: a produção apenas começa na obra; a representação que ela suscitará manterá seu caráter produtivo, portanto potencialmente divergente. Não é que qualquer representação seja válida por ser um efeito. Mas tampouco qualquer produção é valida porque é criação". LIMA, Luiz Costa. *Mimeses*: desafio ao pensamento, p. 276-277. Para Roger Chartier, é preciso acabar com a dicotomia entre objetividade estrutural de uma história cerceada de documentos que comprovariam a veracidade do passado e a subjetividade das representações como um simples distanciamento do real, "(...) tentar ultrapassá-la exige, antes de mais, considerar os esquemas geradores das classificações e das percepções, próprios de cada grupo ou meio, como verdadeiras instituições sociais, incorporando sob forma de categorias mentais

à experiência de quem representa no dia a dia, do que propriamente às elaborações intelectuais do ato de representar. É uma verdade produzida que é entendida como verdade absoluta. Dito de outro modo, a representação nas peças do dramaturgo parte do pressuposto de que aquele que representa não sabe que o faz, mas vive a representação como se fosse um dado, uma presença ou essência. Quando a diferença é produzida, essa representação tomada como absoluta se vê confrontada com outras representações por meio do jogo teatral, gerando descontentamento, frustração, ressentimento, enfim, experiências que remetem às inúmeras possibilidades da existência, isto é, à própria diferença.

Entre as décadas de 1950-60, Nelson Rodrigues se torna mais cônscio de que as representações sociais de culto às aparências de estabilidade social, moral ou financeira estavam expondo o que aquela sociedade não queria assumir, isto é, a ausência, a falta ou precariedade da vida dita "moderna". O autor aponta para o "oco" de viver entre uma tradição que permanecia decadente em sua base de origem elitista e burguesa e uma tentativa de imitá-la ou de aparentar ser "moderno" por parte das camadas médias baixas, mas que a todo o momento levava ao ressentimento e à frustração. Tal consciência foi manifestada várias vezes por Nelson Rodrigues na crítica ao "desenvolvimento".

> A expressão 'Desenvolvimento é paz' figura entre as mais enfáticas bobagens do século XX. Não há a menor relação entre a paz atribuída ao desenvolvimento e os fatos de cada dia. Pode-se dizer, inversamente, que o desenvolvimento é angústia, é ódio, é tédio, é desespero, é frustração, é solidão. Vejam a Suécia. Segundo tudo o que sabemos, é desenvolvida. Pois a Suécia bate todos os recordes mundiais de suicídio.[5]

---

e de representações coletivas as demarcações da própria organização social: 'As primeiras categorias lógicas foram categorias sociais; as primeiras classes de coisas foram classes de homens em que as coisas foram integradas'. O que leva seguidamente a considerar estas representações como as matrizes de discursos e de práticas diferenciadas – 'mesmo as representações coletivas mais elevadas só têm uma existência, isto é, só o são verdadeiramente a partir do momento em que comandam atos' – que têm por objetivos a construção do mundo social, e como tal a definição contraditória das identidades – tanto a dos outros como a sua". CHARTIER, Roger. *A história cultural*: entre práticas e representações, p. 18.

5   RODRIGUES, *Flor de obsessão...*, *op. cit.*, p. 49. Na mesma coletânea de frases, no verbete "desenvolvimento", outra frase segue o mesmo caminho: "Um grande país é homicida e

Nelson Rodrigues: o fracasso do moderno no Brasil   219

É preciso aprender a ler Nelson Rodrigues por meio do seu estilo,[6] da sua estética baseada nos fracassos. Parece ter ficado claro que o dramaturgo não se preocupa tanto com a veracidade das imagens, dos fatos ou das figuras selecionadas para representar a realidade, mas com a forma como essas representações se prestam ao jogo teatral. É meramente retórico o autor afirmar que a Suécia "bate todos os recordes mundiais de suicídio", mas não *como* ele enuncia isso.

Dentro da sua estética, é importante enfatizar as imagens genéricas produzidas pelas representações e o fracasso das suas abstrações. Para tanto, o autor sempre contrasta duas representações opostas, como a do desenvolvimento e do suicídio de uma "nação", para que, ao fazê-las dialogar, entrem em tensão e, logo, em colapso. Perceber isso é evitar que se tomem as frases de Nelson Rodrigues como uma verdade literal ou como uma eterna encenação visando apenas ao escracho social, pois uma estética está embebida na historicidade de uma época também pelo modo como dela escapa.[7]

---

suicida. Homicida enquanto se desenvolve. Mas, quando atinge o máximo de seu progresso e de sua euforia, torna-se suicida".

6   A bibliografia sobre estilo é extensa, mas posso citar o texto de GINZBURG, Carlo. Estilo: inclusão e exclusão. *Olhos de madeira...*, *op. cit.*, p. 139-175. Nesse texto, o autor procura documentar a historicidade do conceito de estilo. Numa abordagem da hermenêutica filosófica e as suas implicações para a interpretação de obras de arte, há o texto de GADAMER, Hans-George. Excursos. *Verdad y metodo I*, p. 586-598. Para uma perspectiva do estilo no próprio trabalho do historiador, GAY, Peter. *O estilo na história*, sobre os estilos de Buffon, Gibbon, Burckhardt e Ranke. Há, ainda, o texto de STAROBINSKI, Jean. Le style de autobiographie. *Politique*: revéu de théorie et d'analyse littéraires, sobre o estilo na autobiografia. Por fim, o livro já mencionado de COMPAGNON, Antoine. O estilo. *O demônio da teoria...*, *op. cit.*, no qual o autor sintetiza as abordagens aludidas apesar das suas diferenças: "– o estilo é uma variação formal a partir de um conteúdo (mais ou menos) estável; (...) – o estilo é um conjunto de traços característicos de uma obra que permite que se identifique e se reconheça (mais intuitivamente do que analiticamente) o autor; (...) – o estilo é uma escolha entre várias 'escrituras'", p. 194.

7   Antoine Compagnon adverte: "O que você chama de literatura? Que peso você atribui a suas propriedades especiais ou a seu valor especial?, perguntará a teoria aos historiadores. Uma vez reconhecido que os textos literários possuem traços distintivos, você os trata como documentos históricos, procurando nele causas factuais: vida do autor, quadro social e cultural, intenções atestadas, fontes. O paradoxo salta os olhos: você explica pelo con-

220 Alexandre Pianelli Godoy

O teatro impregna a obra de Nelson Rodrigues (contos, crônicas, romances e conselhos sentimentais) porque a sua forma de criticar a sociedade na qual vivia se dá por meio das suas representações sociais mais prezadas e não por sua negação, principalmente as que tinham um apelo à estabilidade e à harmonia familiar, emocional, moral ou estética.

Em uma seção de conselhos destinados às mulheres, denominada *Sua lágrima de amor*, para o jornal *Última Hora*, sob o pseudônimo de Suzana Flag, o autor se apropria da forma como eram dados os conselhos sentimentais na época, subvertendo o seu conteúdo pelo jogo de representações que estabelece.

> CLARA, Rio – Você quer saber, em síntese, o seguinte: – se deve continuar ou não com o ser-amado. Bem. Preliminarmente, eu já considero um erro a existência de um dilema no caso. Se você gosta, se você ama, não cabe dilema nenhum. O que lhe cumpre fazer, simplesmente, é obedecer ao impulso interior que a impele para o amor. Eu desconfio muito das pessoas que resistem ao próprio amor e o destroem. Isto quer dizer que a pessoa não sabe amar. Ora, 'não saber amar' parece-me a mais triste, a mais torva das deficiências pessoais. É certo que você justifica as suas dúvidas, os seus escrúpulos, com a oposição de uma tia velha. Quem é esta senhora? Uma pessoa que teve ou, pelo menos, devia ter na sua vida o papel de mãe. Acontece, porém, o seguinte: – ela a abandonou quando você era garotinha; deixou-a entregue ao próprio destino; faltou com a sua assistência, o seu apoio sentimental e material. Conclusão: – você não teve quem iluminasse seu caminho, quem lhe desse uma orientação moral, quem defendesse a sua alma e a preservasse das lágrimas e perigos do mundo. Sua tia estava, então, muito ocupada com as próprias aventuras e os próprios afazeres; não tinha um pensamento bom, um sentimento para a sobrinha indefesa, a sobrinha deserdada de ternura, exposta a todos os riscos e todas as vicissitudes. Pois bem. Passa-se o tempo e você se faz mulher. E, então, acontece na sua vida uma coisa maravilhosa: – você ama e é amada. Por felicidade, o rapaz merece o seu amor e a trata com uma delicadeza, um carinho, um desvelo que você não conhecera antes. Era o descobrimento do amor. Ora, todo o seu problema de criatura humana era justamente sentimental: – malquerida em criança, malquerida na adolescência, você experimentava, afinal,

texto um objeto que lhe interessa precisamente porque escapa a esse contexto e sobrevive a ele". COMPAGNON, *op. cit.*, p. 22.

o seu momento de libertação. Surgiu então, a tia que a abandonara, a tia que lhe faltara no momento em que você mais precisara de assistência, de ternura, de tudo. Velha e cheia de achaques a parenta quer apenas isto: – que você renuncie ao amor de sua vida, ao amor que a redime e que a salvou. Pergunto: – que autoridade tem essa pessoa para exigir o supremo sacrifício. Ela propõe, pura e simplesmente, o seu suicídio. Pois não há pior suicida do que aquele ou aquela que mata um amor. Não vacile mais, minha amiga. Pois se você recuasse, eu duvidaria muito de ti, de sua alma, de seu coração.[8]

Suzana Flag defende o amor acima de tudo, ou seja, aparentemente há uma defesa incondicional do amor burguês. No entanto, joga com o argumento da falta de amor contra a tia da moça, que não quer a felicidade da sobrinha. Entre o amor acima de tudo, que deveria ser preservado pela moça, e o desamor da tia velha, está o conflito exposto no conselho. O dilema que motivou a carta já era a expressão de que a situação não estava bem para a moça, explicita a conselheira: "você quer saber, em síntese, o seguinte: – se deve continuar ou não com o ser-amado. Bem. Preliminarmente, eu já considero um erro a existência de um dilema no caso. Se você gosta, se você ama, não cabe dilema nenhum".

O subtítulo da coluna – *O pior suicida* – está longe de ser uma imagem tranquilizadora sobre o relacionamento amoroso, pois o pior suicida é aquele que abandona o amor, porém, a moça apresenta o dilema e o problema de quem já tinha se "suicidado". Os conselhos de Suzana Flag e Myrna não tentam antecipar uma solução harmoniosa, salvadora ou edificante, mas trabalham com a prostração diante do que já havia acontecido.

Todos os conselhos sentimentais de Nelson Rodrigues como Suzana Flag ou Myrna deveriam ser decepcionantes para o público-leitor, que esperava "delas" uma palavra piedosa. Seus textos são dotados de uma ironia não comum para os conselhos sentimentais de jornais e revistas da época, mesmo quando o objetivo é o de chamar a atenção para o desvio das prescrições ou dos papéis sociais normativos.

É possível notar no jornal *Última Hora* o contraste diante do seguinte problema: "Poderá ser feliz uma moça que se casa com um viúvo muito mais velho que

---

8   RODRIGUES, Nelson como Suzana Flag. Sua lágrima de amor – O pior suicida. *Última Hora*, Rio de Janeiro, 17 mar. 1955, Caderno 2, p. 4.

ela, e com filhos?".[9] O conselho procura equilibrar o tom autoritário e reprovador com uma solução harmoniosa para o conflito.

> Esta é uma questão especialíssima, maximé, por ser a noiva quem faz a pergunta... Menina, se você mesmo apaixonada, reconhece a dificuldade de 'imaginar-se' feliz com um motivo assim, porque levar avante sua indecisão? Talvez seja melhor agora que depois, não é verdade? (...) Mas quem a induziu a ficar noiva desse senhor? Ou terá sido você mesma que se meteu neste apuro? Casamento não é assunto para ser tratado levianamente, ainda mais quando além de envolver a vida dos dois maiores interessados, envolve outras vidas como no caso. Se você não ama seu noivo ou se não quer dividir com os pequenos órfãos o seu carinho, porque não desfaz honestamente o seu compromisso? Seu procedimento é reprovável, e mais tarde não poderá queixar-se... Mas, se apesar do peso dos anos que ele traz nas costas e da responsabilidade de tornar-se mãe de repente, você amar sinceramente o rapaz, não fique aí a formar dúvidas e presságios de infelicidades que jamais se tornarão realidade. (...) A idade não é um fator indispensável para o equilíbrio no casamento. Antes de se preocupar com alguns anos a mais ou alguns anos menos, pense na educação, nos gostos, no temperamento do seu noivo e no modo pelo qual ele costuma se referir aos filhos. Sua responsabilidade é maior, muito maior que a do comum das noivas! Lembre-se disso! E se depois de muito pensar resolver continuar o romance e levá-lo até o altar, não se impressione tanto, pois há casais jovens que vivem de turras sem nunca poderem se entender... Consulte o seu coração, e não sofra mais...[10]

O parecer reprova nitidamente a situação da moça. Afinal, não era desejável que uma jovem se casasse com um homem mais velho, viúvo e com filhos numa sociedade que valorizava a juventude moralmente equilibrada e o casamento como um aprendizado conjunto para a construção de um lar burguês harmonioso. Expõe para a leitora angustiada todos os problemas que poderá enfrentar num caso como esse. No entanto, o equilíbrio no casamento dependerá mais do seu amor sincero, do que das adversidades trazidas pela idade. Numa sociedade

---

9 NA MODA e no lar - Eles x Elas. *Última Hora*, Rio de Janeiro, 7 jul. 1954, Caderno 2, p. 2.

10 *Idem.*

ainda misógina como aquela, mesmo que valorizadora da juventude, o costume de uma mulher mais jovem se casar com um homem mais velho era tolerado, mas o inverso, inconcebível.

Por isso, é ela quem deve observar "na educação, nos gostos, no temperamento do seu noivo e no modo pelo qual ele costuma se referir aos filhos". É sobre a mulher que recai o peso do amor sincero e da sua adequação aos costumes do marido, pois "sua responsabilidade é maior, muito maior que a do comum das noivas!" A solução edificante para o conflito é o equilíbrio no casamento por meio do amor incondicional: "consulte o seu coração".

Nelson Rodrigues, por sua vez, partia das experiências que não haviam dado certo, dos que já haviam falhado.

> Hoje, tenho em minha mão a carta de uma senhora milionária. Queixa-se, de maneira abundante e patética, de suas atribulações de sogra. Pobre e santa senhora! Compreendo o seu sofrimento, as angústias do seu coração materno. Tem uma filha, aliás única, que se casou, há três anos. Foi, segundo narra a missivista, um casamento principesco. A igreja estava uma maravilha, um deslumbramento – verdadeira floresta de círios – e o vestido de noiva, com uma cauda imensa, parecia um sonho. E o noivo? A sogra dá um resumo biográfico do rapaz – 'bonito, simpático, educado'. Tinha, porém, um defeito: um emprego modestíssimo, que não dava para sustentar um casal. Esse defeito fora levado, em tempo, na mais alta conta. Tanto assim, que o namoro mereceu a mais formal oposição. Mas a moça resistiu ferozmente, a todas as ponderações. 'Quero casar-me' – disse – 'quero casarme'... E daí não saiu. Quiseram afastá-la do Rio, mas a menina apelou para recurso extremo: – 'Se me quiserem separar do homem que amo – eu me mato'. A família ficou impressionadíssima. Houve um conselho de parentes mais chegados; chegou-se a uma decisão unânime: 'Dos males, o casamento ainda era melhor que o suicídio'. E houve o casamento, com toda a pompa possível. A sogra, porém, advertiu ao genro: – Não dou um tostão. O rapaz foi positivo: – Não lhe pedi nada. (...) Os noivos foram morar em um subúrbio qualquer. E, imediatamente, os receios da família se confirmaram, dramaticamente, pois o casal começou a passar privações. Tinham, apenas, estritamente para comer. Mas não podiam – imagine! – ir a um cinema! Para a pobre sogra parece uma degradação, que dois enamorados não tenham dinheiro nem para ir ao cinema. E, como se isso não bastasse,

acontece o pior: o rapaz perdeu o emprego! Como consequência, da miséria relativa, passaram à miséria total. A senhora, que me escreve, diz, na carta e não sem um sentimento de triunfo: – 'Eu bem dizia, eu bem dizia'... No fundo, parece satisfeita de que suas previsões se tenham confirmado, embora à custa da felicidade da filha. No meio disso tudo, nasceu um bebê, o mais lindo que se possa imaginar. A filha recorre à família. E explica: – Eu não pediria nada para mim, nem para o meu marido. Estou pedindo para meu filho. A mãe tripudiou: – Enquanto você estiver com esse homem, não conte comigo! (...) Em uma palavra; para dar leite ao neto, exige que a filha abandone o genro. Fico assombrada: eis uma senhora que comete um tríplice erro. Digo tríplice, porque errou como sogra, mãe, avó e como criatura humana. A missivista termina assim: – 'Não fiz bem?' – Caio das nuvens, o que, segundo Machado de Assis, é melhor do que cair de um terceiro andar. Bem, minha senhora: eu não sei o que a senhora deveria ter feito. Sei o que eu faria no seu lugar. É o seguinte: (...) – Sendo eu milionária, como a senhora o é, jamais uma filha minha passaria fome. Nem fome, nem privação de espécie alguma. Admitamos que meu genro fosse um inimigo do trabalho. Eu, como milionária, não consideraria isso um defeito, juro que não, contanto que ele tratasse bem minha filha. E mesmo que considerasse o desamor ao trabalho um defeito, não castigaria meu genro, implicando minha filha no castigo. Só vejo um defeito, irremediável, em qualquer espécie de genro: a falta de amor, de carinho, de apreço pela mulher. Tudo o mais pode ser lamentável, mas tem salvação. Em um casamento, o amor é mais importante que o pão: ou, digamos, tão importante. Entre parênteses, acho o amor mais importante. (...) Minha cara amiga, considere-se fracassada, como avó, mãe, sogra e milionária. De que serve seu dinheiro, se não assegura o leite do seu neto?[11]

Nelson Rodrigues-Myrna trata de frustrar a mãe que pede um conselho, ou melhor, uma aprovação para o ato de deixar a filha e o genro à míngua, mesmo sendo ela uma milionária. Assim como na opinião dada como Suzana Flag,

---

11 RODRIGUES, Nelson como Myrna. Uma que fracassou como mãe, avó e sogra. *Não se pode amar e ser feliz ao mesmo tempo*: o consultório sentimental de Nelson Rodrigues, p. 111-113. Publicado originalmente no jornal *Diário da Noite*, do Rio de Janeiro, no ano de 1949.

Nelson Rodrigues evita o tom cortês com a leitora.[12] Da primeira critica a dúvida amorosa, da segunda, a certeza da vitória.

Mas essa falta de polidez mesclada a uma ironia da conselheira faz parte do modo como a sua estética reagia a uma sociedade que tentava tornar a aparência uma essência também por meio da forma como eram dados os conselhos sentimentais em jornais e revistas da época. É legítimo inclusive levantar suspeita se alguns conselhos foram parcial ou totalmente inventados por Nelson Rodrigues. O que importa salientar é que no modo como são dados os conselhos e nos problemas que mais despertavam o interesse de Suzana Flag ou Myrna reside a historicidade da estética rodrigueana.

Como estilista da língua e jornalista, não passou despercebido para Nelson Rodrigues que a aparência era um valor mais importante nos conselhos sentimentais de jornais e revistas da época do que propriamente o seu conteúdo. Porém, isso não significa que o autor tenha aderido ao mesmo regime de historicidade. O caso da mãe que deixou a filha e o neto na pobreza em razão da posição social do genro interessava a todas as camadas sociais, pois o drama da manutenção do casamento entra em cena, mesmo sendo a missivista uma milionária.

---

12 Myrna era ainda mais ríspida quando recebia críticas das suas leitoras: "SOFIA, São Paulo – Você me escreve uma carta furiosa, com o objetivo, confesso, de 'discordar de todos os meus pontos de vista'. Já aí encontro um erro. Com efeito, não há pessoa alguma que consiga discordar de 'todos' os pontos de vista da outra. Nós divergimos um dos outros, em certas opiniões. Nunca em todas. O fato de você exagerar dessa maneira, de generalizar com essa fúria – prova a sua nenhuma isenção, a sua nenhuma objetividade. E, como consequência de tal estado psicológico, você lê certo e compreende errado. Preliminarmente, atribui a mim conceitos, opiniões, que eu jamais tive, jamais publiquei nesta seção. Sua imaginação é delirante. Quando foi que eu estimulei o suicídio, em nome do amor, minha pobre e frenética Sofia? Pelo contrário: o que eu sempre disse, e repeti, é que ninguém se mata por amor. Eu sempre sustentei, precisamente, o inverso, ou seja, que uma pessoa se mata por despeito, por vaidade, por ódio ou por qualquer motivo, e jamais por amor. O que caracteriza o verdadeiro amoroso é o desejo, a vontade, a ânsia de conservar o próprio amor. Conservar o amor implica conservar a vida, não morrer. Mesmo nos casos de amor infeliz. A mulher, ou homem, também gosta do amor infeliz, também precisa do amor infeliz, também defende e o preserva. Não lhe ocorre, assim a ideia do suicídio, porque este significaria o 'suicídio', também do amor. Que faz você, minha pobre e patética Sofia?". RODRIGUES, Nelson como Myrna. Sofia é contra o amor. *Não se pode amar...*, op. cit., p. 93.

Mais uma vez, o dramaturgo contrapõe o amor que deveria prevalecer acima de todas as coisas com a realidade crua de uma avó que chegou a desprezar o próprio neto por causa do seu pai. Não fracassa apenas a avó milionária, mas o amor acima de todas as coisas, que não prevalece na narrativa, apesar de um ideal a ser alcançado. O amor puro, incondicional, defendido pelo autor nunca se realiza por meio dos próprios dramas apresentados por ele.

Na década de 1920 no Brasil, dar conselhos sentimentais em jornais e revistas era uma verdadeira cruzada pedagógica que visava ensinar à sociedade e, sobretudo, às mulheres como interiorizar e lidar com os hábitos burgueses considerados "modernos", principalmente na entronização da "rainha do lar".

As historiadoras Marina Maluf e Maria Lúcia Mott comentam que:

> No bojo da urbanização que punha em convívio tradições e costumes tão díspares e mesclados, a imprensa, principalmente a feminina, realçava a importância e o sentido da educação: 'Sem instrução e com essa espécie de educação, que pode ser da menina moderna?' Acolhiam-se, assim, os propósitos positivistas e impunha-se uma missão, a de moldar um pensamento, o comportamento e, em última análise, o caráter das gentes. Em tom frequentemente professoral, invectivava-se a formação dada às moças daquele tempo. Do que a brasileira mais precisava para fazer valer o seu 'direito de ente pessoal e civilizado', escreveu a articulista Chrysanthème, 'não é de elegâncias nem de danças, mas sim de instrução e de educação.' Admoestados com conselhos, fórmulas e regras, homens e mulheres aprendiam a conservar o matrimônio, 'fatalidade social necessária'.[13]

Na década de 1950, era menos uma questão de ensinar e mais uma excessiva preocupação com a teatralidade e a moralidade dos costumes numa sociedade que começava a experimentar maior popularização de hábitos burgueses via camadas médias, as quais pareciam comprometer toda a sociedade com um olhar vigilante em busca do termo médio, em um equilíbrio da manutenção dos costumes travestidos de maior "liberdade". Nesse sentido, é significativo o conselho dado na coluna "Na moda e no lar" do jornal *Última Hora*.

---

13 MALUF e MOTT, *op. cit.*, p. 390.

Conheça seu homem (...) Ele foi o irmão do meio?... então é um bom material, se você está pensando em material para marido, naturalmente. Provavelmente ele nunca foi o 'queridinho da mamãe' e, sem dúvida, aprendeu algumas lições amargas na infância. Deve ser um adulto prático e realista-auto-confiante e agressivo. (...) Há também uma grande probabilidade dele não ser um gênio, se era criança do meio da família. Um estudioso do assunto, concluiu que a maior parte dos gênios se coloca no sol dos primogênitos ou dos caçulas. Não se aborreça, porém, com isso, pequenina. Os gênios passam a metade do tempo sendo 'geniosos', e a outra metade rabiscando... e entre um marido e um gênio a jovem inteligente escolhe o marido.[14]

O casamento continuava a ser um ideal para homens e mulheres na década de 1950, entretanto, o que mudava era a busca de um relacionamento matrimonial estável. Se a moça escolhesse um "gênio" poderia ter problemas com alguém de personalidade forte (*genioso*) ou que apenas se dedicasse ao trabalho (que só *rabiscasse*), deixando para segundo plano a família e o lar. Por outro lado, se a jovem "inteligente" escolhesse o marido que não era um "gênio", ele deveria ser simbolicamente "o irmão do meio", ou seja, alguém que fosse "a média" daquele ideal de sociedade que exigia praticidade, realismo, autoconfiança e agressividade. Nos anos 1950, o mais importante era "como aparentar ser moderno", diferente do "aprender a ser", próprio dos anos 1920.

Diante de uma sociedade que valorizava tanto os papéis sociais é preciso reconhecer que seria extremamente difícil para a época não atribuir a Nelson Rodrigues as pechas de "moralista" ou de "imoral", de "reacionário" ou de "tarado", em razão da dificuldade de perceber o jogo de representações que sempre se estabeleceu na sua obra. Mesmo os olhares mais atentos reiteram velhos chavões, como é o caso da tese de doutorado em antropologia social intitulada *Santos e canalhas*.[15] A autora não questiona se as representações de Nelson Rodrigues faziam parte da ficcionalidade da obra, tomando-as como verdades, ou melhor, mesmo sabendo que não existe nem um "santo", tampouco um "canalha"

---

14 BRACKEN, P. Na moda e no lar. *Última Hora*, Rio de Janeiro, 2 jan. 1953, Caderno 1, p. 10.

15 FACINA, Adriana. *Santos e canalhas*: uma análise antropológica da obra de Nelson Rodrigues.

proscrito na realidade concreta. Ainda assim, acredita que, para o dramaturgo, essas duas "metades" explicariam certo *ethos* do humano. Quando "santos" e "canalhas" são apenas figuras de jogo que, ao se conflitarem, passam a inexistir. Todavia, a autora insiste que:

> A ideia central que norteia a análise desse extenso conjunto de fontes é a de que há, na obra de Nelson Rodrigues, a construção de uma visão sobre a natureza humana que oscila entre um profundo pessimismo e a busca de possibilidades de redenção. Essas perspectivas de salvação do gênero humano corrompido pelo mundo moderno na ótica de nosso autor partiam do princípio da dualidade dessa natureza. Para Nelson Rodrigues, todos os homens têm duas metades, uma 'face linda' e outra 'face hedionda', centauros parcialmente Deus e parcialmente Satã. As imagens que apareciam frequentemente nos textos de Nelson representando essas duas metades dos seres humanos eram os santos e os canalhas. Os santos, além de bons e virtuosos, eram caracterizados pela renúncia dos instintos que Nelson considerava desumanizadores e por uma existência pautada em um forte sentido ético-moral. Já os canalhas eram seres morais por excelência, que não reconheciam limites para a satisfação de seus desejos pessoais, assumindo uma posição relativista no que diz respeito aos valores éticos e morais reconhecidos pela sociedade.[16]

As análises e interpretações que identificam o jogo entre polaridades na obra de Nelson Rodrigues são mais pertinentes do que aquelas que insistem em aderir o autor a uma ou outra representação, como a de estritamente moralista ou de incorrigivelmente imoral. Porém, identificar apenas o jogo entre opostos pode também se constituir numa armadilha para o intérprete que, ao oscilar entre uma representação e outra, não percebe que o jogo faz parte da própria obra. Essa leitura é difícil de ser percebida ainda hoje em razão, igualmente, do excesso de relativismo no meio acadêmico ou de zelo objetivista que impede que certas características protocolares de uma obra de arte convivam com seus múltiplos significados. O dramaturgo coloca em jogo extremos morais[17] para que se indeterminem.

---

16   *Ibidem*, p. 15-16.

17   Ângela Leite Lopes afirma que, nas peças de Nelson Rodrigues, há "aquele mesmo movimento de questionamento, de explicitação do pôr em jogo da linguagem, que tem como resultado

Para Victor Hugo Adler Pereira, Nelson Rodrigues:

> Articula corajosamente a mesquinhez cotidiana com o delírio mais sublime; o moralismo com a mais descarada busca de satisfação egoísta do desejo; a busca da verdade e do absoluto com a pura vontade de rir e se distrair da dureza da vida. Além da mistura irreverente das formas populares, como a novela de rádio e o melodrama, com os modelos prestigiados culturalmente, como a tragédia Ática e o teatro de vanguarda europeu (...).[18]

Entretanto, não toma nenhuma dessas "polaridades" como verdades, mas como exageros teatrais para produzirem um efeito de fracasso. Ou melhor, muito embora o autor adjetive o seu jogo para provocar esse efeito cênico, isso não significa que transpõe da realidade o moralismo versus a satisfação do desejo, a verdade absoluta versus o riso, o erudito versus o popular. Nesse jogo de excessos, o moralismo se torna caduco e a satisfação do desejo destrutiva, a verdade absoluta é asfixiante e o riso jocoso, o erudito e o popular se transformam numa caricatura.

Dessa ironia Nelson Rodrigues se valeu para construir a peça *Viúva, porém honesta*, de 1957, ainda mais motivado por dar uma resposta às críticas que sofreu na imprensa da época pela peça *Perdoa-me por me traíres*, que estreou no palco no mesmo ano.

Sábato Magaldi relembra que "[a] reação negativa à montagem original de *Perdoa-me* levou Nelson a vingar-se da crítica, dentro de um painel que é uma

---

uma teatralidade, compreendendo-se com este termo uma escolha pela realidade do teatro e não a representação, teatral, da vida". LOPES, *op. cit.*, p. 92. O estudo de Mário Guidarini enfatiza que o dramaturgo trabalha em seu procedimento linguístico com uma "intercomplementariedade dos opostos": "A espinha dorsal do teatro de Nelson Rodrigues são os opostos intercomplementares. Ódio-amor. Realidade-ilusão. Morte-vida. Verdade-mentira. Fidelidade-traição. Hipocrisia-autenticidade. Dizer uma coisa-fazer outra. Grotesco-sublime. Demência-sanidade. Casamento-enterro. Profano-sagrado. Negro-branco. Luz-sombra. Pecado-graça. Vício-virtude. Estático-dinâmico. Coletivo-individual. Belo-feio. Bom-mau. (...) As oposições entre caracteres e interesses perseguidos pela protagonista, antagonista e intrusos compõem e armam tensões necessárias e comuns a todo e qualquer texto dramático. GUIDARINI, *Nelson Rodrigues*: flor de obsessão, *op. cit.*, p. 111.

18 PEREIRA, Victor Hugo Adler. Dessa vez foi mais leve: intensificação e diluição nas leituras de Nelson Rodrigues. *Revista Range Rede*: Dossiê Nelson Rodrigues, p. 14-15.

sátira violenta ao próprio jornalismo e a algumas instituições sociais".[19] Mas a peça parece ir além ao satirizar também a excessiva preocupação com o olhar social, a opinião alheia como formadora das condutas morais. Tanto que a história trata de uma viúva que não se senta para não trair o marido morto, pois, de acordo com a sua lógica, isso "(...) seria um desrespeito à memória do marido. Se eu me sentasse, o que é que o senhor diria de mim?".[20]

A viúva se chama Ivonete Guimarães. Seu pai, Dr. J. B. de Albuquerque Guimarães, é o dono de um jornal sensacionalista intitulado A marreta, segundo a rubrica, "o maior jornal do Brasil (...). [O dono é um] gangster da imprensa, a mascar o charuto da sua sórdida prosperidade",[21] que tem o poder de nomear ministros ou andar na garupa do seu subordinado, chamado Pardal. Apesar disso, afirma "mas não tenho força para fazer minha filha sentar. Conclusão: o verdadeiro animal sou eu e não tu [para Pardal], eu é que devia ser montado por ti e passear, no meu próprio gabinete, contigo na garupa!".[22] Para resolver o problema da filha, convoca uma reunião de supostos especialistas ou conselheiros sentimentais.

> PSICANALISTA – Como tem passado?
>
> DR. J. B. – Entrem!
>
> OTORRINO (cumprimentando) – O senhor só tem um redator?
>
> DR. J. B. – Eu não podia pôr aqui, um elenco de Cecil B. de Mille.
>
> EX-COCOTE – Tudo azul?
>
> (Neste momento, há uma explosão que lembra magnésio dos antigos fotógrafos. Irrompe da fumaça um sujeito de casaca, com dois esparadrapos na testa.)
>
> DESCONHECIDO – Cáspite!

---

19 MAGALDI, Nelson Rodrigues..., op. cit, p. 130.

20 RODRIGUES, Nelson. Viúva, porém honesta. Teatro completo de Nelson Rodrigues 1: peças psicológicas, p. 230.

21 Ibidem, p. 219.

22 Ibidem, p. 221.

DR. J. B. – Quem é o senhor?

DESCONHECIDO – Não desconfia?

DR. J. B. – Não!

DESCONHECIDO (*faz uma mesura*) – Diabo da Fonseca, para servi-lo!

DR. J. B. – Que diabo?

DIABO DA FONSECA – O próprio!

DR. J. B. – Prove!

DIABO DA FONSECA (*arranca a carteirinha*) – Eis a minha carteirinha profissional!

(*Todos se precipitam.*)

DR. J. B. (*lendo*) – 'Diabo da Fonseca. Profissão: Belzebu'.

DIABO DA FONSECA – Confere?

DR. J. B. – Batata!

EX-COCOTE – O esparadrapo na testa foi algum acidente com seu senhora?

DIABO DA FONSECA – Madame, eu sou solteiro e, nem ao menos, amigado!

OTORRINO – Não gosta de mulher?

DIABO DA FONSECA – Prefiro as viúvas!

DR. J. B. – Mas, afinal, a que devemos o prazer?

DIABO DA FONSECA – Eu explico. Imagine que eu vinha passando por aqui, acidentalmente e, de repente – foi de repente – senti um cheiro mortal, incoercível, incontrolável de viúva... Ainda agora sinto viúva no ar... (*para um dos presentes*) – Aqui alguém é viúva?

PSICANALISTA – Eu sou psicanalista!

DIABO DA FONSECA (*desvairado*) – Um de nós é viúva!

DR. J. B. – Contenha-se, Diabo da Fonseca, e seja um dos nossos. Abarraque-se.

DIABO DA FONSECA (*senta-se*) – Obrigado.

DR. J. B. – Bem, agora as apresentações: Aqui, Madame Cri-cri. Foi *cocote* ao tempo da vacina obrigatória...

MADAME CRI-CRI – No meu época a mulher usava bigodes no sovaco!

DR. J. B. – Este é o Dr. Lupicínio, psicanalista de primeira água.

(*Dr. Lupicínio ergue-se e cumprimenta apertando as mãos, como num boxeur.*)

DR. J. B. – Tem no consultório até vitrola caça-níqueis, com discos de churrascaria.

DIABO DA FONSECA – Cáspite!

MADAME CRI-CRI (*para o psicanalista*) – Doutor, nós somos colegas, doutor!

DR. LUPICÍNIO – Como assim, Madame?

MADAME CRI-CRI – Oh, sim! Nós tratamos do sexo, eu, no meu casa, o doutor, no seu consultório!

DR. LUPICÍNIO – Absolutamente!

MADAME CRI-CRI – O sexo, nosso ganha pão, o nosso mina!

LUPICÍNIO (*invocando o testemunho alheio*) – Vejam! O que é que tem o sexo com as calças!

DR. J. B. – Não briguem!

MADAME CRI-CRI – Ou, eu não sou cafajeste!

DR. J. B. (*continuando*) – Dr. Sanatório Botelho, otorrino insigne...

DR. SANATÓRIO (*ergue-se gravemente*) – Muito prazer. E se me permitem... (*arranca o travesseiro da barriga*)

DIABO DA FONSECA – Barriga artificial, doutor?

DR. SANATÓRIO - O médico precisa ser barrigudo - infunde respeito, confiança! A barriga impressiona os maridos. Mas pesa!

DR. J. B. - Meus amigos, estamos reunidos aqui, inclusive o diabo, por quê?

DIABO DA FONSECA - Cáspite!

DR. J. B. - Sim, por quê? Pelo seguinte: porque minha filha única, Ivonete, ficou viúva.

(*O diabo atira-se aos berros, aos aplausos.*)

DIABO DA FONSECA (*batendo palmas*) - Muito bem! Bravíssimos! Bravos!

DR. J. B. - Endoidou, Satanás?

DIABO DA FONSECA - Eu sempre aplaudi qualquer viuvez!

DR. J. B. - Como eu ia dizendo: meu genro viajou de papa-fila e o papa-fila virou. Morreu todo mundo e o meu genro virou farelo. Ora, direis, viúvas há muitas. Mas as outras sentam e minha filha não. Qualquer dia desses morre como uma cambaxirra.

DIABO DA FONSECA - Reze, meu amigo, reze!

DR. J. B. - E eu chamei vocês, porque sempre tive a mania dos especialistas. Quando minha filha casou, toda sua primeira noite, de fio a pavio, foi orientada por especialistas.

MADAME CRI-CRI - Mulher também deve ser orientada no adultério!

DIABO DA FONSECA - Madame, a senhora é um crânio!

DR. J. B. - Agora, na sua viuvez, eu recorro novamente aos técnicos. Cada um dos presentes tem, no caso, uma autoridade óbvia. Por exemplo, Madame Cri-Cri. Contemporânea do Kaiser, de Mata-Hari, da febre amarela, sabe tudo, não sabe, madame?

MADAME CRI-CRI - Dou os meus palpites!

DR. J. B. - Hoje, tem casas até em Istambul. Nosso amigo psicanalista vive de sexo. O otorrino parece não ter nada com o peixe. Engano. Ninguém ama sem ouvidos, nariz e garganta. Quanto ao nosso amigo Belzebu, quem discutiria, sim, quem?, a sua autoridade sexual milenar? Fala: tu não és perito em amor, em mulher, Belzebu?

DIABO DA FONSECA – Bem. Eu não me considero nenhum Bocage, mas me defendo.

DR. LUPICÍNIO – Acho que já vi o Diabo nalguma revista da Praça Tiradentes!

DR. J. B. – Ora, no meu fraco entender, a viuvez é um problema de sexo, ou não é?

DR. LUPICÍNIO – Admitamos.

DR. J. B. – E se é, vocês, que são donos da matéria, Madame com o seu tráfico de brancas, Dr. Lupicínio com seu consultório de *boite*, Dr. Sanatório com sua bossa, vocês vão liquidar o caso da minha filha. Entendidos?

DIABO DA FONSECA – Cáspite!

DR. J. B. – Fala um de cada vez, apresentando uma solução salvadora. (...)[23]

O dramaturgo faz aparecerem as contradições por meio das mediações do jogo teatral e, concomitantemente, faz ver a imprevisibilidade de uma sociedade de "camadas médias", que se utilizavam da improvisação na falta de melhores condições de vida num verdadeiro quiproquó de valores morais públicos e privados. Assim como o pai da viúva, todos os especialistas não prezam pelos bons modos. Ao contrário, as suas figuras reforçam a inutilidade da pose. Madame Cri-Cri é um ex-cocote (cafetina) decadente do início do século XX. Dr. Lupicínio é um psicanalista que enriquece mediante a venda do seu silêncio. Dr. Sanatório é um otorrino que tem barriga artificial apenas para infundir respeito. O Diabo da Fonseca quer uma viúva, porém honesta.

Ao escolher esses "conselheiros", o dramaturgo satiriza o velho hábito da imprensa de citar ou contratar profissionais de várias áreas para legitimar os conselhos dados em jornais e revistas – lembre-se que o pai de Ivonete é dono de um

---

23 *Ibidem*, p. 222-225.

jornal que sempre teve "mania de especialistas" – e, assim, se constituírem na fala mais autorizada sobre como se comportar socialmente.

O casamento de Ivonete é escancarado como uma farsa. A pedido dos conselheiros, o marido de Ivonete retorna numa evocação do passado para que o conheçam melhor. O seu nome é Dorothy Dalton, fugitivo do SAM (espécie de instituição de menores da época) que pede resguardo na redação do jornal. Pardal sugere que o jornal recupere o fugitivo, mas Dr. J. B. o julga irrecuperável. Pardal explica melhor a sua ideia.

> PARDAL – Também acho, mas não tem importância. O que interessa é a onda contra o SAM e a nosso favor. Ficaria demonstrado que o SAM, em vez de corrigir, corrompe. Ao passo que nós – veja bem – nós passaríamos pelos salvadores de uma besta como essa. Dá-se um emprego, um emprego qualquer e faz-se demagogia.
>
> DR. J. B. – É uma ideia!
>
> PARDAL – Não é?
>
> DR. J. B. – Mas que tipo de função teria o Dorothy Dalton, com esse nome de cinema mudo?
>
> PARDAL – Só vendo. Vem cá, Dorothy Dalton, chega aqui.
>
> DR. J. B. – Mas que figurinha!
>
> PARDAL – O que você sabe fazer? Antes de ir para o SAM o que é que você fazia?
>
> DOROTHY DALTON – Raspava pernas de passarinho a canivete!
>
> DR. J. B. – Bonito!
>
> PARDAL (*exultante*) – Já sei. Crítico de teatro!
>
> DR. J. B. – Você acha?
>
> PARDAL – Mas olha a pinta, doutor! Está na cara! Não é escrito e escarrado o crítico teatral da nova geração?
>
> DR. J. B. (*para Dorothy Dalton*) – Topas?

DOROTHY DALTON – Para mim, qualquer prazer me diverte!

DR. J. B. – Mas já sabe. Avisa que o jornal é contra o sexo!

PARDAL (*para o Dorothy Dalton*) – Ouviste, Dorothy Dalton? Qualquer peça que tenha uma insinuação sobre sexo, sobre o amor de mulher com homem, você mete o pau, escracha! Outra coisa: se uma personagem ficar grávida, você também espinafra, vai espinafrando! Não admitimos gravidez em cena!

(*Cessa a evocação do episódio. Saem Pardal e Dorothy Dalton.*)[24]

A peça *Vestido de noiva* (1943) é representativa da "primeira fase" de Nelson Rodrigues porque é possível identificar, na forma como se estrutura (planos da memória, da realidade e da alucinação), o conteúdo do que é expresso (o conflito entre cultura moral pública e privada). A peça *Viúva, porém honesta* (1957) é representativa dessa "segunda fase", pois, por meio de uma crítica à imprensa e aos seus profissionais, o autor reúne personagens que são caricaturas da confusão entre as morais pública e privada, desancando as aparências de imparcialidade, de moralismo, de equilíbrio, enfim, de distanciamento frio da realidade.

O dono do jornal, Dr. J. B. – não esquecer que a sigla pode ser remetida a Jornal do Brasil – e o seu subordinado, Pardal – redator do jornal, que obedece ao dono como passarinho indefeso –, bem como Dorothy Dalton – transformado em crítico teatral – exercem cargos que os legitimam como os representantes da "opinião pública", entretanto, dotados de moral nitidamente "duvidosa".

Nelson Rodrigues se empenha em desenhar com traços fortes as suas personagens para mostrar como isso influencia a própria concepção que socialmente foi atribuída ao seu teatro na época. O autor se "hiper" cita não somente como artista, mas como sujeito histórico. Como ocorre também na peça *Valsa n° 6*, na qual projeta os seus conflitos a partir da personagem principal (Sônia).

Sábato Magaldi reuniu num mesmo volume as peças *A mulher sem pecado*, *Vestido de noiva*, *Valsa n° 6*, *Viúva, porém honesta* e *Anti-Nelson Rodrigues*, sob a designação de "peças psicológicas". Embora o crítico tenha explicado tal classificação de outro modo, acredito que todas essas peças explicitem com maior vigor

---

24 *Ibidem*, p. 234-235.

Nelson Rodrigues: o fracasso do moderno no Brasil   237

a projeção dos conflitos do dramaturgo sobre a sua época por meio dos dramas das suas personagens.

O segundo ato da peça *Viúva, porém honesta* é uma retrospectiva para explicar por que Ivonete se casou com Dorothy Dalton. Ela vai a um médico caduco (Dr. Lambreta) com a sua tia solteirona (Assembleia). O médico afirma que Ivonete está grávida de dois meses. Dr. J. B. fica desesperado, pois considera a sua filha muito inocente. O perfil de Ivonete é de uma menina inconsequente e desbocada na sua meninice de 15 anos. O pai pede uma opinião de Madame Cri-Cri e ela o aconselha dizendo que a moça deve se casar com alguém do jornal. A filha vai à redação e escolhe Dorothy Dalton. O dramaturgo sugere no texto que ele é homossexual, embora a palavra não seja usada. Na mesma hora se casam. Depois do casamento, aparece o Dr. Lambreta dizendo que o padre "vai ter neném", assim como todos que estão no casamento.

O último ato da peça retorna para o grupo de conselheiros, os quais pedem que se reconstitua a noite de núpcias. De repente, Ivonete decide ter um amante. Pardal é o escolhido. O Dr. Lambreta aparece novamente para oficializar o adultério, assim como o casamento, numa nova confusão de valores morais. Em seguida, para representar a passagem do tempo, Dr. J. B. diz que apagará as luzes e, quando acendê-las novamente, já será o outro dia: "breve escuridão. Quando acende, de novo, a luz, está tudo mudado: Ivonete sentada no colo do diabo, Madame no colo do psicanalista, Tia Assembléia no colo de Pardal".[25] Todos traíram. Em seguida, Ivonete liga o rádio para ouvir a novela, mas escuta o anúncio da morte do marido. Diante disso, resolve dispensar todos os "amantes" (com quem teve um flerte na hora do "apagão", isto é, além do próprio Pardal, o psicanalista, o médico e o diabo), pois, segundo ela, o único que merece a fidelidade é o marido morto. Novamente, Dr. J. B. decide fazer uma transição temporal de seis meses após a viuvez. Nada adianta, pois a filha continua mais viúva e honesta do que antes. O pai volta a indagar os consultores se a viuvez tem cura. O único que apresenta uma solução palpável é o Diabo da Fonseca que resolve ressuscitar o marido morto. O que permitiria à ex-viúva traí-lo. A peça termina com o seguinte diálogo:

---

25   *Ibidem*, p. 263.

DIABO DA FONSECA (*rápido, agarra Ivonete. Abraça a menina*) – Vê a minha classe: ressuscitei teu marido. Ele está vivo. Segura, apalpa. Vivo e imbecil como qualquer outro. Podes traí-lo, não é, e, aqui, com teu Belzebu, não é, minha bichinha?

IVONETE – Vivo! (*aproxima-se do marido*)

DOROTHY DALTON – Que é que estão me olhando?

IVONETE – Cretino!

DOROTHY DALTON – Nunca me viram?

DIABO DA FONSECA – Minha, portanto!

PARDAL – Nossa!

PSICANALISTA – É sua, por quê? Você, seu Belzebu, nem devia entrar em casa de família!

DIABO DA FONSECA – Que família? A tua? A dele? E vou provar o seguinte, querem ver? Que é falsa a família, falsa a psicanálise, falso o jornalismo, falso o patriotismo, falsos os pudores, tudo falso! (*põe-se no meio do palco e berra*) Olha o rapa!

(*Pânico no palco. O Psicanalista, o Otorrino, o Pardal, o Diretor do Jornal, a Solteirona, todos se atiram do palco para a plateia, num terror cósmico.*)

DIABO DA FONSECA – Nem a solteirona escapou: tem amantes aos borbotões. O diretor do jornal vende o Brasil; o redator-chefe vende a família. O Psicanalista não cura nem brotoeja; o Otorrino só lê Brucutu.

IVONETE – E nós?

DIABO DA FONSECA – Tu és legítima Messalina de rancho.

DOROTHY DALTON – Não sei por que vocês gostam tanto de mulher!

DIABO DA FONSECA – Madame Cri-cri é essa cordial hediondez em flor, com o seu tráfico de brancas. O Dorothy Dalton, o crítico da nova geração, é o abjeto confesso e inefável.

DOROTHY DALTON – A única coisa que eu admiro nas mulheres é que elas não cospem na rua.

DIABO DA FONSECA – E, agora, seu Dorothy Dalton: olha pra lá.

MADAME CRI-CRI – Eu vou chegando. Vou ver meus meninas. (*sai*)

DOROTHY DALTON (*vai ler um 'gibi'*) – Minha vingança é que ela vai-te trair, direitinho.

DIABO DA FONSECA – Não faz mal. Bobo é aquele que ama sem esparadrapo. (*beijo final*)[26]

Em *Viúva, porém honesta*, é exposta a falsidade das instituições morais, científicas ou sociais (família, psicanálise, pátria, jornalismo, pudor), que se sustentam apenas como máscara encarnada, isto é, como representações. As intenções estéticas do autor ficam mais claras à medida que se amplia a sua consciência da debilidade social que as aparências supunham esconder. A própria forma como a peça é composta se sobressai ao conteúdo. Os nomes e as atitudes simbólicas das personagens (Dr. J. B., Pardal, Dr. Sanatório, Madame Cri-Cri, Diabo da Fonseca) são estratégias dramáticas que buscam, por meio da caricatura, expor a representação com a arte de omitir os fracassos no dia a dia. Portanto, se a valorização das aparências como uma essência é constituída pelo olhar social (o olhar do outro), também é bem-sucedida ao se colocar na posição de observador (conselheiro) neutro e amoral.

A peça *Os sete gatinhos* (1958) não possui uma ironia tão direta quanto *Viúva, porém honesta*, mas o universo cultural é o das camadas médias baixas e com a sua imprevisibilidade diante da deficiência da vida. A singularidade da estética rodrigueana consiste em partir dos absolutos morais para redundar na falência das suas abstrações. A abstração ou generalidade dos valores morais de uma época se torna em Nelson Rodrigues instituidora da pluralidade e do perspectivismo social com um campo de tensão entre a crença nas verdades morais de uma época e a tragédia da sua descrença.

---

26 *Ibidem*, p. 268-269.

240 Alexandre Pianelli Godoy

Nelson Rodrigues parece ir ao encontro do teatro europeu de vanguarda ou do absurdo dos anos 1950, principalmente do dramaturgo Eugène Ionesco, que pretendeu estabelecer o jogo no seu teatro entre o histórico e o "trans-histórico". Quem analisa o teatro do absurdo sob essa perspectiva é Gerd A. Bornheim.

> O historicismo pretende que haja oposição entre o histórico e o trans-histórico, decidindo-se pela exclusão do trans-histórico. Ionesco pretende o contrário: o histórico e o trans-histórico não se excluem, mas se supõem. O histórico se subordina ao trans-histórico, e só através desta subordinação podemos compreendê-lo em todos os seus aspectos. Só podemos, portanto, compreender o histórico a partir daquilo que o transcende, e tal perspectiva de compreensão é que vai permitir penetrar mais amplamente, de um modo mais radical e essencial, na facticidade histórica. (...) A missão do teatro é proporcionar, a seu modo, essa penetração radical na realidade humana. O dramaturgo não se deve ater, ingenuamente, ao particular e histórico, ao que acontece aqui e agora, mas deve saber alçar-se ao universal, pondo sobre o palco o trans-histórico. Todo teatro que se prende ao particular, seja psicológico, social ou ideológico, nasce com ar de defunto, pois o inexorável destino de uma situação particular é ser substituída por outra, esgotando-se, enquanto particular, em sua própria contingência ou inessencialidade. As ideologias não conseguem vencer os limites que impõe o tempo. Mas pensando assim, Ionesco não propõe realizar uma dramaturgia destinada à 'imortalidade', feita com as medidas do eterno. Ele quer dizer apenas que o teatro não pode nutrir-se unicamente do particular histórico, mas deve medir-se com o homem em sua realidade última, nutrido em verdades trans-históricas.[27]

A citação suscita algumas reparações, principalmente no que diz respeito ao teatro de Nelson Rodrigues e à minha posição como historiador. É fato que Nelson Rodrigues trabalha com aquilo que Bornheim denominou de "trans-histórico", ou seja, a crença em absolutos ou verdades morais que fazem parte do universo das suas personagens. Porém, o que é nomeado de trans-histórico é sempre o que tende a perecer na estética rodrigueana, isto é, o que fracassa. Portanto, não é equivocado dizer que, em Nelson Rodrigues, o histórico – o que

---

27 BORNHEIM, Gerd A. Ionesco e o teatro puro. *O sentido e a máscara*, p. 51-52.

muda - se subordina ao trans-histórico. Mas diferentemente de Ionesco, Nelson Rodrigues não construiu peças descoladas do universo social das camadas médias baixas, ainda que elas contenham a sua porção de exagero e absurdo. Até mesmo aquilo considerado trans-histórico é fruto de uma crença em valores sociais historicamente determinados (burgueses), mas que são considerados imutáveis por suas personagens (virgindade, casamento, harmonia familiar etc.). O ideológico em Nelson Rodrigues é o que pretende ser trans-histórico, mesmo que determinado historicamente. Por sua vez, o particular ou histórico é tudo aquilo que muda quando as aparências se veem confrontadas por meio do jogo de representações próprio da linguagem teatral, não podendo ser considerado, nesse caso, como acessório.

O texto de Bornheim foi escrito em 1961, praticamente colado na experiência do teatro do absurdo que se desenvolvia, não sendo demasiado considerar que o autor não possuía certo distanciamento para avaliar historicamente as suas implicações estéticas. Acredito que, nem mesmo o teatro de Ionesco, possa ser considerado uma ode às verdades trans-históricas, ainda que o autor lesse o seu procedimento dramático como um "libéralisme métaphysique". O que une tanto o teatro de Nelson Rodrigues como o de Ionesco é que ambos usam e abusam de noções metafísicas para expor as contradições que marcam uma realidade física, histórica ou encarnada. Tentam compreendê-la por meio do jogo teatral, embora cada um ao seu modo e dentro da sua especificidade social. Também é verdade que os dramaturgos não mostram preocupações realistas, o que não quer dizer que o teatro deles não possa ser lido historicamente ou que, tampouco, acreditam no que produzem dramaticamente como uma verdade a ser transposta para a realidade. Um procedimento estético que se valha de noções metafísicas não implica em afirmar que os seus autores confiem nessas mesmas noções para a vida. Aqui talvez resida o equívoco de Bornheim, pois toda estética tem a sua história, e é possível interpretar historicamente também o que não se pretende histórico.

Na peça *Os sete gatinhos*, o que motiva a já "degradada" família de "Seu" Noronha é se manter unida em torno do objetivo de casar a única virgem da casa, a menina Silene. O primeiro quadro do ato I da peça é dedicado ao diálogo entre a irmã dela, Aurora, e o seu paquera, Bibelot. Ambos "moravam no Grajaú

242 Alexandre Pianelli Godoy

e esta coincidência foi uma facilidade a mais. E quando veio o ônibus, apinhado, viajaram de pé, cada qual pendurado na sua argola",[28] afirma a rubrica.

Embora aparentemente insignificante, a rubrica pretende demonstrar a posição social das personagens. Por isso, ele está vestido de "branco e, diga-se de passagem, foi o terno engomado, fresquinho da tinturaria, que primeiro a impressionou. Era um rapaz taludo, de 25 a 30 anos, largo de costas, um bigodinho aparado e cínico, uns lábios bem desenhados para o beijo e os olhos de um azul inesperado e violento. Usava camisa fina, transparente, entreaberta na altura do primeiro botão, vendo-se a medalhinha de um santo qualquer".[29] E ela, saía "da autarquia, onde trabalhava, às cinco em ponto".[30] Porém, todas as aparências fracassam quando Bibelot se mostra um galanteador incorrigível sempre à procura de uma "mulher da zona", como Aurora, pois com moças de família "(...) não sei, me chateia!".[31] No diálogo entre os dois, tudo está exposto.

> BIBELOT – Jurar por Deus?... Eu não acredito em nada, quer dizer... (*apanha o santinho no pescoço*) Só acredito nesse aqui...
>
> (*Bibelot beija o santinho no pescoço*)
>
> AURORA – Então jura pelo santinho no pescoço!
>
> BIBELOT – Jurar, não juro, não senhora! Mas dou a minha palavra: eu prefiro assim, como você que tem um quê de mulher da zona.
>
> AURORA – Mulher da zona, vírgula! E que mania! Eu faço a vida, mas não é com qualquer um. Só com conhecidos ou, então, com pessoas apresentadas. Moro com os meus pais e tenho que dar satisfações a minha família. Tenho emprego no Instituto e minha mãe sabe dos meus arranjos, mas meu pai nem desconfia.
>
> BIBELOT (*puxando-a*) – É chato ser gostosa!

---

28 RODRIGUES, Nelson. Os sete gatinhos. *Teatro completo de Nelson Rodrigues 3*: tragédias cariocas I, p. 187.

29 *Ibidem*, p. 187.

30 *Idem*.

31 *Ibidem*, p. 193-194.

AURORA (*ralhando*) – Fica quieto! (*muda de tom*) E olha: tenho que fazer tudo muito escondido, numa moita danada. Não é todo dia, não. Duas ou três vezes por semana. Assim entre cinco e oito da noite. Mas o que você não sabe, nem imagina, é porque é que eu dou meus pulinhos.

BIBELOT – Chega pra cá!

(*Bibelot atira-lhe bruscamente um beijo no pescoço. Aurora eletriza-se de volúpia.*)

AURORA (*no seu frenesi*) – No pescoço, não, que eu fico, olha só... Estou gelada... (*ralha, baixo*) Aqui, não! Olha o chofer... (*muda de tom*) deixa eu te contar: a minha vida dá um romance! Vai escutando. Lá em casa nós somos cinco mulheres. Da penúltima para a caçula, houve um espaço de 10 anos. As quatro mais velhas não se casaram. Sobrou Maninha, que está agora com 16 anos, no melhor colégio daqui. E essa nós queremos, fazemos questão, que se case direitinho, na igreja, de véu, grinalda e tudo mais. Nós juntamos cada tostão para o enxoval...

BIBELOT (*num meio riso sórdido*) – Hoje, ninguém dá bola pra virgindade!

AURORA – Não dá você, mas nós damos, ora que teoria! (*muda de tom*). Também uma coisa eu te digo: o casamento de Maninha vai ser um estouro. Nem filha de Mattarazzo, compreendeu? Posso vender meu corpo, tal e coisa, mas o dinheiro vai direto para o enxoval... Eu fico só com o ordenado do emprego...[32]

Os valores de uma burguesia de elite começavam a se ampliar para os setores médios da sociedade, que tentavam por meio de uma imitação sempre malograda atingir um padrão de modernidade que já havia se mostrado questionável, mesmo dentro do universo das elites. É importante lembrar-se que, nas peças dos anos 1940, o fracasso não vem à tona de forma tão explícita, por se tratar da própria burguesia de elite questionando os seus valores morais, que sequer haviam se popularizado como um ideal a ser alcançado por outras camadas sociais. O conflito se passa na maior parte do tempo dentro do ambiente doméstico. A agonia está em não poder dividir com toda ou uma parte ampliada da sociedade

---

32   *Ibidem*, p. 194–195.

o questionamento do "moderno". O clima de agonia provocado por essas peças é um indício de que tudo poderia acontecer e nada estava resolvido. A "resposta" só é dada nessa "segunda fase", quando as camadas médias baixas revelam a precariedade da imitação, mas também do suposto "original". Nas peças dos anos 1950, os projetos de "moderno" já haviam perecido, não deram certo, mas se conservam como ideais a serem alcançados pelos setores médios, seja o de pertencer a uma "comunidade imaginada" com valores morais comuns ou o de ser um indivíduo em busca de realização material ou emocional por meio do seu próprio esforço.

No diálogo entre Bibelot e Aurora, vários são os sinais de que ambos acreditam em verdades morais que, no entanto, se desmoronam na mesma medida. Bibelot diz que não crê em nada a não ser na medalhinha de santo no seu pescoço. Aurora, ao pedir a Bibelot que jure pelo "santinho", recebe uma resposta direta: "jurar, não juro, não senhora!". Por sua vez, Aurora não quer ser considerada por Bibelot uma mulher da zona e justifica moralmente os seus "arranjos" para juntar o dinheiro que financiará o enxoval da irmã virgem. Além disso, diz que mora com a família e deve a ela satisfações. Bibelot e Aurora mantêm ideais como os de religiosidade, família, casamento e virgindade, todavia, ao se confrontarem no diálogo, expõem que esses ideais não são bem-sucedidos. Apesar da medalhinha no pescoço, ele não quer jurar por nada. Apesar de ser moça de família, ela não abdica dos seus "arranjos" para comprar o enxoval da irmã. A imitação de uma cultura de elite burguesa nunca chega se realizar. Casar a irmã virgem (pureza moral) como se fosse filha de um milionário (Mattarazzo, riqueza material) se torna uma obsessão da família.

Embora o pai tente manter uma figura autoritária, ninguém o respeita. Ele é casado com D. Aracy, a quem chama de "Gorda". Além de Aurora, a mais velha, e Silene, a mais nova, o casal tem três filhas: Arlete, Débora e Hilda. Ao chegar do trabalho, "Seu" Noronha se vê surpreendido com palavrões escritos nas paredes do banheiro da sua casa. O pai quer saber quem fez aquilo, o que gera uma discussão em família.

> 'SEU' NORONHA (*mudando de tom, baixo, quase doce*) – Quero saber, e você vai dizer, quem é que anda escrevendo palavrões lá no banheiro!

ARLETE – Sei lá!

'SEU' NORONHA (*à queima roupa*) – Ou foi você!

ARLETE – Ora, papai!

'SEU' NORONHA (*num berro*) – Responda direito!

ARLETE (*olhando para o teto*) – Já respondi!

'SEU' NORONHA (*feroz*) – A inocente! (*muda de tom, olha em torno*) Então, quem foi?

ARLETE – Ninguém!

'SEU' NORONHA (*histericamente*) – Foi uma de vocês! Uma de minhas filhas! (*encarando, subitamente, com a mulher*) Ou então a Gorda!

D. ARACY – Dê-se ao respeito!

'SEU' NORONHA (*quase suplicante, para Débora*) – Foi você?

DÉBORA – Papai, me tira disso!

'SEU' NORONHA (*para Hilda*) – Você há de ser outra inocente...

HILDA – Não tenho nada com isso.

'SEU' NORONHA (*mais exasperado*) – Quero saber quem esteve por último no banheiro! (*para a mulher*) Quem?

D. ARACY – Você.

'SEU' NORONHA – Está maluca?

D. ARACY – Criatura, você não saiu de lá agora mesmo, não veio de lá?

'SEU' NORONHA – Não se faça de engraçada! Pergunto quem esteve lá antes de mim!

ARLETE – Eu.

(*'Seu' Noronha estaca diante de Arlete.*)

'SEU' NORONHA (*iluminado*) – Você! (*lento*) Sim, você, aqui, é a que tem a boca mais suja; e a única que não topa a minha autoridade... (*crispando a mão no seu braço*) O que é que você foi fazer lá no banheiro?

ARLETE (*rápida e triunfante*) – Xixi!

'SEU' NORONHA – Cachorra!

(*'Seu' Noronha ergue a mão, como se fosse esbofeteá-la. Mas a mão fica parada no ar.*)

ARLETE (*em desafio*) – Bate!

'SEU' NORONHA (*ofegante*) – ... Mas eu não devo bater... Não tenho esse direito... Preciso me controlar...

(*E súbito, deflagra-se o impulso. Esbofeteia violentamente a filha. Arlete cambaleia.*)

HILDA (*num apelo histérico*) – Papai!

(*Já Arlete ergue o rosto duro.*)

ARLETE (*como se cuspisse*) – Contínuo!

'SEU' NORONHA (*atônito*) – Repete!

ARLETE (*fremente*) – Contínuo!

(*'Seu' Noronha dá-lhe nova bofetada.*)

ARLETE (*estraçalhando, as letras*) – Contínuo, sim, contínuo! Eu disse contínuo!

(*'Seu' Noronha ergue a mão para a nova bofetada. E, novamente, a mão fica no ar. Hilda corre, atraca-se, soluçando, com o pai.*)

HILDA – Papai, eu tenho muito pena do senhor, ó papai! (*desprende-se de 'Seu' Noronha; vira-se para Arlete, grita*) não chame meu pai de contínuo!

'SEU' NORONHA (*para si mesmo*) – Contínuo... (*arquejante*) É claro que ninguém vai confessar nada...

DÉBORA – Papai, o senhor está nervoso!

(*'Seu' Noronha começa a exaltar-se novamente.*)

'SEU' NORONHA – Nervoso, eu? Logo, eu? (*num berro triunfal*) Pelo contrário: apático! Ando apático! Se eu andasse nervoso, já tinha virado a casa de pernas pro ar, já tinha posto fogo nisso tudo!

HILDA (*fala baixo*) – Fala baixo, papai!

'SEU' NORONHA (*sem ouvi-la*) – Nervoso, os colarinhos! Minhas filhas saem do banheiro enroladas na toalha! Mudam de roupa de porta aberta! Vejo, aqui, a três, por dois, minhas filhas nuas. Minto?

ARLETE (*vingada*) – Já chamei meu pai de contínuo e vou ao cinema.[33]

Para encenar o conflito familiar, o autor constrói personagens que partem do pressuposto do que deveria ser uma família ideal, isto é, unida, harmoniosa, moralmente correta e obediente ao pai, mas se revela diante do desrespeito à autoridade paterna e dos palavrões na parede do banheiro. Além disso, as filhas se vestem e ficam nuas na frente do pai. Elas também se decepcionam com o pai pelo fato de ele ser um contínuo, pois se espera de um chefe de família uma posição profissional mais considerável socialmente.[34] Ele mesmo pensa assim e considera "contínuo" um insulto da filha. O conflito advém porque todos consideram ideais burgueses que devem servir para qualquer família ou indivíduo, gerando forte ressentimento por não se realizarem, mesmo que ainda sejam os parâmetros a serem seguidos. É o drama vivido pelas camadas médias baixas para

---

33 *Ibidem*, p. 203-205.

34 No diálogo entre Aurora e Bibelot isso fica explícito: "BIBELOT – Quer dizer, um casca de ferida!/AURORA – Meu pai?/BIBELOT – Estou besta!/AURORA (*completando a frase anterior*) – Como o meu pai nunca vi! E, lá na Câmara, não faz graça pra ninguém!/BIBELOT – Que Câmara?/AURORA – Dos Deputados./BIBELOT (*com novo interesse*) – Ele é o que lá?/ AURORA (*com breve vacilação*) – Funcionário./BIBELOT (*animado*) – Vem cá: se teu pai trabalha na Câmara, talvez tenha influência... Quem sabe se teu pai não podia arranjar uma marreta para eu voltar à P.E.? Lá ele é funcionário importante?/AURORA (*desconcertada*) – Bem.../BIBELOT – É?/AURORA (*em brasas*) – Contínuo./BIBELOT (*amarelo*) – Sei... (*muda de tom*) Quer dizer que ao apartamento você não vai?/AURORA – Não./BIBELOT – Paciência". RODRIGUES, Os sete gatinhos, *op. cit.*, p. 190-191.

sobreviverem em um mundo adverso em relação ao que elas imaginam e tentam construir para si mesmas.

Partir de absolutos morais é uma escolha e uma imposição na trajetória de Nelson Rodrigues. Uma escolha quando deliberadamente constrói personagens que acreditam em verdades morais. Nesse sentido, é a criação de um autor singular sobre o seu mundo. E uma imposição da geração da *belle époque* que o formou intelectualmente, a qual acreditava em valores morais que deveriam ser válidos para toda a nação que se queria moderna, mas que, com o passar do tempo, se mostraram cada vez mais distantes da realidade concreta.

O autor se viu enredado na trama histórico-coletiva que o engendrou. Nelson Rodrigues, entretanto, não se prende ao passado, mas mostra que os ideais republicanos da inclusão de todos no espaço público nunca se validaram na especificidade social brasileira, principalmente com o advento de uma cultura moral privada de caráter liberal que também soçobrou. Não cabe discutir se o dramaturgo acreditava ou não em valores morais genéricos, tendo em vista que um autor sempre se manifesta por meio de um texto, seja de um relato memorialístico supostamente "real", seja de um romance ou conto aparentemente "ficcional". Tudo é obra ou produto de uma vida.[35] É possível afirmar que esteticamente Nelson Rodrigues escreve por meio do jogo entre generalidades e/ou abstrações morais que, por fim, entram em colapso, mesmo em suas memórias.

---

35 Paul Ricoeur chama a atenção para que a noção de obra "(...) [seja] uma consequência mais longa da frase, e que suscita um problema novo de compreensão, relativo à totalidade finita e fechada constituída pela obra enquanto tal. Em seguida, a obra é submetida a uma forma de codificação que se aplica à própria composição e faz com que o discurso seja um relato, um poema, um ensaio etc. É essa codificação que é conhecida pelo gênero literário. Enfim, uma obra recebe uma configuração única, que a assimila a um indivíduo e que se chama de estilo. (...) Composição, pertença a um gênero, estilo individual caracterizam o discurso como obra. A própria palavra obra revela a natureza dessas novas categorias: são características da produção e do trabalho. Impor uma forma à matéria, submeter a produção a gêneros, enfim, produzir um indivíduo, eis outras tantas maneiras de considerar a linguagem como um material a ser trabalhado e formado. Dessa forma, o discurso se torna o objeto de uma *práxis* e de uma *techné*. A este respeito, não há oposição radical entre o trabalho do espírito e o trabalho manual". RICOEUR, Paul. *Interpretação e ideologias*, p. 49-50.

> Um dia, estou escrevendo sobre futebol. O assunto era, se não me engano, Pelé (ou seria Garrincha?). No meio da crônica, escapou-me esta verdade translúcida, perfeita, eterna: – 'Só os profetas enxergam o óbvio'. E, desde então, não faço outra coisa senão promover o óbvio como um sabonete. Hoje, verifico, e não sem vaidade, que a minha pertinácia foi bem-sucedida. (...) Até os lavadores de automóvel sabem, em nossos dias, que o importante é ver o óbvio. Nada mais interessa. Quem o viu pode morrer como Ponce de Leon, certo de que está mirando *algo de nuevo*. E assim – o novo, o inédito, o nunca visto, o revolucionário, o jamais desconfiado – é o óbvio.[36]

O óbvio nada mais é do que uma verdade incontestável (ou um absoluto) que, no entanto, não é percebida (fracassa) – por isso "só os profetas enxergam o óbvio". O autor reconhece que a sua própria ideia sobre o óbvio é uma verdade "translúcida, perfeita, eterna" que se popularizou, mas sabia que grande parte das pessoas não a enxergava, tornando-se, dessa forma, "o novo", "o inédito" e "o nunca visto". Nelson Rodrigues parte de uma "verdade evidente" (óbvia), mas nunca percebida como tal. Na interpretação da obra rodrigueana, é preciso desvencilhar-se de referências que remetem a um "fora da linguagem", pois o "óbvio" se torna mais um produto de uma estética que lê a realidade à sua maneira, do que a realidade "em si". O "óbvio" de Nelson Rodrigues se transforma em personagem que intitula uma coletânea de crônicas do final dos anos 1960, a qual ficou conhecida como *O óbvio ululante*.

Retomando a peça *Os sete gatinhos*, de 1958, o que é tomado como óbvio é a virgindade como condição para um casamento bem-sucedido, mesmo que, para isso, as outras filhas de "Seu" Noronha precisem se prostituir, a fim de financiar a compra do enxoval da filha mais nova. O pai justifica o seu ponto de vista: "Silene é pura por nós, ou você não percebe que ela é pura por nós?".[37] Esse ideal de pureza projetada em Silene é frustrado quando o assessor da direção do colégio da menina, Dr. Portela, apresenta a bomba.

---

36 RODRIGUES, *A menina sem estrela...*, *op. cit.*, p. 231.

37 RODRIGUES, Os sete gatinhos, p. 219.

DR. PORTELA (*mais taxativo e pedante*) – 'Seu' Noronha, eu trouxe sua filha pelo seguinte: aconteceu, ontem, no colégio, um fato lamentável, realmente desprimoroso, 'Seu' Noronha.

'SEU' NORONHA – Mas... com a minha filha?

(*Dr. Portela ergue-se e fica andando de um lado para outro, enquanto fala. De vez em quando, exalta-se.*)

DR. PORTELA (*com ênfase pedante*) – Um fato, 'Seu' Noronha, que repercutiu muito mal. Houve meninas, até, que caíram com ataque. O pai de uma delas foi hoje lá e disse que retirava a filha. (*muda de tom, pigarreia*) Mas veja o senhor: havia, no colégio, uma gata. Aliás, não era nossa, era do vizinho. (*com certo calor*) Uma gata bonita, muito bonita.

'SEU' NORONHA (*impaciente*) – Sei, sei!

DR. PORTELA (*com certa voluptuosidade*) – Um pelo macio, sedoso, que parecia angorá, e digo mais: talvez fosse angorá. Ou por outra: angorá, não, porque ao que eu sei, angorá tem, no máximo, dois filhos. E a gata pulava do vizinho e muito mansa – era mansa – vinha para o nosso terreno. (*baixo, para 'seu' Noronha*) E quem, no meio de oitocentas alunas, gostava mais do animal? (*com satisfação e uma crueldade triunfante*) Sua filha!

'SEU' NORONHA – Silene?

DR. PORTELA (*satisfeito*) – Perfeitamente. Silene punha a gata no colo, dava-lhe leite no pires e fez, por duas ou três vezes, uma coisa que não é permitida: dormiu com a gata! De manhã, era um rebuliço no dormitório, quando as outras alunas percebiam. Relevamos, porque, afinal, era uma transgressão leve. E, um dia, notou-se que a gata ia ter nenê. O senhor está prestando atenção, 'seu' Noronha?

'SEU' NORONHA – Continue.

DR. PORTELA (*num crescendo*) – Até que, ontem, no recreio e na presença de todas as alunas – mataram a gata, à pauladas!

'SEU' NORONHA – E quem? Quem matou?

DR. PORTELA – À paulada, 'seu' Noronha! Aos olhos de meninas de 7, 8, 9 anos! (*num desafio triunfante*) E o que é que o senhor me diz?

'SEU' NORONHA – Mas quem a matou?

DR. PORTELA (*mudando de tom*) – 'Seu' Noronha, o senhor já viu uma gata parir?

'SEU' NORONHA (*desconcertado*) – Nunca.

DR. PORTELA – Aliás, a pergunta não é bem essa. O senhor já viu uma morta dar à luz?

'SEU' NORONHA – Também não.

DR. PORTELA (*exultante*) – Pois eu vi, eu! E foi o que aconteceu com a gata. Sim, senhor! Estava morta e preste atenção: os gatinhos, amontoados no ventre materno, iam nascendo, diante das meninas e das professoras. Quisse tirar de perto as menorzinhas, mas foi impossível. Eram tantas! Imagine: a mãe já morta a aquela golfada de vida! Sete gatinhos, ao todo.

'SEU' NORONHA – Vivos?

DR. PORTELA – Todos vivos!

'SEU' NORONHA – Mas, afinal, quem matou?

DR. PORTELA (*baixo e incisivo*) – Sua filha?!

'SEU' NORONHA (*baixo e também atônito*) – Repita!

DR. PORTELA – Sua filha Silene!

'SEU' NORONHA – Minha filha? O senhor quer dizer que minha filha...

DR. PORTELA (*peremptório e cruel*) Exatamente! Tem modos, sentimentos, ideias de menina e matou! Aquela infantilidade toda é uma aparência, 'Seu' Noronha, é uma aparência!

'SEU' NORONHA (*fora de si*) O senhor sabe o que está dizendo?

DR. PORTELA (*com pouco caso e troça*) – Eu entendo um pouco de psicologia!

'SEU' NORONHA – O senhor não conhece minha filha! O senhor, se conhecesse minha filha, como eu conheço – porque eu conheço minha filha, Dr. Portela, eu leio na alma de minha filha... o senhor, se conhecesse Silene, nunca diria uma coisas dessas, e duvido!

DR. PORTELA – Sua filha deve fazer um tratamento sério!

'SEU' NORONHA (*aturdido*) – Que tratamento? Mas assim vai perder as aulas (*muda de tom*) E se não foi a minha filha?

DR. PORTELA – Há testemunhas, 'Seu' Noronha, inclusive eu! Fui eu que a segurei, eu que a puxei de lá, quando ela ia matar os gatinhos, também! Leve a sua filha ao psiquiatra!

'SEU' NORONHA (*apertando a cabeça com as mãos*) – Levar Silene a um médico de loucos? Mas nós temos um médico aqui no bairro, que é clínico, mas bom, ótimo, o Dr. Bordalo!... Faz até parto de graça!

DR. PORTELA – Psiquiatra, 'seu' Noronha!

'SEU' NORONHA – E as aulas? Não pode perder as aulas!

DR. PORTELA (*com uma comiseração muito superficial*) – 'Seu' Noronha, acho que o senhor ainda não entendeu o problema...

'SEU' NORONHA – Como assim?

DR. PORTELA (*inapelável*) – Sua filha não voltará!

'SEU' NORONHA (*repetindo, atônito*) – Não voltará... (*lento*) O senhor quer dizer que o colégio expulsa minha filha?

DR. PORTELA – Interprete como quiser.

'SEU' NORONHA (*desesperado*) – E por causa de uma gata prenha? (*furioso*) Responda, Dr. Portela! Por causa de uma gata prenha?

DR. PORTELA – O senhor está errado, 'Seu' Noronha!

'SEU' NORONHA – Vou aos jornais! Faço um escândalo!

DR. PORTELA – Discordo de si, totalmente! O senhor diz 'gata prenha', muito bem. E daí (*energicamente*) escute aqui, 'Seu' Noronha; imaginemos uma mulher. Ora, eu compreendo o aborto, compreendo o direito e, até, o dever do aborto, na mulher. Admito que a mãe solteira se desfaça do filho. Há uma exigência moral para que ela vá ao médico e pergunte: 'Como é, doutor?' É cruel, concordo. (*exalta-se cada vez mais*) Mas entenda: há conveniências, escrúpulos, pudores... (*grita*) Porém uma gata, um bicho, um

Nelson Rodrigues: o fracasso do moderno no Brasil   253

ser que é instinto, que nada sabe do bem e do mal, uma gata não deve ser assassinada! É monstruoso. Desculpe, é abjeto![38]

A crença de "Seu" Noronha e de toda a sua família na inocência, pureza e virgindade de Silene é tão grande que, mesmo diante das evidências – de outro óbvio, por assim dizer –, o pai não acredita que a sua filha tenha sido capaz de cometer tal ato. Durante todo o relato do Dr. Portela, "Seu" Noronha não consegue entender que a presença do assessor significa a saída da sua filha do colégio e, portanto, a primeira frustração que o caso dos sete gatinhos trará para a sua família.

Silene estuda como interna em um colégio de elite às custas dos "arranjos" das irmãs e do fato de o seu pai trabalhar na Câmara dos Deputados, mesmo que inicialmente a direção do colégio não saiba que ocupa o cargo de contínuo.[39] Ou seja, um subterfúgio de uma família de camadas médias baixas para sustentar a aparência moral e financeira por intermédio da filha mais nova, que, por ser a única pura da casa, merece todo o sacrifício.

É interessante interpretar a comparação que Dr. Portela faz entre a morte a pauladas da gata prenha e o aborto de uma mãe solteira. Não se poderia matar uma gata prenha a pauladas sem nenhuma exigência moral, ao passo que o aborto, mesmo sendo cruel, seria justificado pelo peso que uma mãe solteira tinha naquela sociedade. No entanto, matar a gata significa fazer um "aborto" da própria mãe ou da maternidade, reforçada inclusive pelo fato de os gatinhos nascerem vivos. Ao matar a gata a pauladas, Silene mata a maternidade, faz um "aborto" da mãe solteira e não dos filhos, isto é, escancara o aborto apenas como um recurso para manter as conveniências. Com esse gesto, Silene também expõe o teatro familiar em torno do projeto de casá-la virgem e, logo, com alguém de "bem" que possa lhe dar uma "boa" vida. O que pode parecer

---

38 *Ibidem*, p. 214-217.

39 Diz Dr. Portela para "Seu" Noronha: "(*superior*) – E outra coisa, 'Seu' Noronha. De fato, o senhor tinha me dito, quando matriculou sua filha que era funcionário da Câmara, se não me engano da secretaria. Mas na semana passada estive lá e qual não foi a minha surpresa ao vê-lo, no seu uniforme próprio, servindo cafezinho aos deputados! O senhor não me viu e eu achei muita graça, até. Afinal contínuo, hem, meu caro Noronha? E creio que, agora, vai me pedir desculpas...". RODRIGUES, Os sete gatinhos, p. 221.

uma interpretação arbitrária da peça se confirma quando Silene é levada ao médico (Dr. Bordalo) e este atesta que ela está grávida. "Seu" Noronha ainda tenta negar.

'SEU' NORONHA – Mentira! (*arqueja*) Não tem quadris, a bacia é estreita! Diga, doutor, que é mentira!

DR. BORDALO – Em primeiro lugar, vocês veem Silene com os olhos da adoração. Ela tem medidas normais. Quanto à gravidez, não há dúvida. É certo. Trate de descobrir o responsável e providenciar o casamento.

'SEU' NORONHA – O senhor diz que Silene não é mais virgem? Deixou de ser virgem?

DR. BORDALO – Noronha, não exageremos. Você está exagerando. (*afetuoso, persuasivo*) Hoje em dia a virgindade não tem mais essa importância. E, afinal das contas, a honra de uma mulher não está na película. A virgindade é uma peliculazinha.

'SEU' NORONHA (*exaltadíssimo*) – O senhor tem uma filha. Da idade da minha. Solteira. Eu quero saber se a virgindade de sua filha também é uma película.

DR. BORDALO – Sejamos práticos. Descubra o homem.

(...)

SILENE (*contida*) – Não tenho namorado.

'SEU' NORONHA – Nem amante?

SILENE (*ofegante*) – Não.

'SEU' NORONHA (*na sua cólera contida*) – Quem é o pai do teu filho?

SILENE – Ninguém.

'SEU' NORONHA (*com lúgubre humor*) – Ainda és virgem?

SILENE (*soluçando*) – Sou, papai!

'SEU' NORONHA (*para o médico*) – Viu, doutor, o cinismo? (*feroz para a filha, com humor hediondo*) Mas se não estás grávida posso te dar um pontapé na barriga!

SILENE – Ninguém toca no meu filho!

'SEU' NORONHA (*com riso sórdido*) – Tens, então, um filho... (*furioso*) Mas onde arranjaste esse filho? No colégio? Fala! Na aula? No ônibus do colégio?

(*Dr. Bordalo empurra 'seu' Noronha e agarra Silene pelos dois braços.*)

DR. BORDALO – Fala comigo, Silene! Nós queremos saber quem é, porque se fala com o rapaz e ele casa contigo!

SILENE – É casado! (*feroz*) Casado, vive com a mulher, gosta da mulher (*num soluço*) e me deixem em paz, ó meu Deus!

D. ARACY (*soluçando*) – Ninguém presta! Ninguém vale nada![40]

A gravidez de Silene desmorona o ideal da família de um casamento burguês bem-sucedido. De fato, o médico está sendo cínico quando diz que a virgindade é uma "peliculazinha". Para as camadas médias baixas, a virgindade era muito mais do que isso, representava uma possibilidade real de construção de um lar burguês estável e harmonioso.

Em sua pesquisa sobre os códigos de moralidade e honra no Rio de Janeiro, a historiadora Sueann Caulfield comenta que:

> ... nos anos [19]50, as 'concubinas' não tinham de provar que haviam coabitado com o companheiro para requerer os benefícios sociais ou para provar o direito de seus filhos ao reconhecimento da paternidade. Os juristas começaram a distinguir a 'concubina honesta' (anteriormente inconcebível) da 'concubina desonesta'. A jurisprudência determinou que 'a família' era definida por laços de afeição e apoio e não por meio de documentos legais ou mesmo um lar compartilhado. Os juristas concordavam, por volta dos anos 50, em que as moças que entregassem a virgindade em troca de uma

---

40 *Ibidem*, p. 225, p. 227.

promessa de 'concubinato' podiam ser consideradas 'honestas' e ganhar a ação contra o sedutor.[41]

É ideológica a noção de que, a partir dos anos 1950, o Brasil começava a viver uma liberdade mais moderna no que concerne à moralidade dos costumes, pois não ajuda a compreender os conflitos familiares que se mantiveram, apesar de aquela ser uma sociedade muito mais complexa e paradoxal. Mães solteiras podiam até ter maior visibilidade social nos anos 1950, o que não significava que os preconceitos acerca da sua "condição" fossem atenuados. O próprio substantivo "concubina" utilizado por essa jurisprudência aparentemente mais arejada (ou "moderna"?) tornava-se um "adjetivo" negativo que perpetuava uma tradição, independentemente do vocábulo estar acompanhado por "honesta" ou "desonesta"; assim como os juristas e as leis estavam distantes da realidade concreta de mulheres que viviam o drama da gestação fora do casamento nos anos 1950.

As personagens da peça de Nelson Rodrigues valorizam a virgindade porque pertencem às camadas médias baixas. Prezam pela moralidade dos costumes como forma de imitar o respeito e o prestígio econômico e social das elites que as suas condições reais não lhes permitem suprir. Entretanto, uma vez que o dramaturgo não estava aderido a essa ideologia, mostra como a família sofria com a frustração. Via o seu sonho transformado em pesadelo. O próprio Dr. Bordalo, que havia dito que a virgindade era uma "peliculazinha", acaba concordando que Silene deveria se casar com o pai da futura criança. Mas ao saber que ele já é casado, a mãe da moça reconhece, no seu desespero: "Ninguém presta! Ninguém vale nada!"

A estética de Nelson Rodrigues é mais virulenta quanto maior é a crença em valores morais genéricos, que, posteriormente, mostrar-se-iam contrariados. Não por acaso, depois da decepção, "Seu" Noronha propõe montar um bordel de filhas na sua própria casa e deixar o emprego de contínuo na Câmara dos Deputados. Por sua vez, D. Aracy, "a Gorda", confessa ter sido ela quem escreveu os palavrões no banheiro "(...) talvez porque eu quase não vou ao cinema, a um teatro, vivo tão só! E também porque (mais agressiva) eu não tenho marido!

---

41 CAULFIELD, *op. cit.*, p. 344.

(para 'Seu' Noronha) Há quanto tempo você não me procura como mulher? (para o médico) Até já perdi a conta! (com certa dignidade) Então, eu ia ao banheiro, rabiscava e, depois, apagava. Ontem, é que eu me esqueci de apagar".[42]

O que era privado se torna público (a confissão da Gorda) e o que era público se torna privado (os "arranjos" das filhas de "Seu" Noronha seriam a partir daquele momento realizados e administrados em casa). O primeiro "cliente" do bordel de filhas é o próprio Dr. Bordalo, a convite do pai. A princípio ele não aceita, mas depois acaba cedendo ao impulso e vai para o quarto com Silene. Antes, porém, pede a uma das filhas de "Seu" Noronha que lhe cuspa na cara. Depois de certo tempo, Dr. Bordalo se enforca, deixando um bilhete no qual diz que não quer que a sua filha o beije no caixão.

Um aspecto bastante curioso e recorrente nas peças de Nelson Rodrigues dos anos 1950 é a religiosidade das camadas médias, ora ligada aos cultos evangélicos (vale lembrar que na peça A falecida Zulmira e a sua prima Glorinha são protestantes), ora ao espiritismo ("Seu" Noronha é espírita, assim como a sua filha Hilda), ora ainda ao catolicismo não praticante (a medalhinha de santo no pescoço de Bibelot). Todas as vertentes religiosas são designadas sob o título genérico de "teofilista". Nas peças dos anos 1940, a religiosidade das personagens tem um caráter mais sério e moralista, pois sustenta os valores morais de uma burguesia de elite se debatendo com os princípios de um secularismo danoso. Nas peças dos anos 1950, a religiosidade não entra mais em conflito com os valores individualistas, mas se mistura com eles a ponto de se sustentarem um ao outro. A própria religião se torna uma forma de alicerçar a imitação das camadas médias baixas em torno dos valores morais das elites, mas essa também se mostra frustrada. Daí o tom mais patético e humorístico das "crenças medianas".

> (Começa o terceiro ato como uma sessão em casa do 'Seu' Noronha. Presentes: o velho, D. Aracy, as filhas, menos Silene que está encerrada em seu quarto. Hilda é o médium. Acaba de receber o primo Alípio, falecido recentemente. Hilda anda pelo palco em largas e viris passadas; arqueja e funga; dá gritos medonhos; voz masculina.)

> D. ARACY – Pergunta se o homem vem aqui e quando?

---

42 RODRIGUES, Os sete gatinhos, op. cit., p. 230.

'SEU' NORONHA (*baixo, para a mulher*) – O diabo é que foi receber logo o primo Alípio, que não se dava comigo... (*novo tom, humilde*) Irmão, ele vem aqui?

(*Hilda dá pulos tremendos.*)

HILDA – Velho safado! Você quer matar um homem!

ARLETE – O primo não quer nada com a gente!

'SEU' NORONHA (*para Arlete*) – Não se meta!

(*De vez em quando, nos seus arrancos de espírito ainda não evoluído, Hilda tem de ser subjugada.*)

D. ARACY (*a um arranco maior*) – Segura! Segura!

(*Hilda, dominada, esperneia em vão.*)

HILDA (*com voz masculina e ofegante*) – Velho assassino!

'SEU' NORONHA (*na sua humildade*) – Irmão, esse homem ofendeu minha moral! Desgraçou minhas filhas!

HILDA – Tuas filhas são umas sem-vergonhas! Vivem pegando homem!

'SEU' NORONHA (*sôfrego*) – Mas o homem chora por um olho só!

HILDA – Olha que você pode morrer!

'SEU' NORONHA – E como eu vou conhecer esse homem? Saber quem é ele? Judeu? Como é ele?

HILDA – o homem goza chorando, chora morrendo!

'SEU' NORONHA (*repetindo com angústia*) – Goza chorando, chora morren-do... (*num apelo*) Mas ele vem aqui e quando?

HILDA – O homem vestido de virgem!

'SEU' NORONHA – Vestido de virgem!

HILDA – Você enterra no quintal, o homem e a lágrima! Vocês ajudem a car-regar o corpo... (*para 'Seu' Noronha*) E você enterra a faca no coração!

Nelson Rodrigues: o fracasso do moderno no Brasil   259

'SEU' NORONHA – Mas eu queria apunhalar o olhar da lágrima!

HILDA – Deixa o homem dormir e enterra a faca no coração!

(*'Seu' Noronha está tirando lentamente o punhal de prata. Hilda sacode-se, despertando, em espasmos tremendos, do seu estado mediúnico.*)

AURORA – Já acabou?

'SEU' NORONHA – Eu não disse? Batata!

AURORA – Há certas coisas com que eu não me conformo!

'SEU' NORONHA – Você ainda duvida?

AURORA – Papai, o primo Alípio é um espírito que, outro dia, pregou aquela mentira!

'SEU' NORONHA – Como você pode ser tão burra! (*para as outras, para todas*) Vocês viram! (*agarra a mulher*) Você é testemunha, Gorda!

D. ARACY – Eu não entendi direito!

'SEU' NORONHA (*sacudindo-a*) Escuta: o Dr. Batista Coutinho já me tinha avisado e vem o primo Alípio e confirma – o homem que chora por um olho só liquidou minha família! E agora, qual a dúvida?[43]

A crença religiosa em entidades espirituais que possam explicar os desatinos da vida também é uma forma de a família de "Seu" Noronha manter as convenções, vinculando o sagrado à pureza, apesar do "desastre" das filhas "perdidas".[44]

---

43   *Ibidem*, p. 233-234.

44   No início da peça, "Seu" Noronha tenta justificar a sua crença: "(...) Agora vem o importante. Eu sempre senti que as meninas, aqui, eram marcadas e, ontem, eu finalmente soube por que vocês são umas perdidas! Isto é, soube de fonte limpa, batata! Quem me explicou tudinho (*enfático*) não mente!/D. ARACY – E quem é ele?/'SEU' NORONHA (*triunfante*) – O Dr. Barbosa Coutinho! (*toma respiração*) O Dr. Barbosa Coutinho, que morreu em 1872, é um espírito de luz! Foi médico de D. Pedro II e o melhor vocês não sabem: os versos de D. Pedro II não são de D. Pedro II. Quem escreveu a maioria foi o Dr. Barbosa Coutinho. D. Pedro II apenas assinava. (*triunfante*) Perceberam?/(*Arlete faz um gesto a significar que o pai está maluco.*)/'SEU' NORONHA – Vão ouvindo (*muda de tom*) Eu sempre senti que havia alguém

Mesmo que o "além" confirme a realidade "aquém" do que eles possam alcançar. O primo Alípio não é uma entidade desenvolvida, insulta a família de "Seu" Noronha e prega peças com as suas previsões. Apenas algo explica a tragédia da família: o homem que chora por um olho só. É, sem dúvida, uma metáfora da máscara teatral e da própria representação. A incorporação de Hilda, a filha que mais gosta do pai, é emblemática quando "recebe" o primo Alípio, que não gosta de Noronha. Nesse embate entre a crença em absolutos morais e a derrocada das suas abstrações, ninguém é poupado.

A peça termina quando Silene confessa que o homem que a engravidou é um vizinho do colégio, também o dono da gata prenha. Além disso, só se veste de branco e tem um apelido engraçado. Aurora chega à conclusão de que o homem que chora por um olho só é Bibelot. No entanto, antes da confissão da irmã, ela havia dito ao pai que "seu namorado" poderia matar o tal homem, pois ele já tinha feito isso antes. Mas diante da revelação de Silene, Aurora convida Bibelot para descansar na sua casa, já tramando uma possível vingança. Bibelot tem uma esposa que está com câncer e vai morrer, mas se recusa a considerar Aurora como substituta. Ele afirma que gostaria de casar com uma moça de família e que deseja ter Aurora como "mulher da zona". Bibelot também se recusa a dizer que ama Aurora. Afirma que a substituta para a esposa é um "broto". Aurora chega à nova conclusão de que o "broto" é a própria irmã Silene.

---

atrás de minha filha, dia e noite. Alguém perdendo as nossas virgens! E como eu ia dizendo, ontem o Dr. Barbosa Coutinho me confirmou que existe, sim, esse alguém. Alguém que muda de cara e de nome. Pode ser um rapaz bonito ou, então, um velho como o 'Seu' Saul./ARLETE - Ora, papai, o senhor acredita nesses troços!/'SEU' NORONHA - Quero te dizer uma só coisa, Arlete: você é assim malcriada comigo, sabe por quê? Porque você é um *médium*, que ainda não desenvolveu. (*taxativo*) Você se desenvolva, Arlete, ou seu fim será triste... E chega, ouviu? Chega! (*novo tom*) E, então, o Dr. Barbosa Coutinho mandou que eu olhasse no espelho antigo. (*arquejante*) Pois bem. Olhei no grande espelho e vi dois olhos, veja bem, dois olhos, um pisca normalmente e outro maior e parado. (*com súbita violência*) O pior é que só o olho maior chora e o outro, não./ARLETE - Isola!/D. ARACY - E como é o nome?/'SEU' NORONHA (*furioso*) - Gorda, você não entende isso, Gorda! Nós usamos na Terra um nome que não é o nosso, não é o verdadeiro, um nome falso! (*com esgar de choro*) Esse alguém, que chora por um olho só, sabe que ainda temos uma virgem! RODRIGUES, Os sete gatinhos, *op. cit.*, p. 206-207.

Diante do que considera o insulto máximo, avisa ao pai que o homem que chora por um olho só está dormindo no seu quarto. "Seu" Noronha vai até o quarto e mata Bibelot com uma facada no coração. Para a surpresa de toda a família que presencia a cena, Bibelot chora pelos dois olhos. Não sendo ele o tal homem, as filhas se revoltam contra o pai. O pai tenta se defender e acusa a filha Arlete de beijar mulher na boca. Ao que a filha responde: "Beijo mulher na boca para me sentir menos prostituta!".[45] A filha manda o "velho" chorar, pois prostituiu as próprias filhas e não demonstra remorso. Quando "Seu" Noronha chora, apenas uma lágrima pende do seu rosto. A filha apanha o punhal para assassinar o pai, pois é ele o homem que chora por um olho só. Hilda, a filha que mais gosta do pai, tenta impedir, mas acaba incorporando o primo Alípio, que termina a peça dizendo: "Mata, sim, mata velho safado! Mata e enterra o velho e a lágrima no quintal! Velho safado!".[46] O pai, que tentou ser autoritário e moralista, acaba se confundindo com o contínuo, o cafetão, o disfarçado e o imoral. Por isso, um olho fitava e o outro chorava. É a máscara teatral que expõe a representação.

A estética de Nelson Rodrigues permite olhar a especificidade cultural do passado brasileiro nas ideologias de "moderno" e nas suas representações por meio da fluidez e da imprevisibilidade do comportamento das famílias das camadas médias baixas da zona norte carioca dos anos 1950. A sua estética sugere, igualmente, importantes ressalvas à metodologia do historiador de hoje, que, ao documentar o passado a partir de uma sociedade massificada como a brasileira, tende a assumir "o moderno" como uma ideologia. Portanto, é preciso ainda esclarecer a importância do teatro como forma de interpretar as representações, essencial também para o conhecimento histórico contemporâneo.

---

45 *Ibidem*, p. 252.

46 *Ibidem*, p. 253.

3. A imprensa como teatro: uma história

Como membro das elites intelectuais e econômicas do início do século XX que entraram em decadência, Jorge Andrade foi um dramaturgo preocupado em refletir sobre a história e o tempo histórico por meio do seu teatro, como um exercício de memória individual e coletiva nos anos 1950.[1] Nelson Rodrigues, por sua vez, não gostava de ser identificado como um intelectual, embora possa assim ser considerado. No seu teatro, não elaborou, como Jorge Andrade, marcas mais claras e conscientes sobre o tempo histórico, as quais possam ser relacionadas diretamente ao ofício do historiador, o que não significa que, mediante a historicidade da sua estética, não seja possível perceber qual era a sua perspectiva de história: "Sou um admirador da derrota e dos derrotados. E confesso: – dos vários Napoleões existentes, prefiro o de Waterloo e de Santa Helena, e não o de Austerlitz ou o da coroação".[2]

A preferência de Nelson Rodrigues pela derrota e pelos derrotados na história não é uma tentativa de chocar o público-leitor-espectador, embora a

---

1 Sobre o assunto, ver o trabalho de ARANTES, *Teatro da memória...*, *op. cit.*, principalmente o capítulo 1, "Jorge Andrade: trajetória entre a memória e a história", p. 31-60. O dramaturgo em questão pode ser considerado da mesma geração de Nelson Rodrigues, embora tenha nascido em 1922. Escreveu grande parte da sua obra nos anos 1950-60. Faleceu em 1984, quatro anos depois de Nelson Rodrigues.

2 RODRIGUES, *Flor de obsessão...*, *op. cit.*, p. 48.

recepção da sua obra no momento da sua produção tenha demonstrado o contrário. Mesmo que de forma indireta, o dramaturgo apresenta, antes de tudo, a sua visão de história em um mundo que cada vez mais parecia se distanciar da realidade ao acreditar nas representações. Dois fatores contribuíram muito para isso: a ascensão na hierarquia social das camadas médias, que a todo o momento tentavam representar a inserção em um mundo que não existia, e o início do processo de massificação da cultura no Brasil via jornais e revistas, cujas propostas editoriais visavam conquistar mais leitores por meio da visualidade como verdade.[3] Além disso, tais jornais e revistas eram os meios pelos quais esses setores sociais começavam a se destacar.

A revista *O Cruzeiro* investia no fotojornalismo, como se quisesse mostrar o que deveria ser considerado "moderno" por meio de uma narrativa com o uso de imagens. O jornal *Última Hora*, por sua vez, insistia no oposto, no que não deveria ser julgado "moderno", com a construção de notícias policiais com alto poder de convencimento e uma narrativa escrito-visual, como se estivesse presente em todos os lugares, ou ainda, na "última hora" dos acontecimentos.

> Seriam mais ou menos meia-noite quando o Sr. Luis Alves, proprietário de um bar localizado na Rua São Carlos, 67, preparava-se para fechar o seu estabelecimento. Nisso, um rapaz, ainda jovem, banhado em sangue, ingressou no bar e exclamou:
> – Covardes. Me mataram!
> Dizendo esta frase, caiu em decúbito ventral, para expirar momentos depois.

---

3   Tais publicações antecipavam e preparavam visualmente muitos dos efeitos que atualmente são discutidos com a disseminação da televisão no Brasil. O livro de Maria Rita Khel e Eugênio Bucci é um bom parâmetro das atuais problematizações nessa área. Diz Bucci, no capítulo "A crítica de televisão", p. 30-31: "Diante da tela, o que o telespectador enxerga não é a própria tela, nem o discurso que encadeia as imagens e as palavras numa narrativa ininterrupta, mas a paisagem que se lhe apresenta do outro lado da janela eletrônica. O 'meio', a 'ferramenta de comunicar', simula sua própria transparência simulando sua desintegração no espaço. Como o próprio discurso que se pretende neutro, isento e distanciado, a tela aparentemente não tem parte com a realidade que retrata nem com aquele que para ela volta os olhos. A tela, como discurso jornalístico, retira dessa isenção a sua legitimidade e a sua força. Por isso, ambos ocultam a própria condição". KHEL, Maria Rita e BUCCI, Eugênio. *Videologias*: ensaios sobre televisão.

Comunicado o fato ao Comissário Joel, do 44° D. P. este solicitou o comparecimento da Polícia sendo essa representada pelo Perito (...), o qual procedendo aos exames preliminares no cadáver, constatou dois [tiros] à bala, sendo um no braço esquerdo e outro na região carotidiana.

Apuraram posteriormente, as autoridades, que o morto era Adilson de Sousa (solteiro, de 17 anos, Rua Laurindo Rabelo, 457, fundos), e que há cerca de um ano fugira do SAM. Talvez que de uma desinteligência surgida, entre ele e possivelmente elementos traficantes de maconha, que pululam pelo (...) morro [de São Carlos], é que tenha se originado o crime.[4]

Quase à mesma hora,

(...) a Polícia da 23ª D.P. era notificada que na Rua Eulalina Ribeiro, em frente ao número 414, uma mulher em adiantado estado de gestação era abatida a tiros, por motivos ainda ignorados. Trata-se de uma jovem de cor parda, com 20 anos presumíveis, trajando-se modestamente que, após ligeira altercação com desconhecidos fora assinada com um tiro no coração. Moradores da rua acima citada, quando ouvidos pelas autoridades, declaram que somente ouviram gritos de mulher e logo após os estampidos. O caso foi entregue à Polícia Técnica.[5]

As notícias policiais do diário não pretendiam compreender os dramas morais familiares, individuais ou sociais. Tinham a pretensão de narrar com distanciamento frio a realidade nua e crua das ruas. Todos os personagens que figuravam nas páginas policiais, isto é, criminosos e vítimas, ricos ou pobres, eram estereotipados como aqueles que viveram situações fora do que era considerado "normal", isto é, de equilíbrio e harmonia emocional, financeira ou moral. As notícias davam a impressão de que somente o que era extraordinário ou derrisório aparecia nas páginas do jornal. Contraditoriamente, o excesso de crimes noticiados confirmava o contrário. No entanto, era preciso carregar nas tintas para que o leitor das camadas médias não se sentisse atingido ou agredido, por isso as notícias teatralizavam o crime. Diziam que o criminoso ou a vítima tinha

---

4   Na ronda das ruas. *Última Hora*, Rio de Janeiro, 5 set. 1956, p. 6.

5   *Idem.*

266   Alexandre Pianelli Godoy

se envolvido, por exemplo, com drogas ou em um briga com desconhecidos. Dessa forma, o leitor poderia justificar o crime ocorrido sem se imaginar algum dia implicado numa situação similar. Era a produção da notícia-crime com fins mercadológicos que necessitava criar esse duplo distanciamento (do crime e da sua relação com ele) para o consumo digestivo do leitor. Era o advento do *fait divers*.[6] Portanto, as notícias-crime, em vez de apontarem para o fracasso dos ideais de modernidade daquela sociedade, referendavam-nos por meio das suas imagens em negativo.

Esse universo da construção do "fato policial" pela imprensa escrita que Nelson Rodrigues descortina em suas duas últimas peças dos anos 1950: *Boca de Ouro* (1959) e *Beijo no asfalto* (1960). O seu interesse era legítimo. Como já foi mencionado, ele foi repórter e cronista policial nos jornais do seu pai (*A manhã* e *Crítica*) quando ainda um adolescente.[7] Em suas memórias, Nelson Rodrigues dá a sua opinião sobre a velha e a nova imprensa.

> Se me perguntarem qual é o grande e irredutível abismo entre a velha imprensa e a nova, direi: – a linguagem. Claro que existem outras desse-melhanças, além da estilística. Tudo o mais, porém, é irrelevante. Basta a redação de uma e outra para datá-las. Examinem duas manchetes: – uma de 1908 e outra de 1967. Dos fatos que, em 1908, deram manchete, o mais patético foi o assassinato do rei de Portugal e do príncipe herdeiro. Muito bem, fui à Biblioteca Nacional repassar os jornais da época. Eis o que-ro dizer: – não sei o que comovia mais o leitor, se o furor da carnificina, se o alarido dos cabeçalhos. (...) A primeira manchete era de um tremen-do impacto visual, um soco no olho. E, depois de contar, sempre em oito

---

6   Sobre as características semiológicas da notícia ou *fait divers*, ver: BARTHES, Roland. A es-trutura da notícia. *Crítica e verdade*, p. 57-67.

7   Sobre isso, ver: RODRIGUES, *O baú de Nelson Rodrigues...*, *op. cit.*, *passim*. Carlos Heitor Cony comenta no prefácio do livro, p. 10, que aquele "não é um Nelson Rodrigues inédito que se apresenta aos leitores de hoje. É o Nelson Rodrigues de sempre, surpreendentemente novo e atual. Antes mesmo de atingir a maioridade civil, Nelson escrevia, aos quinze, dezesseis anos, e sendo filho de um jornalista, dono de importante diário na época, seus textos eram publicados rotineiramente, cobrindo sobretudo o setor policial, com os casos cotidianos, as brigas de rua, as desavenças domésticas, um material farto que seria o embrião de grande parte de sua obra teatral e literária".

Nelson Rodrigues: o fracasso do moderno no Brasil   267

colunas, a iniquidade, o jornal, não satisfeito, punha uma derradeira manchete: – 'HORRÍVEL EMOÇÃO!'. Quando e onde o atual *copy desk* do *Jornal do Brasil* admitiria esse apavorante uivo impresso? (...) Vejam vocês: – diante da catástrofe, a primeira medida da velha imprensa era cair nos braços do adjetivo ululante. Hoje, não. Quando Kennedy morreu (quando uma bala arrancou o seu queixo), o *copy desk* do *Jornal do Brasil* redigiu a manchete sem nada conceder à emoção, ao espanto, ao horror. O acontecimento foi castrado emocionalmente. Podia ser a guerra nuclear, talvez fosse a guerra nuclear. E o nosso *copy desk*, na sua casta objetividade, também não concederia ao fim do mundo um vago e reles ponto de exclamação.[8]

Nelson Rodrigues percebe que a falta de impacto visual e emocional da notícia apontava para o distanciamento da mercadoria-notícia em relação à realidade, mesmo que para isso recorresse aos recursos da criação ficcional. Ele tem consciência de que produzir a notícia é também produzir uma forma de ficção,[9] o que, no entanto, não era assumido pela "nova" imprensa com a sua "casta objetividade". Tanto a revista *O Cruzeiro*, como o jornal *Última Hora* criavam a sua "objetividade" calcados na ideia da visibilidade imparcial da notícia. Essa era uma forma de cooptar novos leitores – pouco acostumados aos códigos da escrita – por meio da crença em imagens fotográficas e textuais vendidas como uma "verdade evidente". Os valores burgueses moldados pela valorização da aparência se manifestavam de forma recorrente na construção de textos escritos e imagens fotográficas. Era o advento de uma imprensa para entreter um círculo mais amplo de leitores, não apenas ligados às elites burguesas, mas principalmente aos setores médios daquela sociedade.

Não causa admiração que um historiador que se debruce sobre esses periódicos, sem a devida precaução, seja levado a acreditar não só numa sociedade moderna, mas no pleno desenvolvimento e consolidação de uma cultura de

---

8   RODRIGUES, *A menina sem estrela...*, *op. cit.*, p. 243-244.

9   Ainda em suas memórias, afirmou: "Eu não via dessemelhança entre literatura e jornalismo. Já ao escrever o primeiro atropelamento, me comovi como se fosse a minha estreia literária. E a minha primeira tragédia também me soou como outra estreia". RODRIGUES, *A menina sem estrela...*, *op. cit.*, p. 245.

massa no Brasil nos anos 1950.[10] Entretanto, numa leitura enviesada, os próprios periódicos deixam brechas para que, em suas propagandas comerciais, seja vista a precariedade do consumo, a excessiva teatralização social das camadas médias por meio de conselhos sentimentais, cartas e dicas de beleza, além das seções de humor visual que, constantemente, satirizavam a crença da imprensa e da sociedade no "moderno" e na "modernidade".[11]

O alvo de Nelson Rodrigues, porém, não é tanto as imagens fotográficas, mas a forma como a imprensa escrita construía imagens supostamente verídicas do real, retirando os sujeitos e as situações noticiadas do contexto mais complexo da sua história. A coluna *A vida como ela é...*, publicada diariamente no jornal *Última Hora* dos anos 1950, era o contraponto à escrita das colunas policiais, que tinham toda a sua força na construção das representações do que não era considerado "moderno". Nelson Rodrigues aprofunda o assunto e dá uma história às notícias policiais, ampliando o leque de possibilidades para o acontecimento das tragédias cotidianas.

> Eram um seis casais. Na sala de visitas de um deles, conversavam sobre o amor, sobre a fidelidade. Em dado momento, Almeida pousa o copo de uísque e dá sua opinião:
> – O destino natural da mulher é ser traída!

---

10 Insisto que esse problema no Brasil se deve ao fato de serem utilizados conceitos como o de indústria cultural, sociedade de massa ou cultura de massa, criados na Europa e nos Estados Unidos entre os anos 1930-40, quando esses países já haviam vivido tais processos, como se fossem coetâneos aos eventos brasileiros. Tomam-se conceitos emprestados de outras realidades sem atentar para a sua historicidade. Para Renato Ortiz "cabe lembrar que o estudo dos meios de comunicação se desenvolveu em outros países de forma diferenciada no tempo. Se os Estados Unidos conhecem uma reflexão sobre a temática ainda na década de 30, na Europa é somente no pós-guerra que vai se concretizar uma série de análises sobre a problemática em questão. Não basta, porém, apontarmos essas causas sociais mais amplas que 'retardaram' a reflexão sobre a cultura de mercado entre nós; é preciso entender a especificidade da discussão sobre a cultura num país como o Brasil, pois só assim poderemos compreender com clareza as implicações que marcam o debate e em que medida ele se modifica com o advento das indústrias culturais". ORTIZ, *op. cit.*, p. 17.

11 As seções de humor visual mais conhecidas da revista *O Cruzeiro* eram *O amigo da onça*, de Péricles Maranhão, *O PIF-PAF*, de Millôr Fernandes, sob o pseudônimo de Emmanuel Vão Gôgo, e *Doutor Macarrão, um figurão*, de Carlos Estevão.

Os homens riram-se, as senhoras protestaram:

– Que horror!

E uma delas, casada recentemente, bateu as três pancadas na madeira. Mas já o Almeida, com o seu cordial cinismo, retificava:

– Com exceção das presentes, claro.

Então, a dona de casa, que era uma senhora muito viva e brilhante, vira-se para o Almeida:

– Vocês homens são uns mascarados. Pelo seguinte: – um homem sempre trai com outra mulher. E esta mulher há de estar traindo alguém – ou não está? Ele acha graça: 'Depende'. A dona de casa continua:

– A verdade é que todo mundo trai e todo mundo é traído.

O Almeida ergue a voz:

– Menos eu! Eu, não!

(...)

OBSESSÃO

Passou. No dia seguinte, na hora de sair para o emprego, Almeida vem beijá-la. Dorinha foge com o rosto:

– Não, senhor!

– Por quê?

E ela:

– Você pensa que eu me esqueci de sua ameaça?

Almeida não entendeu:

– Que ameaça?

E ela:

– Ameaça de morte, sim, senhor. Tu disseste que me matava se eu o traísse.

O marido dá-lhe um tapinha festivo na face:

– Sossega, leoa-de-chácara! E até logo, que já estou atrasado!

Na esquina, ele fez o que sempre fazia, isto é, virou-se para acenar com os dedos. Mas teve a surpresa: a mulher não estava no portão. Era talvez um lapso de Dorinha, um detalhe mínimo. Fosse como fosse, aquilo o aborreceu. E, no trabalho, a mulher telefona para ele. Começa:

– Aqui fala a sua futura vítima.

A princípio, não reconheceu a voz:

– Que vítima?

Ela respondeu:

– Você não disse que me matava?

Pela primeira vez irritou-se:

– Não brinca assim. Já está chata essa brincadeira.

Passou. Ao chegar de noite em casa, inclinou-se para beijá-la. Novamente ela recua:

– Não, senhor. O futuro assassino não tem direito de beijar a vítima.

Era demais. Criou para a mulher o dilema: 'Das duas, uma: ou você acaba com essa gracinha ou eu vou me zangar muito seriamente'. De braços cruzados, o rosto duro, ela o desafia:

– Não é gracinha nenhuma. Eu falo sério. Você disse que me matava e eu considero você meu assassino.

Atônito, balbucia:

– Quer dizer que você insiste nesse palpite imbecil?

– Insisto.

Explodiu:

– Pois, então, dane-se. Vá tomar banho, antes que eu me esqueça!

O casal foi dormir sem se falar.

(...)

A MENSAGEM

Dois ou três dias depois, Almeida recebe um telefonema do pronto-socorro. Alguém dizia: – 'Sua mulher foi atropelada!', Almeida mal entendeu. Alucinado, corre. De fato, Dorinha fora atropelada, sim, num cruzamento de Carioca com Uruguaiana, e estava por um fio, morre ou não morre. Durante uma semana, esteve inconsciente, mas era óbvio que os médicos tinham esperança de salvá-la.

Uma noite, estava Almeida só, no quarto, com a acidentada. De repente sente que ela pousa a mão na sua. Do fundo do seu martírio, numa voz que é um sopro, ela está dizendo:

– Eu traí você, eu... traí...

Almeida sentiu a confissão da agonia. Antes que ela morresse, ele a matou.[12]

O conto-crônica "Assassino" é um entre tantos que Nelson Rodrigues escreveu expondo situações-limite. Almeida e Dorinha acreditam na manutenção do relacionamento conjugal, mesmo que haja traição. Porém, enquanto ele afirma que toda mulher é traída, ela já o havia traído, mas acredita que todo amor verdadeiro deve resistir à infidelidade e à morte. Apesar de doze anos de casamento, o casal vivia ainda numa "relativa lua-de-mel". Aparentemente, sustentavam

---

12 RODRIGUES, Nelson. Assassino. CASTRO, Ruy (org.). *A coroa de orquídeas e outros contos de A vida como ela é...* p. 75-78.

Nelson Rodrigues: o fracasso do moderno no Brasil   271

um relacionamento estável. Mas é a ideia do marido de matá-la, caso se configure a traição, que a deixa transtornada. Ela chega à conclusão de que o marido não a ama. Todavia, Almeida está sendo meramente retórico e essencialmente machista ao afirmar que "o destino natural da mulher é ser traída", pois ele mesmo nunca foi infiel à esposa. Desastradamente, ela acredita na opinião do marido porque já o havia traído. Ele, por sua vez, não resiste à confissão da esposa. E aquilo que era meramente retórico se torna real: mata porque não suporta a traição. Na perspectiva da esposa, a sua hipótese se confirma: ele não a ama. Na perspectiva do marido, é por amá-la que ele a mata, pois é ela quem não o ama. Portanto, embora sustentem idealmente um relacionamento duradouro, ambos amam mais a si mesmos do que um ao outro. Como contraponto, a manutenção do relacionamento conjugal representa amor mútuo ou correspondido.

Ao estabelecer o jogo dramático entre a representação de estabilidade conjugal e a representação do crime passional, Nelson Rodrigues subverte a lógica da notícia policial ou do *fait divers* ao expor o modo como opera a sua representação. Ao contrário das notas policiais que classificariam o crime como "passional", em função do desmedido ciúme do marido ou apenas levantariam essa suspeita. Flora Sussekind comenta:

> Levando-se em conta que o *fait divers* 'resulta de uma classificação do inclassificável, não tendo por objeto senão aquela parte do até então não nomeado, ou ainda aquela porção de realidade que se sustenta fora de todo o catálogo conhecido', e que, na obra de Nelson Rodrigues, são tematizados dados normalmente marginalizados, 'desclassificados', a proximidade temática entre o teatro de Nelson Rodrigues e o *fait divers* parece evidente. Mas ficam aí as semelhanças. O *fait divers* se constitui de dois termos (o fato, e o que é notável no fato) e vai centrar-se na relação de causalidade entre eles. Entretanto, tal causalidade, nele, sempre aparece perturbada, já que o *fait divers* noticia: prodígios (tais como objetos não identificados, i. e., de origem desconhecida ou um número extraordinário de acidentados numa explosão, acidente etc.), coincidências (ex.: pessoas que são assaltadas ou ganham na loteria diversas vezes seguidas), situações onde há uma desproporção entre causa e efeito (ex.: matou a mulher... porque serviu a comida fria) etc.[13]

---

13   SUSSEKIND, Nelson Rodrigues e o fundo falso, *op. cit.*, p. 28-29.

De fato, Nelson Rodrigues se apropria dos elementos do *fait divers*, mas para mostrar situações-limite que revelam a sua farsa e não para imitar os seus procedimentos. Se os prodígios, as coincidências e a desproporção entre causa e efeito são características desse tipo de notícia é para distanciar o leitor das situações fora do comum e, ao mesmo tempo, para possibilitar o seu consumo com espanto provisório. Em Nelson Rodrigues, o espanto permanece, pois os "prodígios" se tornam humanamente corriqueiros, as "coincidências" são fruto de um acaso desastroso que poderia acontecer com qualquer um e "a causa e o efeito", embora não sejam simétricos, também não são explicados pela desproporção. Tanto o "fato" quanto o que nele é notável entram em desordem.

No conto-crônica anteriormente citado, não há nada de novo no estilo de Nelson Rodrigues, mas não se pode perder de vista que ele foi publicado no jornal *Última Hora*, o qual investia em notas policiais que pretendiam prescrever como "crime" tudo aquilo que não fosse considerado "moderno". Tanto que a primeira ideia de Samuel Wainer foi a de contratar Nelson Rodrigues como cronista policial.

> Num domingo, recebi a notícia de um casal que viajava em lua-de-mel morrera na queda de um avião. Achei que aquela história poderia render uma excelente reportagem. Chamei Nelson Rodrigues, meu redator de esportes, e perguntei-lhe se aceitava escrever uma coluna diária baseada em fatos policiais. Nelson recusou. Resolvi enganá-lo, e contei que André Gide já fizera isso na imprensa francesa. Defendi também a tese de que, no fundo, *Crime e castigo*, de Dostoievski, era uma grande reportagem policial. Eu apenas queria que ele desse um tratamento mais colorido, menos burocrático, a um certo tipo de notícia. Nelson afinal cedeu. Sentou-se à maquina e, pouco depois, entregou-me o texto sobre o casal que morrera num desastre de avião. Era uma obra-prima, mas notei que alguns detalhes – nomes, situações – haviam sido modificados. Chamei Nelson e pedi que lhe fizesse as correções.

> – Não, a realidade não é essa – respondeu-me. – A vida como ela é é outra coisa.

Nelson Rodrigues: o fracasso do moderno no Brasil   273

> Eu me rendi ao argumento e imediatamente mudei o título da seção. Deveria se chamar 'Atire a primeira pedra', mas ficou com o título de 'A vida como ela é', que considero um dos melhores momentos do jornalismo brasileiro.[14]

Escritas em 1980, as memórias do "repórter" reconstroem de modo bastante linear e progressivo a carreira do dramaturgo dentro do próprio jornal, como se fundamentassem a medida do sucesso de Nelson Rodrigues no grau de intervenção e pertinácia do dono do jornal. Porém, algo importante foi captado sobre os contos rodrigueanos, isto é, o seu hibridismo entre a crônica policial e o conto ficcional.

A aproximação desses contos com as crônicas policiais se torna mais clara se for observado que essa modalidade de notícia começou a ganhar um espaço pioneiro na década de 1950, por meio do jornal *Última Hora*, ao ser transformada em uma das suas principais mercadorias. Aliás, não fosse a orquestração literária a separá-las, em nada se diferenciariam.

Sérgio Buarque de Holanda comentou certa vez que, enquanto o romancista procura "copiar a verdade da vida em toda a sua 'inclusão e confusão'", o contista "depende em grande parte [de um] princípio inefável, pode-se dizer que seus processos escapam a qualquer tentativa de rigorosa sistematização. Quase tudo decorre (...) da capacidade de atingir algumas formas mais esquivas da realidade, que, uma vez captadas, ajudam a operar-se a discriminação e seleção requeridas pelo gênero", pois "a arte de conto" parece estar relacionada "antes à visão do poeta do que à observação do romancista, e que em verdade constituem a incógnita de seu raro encanto". O conto é uma espécie de derivação do romance, que se atém particularmente aos elementos marginais da vida ou aos seus "germes" no sentido de narrar o "quase nada - desgarrada sugestão, palavra errante, vago eco -, que não precisa e não deve mesmo ser intencionalmente formulado", ou ainda aos "farrapos de vida em que lhe estivera envolta".[15]

A crônica policial e o conto rodrigueano captam a marginalidade da vida, mas a primeira focaliza desregramentos e tragédias sociais de toda espécie, a fim

---

14   WAINER, *op. cit.*, p. 152-153.

15   HOLANDA, Sérgio Buarque de. Em torno dos velórios. *O espírito e a letra*: estudos de crítica literária II - 1948-1959, p. 41-46. Este artigo foi originalmente publicado no jornal *Diário de Notícias*, em 28 de agosto de 1948.

de criminalizá-los e/ou vendê-los como notícia, ao passo que o segundo expõe a teatralização da escrita jornalística (a da crônica policial), que naquele momento estava à margem da própria vida.

É justamente nesse hibridismo que os contos-crônicas se aproximam também do teatro rodrigueano. A crueza visual da crônica policial se realiza apenas na poeticidade marginal do conto, fazendo com que a própria escrita jornalística seja teatralizada ao expor o seu poder de criação da verdade de modo ambíguo e plural, por meio dos desatinos do dia a dia.[16]

Nelson Rodrigues resistiu em escrever crônicas policiais que, meramente, tornassem visíveis as tragédias cotidianas objetivando conquistar mais leitores. Dentro do seu estilo, o que era tomado como evidente, um marido desonrado que mata a esposa adúltera, se transforma em frustração de ambas as partes. E aqui reside a sua perspectiva de que "a vida como ela é é outra coisa", a qual pode ajudar o historiador a se desvencilhar da ideologia do "moderno" ao interpretar o passado, principalmente quando as fontes não conseguem desapegar-se das representações de "moderno". Da mesma forma, pode auxiliar aqueles historiadores que, ao documentarem o passado numa sociedade como a brasileira, essencialmente midiática, tendem a (con)fundir a tecnocratização da informação embutida nas fontes que comunicam o passado com o avanço ou retrocesso provocado pelos efeitos de uma sociedade que inexoravelmente se moderniza. Essa possível (con)fusão ocorreu, especialmente, a partir do século XIX no Brasil, sobre o qual parte das fontes de pesquisa é fruto dos efeitos da reprodutibilidade técnica na representação do passado.

A citação a seguir é extensa, mas de extrema importância para o argumento a ser desenvolvido.

> ... 'la radio, la televisión y los periódicos se han convertido em componentes de una explosión y multiplicación generalizada de las *Weltanshchauungen:* de las visones del mundo'. (...) Pero [Gianni] Vattimo también rechaza ese

---

16 Roland Barthes faz distinção entre escritor e escrevente; este descreve o mundo, aquele escreve a língua. BARTHES, Escritores e escreventes. *Crítica e verdade, passim.* Porém, o grau de teatralidade dos contos-crônicas de Nelson Rodrigues não funde apenas o escritor e o escrevente, mas o gesto encenado da escrita no espaço imaginário que é o da literatura de ficção.

liviano lugar común según el cual la cultura difundida por los medios de comunicación es ahistórica porque está centrada exclusivamente en la actualidad. A poco que examine con atención, afirma, se comprueba hasta qué punto prensa, radio, televisón, están cada vez más volcadas hacia el pasado. Pues bien, lo que hace diez años Vattimo señalaba como indicios no ha hecho, en el tiempo transcurrido desde entonces, otra cosa que materializarse, que hacerse realidad hasta transformarse en una dinámica objetiva e irreversible. La historia de la cultura se ha convertido en un auténtico depósito del que se nutren las páginas culturales de los diarios y semanarios, las editoriales que publican libros que se venden en los quioscos para no dejar de proponer colecciones a bajo precio, las administraciones públicas a la hora de organizar grandes exposiciones etc. Pero tal vez donde con más claridad se perciba la consolidación del proceso sea en los medios audiovisuales y, en concreto, en el lugar que ocupa en la televisión la historia de las artes. Tanto las plataformas digitales como la televisión por cable han dado lugar a una espetacular multiplicación de los cadenas (y a la aparición de canales temáticos), con el consiguiente aumento de las horas de emisión. Ello está obligando, en concreto, a que la televisión re-presente casi continuamente, como única forma de cubrir tan desmesurada programación, toda la historia del cine. (...) Este permanente retorno del pasado genera, por lo pronto, un primer efecto sobre nuestra forma tradicional de relacionarnos con lo sucedido. La memoria, con tanta repetición, va pierdendo su aura. A dicha pérdida han contribuido otros factores, en cierto modo complementarios del anterior; pero asimismo relevantes. El desarrollo tecnológico está permitiendo una renovación de los suportes materiales (en vídeo a través del DVD, en música a través de la remasterización de antiguas grabaciones, en fotografía a través de digitalización de la imagen...) de tal manera que ha desaparecido de la concreta realidad de los objetos toda huella temporal. Las modernas técnicas *limpian de tiempo* nuestros recuerdos, lo desactivan a base de hacerlos indifirenciables de los objetos del presente. Ese tiempo que se había posado, como una fina capa de polvo, sobre nuestros recuerdos, cubriéndolos con una pátina de melancolía, de pronto ha desaparecido. El soporte no deja rastro alguno de memoria. El *dictum* de Yourcenar ('el tiempo ese gran escultor') ha sido puesto en cuestión. (...) El alcance del cambio va mucho más allá del mero hecho de que el pasado haya adquirido una nueva coloración: el cambio afecta, si se puede hablar así, a su propria naturaleza. Que todo se re-presente una y otra vez, que en cierto sentido nada desaparezca por completo impide seguir pensando en el pasado de la misma manera que antaño. Este pasado sin pátina, sin aura, termina siendo no un pasado-pasado (esto es, abandonado, superado), sino una modalidad, apenas levemente anacrónica, del presente.[17]

Não apenas hoje é possível observar a influência que a multiplicação dos suportes de escrita e de audiovisual como repositórios de memórias confere às representações do passado. A fotografia e a imprensa do século XIX no Brasil também podem ser inseridas nesse processo. O que leva, por exemplo, à falsa imagem de que o aumento dos números de publicações de jornais e revistas equivaleria ao aumento do número de leitores ou de que as imagens clicadas por um fotógrafo sobre a recente urbanização de certas áreas de uma cidade corresponderiam ao inchaço urbano e à popularização da vida mundana para todas as camadas sociais.[18] Tais equívocos, certamente, se acentuam na atualidade, ainda mais quando o historiador documenta períodos tão próximos como a década de 1950 ou mesmo o início do século XX.

Mas não somente o suporte influencia o modo como se lê o passado: a própria mensagem pode ser lida pelo historiador de forma reprodutível, isto é, quando a visão de uma camada elitizada da sociedade, principalmente a dos profissionais da imprensa, torna-se índice das transformações de toda uma época (por serem

---

17   CRUZ, Manuel. Introducción: el pasado em la época de su reproductibilidad técnica. *Hacia dónde va el pasado*: el porvenir de la memoria en el mundo contemporáneo, p. 20-21.

18   Denise Bernuzzi de Sant'Anna chama a atenção para o mesmo fenômeno quando se trata de propagandas comerciais como fontes de pesquisa. Diz a autora: "(...) a tentação de analisar cada anúncio nele mesmo concorria com aquela, não menos incômoda, de buscar em todos eles a continuidade de uma mesma história, qual seja, aquela da modernização progressiva da sociedade brasileira e de sua inserção num amplo mercado consumidor. Como se os significados dos anúncios se limitassem a esta constatação, dada *a priori*. Melhor ainda, como se tais significados estivessem prontos, aguardando nossa perspicácia analítica capaz de revelá-los ao mundo. Ou então, como se cada anúncio contivesse, *in natura*, uma profundidade específica, independente das singularidades de todo espaço sociocultural no qual eles estavam inseridos. Esses caminhos retirariam nossa análise de uma perspectiva histórica, se entendermos por pesquisa histórica não uma caça a objetos já constituídos, destinada, em seguida, a desvendar seus supostos significados, mas, ao contrário, uma experiência pontuada, sobretudo, pela criação de questões". SANT'ANNA, Denise Bernuzzi de. Propaganda e história: antigos problemas, novas questões. *Projeto História 14*: cultura e representação, p. 94.

também aqueles que re-produzem, dominam e têm acesso às fontes que comunicam o passado). A memória do historiador, igualmente, se vê afetada na época atual pela consolidação da reprodutibilidade técnica na arte e na vida. Ela pode transformar o passado numa variação anacrônica do presente sem se dar conta de tal fato. Sobretudo, nos meios acadêmicos que julgam estar suficientemente preparados, por meio do seu distanciamento crítico, para analisar os efeitos da massificação da cultura na sociedade.

Está em "moda" utilizar uma fala vazia acerca da "pluralidade de leituras" que poderiam ser feitas pelo consumidor, espectador ou ouvinte das mídias, o que, supostamente, subverteria o seu grau de massificação ou homogeneização. No entanto, o consumismo, a valorização de índices sociais hegemônicos e os preconceitos de todo tipo se mantêm a despeito da "pluralidade de leituras". Estaria o historiador apartado desse processo de massificação ou bem preparado para enfrentar os efeitos que a reprodutibilidade técnica possa vir a ter no seu trabalho de interpretar o presente/passado? Esse excesso de memória reprodutível tecnicamente pode fazer com que ele tenha uma visão do passado sempre de uma perspectiva do desenvolvimento científico, econômico, tecnológico e industrial, isto é, modernizante, ainda que haja uma crítica à própria categoria de "moderno" por meio de documentos visuais. É o que se pode perceber no artigo de Ana Maria Mauad de S. Andrade Essus e Lúcia Grinberg.

> A imprensa cumpre um papel fundamental na criação do fato histórico contemporâneo. É, na maioria das vezes, por intermédio de jornais e revistas que tomamos conhecimento dos eventos tornados notícias pela lente dos fotógrafos e pela letra dos repórteres. Em 1950, devido à incipiência da televisão como 'mídia', ficava a cargo da imprensa radiofônica e periódica a missão de registrar a História. (...) É exemplar a reportagem publicada em O Cruzeiro (7/1/1950), da qual se retirou o título deste artigo sobre os 50 primeiros anos do século XX. Foram quatro páginas repletas de imagens de modernização, progresso e alegria cujo contraponto fundamental era a imagem da bomba atômica explodindo. Imagens em que a figuração aparece alheia ao perigo somente usufruindo das benesses do novo tempo. Tal perspectiva reafirma uma visão de História tradicional, marcada pela

278 Alexandre Pianelli Godoy

> teleologia de que tudo que já aconteceu foi para o engrandecimento e me-
> lhoria da condição geral da Humanidade.[19]

É interessante parafrasear o argumento das autoras, pois embora haja consciência de que essa visão "modernizante" é uma perspectiva de história tradicional, teleológica, não veem saídas para documentar o passado a não ser por meio
da crítica a essas fontes que "criam o fato histórico contemporâneo". Mas será
que a crítica as liberta dessa perspectiva de história na qual a modernidade é um
mal (ou bem) necessário? Em outra passagem do texto, é obtida a resposta.

> As questões-chave que envolvem estes fatos dizem respeito não só aos anos
> 1950, mas permeiam toda a década. O marco fundamental deste período é a
> questão da incorporação da classe trabalhadora na sociedade organizada, tanto
> no sistema político-partidário quanto no mercado cultural. 1950 faz parte da
> transformação do Brasil em uma sociedade de massa, quando se consolida a
> sociedade urbano-industrial. Essas circunstâncias são particularmente ricas
> para a análise da cultura política do período porque reúnem: abertura demo-
> crática, urbanização, expansão dos meios de comunicação de massa e um pro-
> jeto de construção da nacionalidade que se impõe com toda a força.[20]

Mesmo reconhecendo e citando o trabalho de Renato Ortiz sobre a incipiência da indústria cultural brasileira nos anos 1950,[21] as autoras insistem em refe-

---

19 ESSUS, Ana Maria Mauad de S. Andrade e GRINBERG, Lúcia. O século faz cinquenta anos:
fotografia e cultura política em 1950. *Revista Brasileira de História*: Brasil 1954-1964, p. 145-146.

20 *Ibidem*, p. 131.

21 Mais diretamente nas páginas 133-134: "Renato Ortiz reconhece a incipiência da indústria
cultural do Brasil, no período, e destaca: 'toda a discussão sobre a integração nacional se
concentrava no Estado', característica fundamental na discussão sobre cultura brasileira, e
do seu sentido político, aspecto de fundamental importância os estudos de cultura política.
(...) A partir dos anos 40, Ortiz percebe a presença de uma série de atividades vinculadas a
uma cultura popular de massa no Brasil. Nas décadas de 1940 e 1950, o cinema se tornou,
de fato, um bem de consumo, destacando-se filmes americanos que no pós-guerra domi-
navam o mercado cinematográfico. O rádio, a partir de 1952, sofre uma grande expansão,
com a modificação da legislação publicitária permitindo 20% do tempo de propaganda. A
televisão recém-implantada não estava dentro da lógica comercial, existiam poucos apa-
relhos de televisão e, somente a partir da segunda metade da década de 1950, agências

Nelson Rodrigues: o fracasso do moderno no Brasil 279

rendar a ideologia de "moderno" ao fazer com que a crítica do conceito coincida com uma verdade não conceitual que o próprio termo tende a estruturar ideologicamente, enquanto "agarra a fenomenalidade da coisa conceituada".[22] Não se trata apenas de como utilizar os conceitos, mas do modo como as fontes de pesquisa são lidas na sua articulação com eles.

A cidade do Rio de Janeiro daqueles tempos era mais urbanizada, no entanto, não se pode deduzir que houve expansão dos meios de comunicação de massa do ponto de vista do consumo e, por conseguinte, que isso representou a inserção e consolidação do país numa sociedade urbano-industrial massificada. Da mesma forma, a incorporação dos trabalhadores no sistema político-partidário não significou um sinônimo de participação política da grande maioria da população das camadas médias e pobres, que direta ou indiretamente estavam alijadas do processo, sobretudo numa sociedade em que a expansão dos empregos no setor terciário não transformou o país em "classe trabalhadora". Também não se deve partir do pressuposto de que um projeto político-institucional de cunho "populista" tenha representado o alcance e a cooptação das "massas" ao ideário do Estado.

O que se percebe nos argumentos das autoras é que eles são "modernizantes" na sua base, tornam reprodutíveis as ideias de um grupo ou de uma camada da sociedade como se fossem válidas para toda a sociedade brasileira, independentemente das suas especificidades regionais. Enfim, acreditam na ideologia do "moderno" como um pressuposto da própria crítica ao "moderno". Sendo assim, as fontes de pesquisa e o historiador se tornam coniventes, conluiados com

---

publicitárias investiriam na linguagem do vídeo como recurso comercial". ESSUS e GRINBERG, *op. cit.* É preciso esclarecer que no livro de ORTIZ, *A moderna tradição brasileira... op. cit.*, o crescimento do cinema e do rádio no Brasil dos anos 1940-50 não os livra nem da precariedade da produção tampouco do consumo. Fato esse obliterado conscientemente ou não pelas autoras na leitura do texto.

22 Como lembra Luis Costa Lima, a palavra "conceito" em alemão (*Begriff*) significa "o enunciado que agarra" (*begreift*). Na utilização do conceito "que agarra", é preciso dar-lhe a mobilidade histórica que o "desprende", ou melhor, é preciso colocá-lo em perspectiva histórica para saber, ao mesmo tempo, em que lugar foi constituído e como pode ser utilizado mediante um novo contexto. O autor diz isso na acepção kantiana de "ideia", que esse é um produto da razão e não de um conceito. Evidentemente, não compartilho que a razão seja determinante de uma ideia, apenas que o conceito é "um enunciado que agarra a fenomenalidade da coisa conceituada". LIMA, *Mimeses..., op. cit.*, p. 48.

o poder a despeito das críticas, fazem um pacto de não agressão a uma modernidade assumida como um dado. A representação de "moderno" presente nas fontes é tomada como verdade pelo historiador quando deveria ser vista como uma verdade para uma época, fato do qual o historiador deve se desvencilhar por meio da sua interpretação.

Nesse sentido, o teatro e, especificamente, o teatro de Nelson Rodrigues pode ajudar a interpretar as representações, principalmente as interpretações de "moderno". Ainda mais quando o tema da suas peças gira em torno da criação da verdade pela imprensa e as suas implicações morais para a vida das camadas médias baixas, como em *Boca de Ouro* (1959) e *Beijo no asfalto* (1960).

A peça *Boca de Ouro* começa com uma rubrica que explicita como a personagem principal é fruto de muitas interpretações.

> 'Boca de Ouro', banqueiro de bicho, em Madureira, é relativamente moço e transmite uma sensação de plenitude vital. Homem astuto, sensual e cruel. Mas como é uma figura que vai, aos poucos, entrando para a mitologia suburbana, pode ser encarado por dois ou três intérpretes, como se tivesse muitas caras e muitas almas. Por outras palavras: diferentes tipos para diferentes comportamentos do mesmo personagem. Ao iniciar-se a peça, 'Boca de Ouro' ainda não tem o seu nome legendário. Agora é que, com audácia e imaginação, começa a exterminar os seus adversários. Está sentado na cadeira do dentista.[23]

A preocupação de Nelson Rodrigues nessa peça não é tanto a de mostrar o cinismo das aparências por meio dos dramas das personagens, embora Boca de Ouro seja uma personagem suburbana e as histórias em torno da sua história teatralizem o universo social das camadas médias baixas. O foco central adotado pelo dramaturgo é a construção da sua "mitologia suburbana" via imprensa, isto é, a crença na sua "verdadeira história" que, por sua vez, não se consolida. Ao trabalhar com as diversas versões sobre a história do bicheiro de Madureira, Nelson Rodrigues escancara o poder da imprensa de criar o fato e, principalmente, a crença no fato como verdade. A aparência não é tanto das personagens, mas

---

23 RODRIGUES, Nelson. Boca de Ouro. *Teatro completo de Nelson Rodrigues 3*: tragédias cariocas I, p. 261.

da imprensa, que a utiliza também como uma essência. Se esse tema já aparece na peça *Viúva, porém honesta*, em *Boca de Ouro* adquire caráter central.

Inicialmente, não é dado ao espectador da peça ver que Boca de Ouro faz parte de uma mitologia suburbana, pois as rubricas não estão disponíveis para o público que assiste ao espetáculo. O efeito a ser criado é que todos acreditem inicialmente na história de um bicheiro, história essa que apenas é "noticiada" pelo jornal. A relação entre as verdades criadas pela imprensa e a visualidade que as notícias devem ter para convencer o leitor está na própria escolha do dramaturgo, consciente ou não, do nome do jornal na peça: "O Sol". Entretanto, aos poucos, Nelson Rodrigues expõe aquilo que num primeiro instante poderia ser entendido pelo espectador somente como falta de escrúpulos dos profissionais da área.

> SECRETÁRIO (*no telefone*) – É redação do 'Sol'! Fala. O quê? (*dá um pulo da cadeira*) Mataram? Batata? Sei, está certo.
>
> (*Secretário bate com o telefone e atira o grito triunfal.*)
>
> SECRETÁRIO – Mataram o 'Boca de Ouro'!
>
> REPÓRTER – O bicheiro?
>
> SECRETÁRIO – Agorinha, neste instante!
>
> REPÓRTER – Ou é boato?
>
> SECRETÁRIO – O Duarte telefonou! Está lá o Duarte! Encontrado morto, na sarjeta, com a cara enfiada no ralo!
>
> REPÓRTER (*na sua excitação profunda*) – Até que enfim encestaram o 'Boca de Ouro'!
>
> SECRETÁRIO – Encestaram! (*aflito*) Corre, voa! Toma um táxi!
>
> (*Secretário está empurrando o repórter.*)
>
> REPÓRTER – Estou duro!
>
> SECRETÁRIO – Vem cá. Espera. Primeiro tenho que saber a posição do jornal.
>
> REPÓRTER – Mas ontem elogiamos o 'BOCA'!

(Secretário apanha o telefone.)

SECRETÁRIO – Sei lá! Sou macaco velho! Deixa eu falar com a besta do diretor! A esta hora está na casa da amante!

(Do outro lado da linha, atende o diretor. Servilismo total do Secretário.)

SECRETÁRIO – Dr. Pontual, sou eu, Dr. Pontual! Boa noite. Dr. Pontual, o senhor já sabe? *(reverente)* Ah, pois não, o rádio está dando. Foi o 'Esso', edição extraordinária? Dr. Pontual, 'O Sol" é contra ou a favor do 'Boca de Ouro'? Não ouvi! Sim, sim, contra, perfeitamente. Contraventor, claro, entendo. Cancro social. Boa noite, Dr. Pontual.

(Secretário desliga.)

REPÓRTER – Que diz o cretino?

SECRETÁRIO – Não te falei? Batata! Mandou espinafrar. Escuta, Caveirinha, bolei uma ideia genial. O Duarte está cobrindo lá, em Madureira.

CAVEIRINHA – E eu?

SECRETÁRIO – Você vai ouvir a Guigui.

CAVEIRINHA *(num espanto profundo)* – Guigui?

SECRETÁRIO – Rapaz, escuta! A Guigui é a Guiomar. Mas todo mundo só chama a Guiomar de Guigui. Da Guiomar você já ouviu falar?

CAVEIRINHA – Qual delas?

SECRETÁRIO *(perdendo a cabeça)* – Oh Caveirinha! Guigui, ex-amante do 'Boca de Ouro'. Foi chutada e agora vive amasiada com um cara. Amasiada, não. Casada. É casada. Vai lá...[24]

A mudança de posição do jornal mediante as circunstâncias (a morte de Boca de Ouro) não deixa dúvida de que a verdade da notícia pode mudar ao sabor dos interesses do dono do jornal. Como jornalista, Nelson Rodrigues sabia que as posições do jornal deveriam passar pelo crivo do seu dono. Mas também como

---

24   *Ibidem*, p. 264-265.

jornalista tinha consciência de que a imaginação poderia ser utilizada para que a posição do jornal fosse defendida. O objetivo era vender a notícia de modo espetacular, ora acusando, ora defendendo, de acordo com o calor dos acontecimentos.

O secretário sugere ao repórter policial – com o seu proposital nome de "Caveirinha" – que vá investigar não o local do crime, mas os detalhes da vida do bicheiro, entrando em contato com a sua ex-amante, Guigui. O que importa não é o crime, mas o caráter sensacionalista da tragédia para alcançar o impacto visual pretendido pela mercadoria-notícia. E acrescenta: "Leva o fotógrafo! (berrando)".[25] Por meio do relato de Guigui, a história de Boca de Ouro é contada de três formas diferentes, também em função das circunstâncias envolvendo a vida da depoente.

Na primeira versão, ela ainda não sabe que Boca de Ouro morreu. Guigui conta a história de um dos seus crimes, no qual o casal suburbano ou de camadas médias baixas[26] Celeste e Leleco se envolveu com o bicheiro. A intenção é mostrar como ele, de fato, é um monstro.

> D. GUIGUI – Meu marido tem medo e é natural! Sabe que o 'Boca de Ouro' pra mandar um pra o Caju não custa. Já mandou vários e...
>
> CAVEIRINHA (*sôfrego*) – D. Guigui, uma pergunta: a senhora sabe de algum crime do 'Boca de Ouro'?
>
> D. GUIGUI (*eufórica*) – Sei de uns vinte! Aquilo não é flor que se cheire!
>
> CAVEIRINHA – Eu queria que a senhora me contasse um *big* crime, um assassinato bacana.
>
> D. GUIGUI (*fazendo um esforço de memória e de seleção*) – Bacana?... E te digo mais: todo crime misterioso, que não se descobre o assassino, é batata! – foi o 'Boca de Ouro'... (*iluminada*) Ah, me lembrei dum!
>
> CAVEIRINHA – Qual?

---

25   *Ibidem*, p. 266.

26   Diz a rubrica: "Cena de um lar suburbano". *Ibidem*, p. 270.

D. GUIGUI – Olha: tinha em Madureira uma menina, bonitinha e boa menina, a Celeste! Boa menina![27]

O relato de Guigui sobre o crime segue a lógica pretendida pelo jornal ao contar a história de um "assassinato bacana" que possa impressionar o público. Ela constrói o fato como "a" verdade que será apenas "reproduzida" pelo jornal. Nessa versão, Leleco perde o seu emprego. A esposa Celeste fica possessa, pois a sua mãe está morrendo e não tem dinheiro para pagar o enterro. Ela sonha com uma vida diferente daquela que tem e, diante do desemprego do marido, desabafa: "Minha vida está toda errada. (sacudindo as mãos) Eu posso dizer, de boca cheia: sou uma fracassada! Eu nasci pra ter dinheiro às pampas e quedê? Não tolero andar de lotação e... Mamãe vai morrer e vamos ter que arranjar uma subscrição de vizinhos pra o enterro...".[28] Com essa situação, Leleco pede dinheiro emprestado para Boca de Ouro. Durante o relato, Guigui não aparece apenas como amante de Boca de Ouro, mas como testemunha ocular. Ela percebe que a intenção do bicheiro ao atender Leleco é "dar em cima" de Celeste. Boca de Ouro quer emprestar mais dinheiro do que Leleco precisa. Sugere que, com o restante, ele compre vestidos e joias para a esposa. Na sua euforia ingênua, Leleco diz que a esposa deseja uma televisão. No entanto, Boca de Ouro impõe uma condição: a de que Celeste vá pegar o dinheiro. O bicheiro começa a paquerar a esposa de Leleco enquanto ele aguarda no corredor. Ao se sentir ameaçada, Celeste corre para o marido. Boca de Ouro confessa que havia tentado beijar Celeste e quer que o marido reaja, mandando atirar nele. Sem conseguir, Leleco é desfeiteado pelo bicheiro, que se recusa a lhe entregar o dinheiro. Além disso, Leleco é ameaçado de morte caso Celeste não se dirija para o quarto com Boca de Ouro. Em sua revolta, Leleco faz o insulto máximo, expondo a origem do criminoso: "Seu miserável! Tenho tua ficha! (aponta pra ele, num riso de ódio) Tu nasceu numa pia de gafieira!".[29] Leleco morre com dezenas de coronhadas.

Em seu relato, Guigui projeta a sua origem suburbana, de camadas médias baixas lutando pela sobrevivência, e a situação social de Celeste, de Leleco e do

---

27 *Ibidem*, p. 269-270.

28 *Ibidem*, p. 273.

29 *Ibidem*, p. 286.

próprio Boca de Ouro, que nasceu numa pia de gafieira. Guigui revela o que o jornal transformará em notícia por meio da construção da "mitologia suburbana" do bicheiro. Ou seja, não é bem-sucedida a construção da verdade moral "o crime não compensa" ao prejudicar a "vida honesta" daqueles cuja meta era tão-somente ascender socialmente (Celeste não consegue a sua televisão e Leleco não recebe o dinheiro para pagar o enterro da sogra), diante do fato de o criminoso sair ileso, muito embora a sua dentadura de ouro revele a sua "origem desdentada". É a própria construção da representação entendida como uma essência que permite ao dramaturgo expor como essa deixa de ser interpretada.

> CAVEIRINHA – Espera lá (*para o fotógrafo*) Escuta, esse crime não é aquele?
>
> FOTÓGRAFO – Qual?
>
> CAVEIRINHA (*para D. Guigui*) – É, sim! (*para o fotógrafo*) Oh animal, aquele! Até você tirou fotografia, tirou, sim! (*para Guigui*) Descobriram o cadáver nas matas da Tijuca e puseram a culpa nos comunistas.
>
> D. GUIGUI – Isso! Os comunistas levaram a fama![30]

Como um autor que foi considerado pela esquerda brasileira um "reacionário", principalmente a partir dos anos 1960, Nelson Rodrigues surpreende. Embora o seu objetivo não seja defender os comunistas, mas mostrar como as representações jornalísticas constroem o fato como a verdade. A teatralização reside no reconhecimento do autor do crime somente depois de terem culpado os comunistas, ou seja, apenas depois de o fato ter ocorrido, e não propriamente em função de um "erro" jornalístico ou da falta de escrúpulos para vender a mercadoria-notícia. A representação se torna a verdade para quem a produz/ lê (os comunistas cometeram o assassinato de Celeste e Glorinha) sobrepujando outra que não se consolida (pois foi Boca de Ouro quem os matou, mas ninguém percebeu). Assim, a imparcialidade da notícia-crime calcada na visualidade é exposta ao público.

---

30   *Ibidem*, p. 288.

Nesse sentido, Nelson Rodrigues pode ser lido pelo historiador desvencilhando-se da ideologia de "moderno" ao interpretar o passado/presente da cultura brasileira, ao lidar com as representações no teatro rodrigueano. Principalmente numa sociedade como a brasileira, extremamente midiatizada pela imprensa escrita, pelo rádio, pelo cinema e, sobretudo, pela televisão e pelo seu poder de visualidade como verdade.

Eugênio Bucci expõe uma parte do problema.

> Sabemos todos que, em qualquer época, a História nunca foi nem será um relato imutável. Ela é um discurso inacabado e em permanente reelaboração. A História é também uma invenção social: *vide* as identidades nacionais, todas construções ideológicas, que lançam mão dos fatos ditos 'históricos', tomados como verdades 'científicas', para se legitimar. A novidade com a qual somos forçados a trabalhar, a partir do final do século XX, é que a história deixa de ser um discurso que se reescreve a partir do exercício da pesquisa em bases mais ou menos racionais e se converte num discurso passível de reprodutibilidade técnica. A expressão 'reprodutibilidade técnica' é aqui tomada emprestada a Walter Benjamin, que tratou dela em relação à obra de arte, num ensaio célebre de 1936. No caso da arte, a reprodutibilidade técnica é aquela que ocorre sem que seja necessária a participação do artista: é um processo puramente fabril, alienado, impessoal; sai de cena a tela pintada a óleo, única, e entram em cena a fotografia, os filmes, os discos, todos produzidos em série. No caso da História, trata-se de um modo de produção da memória social que passa longe da mão e da cabeça do historiador. O relato histórico vai se convertendo em passatempo da plateia. É a reprodutibilidade apartada do pensamento. (...) Agora, a História se reproduz pela mesma máquina de comunicação eletrônica que está socialmente encarregada de registrar os acontecimentos imediatos e de promover o entretenimento; ela se reproduz não segundo os parâmetros da historiografia, mas segundo as leis que ordenam o espetáculo – fundindo fato e ficção –; ela se reproduz segundo o modo de produção das imagens voltadas para o consumo e para o gozo.[31]

---

31 BUCCI, Eugênio. A História na era de sua reprodutibilidade técnica. *Videologias...*, *op. cit.*, p. 206-207.

Bucci se esquece de abordar ou, propositadamente, isola o discurso historiográfico dos efeitos que a reprodutibilidade técnica possa vir a ter na interpretação do passado/presente. A consolidação da reprodutibilidade técnica também invade o trabalho do historiador, pois como "cientista" ele não está apartado da massificação cultural. Não deixa de cair em tentação, por exemplo, ao produzir um tipo de história voltado ao consumo e ao entretenimento, como é o caso das histórias do cotidiano, que não estão preocupadas em articular os pormenores da vida de todo dia com processos sociais mais amplos, tampouco em politizar tais relações.[32] O problema se agrava quando um conceito-chave da historiografia como o de representação adere sub-repticiamente aos efeitos da reprodutibilidade técnica, ou melhor, quando ele é sempre entendido como um simulacro, pois se toda fonte é uma falsificação da realidade, por oposição, torna-se a única realidade tangível com a qual o historiador pode trabalhar.

É lugar-comum no meio historiográfico afirmar que as fontes são "representações", isto é, nada mais é ou era, mas parece ser. Por isso, o conceito de representação acaba designando sempre uma falsificação, restando ao historiador "denunciá-la" como tal. O problema dessa abordagem do conceito é ignorar que, para aquele que representa, seja por meio de documentos escritos ou visuais, seja por meio dos gestos no dia a dia, seja ainda no trabalho artístico, a representação não se coloca como um anteparo ou um meio de filtrar a realidade, ela simplesmente é a realidade. Para que uma representação tenha êxito, ou melhor, para que ela comunique algo, é necessário que se acredite na coisa representada como

---

32 Já existe há algum tempo uma crítica contundente a esse tipo de abordagem da história do cotidiano. Dentre elas, posso destacar a de Maria Odila Leite da Silva Dias: "(...) nos referimos aos trabalhos de história da cultura de cunho mais conservador, que têm um acesso direto e ao mesmo tempo bastante ambíguo junto ao grande público. Existe uma história do cotidiano infelizmente até mais visível do que a corrente crítica aqui abordada, que vem repetindo velhos chavões e estereótipos do passado apresentados ao público como mercadoria folclorizada e vendável. Os protagonistas dessa vertente de pesquisa, que adquiriram prestígio em meio às ciências humanas e ao público leitor da atualidade, não têm compromisso com um escrutínio crítico da cultura contemporânea. A mercantilização desse gênero historiográfico é uma das explicações para a persistência de certas linhas da pesquisa da história cultural e do cotidiano, as quais reforçam as representações e os estereótipos da cultura dominante". DIAS, Maria Odila Leite da Silva. Hermenêutica do quotidiano na historiografia contemporânea. *Projeto história 17*: trabalhos da memória, p. 231.

uma presença. É aquilo que Umberto Eco designa "suspensão da descrença" para que a obra de arte ficcional, e especificamente a literatura, realize o seu papel comunicativo, mesmo que de forma temporária.[33] Se isso acontece com as obras artísticas, o que não dizer das fontes mais tradicionais, como a imprensa escrita, os processos-crime e os relatos memorialísticos? O grau de veracidade dessas fontes, tanto para quem as produziu como para quem as lê, é quase indiscutível. Ignorar o poder de verdade da representação ou então ter a representação como um absoluto é partir do pressuposto de que nada é real ou tudo é um simulacro, pois o que existe é sempre uma tentativa de reproduzir artificialmente a verdade dos acontecimentos, ou seja, tudo é previamente fabricado.

Esse modo de encarar as fontes impede que o historiador estabeleça uma relação de distanciamento entre o passado efetivo, ao qual ele não tem mais acesso a não ser por essas fontes, e a sua posição como intérprete do tempo. Encarar as fontes como *a verdade para uma época* não significa dizer que sejam *a verdade de uma época*, mas reconhecer apenas que a positividade do fato em dada temporalidade cria as condições para o seu escrutínio crítico, ambíguo e tenso em outra. Não adianta criticar as fontes pelos preconceitos de época que veiculam se não for admitida a sua positividade social para a época. Tal cuidado permite que o historiador interprete a historicidade das fontes em um movimento de jogo entre aquilo que se acreditou como tal e aquilo que já não é mais passível de crença a partir do olhar do intérprete. É desse jogo que emergem histórias de fracassos das mais variadas tonalidades políticas e culturais, sem que seja idealizada a ação dos homens, no conflito social (sob o nome de "resistência"), no amálgama social (sob o nome de "pluralidade"/"múltiplas leituras"/"alteridade"/"incorpor

---

33 Diz o autor: "A norma básica para se lidar com uma obra de ficção é a seguinte: o leitor precisa aceitar tacitamente um acordo ficcional, que Coleridge chamou de 'suspensão da descrença'. O leitor tem de saber que o que está sendo narrado é uma história imaginária, mas nem por isso deve pensar que o escritor está contando mentiras. De acordo com John Searle, o autor simplesmente *finge* dizer a verdade. Aceitamos o acordo ficcional e *fingimos* que o que é narrado de fato aconteceu". ECO, Umberto. Bosques possíveis. *Seis passeios pelos bosques da ficção*, p. 81. Ora, se todos fingem que a história é real, prevalece, por conseguinte, a verdade acreditada enquanto tal e não a consciência do "fingir que se acredita". O autor, então, conclui: "o modo como aceitamos a representação do mundo real pouco difere do modo como aceitamos a representação de mundos ficcionais", p. 96.

ação"/"bricolagem") ou, ainda, na subalternidade dos grupos e indivíduos (sob o nome de "aceitação"/"submissão"/"rejeição"/"exclusão"). As idealizações ocorrem quando o historiador concebe a fonte como falsificação, isto é, quando o que ali está escrito, pintado ou rememorado nunca remete à realidade daquele passado, mas à fabricação de simulacros que impõem ao historiador o limite da sua constatação e, portanto, desobrigam-no da sua interpretação.

O curioso é que essa postura diante das fontes leva à crença nas ideologias que se disseminam, como a de "moderno" dos anos 1950, pois se a aparência de uma modernidade estável, harmoniosa ou mediana foi a única realidade possível, então significa que a imagem dos "anos dourados" se torna indiscutível. Entretanto, ao interpretar as representações, o historiador permite que a realidade do passado seja questionada sem deslegitimar os seus limites temporais. Isto é, quando o que ali esteve escrito, pintado ou rememorado é concebido como a verdade para aquele passado, ele pode assumir que a sua interpretação no presente é diferente daquilo que foi representado, fazendo emergir outro olhar sobre aquela realidade e, consequentemente, sobre as idealizações de uma época, sem lhes retirar, no entanto, o seu componente ontológico.[34]

---

34 Um bom exemplo dessa postura metodológica é o trabalho de Marina Maluf sobre as memórias autobiográficas de duas fazendeiras de café do final do século XIX e início do século XX, Floriza Barbosa Ferraz e Brazilia Oliveira Franco de Lacerda. Diz a autora: "Nestes recortes evocativos, chama menos a atenção o fazer do que o significado que esse fazer trazia implícito. Assim, Floriza deixa várias vezes de reconhecer como também seu o trabalho diretamente ligado às funções produtivas da fazenda, que era, de fato, compartilhado com o marido. Ela quase nunca afirma que fazia, mas ajudava a fazer. Ela 'ajudava a receber o café que vinha da roça', assim como 'ajudava' a amontoar os grãos de café no terreiro quando o tempo anunciava chuvas. (...) Da mesma forma, a reconstrução de Brazilia Oliveira Franco de Lacerda faz de si própria em suas memórias também a aparta do trabalho entendido como de cunho mais produtivo. Ela sequer registra como tarefa de responsabilidade a atualização anual que fazia das cadernetas de trabalho de todos os empregados e colonos da Fazenda Paraizo, ao fim da colheita e feita a esparramação do cisco no cafezal. Mais preocupada em fazer o enquadramento familiar e em recuperar sua rotina cotidiana, parece que ela rememorou tal trabalho a partir da versão complementar da esfera doméstica. 'Papai fechava as contas de todos os empregados. Eu o ajudava passando em cada caderneta a conta e assentos do Livro Caixa. Fazia isso de noite, na meza da sala de jantar.' Ou seja, era na sala de jantar que ela executava o minucioso trabalho de resumir no papel as contradições existentes entre um fazendeiro – seu pai – e uma massa de trabalhadores rurais. Mas não

Nelson Rodrigues, assim, ajuda a refletir que as representações das camadas médias de estabilidade e da imprensa diária de imparcialidade, embora fossem uma verdade para a época, faziam o fracasso emergir quando representações opostas àquelas entravam em jogo e, portanto, em conflito, possibilitando outras interpretações sobre a experiência vivida. Desse modo, o autor evita idealizar o próprio fracasso como forma de redenção social, na medida em que não deslegitima o anseio por aparentar ser "moderno". Nelson Rodrigues estava ao mesmo tempo dentro e fora da reprodutibilidade técnica na arte e na vida. "Dentro" quando construía peças cujo tema era a imprensa, a reprodução dos fatos e as suas múltiplas versões e a visualidade da mercadoria-notícia. "Fora" quando se valia da própria imprensa e da sua construção desencontrada de informações para criticar o mundo de simulacros que se reproduzia indefinidamente.

Na segunda versão sobre a história do banqueiro de bicho, na peça *Boca de Ouro*, Guigui recebe à queima-roupa a notícia de que Boca de Ouro havia morrido. Diz a rubrica: "D. Guigui anda, circulante, pelo palco, com o 'Caveirinha' atrás. Tem essa dor dos subúrbios – dor quase cômica pelo

---

era no escritório – sagrado espaço paterno – que ela se sentava". MALUF, Marina. *Ruídos da memória*, p. 208-209. A historiadora só pôde ler as memórias das fazendeiras de modo enviesado porque a representação feita do passado nas memórias concebia como meramente ajutória a função social do trabalho feminino dentro daquele universo, ou seja, como um dado incontestável. Ela reconhece a positividade do preconceito de época que atingia, sobretudo, o modo como as mulheres liam as suas experiências no presente e no passado. No entanto, ao se colocar como intérprete das memórias que supostamente elas acreditavam ser piamente verdadeiras, pôde mostrar outra forma de compreendê-las numa nova temporalidade. O fracasso da ideologia de época do trabalho feminino como meramente ajutório é um esforço interpretativo diante de uma verdade que se pretendia absoluta. Ao lançar mão desse tipo de metodologia interpretativa, a historiadora evita encontrar "resistências" onde havia acomodação de vivências, encontrar "multiplicidades" ou "pluralidades" de sujeitos onde havia uma idealização dos papéis sociais e evita, ainda, encontrar "submissão", "aceitação" e "rejeição" onde havia atuação efetiva. Isto é, furta-se a idealizações e chavões historiográficos que afastam o drama humano da cena da história vivida, permitindo um quadro muito mais ambíguo e complexo do passado. Se a historiadora simplesmente partisse do pressuposto de que as memórias das fazendeiras eram simulacros, a sua visão se restringiria a criticar a ideologia de época, mas acreditando, de fato, na sua eficácia, ou seja, de que mulheres apenas "ajudavam" a compor a história daquele período.

Nelson Rodrigues: o fracasso do moderno no Brasil   291

exagero".[35] O marido, Agenor, triunfa diante da notícia, e o seu medo do terrível criminoso se transforma em escárnio ao afirmar que Boca de Ouro não é homem por andar sempre com capangas. No seu arrependimento de ex-amante, Guigui muda de ideia.

> D. GUIGUI (*para 'Caveirinha', aos soluços*) – Meu filho, vou pedir, sim? Não me publica nada do que eu disse, te peço! (*baixo*) Te dou um dinheirinho por fora, pra uma cervejinha!
>
> CAVEIRINHA – Não se trata disso, D. Guigui! A senhora não disse aquilo tudo? Disse? Tomei nota, está aqui! Tudo tomado nota!
>
> AGENOR (*berrando*) – Publica, sim, rapaz! Escracha!
>
> D. GUIGUI (*reagindo para Agenor*) – Tu não é homem! (*para Caveirinha*) (*novamente doce, persuasiva*) Eu contei aquilo, você sabe como é mulher... Mulher com dor de cotovelo é um caso sério! Escuta, mulher não presta, é um bicho ruim, danado, bicho danado!
>
> CAVEIRINHA (*persuasivo*) – Mas eu tenho que publicar, D. Guigui!
>
> D. GUIGUI – Presta atenção, filho! O 'Boca de Ouro' tinha me chutado...
>
> AGENOR – Publica, rapaz!
>
> D. GUIGUI (*furiosa*) – Maldita a hora em que voltei pra tua companhia! Eu devia ter caído, direto, na zona!
>
> AGENOR – Aquele nojento!
>
> D. GUIGUI – Nojento é você. (*para Caveirinha*) O 'Boca' tinha até uma pinta de lorde! Mas voltando: eu disse aqueles troços, mas te juro, foi a maldita vaidade... (*muda de tom*) Tu quer saber no duro, quer saber batata como foi o negócio?... (*interrompe-se para chorar*) Coitado do 'Boca'! (*assoa-se na saia e continua*) Pois é: O Leleco...[36]

---

35   RODRIGUES, Boca de Ouro, *op. cit.*, p. 289.

36   *Ibidem*, p. 290-291.

A mudança no relato de Guigui não corresponde a uma mudança da verdade da notícia. Ela precisa reconhecer cinicamente que "mulher com dor de cotovelo é um caso sério! Escuta, mulher não presta, é um bicho ruim, danado, bicho danado!", para assumir a alteração do seu último relato. Desta vez, Leleco já não é uma figura ingênua e nem Celeste, uma esposa fiel. Leleco flagra a esposa em um automóvel em Copacabana, cujo dono "(...) é careca e barrigudo. Tem seus 50 anos. Talvez mais".[37] Ele pede que Celeste jure por sua mãe que não era ela naquele automóvel. Ao jurar, Leleco dá a notícia de que a mãe dela havia morrido. Transtornada com a notícia, acaba confessando: "Esse senhor prometeu que me levaria à Europa para ver a Grace Kelly!". E lamenta da sua sorte: "Eu não deveria ter nascido. Tudo pra mim sai ao contrário. (...) E[le disse] que ia comprar um iate para mim... Que eu ia conhecer mares bonitos... Hoje, veio com uma conversa, que era melhor acabar... Acabamos...".[38] O motivo da traição não é simplesmente o dinheiro, mas a ascensão social que ela poderia conquistar com tal homem. Leleco obriga Celeste a pedir dinheiro a Boca de Ouro para o enterro da mãe dela. O intuito do marido é ficar com o dinheiro. Ao chegar à casa de Boca de Ouro, Celeste é surpreendida por uma comissão de grã-finas que foi "visitar" o bicheiro.

> BOCA DE OURO (*sofrido*) – Deus?
>
> 1ª GRÃ-FINA – Asteca!
>
> BOCA DE OURO (*como se falasse para si mesmo e com certo deslumbramento*) – Deus asteca!
>
> 1ª GRÃ-FINA – Ah, 'Boca', antes que eu me esqueça. Olha: nós somos da 'Campanha Pró-Filhos dos Cancerosos'!
>
> BOCA DE OURO – Então, com licença. Vou apanhar o livro de cheque.
>
> 1ª GRÃ-FINA – Já, não. Não há pressa. Apanha depois. Minhas amigas querem conversar com você, fazer perguntas.

---

37 *Ibidem*, p. 294.

38 *Ibidem*, p. 296-297.

BOCA DE OURO – E o excelentíssimo? Como vai o excelentíssimo?

1ª GRÃ-FINA (*mais afetada do que nunca*) – Ah, não fala do meu marido! Está na ONU! Meu marido não sai da ONU! Estou sem marido, 'Boca'! Essa 'ONU'!

BOCA DE OURO – Está faltando cadeiras!

2ª GRÃ-FINA – Não se incomode!

1ª GRÃ-FINA (*para as outras*) – Olha bem pra o 'Boca'!

BOCA DE OURO – Guigui! Traz mais cadeiras!

1ª GRÃ-FINA (*que parece exibir 'Boca de Ouro' como um bicho*) – O 'Boca' não é meio neorrealista?

2ª GRÃ-FINA – É um tipo!

3ª GRÃ-FINA – O De Sica ia adorar o 'Boca'!

1ª GRÃ-FINA – Você é meio neorrealista! É, sim, 'Boca', pode crer, é!

(*'Boca de Ouro' começa a sofrer com a frívola e alegre crueldade das grã-finas.*)

BOCA DE OURO (*com surda revolta e abrindo o seu riso largo de cafajeste*) – Eu não sou nada! Eu sou o que o jornal diz!

2ª GRÃ-FINA – E o que o jornal diz?

(*'Boca de Ouro' apanha o jornal em cima do móvel.*)

BOCA DE OURO (*exultante*) – Está aqui. A 'Luta Democrática' me chama de – onde é que está? Ah, está aqui. Quer ver? (*lê*) o 'Drácula de Madureira'. (*para as grã-finas*) Drácula! Tem mais. Escuta essa: o 'assassino de mulheres'!

(*'Boca de Ouro' rebenta numa gargalhada.*).[39]

As "grã-finas" são uma caricatura das elites, tão decaídas quanto as camadas médias, precisam da ajuda de um contraventor em prol de causas sociais ou de interesses pessoais. A menção ao "neorrealismo" é uma forma de satirizar os

---

39 *Ibidem*, p. 300-301.

294   Alexandre Pianelli Godoy

problemas sociais que na época eram estilizados na arte, sobretudo na cinematografia italiana.[40] Nelson Rodrigues parece afastar-se de qualquer relação com o

---

40   Na peça, o dramaturgo se refere ao cineasta italiano Vittorio De Sica, um dos percussores do cinema neorrealista italiano do pós-Segunda Guerra Mundial. Mariarosaria Fabris enumera algumas características desse cinema partindo das ideias de Mario Verdone, embora esteja consciente dos limites de toda classificação e generalização para os filmes do período: "1. o elemento *histórico e temporal*, dado que o neorrealismo nasceu e se desenvolveu na Itália em torno da Segunda Guerra Mundial; 2. o elemento *real e documentário*, pois os filmes neorrealistas se basearam na realidade, sem serem, contudo, documentários, embora próximos do documentário como documento, como testemunho histórico; 3. o elemento *técnico*, ou seja, a simplicidade que caracterizou suas produções, uma vez que, sem os recursos necessários, sem os estúdios (o que obrigou a filmar em cenários reais) e com a necessidade de recorrer a tipos comuns, quer por escolha expressiva, quer porque os heróis de hoje não podiam ter o mesmo rosto dos heróis do fascismo, o neorrealismo era obrigado a se tornar uma expressão espontânea, o que acabou constituindo uma de suas maiores forças; 4. o elemento *coral*, visto que o neorrealismo não se interessou pela história individual, mas pela história coletiva: os *partisans*, os ex-combatentes, a gente humilde que aspirava 'viver em paz'; 5. o elemento *crítico*, até então ausente na produção italiana; em sua atitude construtiva, o neorrealismo não escondeu mazelas e sofrimentos, e, às vezes, sugeriu também soluções". FABRIS, Mariarosaria. *O neorrealismo cinematográfico italiano*: uma leitura, p. 117-118. Para Ismail Xavier, a relação entre Nelson Rodrigues e o neorrealismo é tensa, "pois intensifica as peripécias, exacerba as situações-limite, afastando da representação do cotidiano no ritmo da vida comum, daquela *consagração do instante qualquer* solicitada por Cezare Zavattini, o principal roteirista e ideólogo do neorrealismo. Inversões e golpes de teatro marcam um senso dramático mais afinado àquele que Hollywood tratou de adaptar para si, desde o transplante bem-sucedido do melodrama no início do século XX. E a essa convergência de sensibilidade entre Nelson Rodrigues e a tradição da indústria vem somar-se sua postura avessa aos pressupostos humanistas do neorrealismo, identificados com uma visão popular que ele ironiza exatamente em *Boca de Ouro*". XAVIER, *op. cit.*, p. 229. Concordo com Xavier no fato de que Nelson Rodrigues apresenta divergências com o neorrealismo, mas não convergências com a indústria cultural. O dramaturgo não desvaloriza a representação como uma verdade, portanto, parece estar mais próximo do modo como a representação é efetuada no cotidiano do que o pretenso realismo ancorado na valorização do "instante qualquer", que nada mais é do que a consagração do simulacro. Mas se afasta da indústria cultural que valoriza a transparência melodramática da cena por meio do "popular", pois, para Nelson Rodrigues, a representação é um meio de expor o seu fracasso, inclusive da "originalidade popular", fruto de uma idealização elitista das culturas de outras camadas sociais. O próprio Xavier reconhece em Nelson Rodrigues que, embora se utilize do melodrama, a sua leitura do gênero é sempre enviesada.

cinema como forma de reproduzir tecnicamente simulacros imagéticos ou verbais com a pretensão de ser "neorreal".

A cena das grã-finas é um grande parêntese dentro da tragédia de Celeste e Leleco. Elas pedem ainda que Boca de Ouro conte sobre o seu nascimento na pia de uma gafieira. O criminoso sempre relata a sua origem de forma ressentida. Depois, propõe que todas participem de um concurso de seios, inclusive Celeste. Quem vencer ganhará um colar de pérolas. Celeste ganha o concurso e as grã-finas se despedem. Maravilhada, a suburbana dispara: "Só tive colar das 'Lojas Americanas'".[41] Fica tão encantada com o presente que se esquece do pedido do dinheiro e da morte da própria mãe. Em seguida, Leleco vai buscá-la e quer perdoá-la pela traição. Ela resiste e insiste em ficar com o bicheiro. Leleco tenta matar Boca de Ouro com um revólver, mas Celeste se antecipa e crava um punhal nas costas do marido. Leleco morre e o bicheiro termina dizendo que está juntando ouro para fazer o próprio caixão.

Na última versão da história de Boca de Ouro, um acontecimento provoca outra mudança no relato de Guigui. O marido, Agenor, irritado com a versão de um Boca de Ouro quase inocente, começa a brigar com a esposa. O repórter Caveirinha e o fotógrafo tentam amenizar a situação, pois se sentem culpados por terem favorecido a desavença matrimonial. Tanto insistem que conseguem. Incorporam inclusive a reconciliação do casal na própria reportagem policial.

> (*D. Guigui lança-se nos braços de Agenor. Os dois choram.*)
>
> CAVEIRINHA (*para o fotógrafo*) – Bate agora!
>
> FOTÓGRAFO – Atenção, um momento!
>
> (*Fotógrafo estoura o flash.*)
>
> FOTÓGRAFO – Obrigado!
>
> CAVEIRINHA – Viu, 'seu' Agenor? As coisas são simples. Nós é que complicamos tudo, D. Guigui. (*para 'seu' Agenor*) E quero ser mico se D. Guigui não gosta do senhor pra chuchu! A senhora gosta do seu marido, D. Guigui?

---

41 RODRIGUES, Boca de Ouro, *op. cit.*, p. 307.

296   Alexandre Pianelli Godoy

D. GUIGUI – Esse danado sabe que eu gosto dele!

CAVEIRINHA – E o senhor dela, naturalmente? (*para D. Guigui*) Podemos continuar?

D. GUIGUI – Por mim, já sabe!

CAVEIRINHA (*para 'seu' Agenor*) – Meu jornal vai publicar as memórias de sua mulher! 'Furo' espetacular! (*para D. Guigui*) Onde é que nós estávamos, ah! D. Guigui, essa história do 'assassinato de mulheres' é batata?

D. GUIGUI – Batata. Eu não te contei o caso da grã-fina?

CAVEIRINHA – Que caso?

D. GUIGUI – Contei, sim!

CAVEIRINHA – A mim, não!

D. GUIGUI – Não contei? Me presta atenção – não te contei que primeiro a Celeste e o Leleco e, depois, a grã-fina... Ah, é mesmo! Não contei. Tem razão, não contei. Sabe como é: pessoal da alta, a gente fica meio assim. Mas eu conto, se você me prometer um negócio.

CAVEIRINHA – Diz. Pode dizer.

D. GUIGUI – Você diz que era grã-fina, tal e coisa, mas não me põe o nome, o nome dela, não põe. Promete?

CAVEIRINHA – Prometo!

D. GUIGUI – Menino, você vai ficar besta! Te digo mais: foi aí que eu vi que o 'Boca de Ouro' era covarde! Covarde, sim, senhor! É muito bom dizer que o sujeito faz e acontece, mas com mulher, não é vantagem. Por que é que o 'Boca' nunca se meteu com o meu velho? Sabia que o Agenor é fogo! Agenor metia-lhe a mão na cara! Mas como eu ia dizendo: primeiro, houve o tal negócio entre a Celeste e o Leleco...[42]

A primeira versão pretende desenhar Boca de Ouro como um "monstro"; na segunda versão, aparece a imagem de um criminoso bastante paternal e com–

---

42   *Ibidem*, p. 316–317.

preensivo, com "pinta de lorde"; e na terceira versão, prevalece a imagem do "covarde". É como se, em cada relato, Guigui mostrasse a impossibilidade da representação como um simulacro, pois cada uma é concebida como se fosse uma história real. A cada mudança da representação, maior o engano das suas personagens e dela mesma como intérprete.

Na terceira versão, Leleco flagra Celeste em um táxi com o bicheiro enquanto andava de lotação. Diante disso, o marido ameaça Celeste com um revólver. Não quer matar a esposa, pois espera o resultado do jogo do milhar. Ao perder a aposta, a esposa sugere que Boca de Ouro pague o resultado do jogo. Celeste tenta justificar a traição pelo fato de se sentir humilhada por uma colega rica (grã-fina) dos tempos do colégio.

> O tal colégio dava sete vagas gratuitas pra Prefeitura. Minha família cavou uma dessas vagas e eu entrei lá assim. (...) Pois é. Como eu não pagava nada e estava ali de graça, eu servia às meninas ricas, está na cara! No recreio, não brincava com as outras. Ia pra cozinha, enxugar prato e outros bichos! (...) Estou entalada até hoje com esse colégio! Lá, havia uma menina mais rica que as outras, e tão metida a besta, que se ódio matasse! Essa dizia pra mim – (afetada) – 'Minha avó foi namorada de Joaquim Nabuco![43]

O ressentimento de Celeste por sua condição social "mediana" permanece nas três versões, pois sempre busca uma ascensão social nunca alcançada. Por coincidência, a grã-fina que estudou com Celeste no colégio é a mesma que sempre visita Boca de Ouro. Celeste vai até a casa de Boca de Ouro contar que o marido dela já sabe de tudo. Leleco, por sua vez, vai cobrar o dinheiro na casa do bicheiro e ao mesmo tempo tirar satisfações quanto à traição. Boca de Ouro acerta uma coronhada em Leleco. Completando o "serviço", ela mata o marido na esperança de receber sozinha o dinheiro do jogo. Enquanto esconde o corpo e as marcas do assassinato, Boca de Ouro recebe a grã-fina Maria Luísa. Esta reconhece Celeste dos tempos do colégio. Após um diálogo provocativo e ríspido da parte de Celeste, ela mostra o cadáver do marido para Maria Luísa. Boca de Ouro pretende matar a grã-fina, mas acaba assassinando Celeste com uma navalhada.

---

43 *Ibidem*, p. 321.

Maria Luísa acusa o bicheiro de assassino e, resignada, vai para o quarto dele. Enquanto isso, ele "apanha um jornal e olhando, de vez em quando na direção do quarto, cobre o cadáver de Celeste. Depois, cambaleante vai ao encontro de Maria Luísa".[44] O jornal aparece como uma forma de encobrir o assassinato de Celeste, isto é, como se fosse a própria representação que ela e o jornal projetavam diante da figura do bicheiro. A peça termina com a fala de um locutor de rádio entrevistando o repórter Caveirinha.

> LOCUTOR – Rádio Continental do Rio de Janeiro, emissora das Organizações Rubens Berardo, falando do pátio do Instituto Médico Legal, em mais um *flash*, em mais uma reportagem viva e – por que não dizer? – contundente sobre o crime que sacode a cidade. Mataram o 'Boca de Ouro', o Al Capone, o Drácula de Madureira, o D. Quixote do jogo do bicho, o homem que matava com uma mão e dava esmola com a outra! Uma multidão, uma fila dupla que se alonga, que serpenteia, que ondula, da Presidente Vargas até o pátio do necrotério. São homens, mulheres e até crianças. Até crianças vêm olhar, pela última vez, essa estrela do crime que foi 'Boca de Ouro'! Ouvintes da *Continental*, é uma apoteose fúnebre nunca vista! Mas está chegando 'Caveirinha', o nosso confrade do vespertino 'O Sol'. 'Caveirinha', vem cá! Chama o 'Caveirinha'! fala aqui, 'Caveirinha', para os ouvintes da *Continental*![45]

Na entrevista, Caveirinha desconhece que o cadáver de Boca de Ouro está desdentado, além disso, de que havia sido morto com 29 punhaladas por uma mulher que atende pelo nome de Maria Luísa. E o locutor se despede "(...) prometendo voltar dentro de poucos momentos com notícias, com flashes que dir-se-ia salpicados de sangue".[46]

A intenção de Nelson Rodrigues é, sem dúvida, satirizar a imprensa policial escrita ou radiofônica, que ao construir representações quase vivas e "salpicadas de sangue" sobre as tragédias do dia a dia acabavam expondo as imagens do que não era considerado "moderno", o que também mascarava a sua idealização.

---

44 *Ibidem*, p. 337.

45 *Idem.*

46 *Ibidem*, p. 339.

Na última peça dessa fase, *O beijo no asfalto* (1960), o dramaturgo não somente apresenta mais uma história do fracasso, mas a sua própria relação como colunista do jornal *Última Hora* nos anos 1950, o que lhe valeu a saída do periódico, muito mais por fazer menções explícitas a ele na peça, as quais arranhavam a reputação do jornal, do que por utilizar como personagem a figura do repórter Amado Ribeiro, que de fato trabalhava no jornal, ou por citar o seu próprio dono, Samuel Wainer.[47]

É interessante lembrar que nas duas adaptações da peça para o cinema – *O beijo*, de Flávio Tambellini, de 1965, e *O beijo no asfalto*, de Bruno Barreto, de

---

47 Ruy Castro conta na biografia de Nelson Rodrigues que "'Beijo no asfalto' provocou a saída de Nelson de 'Última Hora'. Não porque Amado Ribeiro fosse personagem da peça, repetindo o repórter amoral e sem escrúpulos que Nelson já descrevera em 'Asfalto selvagem'. Mas porque as referências a 'Última Hora' não contribuíram muito para a imagem do vespertino. Falava-se até de Samuel Wainer (...). Os Fernandos [Tôrres e Montenegro] acharam melhor se precaver. Gostariam de uma carta de Amado Ribeiro e outra de Samuel Wainer, autorizando-os a usar seus nomes e o de 'Última Hora'. Nelson achava desnecessário – já escrevera sobre 'Última Hora' e na própria 'Última Hora'. Mas Fernando Tôrres insistiu. (...) Com Amado Ribeiro não houve problema. Assistiu a um ensaio, vibrou, foi ao palco abraçar Sérgio Brito e repetiu seu bordão: 'Eu sou pior! Eu sou pior!'. Produziu ali mesmo uma declaração e assinou. Já Samuel Wainer não podia dar a carta, estava fora do Brasil. Um diretor interino forneceu-a, liberando o uso do título. O espetáculo entrou em cartaz, houve a renúncia de Jânio [1961], aconteceu o alarido que mobilizou 'Última Hora' e o país e, quando a peça foi para a Maison, Samuel chamou Nelson e mandou-o tirar o jornal da história. (...) Nelson pediu aos Fernandos que atendessem Samuel. Bastava trocar o nome, inventar outro. Mas Fernando Tôrres não quis ceder. A peça já estava em cartaz, não ficaria bem, seria o suicídio moral do espetáculo. E havia outro argumento: 'Temos uma carta', disse Fernando Tôrres. 'E se eu for demitido?', perguntou Nelson. 'Ora, Nelson, qual o jornal que não gostaria de ter você?', respondeu Fernanda Montenegro. (...) Nelson cedeu, mas a situação pesou para ele dentro de 'Última Hora'. Colegas viraram-lhe o rosto. Nem o seu teatro parecia agradar-lhes mais. (...) Pediu demissão a Samuel, aceita sem restrições. Estava deixando um jornal em que trabalhava desde o primeiro número e no qual publicara, durante dez anos, cerca de duas mil histórias de 'A vida como ela é...', num astronômico total de dez mil laudas – trezentas mil linhas! (...) Ninguém lhe dissera nada, mas a atmosfera já estava carregada para Nelson em 'Última Hora' havia pelo menos seis meses. Mais exatamente, desde 24 de março daquele ano de 1961 – quando Nelson se atrevera a publicar, num semanário recém-lançado chamado 'Brasil em Marcha', onde colaborava, um artigo sobre um velho amigo cujo título parecia piscar em néon: 'O meu ex-patrão Roberto Marinho'". CASTRO, *op. cit.*, p. 315-317.

300 Alexandre Pianelli Godoy

1980[48] –, a cena do beijo entre dois homens na rua aparece sugerida na primeira versão e é efetivada na segunda, enquanto na peça, o beijo só é caracterizado pelo relato de terceiros e confirmado, posteriormente, pela personagem principal. A exigência da imagem transforma o que é um relato oral na peça numa confissão explícita no cinema. Nesse caso, a reprodutibilidade técnica foi um meio de resolver o conflito moral no cinema por meio da confirmação visual da homossexualidade de Arandir. Mas no teatro de Nelson Rodrigues, o conflito moral não encontra uma solução, pois a homossexualidade de Arandir é colocada sempre em dúvida por meio do jogo de representações.

> AMADO – Olha. Agorinha, na Praça da Bandeira. Um rapaz foi atropelado. Estava juntinho de mim. Nessa distância. O fato é que caiu. Vinha um lotação raspando. Rente ao meio-fio. Apanha o cara. Em cheio. Joga longe. Há aquele bafafá. Corre pra cá, pra lá. O sujeito estava lá, estendido, morrendo.
>
> CUNHA (*que parece beber as palavras do repórter*) – E daí?
>
> AMADO (*valorizando o efeito culminante*) – De repente, um outro cara aparece, ajoelha-se no asfalto, ajoelha-se. Apanha a cabeça do atropelado e dá-lhe um beijo na boca.
>
> CUNHA (*confuso e insatisfeito*) – Que mais?
>
> AMADO (*rindo*) – Só.
>
> CUNHA (*desorientado*) – Quer dizer que. Um sujeito beija outro na boca e não houve mais nada. Só isso? (*Amado ergue-se. Anda de um lado para outro. Estaca, alarga o peito.*)
>
> AMADO – Só isso!
>
> CUNHA – Não entendo.
>
> AMADO (*abrindo os braços para o teto*) – Sujeito burro! (*Para o delegado*) Escuta, escuta! Você não quer se limpar? Hein? Não quer se limpar?
>
> CUNHA – Quero!

---

48 Sobre isso, ver o trabalho de XAVIER, Ismail. Nelson Rodrigues no cinema (1952-99): anotações de um percurso. *O olhar e a cena...*, *op. cit.*, p. 161-222.

Nelson Rodrigues: o fracasso do moderno no Brasil 301

AMADO – Pois esse caso.

CUNHA – Mas...

AMADO – Não interrompe! Ou você não percebe? Escuta, rapaz! Esse caso pode ser a tua reabilitação e olha: – eu vou vender jornal pra burro!

CUNHA – Mas como reabilitação?

AMADO – Manja. Quando eu vi o rapaz dar o beijo. Homem beijando homem. (*Descritivo*) No asfalto. Praça da Bandeira. Gente assim. Me deu um troço, uma ideia genial. De repente. Cunha, vamos sacudir esta cidade! Eu e você, nós dois! Cunha.

CUNHA (*deslumbrado*) – Nós dois? (*Amado dá-lhe nas costas um tapa triunfal. E começa a rir.*)

AMADO – Nós dois! Olha: – o rapaz do beijo, sim o que beijou, está aí embaixo, prestando declarações! (*Ri mais forte, apontando com o dedo para baixo*) – Embaixo! (*Primeiro, ri Amado. Em seguida, Cunha o acompanha. Acaba a cena com a fusão de duas gargalhadas.*).[49]

O dramaturgo deixa explícito que a sua intenção era mostrar como o beijo entre dois homens só ganha estatuto de notícia quando apropriado pelo repórter, a fim de vender mais jornais e "livrar a cara" do delegado Cunha, acusado anteriormente pelo mesmo repórter de ter provocado um aborto a pontapés. No entanto, o que é visto pela maioria é somente um caso de homossexualismo explícito. Por isso, a imprensa e a polícia deveriam inculcar na cabeça de todos que não se tratava apenas de um derradeiro beijo dado em alguém à beira da morte, mas um caso amoroso imoral e vergonhoso com pitadas de crime passional. Ninguém se interessa pelas explicações de Arandir: "(...) a única coisa que salva é o beijo no asfalto. Pela primeira vez. (...) Pela primeira vez, na vida! Por um momento, eu me senti bom! (Furioso) Eu me senti quase, nem sei! (...) Na Praça

---

49 RODRIGUES, Nelson. O beijo no asfalto. *Teatro completo de Nelson Rodrigues 4*: tragédias cariocas II, p. 94-95.

da Bandeira (...). Lá, eu fui bom. É lindo! É lindo, eles não entendem. Lindo beijar quem está morrendo! (Grita) Eu não me arrependo! Eu não me arrependo!".[50]

Selminha, esposa de Arandir, recebe a visita do seu pai (Aprígio). Ele está com Arandir no momento do incidente e tenta explicar a ausência do marido. É interrompido com a chegada de Dália, a filha mais nova. Não consegue dizer imediatamente sobre o ocorrido, apenas afirma que ele foi servir na polícia como testemunha de um atropelamento. A filha reclama que o pai nunca chama o seu marido pelo nome. Desviando-se do assunto, o pai resolve contar sobre a história do beijo. E a filha acha até bonito. No seu desespero, o pai pergunta se a filha conhece bem o marido. Selminha diz que confia nele plenamente.

Na cena seguinte, no distrito policial, Arandir é interrogado pelo delegado Cunha e pelo repórter Amado Ribeiro. Tenta explicar que, no momento do atropelamento, tinha ido à Praça da Bandeira para "empenhar uma joia na Caixa Econômica".[51] Em todo o interrogatório tentam confundir Arandir com insinuações sobre a sua masculinidade e o seu grau de envolvimento com o atropelado. Tentam convencê-lo do que ele não fez.

Na casa de Selminha, ela comenta com a irmã Dália que o pai havia mudado muito depois do seu casamento com Arandir. De repente, o marido chega da delegacia. Ao tocar no assunto do atropelamento, Dália começa a interrogá-lo sobre a história do beijo no asfalto. Assim como na polícia, ele é indagado Arandir se conhece a vítima. No início do segundo ato, a história já havia se disseminado desta forma:

> D. MATILDE – Licença?
>
> SELMINHA – Ah, entre D. Matilde. (*D. Matilde entra e faz um cumprimento apressado*)
>
> D. MATILDE – Bom dia! Bom dia!
>
> DÁLIA (*com frívola desenvoltura*) – Estou de saída!
>
> D. MATILDE (*indicando o jornal*) – Já leu?

---

50 *Ibidem*, p. 149.

51 *Ibidem*, p. 102.

SELMINHA – O resultado das misses?

D. MATILDE – Não leu?

SELMINHA (*já com uma curiosidade nova e inquieta*) – Não vi o jornal!

D. MATILDE (*radiante por ser portadora da novidade*) – O retrato do seu marido, D. Selminha!

SELMINHA (*ao mesmo tempo que apanha o jornal*) – Onde?

DÁLIA – De Arandir?

D. MATILDE (*apoplética de satisfação*) – Primeira página!

SELMINHA (*sôfrega*) – É mesmo! (*Dália olhando por cima do ombro da irmã.*)

DÁLIA (*no seu espanto*) – 'Última Hora'!

D. MATILDE (*eufórica*) – O título!

SELMINHA (*lenta e estupefata*) – O beijo no asfalto! (*Muda de tom*) O retrato do atropelado! E aqui o Arandir na delegacia!

D. MATILDE (*melíflua e pérfida*) – Aí diz uns troços que!

DÁLIA – Deixa eu ler!

SELMINHA – Dália, não amola!

DÁLIA – Então lê alto! (*Selminha começa a ler para si, D. Matilde continua na mesma euforia.*)

D. MATILDE (*mexericando para Dália*) – Olha, escuta. Tem um repórter na rua.

DÁLIA – Repórter!

D. MATILDE – Com fotógrafo! Entrevistando! Ouviu, D. Selminha?

SELMINHA (*que continua lendo*) – Um momento!

D. MATILDE (*voltando-se para Dália*) – E o repórter está querendo saber se D. Selminha vive bem com 'seu' Arandir. Eu disse: – 'vive'!

SELMINHA (*numa explosão*) – Nunca! Nunca!

DÁLIA – Mas que é que diz?

SELMINHA (*desatinada*) – Diz que. Olhe que ele diz. Onde é que está? Aqui, mentira! Tudo mentira!

DÁLIA (*vivamente*) – Dá aqui!

SELMINHA – Ainda não acabei! (*Para D. Matilde*) Estou que tinindo, D. Matilde, tinindo! Como é que um jornal! (*Para Dália*) Diz que Arandir beijou o rapaz na boca!

D. MATILDE – Esse jornal é muito escandaloso!

SELMINHA (*fora de si*) – Toma! Toma! (*Entrega o jornal a Dália*) Não quero ler mais nada! Estou até com nojo! Nojo! (*Dália começa a ler o jornal.*)

D. MATILDE – Caso sério!

SELMINHA – Se meu marido, D. Matilde! E na boca! Meu marido nem conhecia! Era um desconhecido, D. Matilde!

D. MATILDE (*pérfida*) – Desconhecido?

SELMINHA – Desconhecido!

D. MATILDE – Tem certeza?

SELMINHA – Mas D. Matilde!

D. MATILDE – Claro que! Evidente! Acredito na senhora, nem se discute. Mas interessante, D. Selminha. Sabe que, pela fotografia do jornal, a fisionomia do rapaz não me parece estranha. (*Bruscamente e com vivacidade*) O morto é um que veio aqui, uma vez?

SELMINHA – Na minha casa?

D. MATILDE – Na sua casa! Aqui!

SELMINHA (*fremente*) – A senhora está me chamando de mentirosa, D. Matilde?

D. MATILDE – Deus me livre! A senhora não entendeu. Eu não ponho em dúvida. Absolutamente. (*Repete*) Em absoluto! Não ponho. Mas há uma parte no jornal. A senhora leu tudo?

SELMINHA – Tudo!

D. MATILDE – Leu aquele pedaço no final...

SELMINHA – Tudo!

D. MATILDE – Essa parte acho que a senhora não leu.

SELMINHA (*fremente*) – Quer me fazer um favor?

D. MATILDE – Eu vou ler para a senhora. Eu leio.

SELMINHA – Por obséquio, D. Matilde.

D. MATILDE – Leio. (*D. Matilde apanha o jornal de Dália.*)

DÁLIA – Mas eu estou lendo!

D. MATILDE (*melíflua*) – Dá licença.

DÁLIA (*desabrida*) – Ora, D. Matilde.

D. MATILDE – Um minutinho!

SELMINHA (*na sua obsessão*) – Era um desconhecido! Um desconhecido!

D. MATILDE (*irredutível*) – É essa parte. Aqui. Acho que a senhora não leu!

DÁLIA – Arandir vai lá na redação e quebra a cara do repórter!

SELMINHA (*frenética*) – Não leia nada! Não quero! Não quero, D. Matilde. Não quero ouvir nada.

D. MATILDE (*implacável, nítida, incisiva*) – O jornal diz: (*Ergue a voz*) 'Não foi o primeiro beijo! (*Triunfante*) Nem foi a primeira vez!'

SELMINHA (*atônita*) – Não foi o primeiro beijo! Nem foi a primeira vez?[52]

O jornal *Última Hora* é exposto na peça como um periódico escandaloso e sensacionalista, mas sem nada que o diferencie de "O Radical", da peça *A falecida*, de "A Marreta", da peça *Viúva, porém honesta*, ou de "O Sol", da peça *Boca*

---

52   *Ibidem*, p. 112-115.

de Ouro. Todos esses jornais transformam o dia a dia em mercadoria e para isso é preciso que a representação seja tão convincente a ponto de se tornar uma verdade absoluta. Assim, recorrem também à fotografia, aliando a visualidade com a verdade dos fatos. Um dos primeiros indícios é que todas as personagens acreditam que Arandir tenha algum grau de envolvimento com o morto, pois ninguém iria beijar um desconhecido na rua. Acreditar nessa história já é desmerecer a versão de Arandir. Crer que eles haviam tido um caso amoroso é outra forma de admitir o disparate da representação, pois tudo é explicado por aquilo que se considera uma "imoralidade inconfessa". A esposa de Arandir, que confia nele cegamente, começa a duvidar das próprias convicções. Não é por acaso que a frase de Nelson Rodrigues sobre a "unanimidade" se notabilizou: "Toda a unanimidade é burra. Quem pensa com a unanimidade não precisa pensar".[53] É um modo de dizer que toda a unanimidade é uma forma representação que não deixa margens para a sua interpretação.

Se para Nelson Rodrigues escrever sobre os fracassos corresponde a uma visão de mundo, para o historiador, documentar historicamente os fracassos é uma atitude política e crítica de difícil execução. É preciso entender que a natureza da representação das fontes de pesquisa é tomada pela época que as produziu como uma presença. Isso deve ser levado em consideração na temporalidade do historiador, mas não deve nublar a sua posição de intérprete. O distanciamento permite que o historiador interprete as representações. Ao contrário do que pregam determinadas linhas historiográficas, as quais acreditam que, para documentar "resistências", "pluralidade de sujeitos" ou "processos de exclusão social", bastaria recorrer às representações elaboradas pelos diversos sujeitos de uma época. Não é uma questão de confrontar representações que tragam as "vozes" dos sujeitos, uma vez que toda representação se limita a se expor como um dado, mas de interpretá-las a partir de uma problematização que tenha como

---

53 RODRIGUES, *Flor de obsessão...*, *op. cit.*, p. 171. Nelson Rodrigues era capaz de, aparentemente, contradizer as suas próprias máximas: "Eu disse, certa vez, que toda a unanimidade é burra. Nem todas, porém. De cinquenta em cinquenta anos, aparece uma *unanimidade* cujo julgamento é preciso, inapelável, eterno, como o Juízo Final". O que o autor fazia era jogar com as representações, pois, se nem toda unanimidade é burra, é porque permanece a burrice da unanimidade.

Nelson Rodrigues: o fracasso do moderno no Brasil   307

horizonte teórico e político uma história do que não deu certo, do que não foi concebido, consumado ou considerado e que, portanto, pode não ter sido alvo de registro, memória, leitura ou percepção. Não é somente uma história das possibilidades, do que poderia ter sido, mas uma história do que ocorreu e, porém, não ganhou o estatuto de "realidade" em razão da ideologia das fontes e dos seus intérpretes, como fez Nelson Rodrigues ao expor como as representações jornalísticas não deram margem para que a versão de Arandir sobre o acontecimento viesse à tona. É uma história escrita na tentativa de se aproximar da perspectiva daqueles que não puderam escrevê-la, isto é, de uma história por entre o plano das representações.

Certamente, as camadas médias baixas dos anos 1950 não contaram a sua história a partir da perspectiva de que cultivavam valores burgueses moralistas do passado, estranhos inclusive à sua origem social, que dificultavam a sua inserção numa cultura liberal burguesa no Brasil; o que buscou resolver com investimento na aparência de "moderno" como uma essência para que a precariedade da vida fosse substituída pelo ideal de equilíbrio e harmonia do padrão médio de comportamento. Da mesma forma, a imprensa escrita no Brasil não contou a sua história contrastando o seu caráter de empresa capitalista desde o início do século XX com a precariedade do consumo/leitura dos seus "produtos" nos anos 1950; o que procurou solucionar com investimento em imagens que pudessem substituir os códigos da norma culta por meio da visualidade como verdade.

A história do beijo no asfalto escancara o fracasso tanto das camadas médias baixas como da imprensa escrita no mundo dito "moderno". Fracasso da vida metropolitana ("asfalto") e das suas linguagens "modernas" (imprensa escrito-visual de entretenimento). No diálogo entre o seu pai e Selminha, indignada, ela dispara: "Como é que um jornal, papai! O senhor que defendia tanto o Samuel Wainer! E como é que um jornal publica tanta mentira!".[54] Porém, como ninguém assume a derrota, todos preferem acreditar na veracidade dos fatos apresentados no "pasquim"[55] – para usar a mesma expressão de Nelson Rodrigues na *persona* de Selminha. Até a viúva do atropelado é obrigada a inventar a mesma história mediante a chantagem

---

54   RODRIGUES, O beijo no asfalto, *op. cit.*, p. 119.

55   *Idem.*

de Amado Ribeiro, por ter descoberto que ela tem um amante. A história se complica quando Arandir tenta contar a sua versão para a esposa.

> SELMINHA – É verdade quê?
>
> ARANDIR – Um beijo.
>
> SELMINHA (*com surda irritação*) – Primeiro, responde. Preciso saber. O jornal botou que você beijou.
>
> ARANDIR – Pensa em nós.
>
> SELMINHA – Com outra mulher. Eu sou tua mulher. Você beijou na...
>
> ARANDIR (*sôfrego*) – Eu te contei. Propriamente, eu não. Escuta. Quando eu me abaixei. O rapaz me pediu um beijo. Um beijo. Quase sem voz. E passou a mão por trás da minha cabeça, assim. E puxou. E, na agonia, ele me beijou.
>
> SELMINHA – Na boca?
>
> ARANDIR – Já respondi.
>
> SELMINHA (*recuando*) – E por que é que você, ontem!
>
> ARANDIR – Selminha.
>
> SELMINHA (*chorando*) – Não foi assim que você me contou. Discuti com meu pai. Jurei que você não me escondia nada!
>
> ARANDIR – Era alguém! Escuta! Alguém que estava morrendo. Selminha. Querida, olha! (*Arandir agarra a mulher. Procura beijá-la. Selminha foge com o rosto*) Um beijo.
>
> Selminha (*debatendo-se*) – Não! (*Selminha desprende-se com violência. Instintivamente, sem consciência do próprio gesto, passa as costas da mão nos lábios, como se os limpasse.*)
>
> ARANDIR – Você me nega um beijo?
>
> SELMINHA – Na boca, não![56]

---

56 *Ibidem*, p. 127-128.

Cerceado publicamente e desacreditado em casa, Arandir é calado pela sociedade, embora não deixe de admitir que beijou alguém que morria. No seu modo de ver, o beijo no asfalto era a única coisa que salvaria o homem da agonia final, pois, por meio da visibilidade de um gesto em público, assumia o afeto a um desconhecido que morria, mesmo que provocasse asco e preconceito social. Nelson Rodrigues se vale da visualidade da notícia para expor o que ela não mostra, como se fosse uma "dobra ótica"[57] entre o externo e o interno, o fora e o dentro, o público e o privado, na qual se expõe um conflito, mas não em função de uma crítica que coloca um ponto final à questão. Assumir a derrota não é a solução, mas o início de uma problematização que permite uma crítica às representações sociais mediante a sua interpretação proporcionada pelo jogo teatral.

No último ato da peça, Selminha é levada pelo delegado Cunha e pelo repórter Amado Ribeiro para uma casa afastada, onde marcam um encontro também

---

57 Victor Hugo Adler Pereira, em um estudo sobre a questão da visibilidade e a máscara no teatro contemporâneo, comenta que, no caso das peças de Nelson Rodrigues e, especificamente, na peça *Dorotéia*, "(...) [o] conjunto dos procedimentos que se caracterizam, não somente na utilização da máscara, mas também dos leques com que as tias cobrem e descobrem os rostos, e do Jarro, referência simbólica que surge e desaparece em cena, sugere a lógica da *dobra* [,] um recurso capital na criação barroca. 'A dobra infinita separa [sic] ou passa entre a matéria e a alma, a fachada e o compartimento fechado, o exterior e o interior', situa Gilles Deleuze. Este elemento de transição, de encontro ou circulação [sic] entre o externo e o interno, concede uma identidade [sic] a esta tendência, dominante num determinado período histórico, porém, recorrente na arte e no pensamento ocidental. Cristine Buci-Gluksmann define o barroco como uma dialética do ver e do olhar. Conforme Gilles Deleuze sublinha, ao citar essa definição, essa fórmula [sic] deveria ser restrita à 'dobra ótica'". PEREIRA, Victor Hugo. A visibilidade e a máscara. *Nelson Rodrigues e a obscena contemporânea*, p. 105. Causa-me certo estranhamento o modo como o autor compreende a teoria deleuziana da dobra, utilizando, por exemplo, como sinônimos "separação" e "passagem" (o que talvez seja um problema de tradução da obra) ou "transição", "encontro" e "circulação". O conceito de dobra sugere mais uma passagem, uma transição constante ou um fluxo contínuo entre o fora e o dentro, a borda e o centro. E também não pode ser visto como uma "fórmula" ou "modelo" retórico e/ou artístico a tal ponto de ser dotada de uma "identidade". A questão da "lógica da dobra" é uma das invenções intelectuais mais profícuas de Deleuze. Minha objeção principal está no modo como o filósofo entende a representação a ponto de abolir o seu papel na literatura e no cinema. Para uma crítica a Deleuze em relação à representação, ver: LIMA, Luiz Costa. Deleuze: uma estética antirrepresentacional. *Mimeses, op. cit.*, p. 331-364.

com a viúva do atropelado. Antes, porém, travam um diálogo entre a realidade e a ficção.

> CUNHA (*com um princípio de irritação e já insinuando uma ameaça*) – Aqui, D. Selminha, aqui! Na delegacia, propriamente não se pode trabalhar. Está assim de repórter, de fotógrafos! Não há mistério, D. Selminha. Estamos em São João de Meriti. Essa casa é de um amigo do Amado Ribeiro. (*Voltando-se para o repórter*) Amado Ribeiro, da 'Última Hora'!
>
> AMADO (*cínico*) – Prazer.
>
> SELMINHA (*disparando, numa volubilidade febril*) – O senhor é que é Samuel Wainer?
>
> AMADO – Amado Ribeiro.
>
> SELMINHA (*desorientada por um detalhe imprevisto*) – Mas o Samuel Wainer não trabalha na 'Última Hora'?
>
> AMADO – Exato.
>
> SELMINHA (*confusa*) – Ah, é. E o Carlos Lacerda na 'Tribuna da Imprensa'.[58]

É comum na trajetória de Nelson Rodrigues a mistura entre personagens reais e fictícios. Aliás, o próprio dramaturgo foi uma personagem de si mesmo em quase tudo que escreveu. O que torna inviável a separação de um Nelson Rodrigues biográfico e outro bibliográfico. Entretanto, essa zona fronteiriça na qual pode residir um sujeito concreto se relaciona com o papel da representação no seu teatro, que se estendeu sobre toda a sua obra literária e memorialística. A representação como presença é um procedimento do autor que possibilita a emergência dos fracassos da própria representação e do "moderno". A sua insistência no fracasso como proposta estética é inseparável da historicidade da sua obra, ou seja, da precária e conturbada ascensão das camadas médias na hierarquia social e do início da incipiente massificação da cultura brasileira nos anos 1950, nas quais o próprio Nelson Rodrigues se insere por sua condição

---

58 RODRIGUES, O beijo no asfalto, *op. cit.*, p. 131-132.

pequeno-burguesa de escritor e sua posição de subalternidade em relação aos órgãos da novíssima imprensa do campo escrito-visual de entretenimento.

Logo, quanto mais a imprensa tentava construir um mundo de simulacros, mais as personagens de Nelson Rodrigues acreditam nas suas verdades e mais se adensa a tibieza das suas representações. A viúva do atropelado, mediante a chantagem, confirma para Selminha que o marido dela e Arandir "(...) tomaram banho juntos".[59] Selminha é definitivamente convencida de que o seu marido é homossexual, embora ainda tente resistir às "evidências" justificando que o dinheiro que Arandir foi empenhar na "Caixa Econômica" é para fazer um aborto, pois "meu marido acha que a gravidez estraga a lua de mel! Prejudica! E como eu. Eu nunca tive barriga. Seria uma pena a gravidez. Ele então preferia que mais tarde e já não".[60] O que é uma tentativa de justificar a masculinidade de Arandir só aumenta a dificuldade do casal diante da situação.

Até o fim da peça, as decepções com as aparências não cessam. Ao saber que a sua filha Selminha foi "presa" pela polícia em função de Arandir, Aprígio fica possesso e começa a discutir com a filha mais nova, Dália. Esta insiste em defender Arandir; aquele em acusá-lo. No confronto entre pai e filha, ela afirma que o segredo do pai em detestar tanto o genro é o amor pela filha como de um homem por uma mulher. A rubrica informa que "termina a cena com as gargalhadas do pai e os soluços da filha".[61] Em seguida, Aprígio vai tirar satisfações com Amado Ribeiro, que está no seu quarto, "sem paletó com a fralda da camisa para fora das calças. Empunha uma garrafa de cerveja. De vez em quando bebe pelo gargalo com uma sede feliz. O repórter está, na melhor das hipóteses, semibêbado".[62] Em sua decadência profissional, moral e física, Amado Ribeiro não quer conversar com Aprígio ao saber que ele é da família, pois, de acordo com os seus "critérios", não se vende por dinheiro algum. No entanto, contraditoriamente, escancara:

---

59 *Ibidem*, p. 135.

60 *Ibidem*, p. 137.

61 *Ibidem*, p. 141.

62 *Idem*.

312 Alexandre Pianelli Godoy

AMADO – O senhor vai dizer que é mentira. Que é uma mistificação co-lossal, não sei o que lá. Não adianta. O jornal está rodando. Rodando. Tem uma manchete do tamanho de um bonde. Assim: – 'O Beijo no Asfalto foi crime! Crime!'

APRÍGIO (*apavorado*) – Crime?

AMADO – Crime! E eu provo! Quer dizer, sei lá se provo, nem me interessa. Mas a manchete está lá, com todas as letras: – CRIME!

APRÍGIO – Mas eu não entendo!

AMADO (*exultante e feroz*) – Aprígio, você não me compra. Pode me cantar. Me canta! Canta! (*Rindo, feliz*) Eu não me vendo! (*Muda de tom*) Eu botei que. Presta atenção. O negócio é bem bolado pra chuchu! Botei que teu genro esbarrou no rapaz. (*Triunfante*) Mas não esbarrou! Aí é que está. Não esbar-rou. (*Lento e taxativo*) Teu genro empurrou o rapaz, o amante, debaixo do lotação. Assassinato. Ou não é? (*Maravilhado*) Aprígio, a pederastia faz ven-der jornal pra burro! Tiramos, hoje, está rodando, trezentos mil exemplares! Crime, batata![63]

Ao expor a farsa, o objetivo de Nelson Rodrigues é exatamente provocar no espectador o questionamento das representações, uma vez que o crime como uma verdade construída pelo jornal não vingou, assim como a confissão do re-pórter semibêbado e do pai desesperado com a situação. Por sua vez, Selminha fica traumatizada ao ir à polícia, pois o repórter e o delegado a fazem ficar nua para provar a sua gravidez. Ela termina a peça com nojo do marido, pois o beijo dele "ainda tem a saliva de outro homem!".[64] Dália vai ao hotel onde Arandir se esconde para dizer que a irmã não irá ao seu encontro; acaba confessando que ama o cunhado e o aceitará de qualquer jeito que ele seja. Arandir desprende-se de Dália e diz que ela é igual aos outros, pois acredita que ele tem um amante. Nesse momento, chega o sogro e manda a filha sair. Numa discussão entre eles, o que era ciúmes da filha se revela.

---

63 *Ibidem*, p. 143.
64 *Ibidem*, p. 146.

APRÍGIO *(num berro)* – De você! *(Estrangulando a voz)* Não de minha filha. Ciúmes de você. Tenho! Sempre. Desde o teu namoro, que eu não digo o teu nome. Jurei a mim mesmo que só diria teu nome a teu cadáver. Quero que você morra sabendo. O meu ódio é amor. Por que beijaste um homem na boca? Mas eu direi o teu nome. Direi teu nome a teu cadáver. *(Aprígio atira a primeira vez. Arandir cai de joelhos. Na queda, puxa uma folha de jornal, que estava aberta na cama. Torcendo-se, abre o jornal, como uma espécie de escudo ou de bandeira. Aprígio atira, novamente, varando o papel impresso. Num espasmo de dor, Arandir rasga a folha. E tomba, enrolando-se no jornal. Assim morre.)*

APRÍGIO – Arandir! *(mais forte)* Arandir! *(um último canto)* Arandir![65]

É significativo o tipo de indicação cênica que Nelson Rodrigues sugere ao colocar Arandir protegendo-se com o jornal, torcendo-o, rasgando-o e enrolando-se nele na hora da sua morte. A representação jornalística morria com Arandir, assim como o desejo mudo do sogro pelo genro nessa história de fracassos coletivos e individuais não assumidos. Ao colocar em cena a prostração, a frustração e o ressentimento das personagens, o dramaturgo convida o espectador, e por que não o historiador, a interpretar as representações sociais não como um simulacro, mas como uma forma de produção de verdade na qual podem emergir os fracassos da vida, de uma época e de um projeto de "moderno", mesmo que essas representações ("fontes") escritas, visuais ou materiais pareçam convencer do contrário. Talvez seja esse o desafio de escrever uma – e por uma – história dos fracassos...

---

65   *Ibidem*, p. 152-153.

INCONCLUSÃO

Os sertões, de Euclides da Cunha, foi o Brasil vomitado.
Qualquer obra de arte, para ter sentido no Brasil,
precisa ser esta golfada hedionda.

Nelson Rodrigues

Em 1928, Nelson Rodrigues tinha apenas 16 anos. Iniciava a sua carreira como jornalista no *A manhã*, periódico que pertencia ao seu pai, Mário Rodrigues. Escreveu nesse jornal um artigo sobre os motivos de Euclides da Cunha ser considerado um verdadeiro gênio literário, ao contrário de Ruy Barbosa. Em tom mais rebuscado do que costumeiramente conhecido, mas próprio para a época, expôs opiniões seguras sobre a obra de Euclides da Cunha, que fora um dos grandes exemplos de boa literatura para a sua geração. O que poderia ser encarado como um elogio exagerado se transforma no decorrer da sua narrativa em uma percepção sobre Brasil que parece percorrer toda a obra rodrigueana.

> Leitor: o único gênio do Brasil foi Euclides da Cunha. Esse sim, esse deixou uma obra verdadeira. Nos Sertões ele criou. Nesse volume admirável enfrentou problemas, discutiu fatos, confrontou e descreveu figuras, previu, pintou com cores fartas e sinceras os cenários deslumbrantes e desoladores de nossa flora, traçou em linhas precisas e fiéis a psicologia do brasileiro. O seu livro contém mundos. A objetiva larga de que se serviu não marcou limites. É de uma amplidão inaudita. Envolveu e apreendeu tudo na mesma síntese magistral. Lendo aquelas páginas, ora ardendo no fogo dos fenômenos climáticos que torturam e calcinam os sertões, ora se humanizando na investigação dissecadora da psicologia brasileira, ora se ensanguentando quando os cangaceiros, pequeninos titãs vítimas dum ideal maldito, duma religião

falsa, baqueiam pela fúria dos Krupps – lendo aquelas páginas quem poderá negar a esse ciclope da pena o cimo mais glorioso do espírito desta terra? (...) Euclides da Cunha criou. Dotado de uma visão de alcance incalculável, transpôs séculos. (...) Só aquela descrição gigantesca do sertão ferido pelo sol inclemente que arruína a flora, que despoja de seus recursos incomparáveis a terra sáfara, que mirra as flores, só essa descrição consagraria um gênio. No entanto, ninguém reconhece a verdade luminosa. De nada valem as páginas de bronze, a forma eurrítmica, a essência milionária. (...) Os sertões amaldiçoados, ardendo na febre da natureza, desolador e doloroso com as florestas velhas e decaídas, o ar abrasador, as árvores, míseras e trágicas, oferecendo aos céus parados os galhos secos e retorcidos, como numa súplica espantosa, os sertões calcinados, crescendo em panoramas aterrados e incomparáveis, os sertões, transladados àquelas páginas vigorosas, não obtêm a consagração do artista heroico que o sentiu, que o compreendeu, que o pintou. E o estudo colossal, entremeado de observações agudas, de verdades extraordinárias, sobre o nosso ser psicológico, sobre as falhas, os deslizes, as taras da organização étnica do Brasil? E os episódios epopeicos, culminados na resistência desvairada e deslumbrante dos jagunços acossados, constrangidos no fundo dum poço, resistindo a um exército inteiro, a um exército ressalvado pelas posições, pelas armas e pelo número? E o estio bárbaro, impulsivo, tumultuário, seguro, forte, retilíneo, de uma plasticidade admirável, correndo como um tropel de gigantes, heróis lendários?[1]

A sua admiração por Euclides da Cunha é clara no tom laudatório do artigo. O que parece intrigar mais o jovem jornalista e crítico literário bissexto não é somente a genialidade do autor de *Os sertões*, pois "de nada valem as páginas de bronze, a forma eurrítmica, a essência milionária", mas (destacando-se da citação anterior), sobretudo:

> [os] sertões amaldiçoados, ardendo na febre da natureza, desolador e doloroso com as florestas velhas e decaídas, o ar abrasador, as árvores, míseras e trágicas, oferecendo aos céus parados os galhos secos e retorcidos, como numa súplica espantosa, os sertões calcinados, crescendo em panoramas aterrados e incomparáveis, os sertões, transladados àquelas páginas

---

1 RODRIGUES, Nelson. Rui Barbosa II. COELHO (org.), *O baú de Nelson Rodrigues...*, *op. cit.*, p. 79-80. O artigo foi publicado originalmente no jornal *A Manhã*, em 19 abr. 1928.

vigorosas, não obtêm a consagração do artista heroico que o sentiu, que o compreendeu, que o pintou.[2]

Havia uma incompatibilidade fundamental ressaltada pelo jovem crítico entre o artista heroico, genial e aquilo descreveu e pintou nas suas páginas como a derrota, a prostração e a tragédia da natureza e da cultura da gente brasileira. Não importa aqui se prender sobre a veracidade dos fatos, mas sobre a forma como eles foram descritos e que tanto impressionou o jovem Nelson Rodrigues. A beleza da poética euclidiana reside para o futuro dramaturgo mais "sobre as falhas, os deslizes, as taras da organização étnica do Brasil". O que havia fracassado no país descrito em *Os Sertões* era o que consagrava Euclides da Cunha como gênio.

É Nicolau Sevcenko quem melhor traduz historicamente o sentimento de missão e de prostração que imbuiu a construção de *Os Sertões* de Euclides da Cunha na *belle époque*. Misto de exaltação do brasileiro e das suas bravuras – que corresponderia à possibilidade aberta de efetiva constituição de um Estado-Nação moderno no país – e das suas derrotas frente às intempéries da natureza e da violência dos homens, que seria o correlato do profundo desencanto diante do que ainda estava longe de ser realizado e foi escancarado com o advento da República.

> A sociedade nascida com o novo regime passava por um processo turvo de 'desencanto' – a 'selva escura' – dando origem a uma 'época de cerrado utilitarismo', em que 'a situação é dos espertos'. O auge da febre fiduciária do Encilhamento o autor considerava como 'tempos maus de agitações infrenes', estigmatizando a 'burguesia triunfante', 'os liliputianos reis'. As transformações sociais, políticas e econômicas, ao contrário do que se esperava, só trouxeram a exacerbação do egoísmo e do interesse na luta pelos cargos e comissões altamente remunerados, acompanhada pelo maior desprezo e indiferença pelos assuntos públicos. (...) Fenômeno de dissolução social que infunde a impotência e que o autor comenta com um desgosto resignado. 'E de fato; como fixar a orientação de um princípio nesse espantoso caos que por aí tumultua assustador, de ideias que não têm vigor e de homens que não têm ideias?' Era bem o avesso da República com que Euclides sonhara; (...). Euclides, porém possuía um conceito muito peculiar

---

2   *Idem.*

> do regime republicano. Para ele essa forma de organização social possuía a dupla vantagem de eliminar os privilégios de origem e de deixar aflorar os talentos dispersos pelas várias camadas sociais, através de um minucioso processo de filtragem democrática, conduzindo-os ao topo do mecanismo de decisões: seria pois o regime por excelência das grandes capacidades e da mais elevada racionalidade. O que se verificou no Brasil, contudo, foi uma enchente de adventícios sequiosos das rendas dos novos cargos, baralhando os papéis e invertendo radicalmente essas expectativas. (...) A sua atitude entretanto não é de resignação passiva à força da desgraça. Bem ao contrário, são esses obstáculos à realização do seu ideal que mais excitam a sua atitude inconformista e combativa. Sobre os escolhos da turbulência republicana, ele delineia todo um grande programa de ação capaz de restaurar a moralidade, a dignidade e a racionalidade no país, entregando-a de volta ao seu destino natural. (...) Esse é o momento em que a perspectiva crítica se associa ao impulso organizatório em sua obra, ensejando um conjunto de reformas que se alinham num projeto para o encaminhamento da sociedade brasileira.[3]

O ideal de uma cultura moral pública que insere todos os indivíduos no espaço público via constituição de um Estado-Nação efetivamente "moderno" foi traduzido de diferentes formas por escritores, jornalistas e literatos da *belle époque*. O "programa" de Euclides da Cunha era um entre tantos. Remetia à possibilidade aberta de construir esse Estado-Nação "moderno" convertendo a literatura em missão nacional. Entre o "realismo documentário" (no caso, de apelo cientificista) e a ficção romanesca, *Os Sertões* de Euclides da Cunha se afinam aos interesses de Nelson Rodrigues, pois ambos expõem a tragédia dos fracassos da cultura brasileira. As semelhanças entre os autores param por aí. A começar pelo fato de Nelson Rodrigues ter abandonado a "missão vanguardista" e a crença de que seria possível uma modernidade no Brasil, próprias da *belle époque*, além, é claro, do modo como, a partir dos anos 1940, transpôs esteticamente a sua prostração no seu teatro por meio de dramas morais familiares e individuais.

Entre o artigo do jovem Nelson Rodrigues e a epígrafe que inicia esta "inconclusão", há uma distância de quase quarenta anos. O tom sem requintes e mais

---

3   SEVCENKO, *Literatura como missão...*, *op. cit.*, p. 146-148.

direto presente na epígrafe corresponde também ao amadurecimento do autor e do seu estilo baseado numa estética dos fracassos. Nos anos 1960-70, Nelson Rodrigues começou a participar ativamente na imprensa escrita como cronista-memorialista político-cultural, sem abandonar o teor ficcional que sempre marcou todos os seus textos. Escreveu entre duas décadas apenas quatro peças de teatro: *Otto Lara Resende ou Bonitinha, mas ordinária* (1962), *Toda nudez será castigada* (1965), *Anti-Nelson Rodrigues* (1973) e *A serpente* (1978). A sua produção mais volumosa estava voltada à imprensa escrita, na qual escreveu textos designados pela crítica como "confissões", crônicas sociais mescladas de memórias, comentários sobre os acontecimentos políticos e culturais daquela atualidade por meio de um enredamento ficcional. Posteriormente, todas essas confissões e/ou crônicas-memórias foram organizadas e reunidas nos livros *A menina sem estrela: memórias* (1967), *O óbvio ululante: primeiras confissões* (1967-68), *A cabra vadia: novas confissões* (1968), *O reacionário: memórias e confissões* (1969-1974) e *O remador de Ben-Hur: confissões culturais* (1957-1979).[4] Além disso, nunca abandonou as suas crônicas sobre futebol, que seguiam a mesma toada ficcional entremeada de comentários sobre a realidade cultural do país e memórias de tempos idos, como em *A pátria em chuteiras* (1955-1977) e *O profeta tricolor: cem anos de Fluminense* (1929-1980).[5] Para completar, escreveu e publicou em 1966 o seu único romance editado diretamente em forma de um livro, sem passar pelas páginas dos jornais: *O casamento*.

O que parece marcar todos os seus textos dramáticos e jornalísticos e a sua prosa de ficção dos anos 1960-70 é a *exposição pública do fracasso do "moderno"*

---

4   As datas entre parênteses nem sempre correspondem ao ano da publicação em livro, mas ao período abrangido por esses textos. *A menina sem estrelas* foi publicado originalmente em livro em 1967; *O óbvio ululante*, em 1968; *A cabra vadia*, em 1969; *O reacionário*, em 1977; e *O remador de Ben-Hur*, organizado e selecionado *post-mortem*, recentemente publicado, em 1996. Todos esses textos foram escritos para jornais diários ou revistas, sobretudo para *O Globo*, no qual Nelson Rodrigues terminou a sua carreira. Consta no final da pesquisa a indicação bibliográfica completa dos livros.

5   Todos os livros de crônicas de futebol de Nelson Rodrigues foram organizados e selecionados *post-mortem* de acordo com interesses editoriais de cada momento, por isso abrangem quase quatro décadas de produção de textos. Constam também essas indicações bibliográficas ao final da pesquisa.

no Brasil. Escancarar o fracasso da cultura moral privada surgia como a única dimensão para se compreender o fracasso da cultura moral pública no Brasil por meio da sua exposição para o leitor-espectador. Em uma das suas crônicas-memórias de 1967, Nelson Rodrigues estabelece uma comparação entre a *belle époque* e aquela atualidade.

> O brasileiro cospe menos, diria eu. Quanto às nossas mulheres, nem cospem. Mas, o tempo do fraque e do espartilho, a cidade expectorava muito mais. Lembro-me de antigas bronquites, de tosses longínquas, asmas nostálgicas. Nas salas da Belle Époque era obrigatória esta figura ornamental: – a escarradeira de louça, com flores desenhadas em relevo (e pétalas coloridas). (...) O curioso é que a ficção brasileira da época não tenha notado o detalhe. Não há, em todo o Machado [de Assis], uma vaga e escassa referência, e repito: – a escarradeira não existia para o autor, para os personagens, nem para o décor dos ambientes. Mas, em 1915, quando assassinaram Pinheiro Machado, ou em 1916, quando vim para o Rio, as famílias tinham pigarros, tosses, que as novas gerações não conhecem. Dos meus amigos atuais, o único que costuma tossir é o João Saldanha.[6]

Nos anos 1960, parecia que ninguém tossia, cuspia ou expectorava. Na *belle époque*, tudo isso era feito, mas não foi captado pela literatura de ficção, talvez, por causa do excessivo mau gosto das imagens, que não cabiam no "*décor* dos ambientes". Nessa comparação, toda ela tramada pela ficção, reside uma tentativa de compreender aquele momento por meio do passado.

A semelhança entre as épocas é que, no Brasil, sempre foi escondido o que para muitos era de mau gosto, anti-higiênico ou feio, embora fosse um hábito rotineiro, quase "natural". Tossir, cuspir ou expectorar em público era expor uma intimidade, e mais, era invadir o espaço público com os excrementos da vida privada até as suas últimas consequências. A diferença entre as épocas é que, na *belle époque*, isso era feito cotidianamente, mas ninguém expunha em público abertamente. Já naquela atualidade, continuava sendo feito, abertamente, mas todo mundo fingia que não acontecia nem na intimidade. Nelson Rodrigues

---

6   RODRIGUES, Nelson. Pirâmides e biscoitos. *O óbvio ululante*: primeiras confissões, p. 17. Publicado originalmente em *O Globo*, em 5 dez. 1967.

Nelson Rodrigues: o fracasso do moderno no Brasil 325

expõe para o leitor que o fracasso da cultura moral privada invadia e dava sentido ao fracasso da cultura moral pública como uma "tosse na cara", ainda que ignorado como tal. Para chamar a atenção do público era preciso "vomitar o Brasil", como fez Euclides da Cunha em *Os Sertões*.

Nas décadas de 1960-70, com o advento da ditadura militar, moralizar e ordenar a vida pública por meio do Estado era, ao mesmo tempo, *permanência* do velho ideal de uma cultura moral pública que pudesse arregimentar todos os setores sociais de forma autoritária e *mudança*, ao se institucionalizar a violência, a repressão, a censura e o abuso do poder como uma forma legítima de alcançar tais objetivos. No entanto, Elio Gaspari comenta em todos os seus livros sobre a ditadura militar no Brasil acerca de algo recorrente no período: "Para quem quiser cortar caminho na busca do motivo que Geisel e Golbery desmontaram a ditadura, a resposta é simples: porque o regime militar, outorgando-se o monopólio da ordem, era uma grande bagunça".[7]

O que pode aparentar ser uma crítica "festiva" contra a ditadura militar adquire a espessura de um ensaio por meio da interpretação das mais variadas fontes de pesquisa das quais o jornalista se serviu para compreender menos o processo histórico da ditadura militar e mais a figura de dois dos seus maiores articuladores e, posteriormente, desarticuladores, respectivamente, Ernesto Geisel ("o Sacerdote") e Golbery do Couto e Silva ("o Feiticeiro").[8] O mérito de

---

7 GASPARI, Elio. *A ditadura envergonhada*: as ilusões armadas, p. 41.

8 Gaspari comenta as suas motivações jornalísticas por meio das *personas* que escolheu investigar: "Foram pessoas tão diversas que só a característica comum da curiosidade pode tê-los aproximado. Geisel, o Sacerdote, foi um crente na evolução dos seres, das sociedades e da vida em geral, uma pessoa reservada e de trato aparentemente difícil. Defensor quase religioso da instituição militar, trazia da caserna o sentido de ordem e uma visão prática da atividade pública capaz de levá-lo, com frequência, ao anti-intelectualismo. Golbery, o Feiticeiro, foi um curioso. Cético e irônico, parecia gostar de problemas muito mais para lidar com as charadas do que para ostentar soluções. Geisel acreditava em muitas coisas, inclusive em si próprio. Golbery não acreditava em quase nada, muito menos em si mesmo. Sua frase predileta, tomada a Ivan Karamazov [personagem de "Os irmãos Karamazov" de Dostoiévski], revelava esse ceticismo que ele chamava de 'rebeldia': 'Deus morreu, tudo é permitido.' O *Sacerdote* e o *Feiticeiro* acreditavam no Brasil e nele mandaram como poucas pessoas o fizeram. Suas trajetórias ensinam como é fácil chegar a uma ditadura e como é difícil sair dela". GASPARI, *A ditadura envergonhada...*, *op. cit.*, p. 36-37.

326   Alexandre Pianelli Godoy

todos os livros de Elio Gaspari sobre a ditadura militar[9] não é denunciar algo que já havia sido feito em perspectiva teórica e histórica em trabalhos pioneiros como o de Jacob Gorender,[10] mas o de insistir que o excesso de autoritarismo público (re)velava o avesso do regime militar, isto é, a "desestruturação", a "anarquia" e a "bagunça" do sistema que aqui foi implantado efetivamente com o golpe militar de 1964, o qual catalisou, inclusive, as arbitrariedades praticadas.

> As contorções institucionais do regime de 1964 pouco deveram às características dos generais-presidentes. Castello era um homem de hábitos simples, porém refinados, lia Anatole France e ouvia Mendelssohn. Costa e Silva se orgulhava de só ler palavras cruzadas. Médici frequentava estádios de futebol com um radinho de pilha no ouvido e um cigarro na boca. A partir da tarde de 31 de março de 1964, quando o general Olympio Mourão Filho marchou de Juiz de Fora em direção ao Rio de Janeiro, onde se definiu como 'uma vaca fardada', o Brasil entrou num regime militar em que convivem esquizofrenicamente uma obsessão pela ordem pública e a desordem dos quartéis. (...) A anarquia atacava a ordem militar, corroendo-a e desmoralizando-a. Em seu livro *Os militares na política*, o professor americano Alfred Stepan apontava, em 1971, a lógica inexorável dessa degenerescência: 'Argumentos sobre a 'unidade' e o 'monopólio da força' baseiam-se na hipótese de que um governo militar oferece 'estabilidade'. Na prática há o fato óbvio, mas muito desprezado, de que os governos militares são frequentemente derrubados pela própria instituição militar'.[11]

Não que a ditadura militar tenha se autodestruído sem que houvesse também pressões dos grupos e/ou partidos de esquerda, dos estudantes universitários e

---

9 Além do primeiro livro já citado, existem outros três da mesma série, *A ditadura escancarada*: as ilusões armadas, *A ditadura derrotada*: o sacerdote e o feiticeiro e *A ditadura encurralada*: o sacerdote e o feiticeiro.

10 GORENDER, Jacob. *Combate nas trevas*: a esquerda brasileira: das ilusões perdidas à luta armada, *passim*. Nesse livro, Gorender se dedica a mostrar como a própria esquerda estava cindida em relação ao conteúdo programático das suas ideias e das formas de atuação política, o que permitiu tanto a derrota, com a ascensão da ditadura militar, quanto o combate direto por meio da luta armada. Elio Gaspari cita exaustivamente o livro de Gorender nos livros da série sobre a ditadura militar.

11 GASPARI, *A ditadura envergonhada...*, *op. cit.*, p. 139-140.

dos movimentos sindicais e sociais que eclodiram nas décadas de 1970-80, por meio de "comunidades de base" alicerçadas pela teologia da libertação.[12] Mas isso indica que o nível de desestruturação do regime era compatível com a arbitrariedade da sua força, sem, contudo, idealizar o caráter pan-óptico do regime que, muitas vezes, levou apenas a reforçar a sua ideologia em vez de criticá-la.

Nelson Rodrigues não foi um crítico da ditadura militar a não ser quando o seu filho Nelsinho se envolveu diretamente com a luta armada e foi posto na prisão, o que logo ele tratou de transformar em mais uma "confissão" ao presidente João Baptista de Figueiredo quase no final do regime, que agonizava com a anistia dos extraditados e as denúncias abertas de torturas nas prisões, mas nada fazia a respeito dos presos políticos no Brasil.

> Figueiredo,
>
> o que eu queria te dizer é que é estranho ser bem tratado pelo presidente da República. (Um dia, eu doente, precisei falar com o presidente. Ainda vacilei: - presidente da República dando audiência ao telefone. Acabei ligando. Disse quem era e ele veio me atender. Admirável recepção que me fez. Em grandes brados, me tratou na palma da mão. Eu tinha um pedido e o fiz. Se ele me atendeu, permitam uma certa discrição.) Bom. É chegado o momento de falar de Anistia. Eis o que eu queria dizer, a você mesmo, meu querido João Baptista: (...) Quis o destino que meu filho, Nelson, na altura dos 24 anos, entrasse na clandestinidade. Talvez, um dia, eu escreva todo um romance sobre a clandestinidade e a prisão do meu filho. A prisão não é tudo. (Preciso chamar você, novamente, de senhor.) O senhor precisa saber que meu filho foi torturado. Isso me foi ocultado pelo Nelsinho, por causa do meu estado de saúde. (...) Ora, um presidente não pode passar como um amanuense. Há uma anistia. Tem que ser uma anistia histórica. O que não é possível, presidente, é que seja uma anistia pela metade. Uma anistia que seja quase anistia. O senhor entende, presidente, que a terça parte de uma misericórdia, a décima parte de um perdão não tem sentido. Imagine o preso chegando à boca da cena para anunciar: - 'Senhores e senhoras, comunico que fui quase anistiado.' (...) Não se faz isso para uma plateia internacional

---

12   Sobre isso, ver: SADER, Eder. *Quando novos personagens entraram em cena*: experiências e lutas dos trabalhadores da Grande São Paulo - 1970-1980, principalmente o capítulo 4, "Movimentos sociais", p. 197-310.

abismada. Que se dirá em todas as línguas e sotaques? E que dirá o próprio Deus? Bem, nunca se acreditou tão pouco em Deus. Mas não importa, nada importa, o que importa é o que disse Dostoievski, certa vez: – 'Se Deus não existe, então tudo é permitido.' (...) Estou dizendo tudo isso, Figueiredo, de coração para coração, de alma para alma. Dirão os lorpas e pascácios: – 'O presidente não está sozinho'. Está. Ser der a anistia que Deus quer. (...) João Baptista, meu filho Nelsinho vai ter o filho na prisão, em agosto. (...) Deus te ame eternamente, Figueiredo.[13]

Nelson Rodrigues escreveu esse texto quase no final da sua vida. Faleceu em 21 de dezembro de 1980, aos 68 anos de idade. É emblemático que todas as suas crônicas-memórias dos anos 1960-70 tenham sido denominadas "confissões". Em todas elas, existe a exposição do fracasso da cultura moral pública por meio da exacerbação do fracasso da cultura moral privada. Fracassava o regime publicamente ao torturar, aprisionar e não dar plena anistia aos presos políticos, todavia, fracassava, antes de tudo, a relativa intimidade do presidente com o dramaturgo.

Na crônica, Nelson Rodrigues enfatiza propositadamente a privacidade que o presidente havia lhe devotado ao conceder um favor pessoalmente. O pronome de tratamento "você" confirma a intimidade. No entanto, coloca em questão se tal "privacidade" era mesmo sincera. Ainda que em uma situação difícil para um pai, o dramaturgo não abandona o jogo de representações para construir e dar consistência ao seu argumento em prol da anistia. Ensaia até mesmo uma "ameaça literária", a única atitude que poderia ter como um escritor impotente diante das circunstâncias: "Talvez, um dia, eu escreva todo um romance sobre a clandestinidade e a prisão do meu filho". Estabelece um jogo entre o fracasso explícito do regime (público) como se fosse resultado do fracasso implícito das relações humanas na figura do presidente (privado). Uma anistia pela metade era a confissão do presidente do seu próprio fracasso como homem público ("senhor") e privado ("você"). No entanto, o pedido de Nelson Rodrigues não era o único a ser prontamente atendido.

---

13 RODRIGUES, Nelson. Carta pela anistia. *O remador de Ben-Hur...*, *op. cit.*, p. 289-290. Publicado originalmente no *Jornal do Brasil*, em 13 jun. 1979.

De certa forma, essa alteração na obra de Nelson Rodrigues vinha na esteira de outros artistas e intelectuais dos anos 1960-70, que pretendiam expor a falência do que o regime militar representou como "regeneração da ordem pública", com a diferença peculiar do dramaturgo não acreditar no "moderno", tampouco em uma postura combativa frente ao que era apenas a manutenção da velha cultura moral pública de matriz autoritária, misógina, racista e elitista, mas que foi defendida também pela esquerda no Brasil ao confiar que uma "nova" modernidade, um "novo" Estado e um "novo" cinema seriam possíveis com a crítica e a derrocada do regime militar.

Ismail Xavier comenta as relações entre a obra do dramaturgo e o modo como foi filmada pelo Cinema Novo na figura do cineasta Arnaldo Jabor.

> Creio ter esclarecido a forma como o cineasta, com a mediação de Nelson Rodrigues, conduz a reflexão sobre o declínio da figura paterna, a nova geração de cínicos e a desagregação de relações humanas em que se apoiou sua visão amarga do processo de modernização administrado pelo regime militar. A força de sua encenação fez de *Toda nudez será castigada* e *O casamento* episódios centrais no 'processo da família' conduzido por alguns cineastas do Cinema Novo nos anos 70. A tônica da tragicomédia definiu o gênero privilegiado na exposição da crise de uma ordem familiar sujeita à ironia porque constituinte de traço nuclear de uma tradição cultivada desde a colônia e retomada como símbolo de identidade nacional pela ideologia do golpe de 1964. (...) [H]á um contexto maior para a operação de Jabor. A 'crise da família' e o conflito de gerações foram temas centrais na pauta das ciências humanas em muitos países, nos anos 60 e 70, uma vez que as mudanças no estatuto da juventude e os influxos mais gerais do desenvolvimento no pós-guerra geraram experiências de liberação sexual e substituição da autoridade familiar por outras formas de controle institucional, dentro da chamada 'dessublimação repressiva' própria à sociedade de consumo. (...) [N]o Brasil, no momento em que se adensam os bolsões urbanos de uma incipiente sociedade de consumo, as mesmas forças que promovem o avanço técnico-econômico assumem a tarefa contraditória de defesa da tradição familiar como componente dos 'valores cristãos' mobilizados contra a expansão do comunismo, conforme a doutrina de segurança balizada pela Guerra Fria. Ao tornar tal tradição alvo de sarcasmo, os filmes inauguram o 'processo da família', mas vêm dar-lhe uma feição particular ajustada ao quadro político, expondo o

lado cafona e acanhado da empreitada moral do regime, sublinhando as iniquidades recobertas pelo esquema de poder.[14]

Existe uma diferença marcante entre o Nelson Rodrigues dos anos 1960-70 e as propostas intelectuais e artísticas do mesmo período: o autor não transigiu com o "moderno". Não considerou qualquer tentativa de modernização no país como efetiva, seja pela manutenção de uma cultura moral pública notadamente autoritária e decadente, seja pelo advento de uma cultura moral privada de caráter liberal voltada ao consumo e ao hedonismo, que malogrou na esquizofrenia do "eu" para além da precariedade econômica da sociedade de consumo brasileira. Nessas circunstâncias, o próprio autoritarismo se tornava impossível e, portanto, nenhuma crítica seria eficaz se valorizasse qualquer um dos termos censurados como uma verdade que tivesse se concretizado, mesmo por seus efeitos perniciosos.[15] A questão era expor o impasse de uma sociedade na qual o fracasso das

---

14 XAVIER, Ismail. Vícios privados, catástrofes públicas: a psicologia social de Arnaldo Jabor. *O olhar e a cena...*, *op. cit.*, p. 323-324.

15 É o que continua acontecendo na perspectiva que Ismail Xavier delineia sobre a "psicologia social" de Arnaldo Jabor, que "(...) faz questão de negar a modernização como força produtora de uma nova sociabilidade, de uma nova qualidade de vida, efetiva formação de classes sociais. A questão é marcar o lado conservador do modelo brasileiro, assumir a modernização como mudança de pele, casca que encobre a repetição de formas arcaicas de dominação e convivência de classes, reposição de uma subserviência a poderes externos sob a aparência do Brasil Grande. Nessa perspectiva, adotar a matriz da sociedade patriarcal é compor um diagnóstico que aponta, no presente, o que aí repete como farsa, o que aí é declínio da ordem familiar sob a capa de uma atualização cosmética. Nesse sentido, de toda a armação do regime burocrático-autoritário e seu projeto de modernização, ataca-se o flanco da direita folclórica, a que acredita na permanência dos valores tradicionais e pensa o regime como sua garantia". XAVIER, *Vícios privados...*, *op. cit.*, p. 336-337. O debate é espinhoso, pois o autoritarismo era impossível em Nelson Rodrigues, em função justamente da manutenção da tradição familiar como representante do Estado-Nação "moderno", perfazendo uma cultura moral pública autoritária e decadente, mesmo sob capa ideológica. Da mesma forma, o fracasso desse Estado "moderno" levava a um individualismo vazio, fruto não do desenvolvimento econômico e social do país, mas do ressentimento, da frustração e do descrédito frente à realidade tão adversa. Por isso, o dramaturgo jamais se colocou como figura combativa ao regime, tampouco se posicionou como alguém de direita, uma vez que ambas as posições políticas sustentam o "moderno" como uma ideologia autoritária na vitória ou na derrota.

culturas morais pública e privada gerava um *autoritarismo impossível* exacerbador de conflitos, tensões e ambiguidades morais e, ao mesmo tempo, apontava para uma *democracia possível* no Brasil, isto é, não aquela idealizada pelas elites aos moldes da tradição iluminista e burguesa europeia de inclusão autoritária de todos os indivíduos no espaço público, mas que assistia à emergência de grupos sociais dos mais diversos matizes por meio da exposição pública no teatro dos seus conflitos morais privados.

Cabe lembrar que o teatro de Nelson Rodrigues estava vinculado mais à temporalidade cultural do "autoritarismo impossível" do que a uma resposta ao advento do regime militar à maneira das esquerdas ou de dar vivas à democracia em uma sociedade capitalista. Por isso, a peça *Otto Lara Resende ou Bonitinha, mas ordinária*, de 1962, mesmo sendo produzida antes do golpe militar de 1964, apresenta em germe os conflitos morais que o regime militar apenas viria a escancarar quando se institucionalizou.

O primeiro diálogo da cena I da peça não deixa dúvida de que o autoritarismo aqui era impossível, gerando conflitos e tensões morais. Nas peças dessa "última fase", as personagens assumem deliberada e publicamente os seus fracassos na vida privada, não importando mais a classe ou camada social a qual pertençam. Diferente da fase anterior, em que as personagens ainda tentam esconder os seus fracassos da vida privada por meio da aparência pública, há, então, uma verdadeira *inversão* de posições, pois o fracasso da vida privada é exposto publicamente e, por conseguinte, a ordem pública ou a sua aparência deixam de existir como máscara.

> (*Canto de bar. Numa mesa, Edgard e Peixoto. Os dois cochicham em tom de maquinação diabólica.*)
>
> PEIXOTO – Você está alto, eu estou alto. É a hora de rasgar o jogo. De tirar todas as máscaras. Primeira pergunta: – você é o que chama de mau-caráter?
>
> EDGARD – Por quê?
>
> PEIXOTO (*vacilante*) – Pelo seguinte.
>
> EDGARD – Fala.

PEIXOTO – Estou precisando de um mau-caráter. Entende? De um mau-caráter.

EDGARD – Quem sabe?

PEIXOTO – Espera. Outra pergunta. Você quer subir na vida? É ambicioso?

EDGARD – Se sou ambicioso? Pra burro! Você conhece o Otto? O Otto Lara Resende? O Otto!

PEIXOTO – Um que é ourives?

EDGARD – Ourives? Onde? O Otto escreve. O Otto! O mineiro, jornalista! Tem um livro. Não me lembro o nome. Um livro!

PEIXOTO – Não conheço, mas. Bola pra fora! Bola pra fora!

EDGARD – O Otto é de arder! É de lascar! E o Otto disse uma que eu considero o fino! O fino! Disse. Ouve essa que é. Disse: 'O mineiro só é solidário no câncer'. Que tal?

PEIXOTO (*repetindo*) – 'O mineiro só é solidário no câncer'. Uma piada.

EDGARD (*inflamado*) – Aí é que está: – não é piada. Escuta, Dr. Peixoto. A princípio eu também achei graça. Ri. Mas depois veio a reação. Aquilo ficou dentro de mim. E eu não penso noutra coisa. Palavra de honra!

PEIXOTO – Uma frase!

EDGARD – Mas uma frase que se enfiou em mim. Que está me comendo por dentro. Uma frase roedora. E o que há por trás? Sim, por trás da frase? O mineiro só é solidário no câncer. Mas olha a sutileza. Não é bem mineiro. Ou não é só o mineiro. É o homem, o ser humano. Eu, o senhor ou qualquer um, só é solidário no câncer. Compreendeu?

PEIXOTO – E daí?

EDGARD – Daí eu posso ser um mau-caráter. E pra que pudores ou escrúpulos o homem só é solidário no câncer? A frase do Otto mudou a minha vida. Quero subir, sim. Quero vencer.

PEIXOTO – Bem. Uma curiosidade: – o que é que você faria, o que, pra ficar rico? Cheio do burro? Milionário?

Nelson Rodrigues: o fracasso do moderno no Brasil   333

EGDARD – Eu faria tudo! Tudo! Com a frase do Otto no bolso, não tenho bandeira. E, de mais a mais, sou filho de um homem. Vou lhe contar. Quando meu pai morreu tiveram de fazer uma subscrição, vaquinha, pra o enterro. Os vizinhos se cotizaram. Comigo é fogo. A frase do Otto me ensinou. Agora quero um caixão com aquele vidro, como o do Getúlio. E enterro de penacho, mausoléu, o diabo. Não sou defunto de cova rasa!

PEIXOTO – Isso mesmo. O Otto Lara é que está com a razão.

EDGARD (*num repelão de bêbado*) – O mineiro só é solidário no câncer. E eu sou mau-caráter, pronto! Mas escuta. O que é que eu devo fazer?

PEIXOTO – É simples. Você não vai matar ninguém. Você vai se casar. Apenas. Casar.

EDGARD – Eu?

PEIXOTO – Você.

EDGARD – Que piada é essa?

PEIXOTO – Piada, os colarinhos! Você vai se casar no duro!

EDGARD – E que é a cara?

PEIXOTO (*feroz*) – Grã-fina, milionária, a melhor família do Brasil!

EDGARD – Mas eu sou um pé-rapado! Um borra-botas!

PEIXOTO – Não interessa, ouviu? Não interessa! (*Erguendo-se e patético*) O mineiro só é solidário no câncer! (*Feroz*) É ou não é?

EDGARD (*exultante*) – Só no câncer!

PEIXOTO – Portanto, já sabe. Eu arranjo tudo. Você entra com o sexo e a pequena com o dinheiro. Ainda por cima, linda, linda! Uma coisinha, rapaz! Essas gajas que saem na 'Manchete' não chegam aos pés. Não são nem páreo pra tal garota.

EDGARD – Topo. Caso já. Imediatamente! Caso! Sempre gostei de grã-fina. A grã-fina é a única mulher limpa. A grã-fina nem transpira.

PEIXOTO (*num berro triunfal e cínico*) – Aí, mau-caráter!

EDGARD (*numa súbita e feroz revolta*) – Eu não sou defunto de cova rasa! E quero enterro de penacho!

PEIXOTO (*apontando para Edgard, aos berros também*) – Mau-caráter! Mau-caráter!

EDGARD (*como um louco*) – De penacho! De penacho![16]

Edgard e Peixoto não representam mais nenhum papel. Assumem o fracasso de todos com a frase atribuída a Otto Lara Resende: "o mineiro só é solidário no câncer". Os brasileiros somente conseguiam ser solidários quando viviam situações-limite, o que provocava um choque entre duas representações: de um lado, o extremado individualismo, pois "o mineiro só é solidário no câncer", de outro, a solidariedade existia somente irmanada pela dor. O "moderno" fracassava, pois os brasileiros não eram estritamente individualistas como nas sociedades capitalistas desenvolvidas, mas precariamente solidários como em sociedades tornadas periféricas pelo capital.

Nelson Rodrigues comenta em uma de suas máximas que "subdesenvolvimento não se improvisa. É obra de séculos".[17] E foi por obra de séculos que o subdesenvolvimento brasileiro não permitiu que o autoritarismo das instituições políticas, da moral e da família se concretizasse em um país cuja maioria da população, por falta de condições econômicas e hábitos culturais, não havia incorporado o modelo normativo de organização das sociedades ditas "modernas". O que de nenhum modo pode ser entendido como um otimismo que elevaria o Brasil à condição de país que resistiria às pressões do "colonizador", tampouco como um pessimismo que redimiria os brasileiros na dor. Era novamente a exposição de um impasse histórico sem saídas em curto prazo.

A obra teatral de Nelson Rodrigues possibilita ao historiador de hoje reler a sua sociedade por meio da politização do privado. Um *lócus* privilegiado para enxergar as contradições via *conflito*, *confusão* e, principalmente nessa última fase, *inversão* entre as esferas do público e do privado.

---

16 RODRIGUES, Nelson. Otto Lara Resende ou Bonitinha, mas ordinária. *Teatro completo de Nelson Rodrigues 4*: tragédias cariocas II, p. 249-251.

17 RODRIGUES, *Flor de obsessão...*, *op. cit.*, p. 158.

Em outra peça do mesmo período, *Toda nudez será castigada*, de 1965, a exposição pública da inversão entre o público e o privado provoca uma verdadeira desestruturação na vida e na família de Herculano, viúvo que não consegue curar a dor da perda da sua mulher. A situação muda quando o seu irmão Patrício, um mau-caráter confesso, o alicia para encontrar com uma prostituta chamada Geni. O objetivo de Patrício é que Herculano se restabeleça emocionalmente, a fim de que este continue custeando a vida parasitária daquele na família, composta também por três tias solteironas. Ao conhecer Geni, Herculano resiste às suas investidas, mas ambos acabam se apaixonando. É sintomática a relação. Geni é uma prostituta, uma mulher da vida pública. Herculano é viúvo e pai de família, um homem da vida privada. Ele retira Geni do bordel onde ela trabalha e promete casamento. A situação se complica quando o filho de Herculano, Serginho, retorna de viagem. Ele é um adolescente que cultiva a morte e a dor da perda da mãe. Ao saber do caso do pai com a prostituta, Serginho se embriaga, briga e é preso. Na prisão, é violentado por um ladrão boliviano. Ao saber do estupro, Herculano culpa Geni. Serginho, por sua vez, quer vingar-se do pai. Favorece o casamento do pai com Geni e resolve ser amante dela. Geni se apaixona por Serginho. No entanto, o enteado comunica a Geni que vai viajar em função do trauma sofrido pelo estupro. Ela sofre com a decisão de Serginho, mas entende as suas razões. Geni descobre, no entanto, por intermédio de Patrício, que Serginho havia viajado com o ladrão boliviano.

O mais interessante na peça é a forma como a história é narrada. Ao saber que Serginho viajou com o ladrão boliviano, Geni pega um gravador e conta toda a história para o marido, Herculano. Depois, ela se mata. Geni gravou toda a história numa fita. Ou seja, a peça é narrada do ponto de vista de Geni na fita que é a confissão pública para o marido de tudo o que havia acontecido. Herculano fica sabendo que Geni só se aproximou dele por um favor ao irmão Patrício. Toma conhecimento também de que o filho viajou com o ladrão boliviano. E, o que é pior, que o filho só permitiu o seu casamento por vingança ao se tornar amante da madrasta. Herculano descobre tudo quando já não há mais nada a ser feito.

(*Escurece o palco. Desapareceram todos. Luz sobre a cama sem amor. Pela última vez, ouve-se a voz de Geni gravada.*)

(*Voz gravada de Geni.*)

GENI – Teu filho fugiu, sim, com o ladrão boliviano. Foram no mesmo avião. Estou só, vou morrer só. (*Num rompante de ódio*). Não quero nome no meu túmulo! Não ponham nada! (*Exultante e feroz*) E você, velho corno! Maldito você! Maldito teu filho, e essa família só de tias. (*Num riso de louca*) Lembranças à tia machona! (*Num último grito*) Malditos também os meus seios!

(*A voz de Geni se quebra num soluço. Acaba a gravação. Sons de fita invertida. Iluminada apenas a cama vazia.*)

Cai o pano, lentamente sobre o final do

TERCEIRO E ÚLTIMO ATO[18]

No início da peça, o leitor/espectador é informado que a história foi gravada numa fita por Geni. No entanto, é bem provável que a questão da narração tenha passado despercebida. No meio da peça, quando aparece a voz de Geni "gravada", o palco escurece de acordo com as indicações cênicas. O que pode parecer apenas uma evocação do passado. Entretanto, a gravação da confissão como o mote narrativo da peça é mais coerente com a questão da inversão entre o público e o privado nas peças de Nelson Rodrigues dessa "última fase". Geni confessa toda a trama privada desnudando qualquer ilusão sobre a moralidade pública. A inversão entre o público e o privado se consolida quando uma fita passa a ser o meio de descobrir a farsa, isto é, o fracasso da representação na vida privada por meio de um aparelho que reproduz tecnicamente aquilo que seria dito publicamente. Portanto, Herculano é castigado ao acreditar nas representações sem a sua devida interpretação e, justamente, por uma gravação que registra tão--somente "a verdade nua e crua dos fatos". O leitor/espectador pode ter caído na mesma armadilha de Herculano.

Dessa forma, confessar publicamente, no teatro, o fracasso da ideia de Brasil moderno é a maneira de Nelson Rodrigues mostrar que o pretenso autoritarismo público era o correlato do fracasso dos seus ideais na vida privada. Ao

---

18 RODRIGUES, Nelson. Toda nudez será castigada. *Teatro completo de Nelson Rodrigues 4*: tragédias cariocas II, p. 238.

possibilitar, por meio do jogo teatral, a interpretação das representações, o dramaturgo apresenta um impasse ainda não resolvido na história do país. Se na sociedade brasileira toda forma de vida pública é invadida pelas demandas privadas, isso demonstra que o autoritarismo, embora seja impossível, é exacerbador de conflitos e contradições sociais que marcam a democracia brasileira possível, ou seja, a exposição da sua própria precariedade que ainda é preciso contornar e, por vezes, disfarçar a partir da divisão abstrata e intelectualista entre as esferas do público e do privado. Talvez seja melhor seguir o mesmo conselho que o padre do romance *O casamento* deu para o pai de família angustiado com a sua situação: "Assuma a sua lepra!". Antes que seja tarde demais.

Fontes

**Obra teatral completa de Nelson Rodrigues
organizada e introduzida por Sábato Magaldi**

RODRIGUES, Nelson. *Teatro completo de Nelson Rodrigues 1*: peças psicológicas. Rio de Janeiro: Nova Fronteira, 1981. (A mulher sem pecado; Vestido de noiva; Valsa nº 6; Viúva, porém honesta; Anti-Nelson Rodrigues)

_____. *Teatro completo de Nelson Rodrigues 2*: peças míticas. Rio de Janeiro: Nova Fronteira, 1981. (Álbum de família, Anjo negro, Dorotéia, Senhora dos afogados)

_____. *Teatro completo de Nelson Rodrigues 3*: tragédias cariocas I. Rio de Janeiro: Nova Fronteira, 1985. (A falecida, Perdoa-me por me traíres, Os sete gatinhos, Boca de Ouro)

_____. *Teatro completo de Nelson Rodrigues 4*: tragédias cariocas II. Rio de Janeiro: Nova Fronteira, 1989. (O beijo no asfalto; Otto Lara Resende ou Bonitinha, mas ordinária; Toda nudez será castigada; A serpente)

Obra jornalística e literária parcial de Nelson Rodrigues organizada e/ou selecionada em coletâneas

RODRIGUES, Nelson. *O casamento:* romance, vol. 1. São Paulo: Companhia das Letras, 1992.

_____. *A vida como ela é...:* o homem fiel e outros contos, vol. 2. Organização e seleção de Ruy Castro. São Paulo: Companhia das Letras, 1992.

_____. *O óbvio ululante:* primeiras confissões, vol. 3. Organização e seleção de Ruy Castro. São Paulo: Companhia das Letras, 1993.

_____. *À sombra das chuteiras imortais:* crônicas de futebol, vol. 4. Organização e seleção de Ruy Castro. São Paulo: Companhia das Letras, 1993.

_____. *A coroa de orquídeas e outros contos de A vida como ela é...* vol. 5. Organização e seleção de Ruy Castro. São Paulo: Companhia das Letras, 1993.

_____. *A menina sem estrela:* memórias, vol. 6. São Paulo: Companhia das Letras, 1993.

_____. *Asfalto selvagem:* Engraçadinha, seus amores e seus pecados, vol. 7 São Paulo: Companhia das Letras, 1994.

_____. *A pátria em chuteiras:* novas crônicas de futebol, vol. 8. Organização e seleção de Ruy Castro. São Paulo: Companhia das Letras, 1994.

_____. *A cabra vadia:* novas confissões, vol. 9. Organização e seleção de Ruy Castro. São Paulo: Companhia das Letras, 1995.

_____. *O reacionário:* memórias e confissões, vol. 10. Organização e seleção de Ruy Castro. São Paulo: Companhia das Letras, 1995.

_____. *O remador de Ben-Hur:* confissões culturais, vol. 11. Organização e seleção de Ruy Castro. São Paulo: Companhia das Letras, 1996.

_____. *Flor de obsessão:* as 1000 melhores frases de Nelson Rodrigues, vol. 12. Organização e seleção de Ruy Castro. São Paulo: Companhia das Letras, 1997.

_____. *A mentira*. São Paulo: Companhia das Letras, 2002.

_____. *Pouco amor não é amor*: contos. São Paulo: Companhia das Letras, 2002.

_____. *O profeta tricolor*: cem anos de Fluminense: crônicas. São Paulo: Companhia das Letras, 2002.

_____. *O baú de Nelson Rodrigues*: os primeiros anos de crítica e reportagem (1928-35). Organização e seleção de Caco Coelho. São Paulo: Companhia das Letras, 2004.

_____ (Myrna). *Não se pode amar e ser feliz ao mesmo tempo*: o consultório sentimental de Nelson Rodrigues. São Paulo: Companhia das Letras, 2002.

_____ (Myrna). *A mulher que amou demais*: romance. São Paulo: Companhia das Letras, 2003.

_____ (Suzana Flag). *Meu destino é pecar*. São Paulo: Ediouro, 1954.

_____ (Suzana Flag). *Núpcias de fogo*: folhetim. São Paulo: Companhia das Letras, 1997.

_____ (Suzana Flag). *Escravas do amor*. São Paulo: Companhia das Letras, 2001.

_____ (Suzana Flag). *Minha vida*: romance autobiográfico. São Paulo: Companhia das Letras, 2003.

Jornais e/ou periódicos consultados

Última Hora, Rio de Janeiro, 1952-1957.

O Cruzeiro, Rio de Janeiro, 1952-1957.

Referências

ABRAMO, Lélia. *Vida e arte*: memórias de Lélia Abramo. São Paulo: Fundação Perseu Abramo/Editora da Unicamp, 1997.

ALBERTI, Verena. A existência na história: revelações e riscos da hermenêutica. *Revista Estudos Históricos*, Rio de Janeiro, n° 17, 1996, p. 1-23.

AMARAL, Ana Maria. *Teatro de formas animadas*: máscaras, bonecos, objetos, 3ª ed. São Paulo: Edusp, 1996.

ANDRADE, Oswald de. *O rei da vela*. São Paulo: Globo, 2003.

_____. *O homem e o cavalo*, 3ª ed. São Paulo: Globo, 2001.

_____. *A morta*, 2ª ed. São Paulo: Globo, 1995.

_____. e ALMEIDA, Guilherme de. *Mon coeur balance*: ler âme, 3ª ed. São Paulo: Globo, 2003.

ARANTES, Luiz Humberto Martins. *Teatro da memória*: história e ficção na dramaturgia de Jorge Andrade. São Paulo: Annablume/Fapesp, 2001.

ARAÚJO, Rosa Maria Barbosa de. *A vocação do prazer*: a cidade e a família no Rio de Janeiro republicano. Rio de Janeiro: Rocco, 1993.

ARENDT, Hannah. *Entre o passado e o futuro*, 5ª ed. São Paulo: Perspectiva: 2002.

ARISTÓTELES. *Arte poética*. São Paulo: Ediouro, s/d.

_____. Poética. *Os pensadores*. São Paulo: Nova Cultural, 1996, p. 27-60.

ARQUIVO EM IMAGENS: SÉRIE ÚLTIMA HORA. São Paulo: Arquivo do Estado de São Paulo. 3 números, 1997-1999.

ARRIGUCI Junior, Davi. Fragmentos sobre crônica. *Enigma e comentário*: ensaios sobre literatura e experiência. São Paulo: Companhia das Letras, 1985, p. 51-67.

ARTAUD, Antonin. *O teatro e seu duplo*, 2ª ed. São Paulo: Martins Fontes, 1999.

_____. *Linguagem e vida*: obras completas. São Paulo: Perspectiva, 1995.

AUGUSTO, Sérgio. *Este mundo é um pandeiro*: a chanchada de Getúlio a JK. São Paulo: Companhia das Letras, 1989.

ÁVILA, Affonso (org.). *O modernismo*, 2ª ed. São Paulo: Perspectiva, 2002.

BACHA, Edmar e KLEIN, Herbert (orgs.). *A transição incompleta*: Brasil desde 1945, vol. 1. Rio de Janeiro: Paz e Terra, 1986.

BACHELARD, Gaston. *A poética do espaço*. São Paulo: Martins Fontes, 1996.

BAKHTIN, Mikhail. *Questões de literatura e de estética*: a teoria do romance, 4ª ed. São Paulo: Unesp/Hucitec, 1998.

_____. *Problemas da poética de Dostoiévski*, 2ª ed. Rio de Janeiro: Forense-Universitária, 1997.

_____. *A cultura popular na Idade Média e no Renascimento*: o contexto de François Rabelais, 3ª ed. São Paulo: Hucitec, 1993.

_____. *Marxismo e filosofia da linguagem*. São Paulo: Hucitec, 1981.

BANN, Stephen. *As invenções da história*: ensaios sobre a representação do passado. São Paulo: Editora Unesp, 1994.

BARBERO, Jesús-Martin. *Dos meios às mediações*: comunicação, cultura e hegemonia. Rio de Janeiro: Editora da UFRJ, 2003.

BARTHES, Roland. A mensagem fotográfica. In: LIMA, Luiz Costa (org.). *Teoria da cultura de massa*, 4ª ed. Rio de Janeiro: Paz e Terra, 1990.

_____. *A câmara clara*: nota sobre a fotografia. Rio de Janeiro: Nova Fronteira, 1984.

_____. A estrutura da notícia. *Crítica e verdade*. São Paulo: Perspectiva, 1982, p. 57-67.

_____. Escritores e escreventes. *Crítica e verdade*. São Paulo: Perspectiva, 1982, p. 31-39.

_____. *O grau zero da escritura*. São Paulo: Cultrix, 1971.

_____. *Aula*, 7ª ed. São Paulo: Cultrix, s/d.

_____. *O rumor da língua*. Lisboa: Edições 70, s/d.

BASSANEZI, Carla. Mulheres dos anos dourados. In: PRIORI, Mary Del (org.). *História das mulheres no Brasil*. São Paulo: Contexto, 1997, p. 607-639.

_____. *Revirando as páginas, revendo as mulheres*: revistas femininas e relações homem-mulher: 1945-1964. Rio de Janeiro: Civilização Brasileira, 1996.

BAUDRILLARD, Jean. *A sociedade de consumo*. Rio de Janeiro: Elfos; Lisboa: Edições 70, 1995.

_____. A significação da publicidade. In: LIMA, Luis Costa (org.). *Teoria da cultura de massa*, 4ª ed. Rio de Janeiro: Paz e Terra, 1990.

BEAUVOIR, Simone de. *O segundo sexo*. Rio de Janeiro: Nova Fronteira, 1980. 2 vol.

BENEVIDES, Maria Victoria de Mesquita. *O governo Kubitschek*: desenvolvimento econômico e estabilidade política: 1956-1961, 3ª ed. Rio de Janeiro: Paz e Terra, 1979.

BENJAMIN, Walter. *Rua de mão única*. *Obras escolhidas II*, 5ª ed. São Paulo: Brasiliense, 1995, p. 11-69.

_____. Pequena história da fotografia. *Obras escolhidas I*, 7ª ed. São Paulo: Brasiliense, 1994, p. 91- 107.

_____. Charles Baudelaire um lírico no auge do capitalismo. *Obras escolhidas III*. São Paulo: Brasiliense, 1989.

_____. Alegoria e drama barroco. *Origem do drama barroco alemão*. São Paulo: Brasiliense, 1984, p. 181-276.

BERGERON, Louis (org.) *La révolucion des aguilles*: habiller les français et les américains: XIX-XX siècles. Paris: l'Ecóle des Hautes Études en Sciences Sociales, 1996.

BERNARDO, Gustavo. O estatuto da traição. *Range Rede - Revista de Literatura*: Dossiê Nelson Rodrigues. Rio de Janeiro: Editora da UFRJ, ano 4, n° 4, primavera de 1998.

BESSE, Susan K. *Modernizando a desigualdade*: reestruturação da ideologia de gênero no Brasil: 1914-1940. São Paulo: Edusp, 1999.

BHABHA, Homi K. *O local da cultura*, 2ª ed. Belo Horizonte: Editora da UFMG, 2003.

BISHOP, Elizabeth. *Uma arte*: as cartas de Elizabeth Bishop. São Paulo: Companhia das Letras, 1995.

BOLLE, Willi. *Fisiognomia da metrópole moderna*: representação da história em Walter Benjamin. São Paulo: Edusp, 1994.

BORDIEU, Pierre. *La domination masculine*. Paris: Seuil, 1998.

BORELLI, Silvia Helena Simões e outros. A telenovela diária. *Telenovela*: história e produção. São Paulo: Brasiliense, 1988, p. 56-80.

BORNHEIM, Gerd A. *O sentido e a máscara*. São Paulo: Perspectiva, 1992.

BOSI, Alfredo. A arqueologia do Estado-Providência: sobre um enxerto de ideias de longa duração. *Dialética da colonização*. São Paulo: Companhia das Letras, 1992.

BRADBURY, Malcolm e MCFARLAINE, James. *Modernismo*: guia geral: 1890-1930. São Paulo: Companhia das Letras, 1989.

BROOK, Peter. *A porta aberta*: reflexões sobre a interpretação e o teatro. Rio de Janeiro: Civilização Brasileira, 1999.

BUCCI, Eugênio e KEHL, Maria Rita. *Videologias*. São Paulo: Boitempo, 2004.

BURKE, Peter (org.). *A escrita da história*: novas perspectivas. São Paulo: Unesp, 1992.

CALDAS, Klecius. *Pelas esquinas do rio*: tempos idos e jamais esquecidos. Rio de Janeiro: Civilização Brasileira, 1994.

CANDIDO, Antonio. Dialética da malandragem. *O discurso e a cidade*. São Paulo: Duas Cidades, 1993, p. 19-54.

_____. *et al. A interpretação*: 2º Colóquio UERJ. Rio de Janeiro: Imago, 1990.

CAPARELLI, Sérgio. *Televisão e capitalismo no Brasil*. Porto Alegre: L&PM, 1982.

CARDOSO, Fernando Henrique e FALLETO, Enzo. *Dependência e desenvolvimento na América Latina*: ensaio de interpretação sociológica, 2ª ed. Rio de Janeiro: Zahar, 1973.

CARLSON, Marvin. *Teorias do teatro*: estudo histórico-crítico, dos gregos à atualidade. São Paulo: Unesp, 1997.

CARVALHO, José Murillo de. *Os bestializados*: o Rio de Janeiro e a República que não foi. São Paulo: Companhia das Letras, 1987.

CASTRO, Ruy. *Chega de saudade*: a história e as histórias da bossa nova, 2ª ed. São Paulo: Companhia das Letras, 1997.

_____. *O anjo pornográfico*: a vida de Nelson Rodrigues. São Paulo: Companhia das Letras, 1996.

CAULFIELD, Sueann. *Em defesa da honra*: moralidade, modernidade e nação no Rio de Janeiro (1918-1940). Campinas: Editora da Unicamp, 2000.

CHALOUB, Sidney e PEREIRA, Leonardo Affonso de Miranda (org.). *A história contada*: capítulos de história social da literatura no Brasil. Rio de Janeiro: Nova Fronteira, 1998.

CHARTIER, Roger. *Do palco à página*: publicar teatro e ler romances na época moderna: séculos XVI-XVIII. Rio de Janeiro: Casa da Palavra, 2002.

_____.(org.). *Práticas da leitura*. São Paulo: Estação Liberdade, 1996.

_____. Textos, impressão, leituras. In: HUNT, Lynn (org.). *A nova história cultural*. São Paulo: Martins Fontes, 1995, p. 211-238.

_____. *A história cultural*: entre práticas e representações. Lisboa: Difel, s/d.

CHESNEAUX, Jean. *Devemos fazer tábula rasa do passado?*: sobre a história e os historiadores. São Paulo: Ática, 1995.

CIAMPI, Irlemar. *Barroco e modernidade*: ensaios sobre literatura americana. São Paulo: Perspectiva: Fapesp, 1998.

COMPAGNON, Antoine. *O demônio da teoria*: literatura e senso comum. Belo Horizonte: Editora da UFMG, 2001.

_____. *Le démon de la théorie*: littérature et sens commun. Paris: Seuil, 1998.

_____. *Os cinco paradoxos da modernidade*. Belo Horizonte: Editora da UFMG, 1996.

CONY, Carlos Heitor. *Quase-memória*: quase-romance. São Paulo: Companhia das Letras, 1997.

COSTA, Helouise. *Aprenda a ver as coisas*: fotojornalismo e modernidade na revista *O Cruzeiro*. São Paulo, 1992. Dissertação (Mestrado em Artes) - ECA/USP.

CRUZ, Heloísa de Faria. *Na cidade, sobre a cidade*: cultura letrada, periodismo e vida urbana - São Paulo, 1980/1915. São Paulo, 1994. Tese (Doutorado em História Social) - FFLCH/USP.

_____. (org.) *São Paulo em revista*: catálogo de publicações da imprensa cultural e de variedades paulistana, 1870-1930. São Paulo: Arquivo do Estado de São Paulo, 1997.

CRUZ, Manuel (comp.). *Hacia dónde va el pasado*: el porvenir de la memória en el mundo contemporáneo. Buenos Aires: Paidós, s/d.

CULLER, Jonathan. *Sobre a desconstrução*: teoria e crítica do pós-estruturalismo. Rio de Janeiro: Record: Rosa dos Tempos, 1997.

CUNHA, Francisco Carneiro da. *Nelson Rodrigues, evangelista*. São Paulo: Giordano, 2000.

DEBORD, Guy. *A sociedade de espetáculo*. Rio de Janeiro: Contraponto, 1997.

DECCA, Edgar de. *1930: o silêncio dos vencidos*: memória, história e revolução, 6ª ed. São Paulo: Brasiliense, 1994.

_____. e LEMAIRE, Ria (orgs.). *Pelas margens*: outros caminhos da história e da literatura. Campinas: Editora da Unicamp; Porto Alegre: Ed. da Universidade (UFRGS), 2000.

DE CERTEAU, Michel. *A invenção do cotidiano 1*: artes de fazer, 2ª ed. Petrópolis/Rio de Janeiro: Vozes, 1996.

_____. *A escrita da história*. Rio de Janeiro: Forense-Universitária, 1982.

_____. *A cultura no plural*. São Paulo: Papirus, 1995.

DE LORENZO, Helena Carvalho e COSTA, Wilma Peres (orgs.). *A década de 1920 e as origens do Brasil moderno*. São Paulo: Editora Unesp/Fapesp, 1997.

DELEUZE, Gilles e GUATTARI, Félix. *O que é a filosofia?* 2ª ed. Rio de Janeiro: Editora 34, 1997.

DIAS, Maria Odila Leite da Silva. Hermenêutica do quotidiano na historiografia contemporânea. In: *Projeto história*: trabalhos da memória. São Paulo: Educ, 1998, p. 223-258.

350 Alexandre Pianelli Godoy

_____. Política e sociedade na obra de Sérgio Buarque de Holanda. In: CANDIDO, Antonio (org.). *Sérgio Buarque de Holanda e o Brasil*. São Paulo: Fundação Perseu Abramo, 1998, p. 11-28.

_____. Sociabilidades sem história: votantes pobres no Império, 1824-1881. In: FREITAS, Marcos Cezar de. *Historiografia brasileira em perspectiva*. São Paulo: Contexto, 1998, p. 57-72.

_____. *Quotidiano e poder em São Paulo no século XIX*, 2ª ed. São Paulo: Brasiliense, 1995.

_____. Teoria e método dos estudos feministas: perspectiva histórica e hermenêutica do cotidiano. In: BRUSCHINI, Cristina e COSTA, Albertina de Oliveira (orgs.). *Uma questão de gênero*. Rio de Janeiro: Rosa dos Tempos; São Paulo: Fundação Carlos Chagas, 1992, p. 39-53.

DOSSE, François. Paul Ricoeur revoluciona a escrita da história. *Revista Margem – Temporalidades*. São Paulo: Educ, n° 5, dez./96, p. 10-30.

ECO, Umberto. *Seis passeios pelos bosques da ficção*. São Paulo: Companhia das Letras, 1994.

ENGEL, Magali. História e sexualidade. In: CARDOSO, Ciro Flamarion e VAINFAS, Ronaldo (orgs.). *Domínios da história*: ensaios de teoria e metodologia. Rio de Janeiro: Campus, 1997, p. 297-312.

FACINA, Adriana. *Santos e canalhas*: uma análise antropológica da obra de Nelson Rodrigues. Rio de Janeiro: Civilização Brasileira, 2004.

FAUSTO, Boris (dir.). *História geral da civilização brasileira*: Brasil Republicano 3: sociedade e política (1930-1964), 6ª ed. Rio de Janeiro: Bertrand Brasil, 1996.

_____. *História geral da civilização brasileira*: Brasil Republicano 4: economia e cultura (1930-1964), 3ª ed. Rio de Janeiro: Bertrand Brasil, 1995.

FABRIS, Mariarosaria. *O neorrealismo cinematográfico italiano*: uma leitura. São Paulo: Edusp/Fapesp, 1996.

FELÍCIO, Vera Lúcia. *A procura da lucidez em Artaud*. São Paulo: Perspectiva/ Fapesp, 1996.

FENELON, Déa Ribeiro. Cultura e história social: historiografia e pesquisa. *Projeto História*. São Paulo: Educ, n° 10, 1993, p. 73-90.

_____. Trabalho, cultura e história social: perspectivas de investigação. *Projeto História*. São Paulo: Educ, n° 4, 1983, p. 21-37.

FERNANDES, Sílvia. *Grupos teatrais*: anos 70. Campinas: Editora da Unicamp, 2000.

FERREIRA, Jorge (org.). *O populismo e sua história*: debate e crítica. Rio de Janeiro: Civilização Brasileira, 2001.

FIGUEIREDO, Anna Cristina Camargo. *"Liberdade é uma calça velha, azul e desbotada"*: publicidade, cultura de consumo e comportamento político no Brasil (1954-1964). São Paulo: Hucitec, 1998.

FLYNN, Elisabeth A. e SCHWEICKART, Patrocinio P. *Gender and reading*: essays on readers, texts and contexts. John Hopkins University Press, 1992.

FOUCAULT, Michel. *O que é um autor?* 4ª ed. Lisboa: Vega, 2000.

_____. *Nietzsche, Freud & Marx*. São Paulo: Princípio, 1997.

_____. *A ordem do discurso*, 2ª ed. São Paulo: Edições Loyola, 1996.

_____. *Vigiar e punir*: história das violências nas prisões. 13ª ed. Petrópolis/Rio de Janeiro: Vozes, 1996.

_____. *As palavras e as coisas*, 7ª ed. São Paulo: Martins Fontes, 1995.

_____. *História da sexualidade I*: a vontade de saber, 11ª ed. Rio de Janeiro: Graal, 1995.

_____. *Microfísica do poder*. Rio de Janeiro: Graal, 1995.

FRAGA, Eudinyr. *Nelson Rodrigues expressionista*. São Paulo: Ateliê Editorial/ Fapesp, 1998.

352 Alexandre Pianelli Godoy

FURTADO, Joaci Pereira. *Uma república de leitores*: história e memória na recepção das cartas chilenas (1845-1989). São Paulo: Hucitec, 1997.

GADAMER, Hans-George. *O problema da consciência histórica*. Rio de Janeiro: Fundação Getulio Vargas, 1998.

_____. Teoria, técnica, prática: a tarefa de uma nova antropologia. In: GADAMER, Hans-George e VOGLER, P. (orgs.). *Nova antropologia*: o homem em sua existência biológica, social e cultural. São Paulo: EPU/Edusp, 1997, p. 1-19.

_____. *Verdad y metodo I*: fundamentos de una hermenéutica filosófica, 6ª ed. Salamanca: Ediciones Sígueme, 1996.

_____. *Verdad y metodo II*, 2ª ed. Salamanca: Ediciones Sígueme, 1994.

GADDIS, John Lewis. *Paisagens da história*: como os historiadores mapeiam o passado. Rio de Janeiro: Campus, 2003.

GAGNEBIN, Jeanne Marie. *Sete aulas sobre linguagem, memória e história*. Rio de Janeiro: Imago, 1997.

_____. *História e narração em Walter Benjamin*. São Paulo: Perspectiva, Fapesp; Campinas: Editora da Unicamp, 1994.

_____. *Walter Benjamin*: os cacos da história, 2ª ed. São Paulo: Brasiliense, 1993.

_____. Prefácio: Walter Benjamin ou a história aberta? In: BENJAMIN, Walter. *Obras escolhidas I*: magia e técnica, arte e política. São Paulo: Brasiliense, 1985, p. 7-19.

GAMA, Lúcia Helena. *Nos bares da vida*: produção Cultural e Sociabilidade em São Paulo - 1940-1950. São Paulo: Senac, 1998.

GASPARI, Elio. *A ditadura encurralada*: o sacerdote e o feiticeiro. São Paulo: Companhia das Letras, 2004.

_____. *A ditadura derrotada*: o sacerdote e o feiticeiro. São Paulo: Companhia das Letras, 2003.

_____. *A ditadura envergonhada*: as ilusões armadas. São Paulo: Companhia das Letras, 2002.

_____. *A ditadura escancarada*: as ilusões armadas. São Paulo: Companhia das Letras, 2002.

GARCIA, Silvana. *As trombetas de Jericó*: teatro das vanguardas históricas. São Paulo: Hucitec/Fapesp, 1997.

GAY, Peter. *O século de Schnitzler*: a formação da cultura da classe média – 1815-1914. São Paulo: Companhia das Letras, 2002.

_____. *O estilo na história*. São Paulo: Companhia das Letras, 1990.

GIDDENS, Anthony. *A transformação da intimidade*: sexualidade, amor e erotismo nas sociedades modernas. São Paulo: Unesp, 1993.

GINZBURG, Carlo. *Nenhuma ilha é uma ilha*: quatro visões da literatura inglesa. São Paulo: Companhia das Letras, 2004.

_____. *Olhos de madeira*: nove reflexões sobre a distância. São Paulo: Companhia das Letras, 2001.

_____. *Mitos, emblemas, sinais*: morfologia e história. São Paulo: Companhia das Letras, 1991.

GODOY, Alexandre Pianelli. *Imagens veladas*: a sociedade carioca entre o texto e o visor – 1952-1957. São Paulo, 2000. Dissertação (Mestrado em História) – Programa de Estudos Pós-Graduados em História da PUC-SP.

GOMES Júnior, Guilherme Simões. *Palavra peregrina*: o Barroco e o pensamento sobre artes e letras no Brasil. São Paulo: Edusp, 1998.

_____. *Borges*: disfarce de autor. São Paulo: Educ, 1991.

GORENDER, Jacob. *Combate nas trevas*: a esquerda brasileira: das ilusões perdidas à luta armada, 3ª ed. São Paulo: Ática, 1987.

GREINER, Christine e BIÃO, Armindo (orgs.). *Etnocenologia*: textos selecionados. São Paulo: Annablume, 1998.

GUIDARINI, Mário. *Nelson Rodrigues*: flor de obsessão. Florianópolis: Editora da UFSC, 1990.

GUINSBURG, J. *Da cena em cena*: ensaios de teatro. São Paulo: Perspectiva, 2001.

_____. e SILVA, Armando Sérgio da (org.). *Diálogos sobre teatro*. São Paulo: Edusp, 1992.

_____. *et al. Semiologia do teatro*, 2ª ed. São Paulo: Perspectiva, 2003.

HABERMAS, Jürguen. *A constelação pós-nacional*: ensaios políticos. São Paulo: Littera Mundi, 2001.

HARTMANN, Heidi I. The family as the locus of gender, class and political struggle: the example of housework. In: HARDING, Sandra (org.). *Feminism and methodology*. Indiana: Indiana University Press/Open University Press, 1987.

HAUG, Wolfgang Fritz. *Crítica da estética da mercadoria*. São Paulo: Editora Unesp, 1997.

HOBSBAWM, Eric J. *Tempos interessantes*: uma vida no século XX. São Paulo: Companhia das Letras, 2002.

_____. *Era dos extremos*: o breve século XX – 1914-1991. São Paulo: Companhia das Letras, 1995.

_____. O ressurgimento da narrativa: alguns comentários. *Dossiê história-narrativa. R. H. Revista de História*, Campinas, IFCH-Unicamp, nº 2, 1991, p. 39-46.

HOLANDA, Aurélio Buarque de. *Novo Dicionário Aurélio da Língua Portuguesa*, 2ª ed. Rio de Janeiro: Nova Fronteira, 1986.

HOLANDA, Sérgio Buarque de. *O espírito e a letra*: estudos de crítica literária II – 1948-1959. São Paulo: Companhia das Letras, 1996.

_____. *Raízes do Brasil*. 26ª ed. São Paulo: Companhia das Letras, 1995.

HUGON, Paul. *Demografia brasileira*: ensaio de demoeconomia brasileira. São Paulo: Edusp; Atlas S. A., 1973.

IANNI, Octavio. *O colapso do populismo no Brasil*, 5ª ed. Rio de Janeiro: Civilização Brasileira, 1994.

_____. *A formação do Estado populista na América Latina*, 2ª ed. São Paulo: Ática, 1989.

ISER, Wolfgang. *O ato da leitura*: uma teoria do efeito estético. São Paulo: Editora 34, 1996-1999, 2 vol.

JOBIM e SOUZA, Solange. Mikhail Bakhtin e Walter Benjamin: polifonia, alegoria e o conceito de verdade no discurso da ciência contemporânea. In: BRAIT, Beth (org.). *Baktin, dialogismo e construção do sentido*. Campinas: Editora da Unicamp, 1997, p. 331-348.

KARL, Frederick R. *O moderno e o modernismo*: a soberania do artista – 1885-1925. Rio de Janeiro: Imago, 1988.

KARNAL, Leandro. *Teatro da fé*: representação religiosa no Brasil e no México no século XVI. São Paulo: Hucitec, 1998.

KHOURY, Simon. *Série teatro brasileiro*: bastidores: Dina Sfat, Cláudio Correa e Castro, Aimée, Tony Ramos. Rio de Janeiro: Letras & Expressões: Montenegro & Ramam, 2001.

_____. *Série teatro brasileiro*: bastidores: Paulo Autran, Eva Todor, Milton Moraes, Vanda Lacerda. Rio de Janeiro: Letras & Expressões; Montenegro & Ramam, 2001.

_____. *Série teatro brasileiro*: bastidores: Henriette Morineau, Edwin Luisi, Nicete Bruno, Jorge Dória. Rio de Janeiro: Letras & Expressões; Montenegro & Ramam, 2001.

KOSELLECK, Reinhart. *Futuro pasado*: para una semántica de los tiempos históricos. Barcelona: Ediciones Paidós, 1993.

356 Alexandre Pianelli Godoy

KOSSOY, Boris. *Fotografia e história*. São Paulo: Ática, 1989.

KRACAUER, Siegfried. *De Caligari a Hitler*: uma história psicológica do cinema alemão. Rio de Janeiro: Zahar, 1988.

KRAMER, Lloyd. Literatura, crítica e imaginação histórica: o desafio literário de Hayden White e Dominick Lacapra. In: HUNT, Lynn (org.). *A nova história cultural*. São Paulo: Martins Fontes, 1995, p. 131-173.

KUSNESOF, Elisabeth Anne. A família na sociedade brasileira: parentesco, clientelismo e estrutura social (São Paulo, 1700-1980). *Revista Brasileira de História*. São Paulo: Marco Zero, vol. 9, n° 17, 1989, p. 37-63.

LA ROCHEFOUCAULD, François, Duc de. *Máximas e reflexões*. Rio de Janeiro: Imago, 1994.

LACAPRA, Dominick. Criticism Today. In: KRIEGER, Murray (org.). *The aims of representation*: subject, text, history. Califórnia: Stanford University Press, 1993, p. 235-255.

_____. História e Romance. *Revista de História da Unicamp*. Campinas, Unicamp, n° 2-3, 1991, p. 107-124.

LACERDA, Sonia. História, narrativa e imaginação histórica. In: SWAIN, Tania Navarro (org.). *História no plural*. Brasília: Editora da UnB, 1994, p. 9-42.

LAFER, Celso. *JK e o programa de metas (1956-1961)*: processo de planejamento e sistema político no Brasil. Rio de Janeiro: Editora da FGV, 2002.

LAFETA, João Luiz. *1930*: a crítica e o modernismo. São Paulo: Duas Cidades; Editora 34, 2000.

LATOUR, Bruno. *Jamais fomos modernos*. São Paulo: Editora 34, 1994.

LE GOFF, Jacques. Documento/Monumento. *História e memória*. São Paulo: Unicamp, s/d., p. 535-553.

LEFORT, Claude. *Pensando o político*: ensaios sobre democracia, revolução e liberdade. Rio de Janeiro: Paz e Terra, 1991.

_____. *As formas da história*. São Paulo: Brasiliense, 1979.

LENHARO, Alcir. *Cantores de rádio*: a trajetória de Nora Ney e Jorge Goulart e o meio artístico de seu tempo. São Paulo: Editora da Unicamp, 1995.

_____. *Sacralização da política*, 2ª ed. São Paulo: Papirus, 1989.

LESUEUR, Véronique e MARNY, Dominique. *Un siècle de femmes*. Paris: Le Pré aux Clercs, 1999.

LESSA, Renato. *A invenção republicana*: Campos Sales, as bases e a decadência da Primeira República brasileira, 2ª ed. Rio de Janeiro: Topbooks, 1999.

LIMA, Evelyn Furquim Werneck. *Arquitetura do espetáculo*: teatros e cinemas na formação da Praça Tiradentes e da Cinelândia. Rio de Janeiro: Editora da UFRJ, 2000.

LIMA, Luis Costa. *Mimeses*: desafio ao pensamento. Rio de Janeiro: Civilização Brasileira, 2000.

_____. *Vida e mimesis*. São Paulo: Editora 34, 1995.

_____. *A aguarrás do tempo*. Rio de Janeiro: Rocco, 1989.

_____. *O controle do imaginário*: razão e imaginação nos tempos modernos, 2ª ed. Rio de Janeiro: Forense-Universitária, 1989.

_____ (org.). *Teoria da cultura de massa*. Rio de Janeiro: Paz e Terra, 1990.

_____ (org.). *A literatura e o leitor*: textos de estética da recepção. Rio de Janeiro: Paz e Terra, 1979.

LEITE, Miriam Moreira. *Retratos de família*: leitura da fotografia histórica. São Paulo: Edusp, 1993.

LEONEL, Vange. Heresia light. *Revista da Folha*, São Paulo, 30 mai. 2004.

LIPOVETSKY, Gilles. *O império do efêmero*: a moda e seu destino nas sociedades modernas. São Paulo: Companhia das Letras, 1997.

LISPECTOR, Clarice. *A cidade sitiada*, 8ª ed. Rio de Janeiro: Francisco Alves, 1995.

LOPES, Angela Leite. *Nelson Rodrigues trágico, então moderno*. Rio de Janeiro: Editora da UFRJ/Tempo Brasileiro, 1993.

LOWENTHAL, David. Como conhecemos o passado. *Projeto História - Trabalhos da memória*. São Paulo: Educ, nº 17, nov. 1998, p. 63-201.

LUCA, Tania Regina de. *A Revista do Brasil*: um diagnóstico para a (N)ação. São Paulo: Editora Unesp, 1999.

LYOTARD, Jean-François. *O pós-moderno explicado às crianças*, 2ª ed. Lisboa: Publicações Dom Quixote, 1993.

MACIEL, Laura Antunes. *A nação por um fio*: caminhos, práticas e imagens da "Comissão Rondon". São Paulo: Educ/Fapesp, 1998.

MAGALDI, Sábato. *O texto no teatro*. São Paulo: Perspectiva, 2001.

_____. *Moderna dramaturgia brasileira*. São Paulo: Perspectiva, 1998.

_____. *Panorama do teatro brasileiro*, 3ª ed. São Paulo: Global, 1997.

_____. *Nelson Rodrigues*: dramaturgia e encenações, 2ª ed. São Paulo: Perspectiva, 1992.

_____. *Teatro completo de Nelson Rodrigues*. Rio de Janeiro: Nova Fronteira, 1981-1989. 4 vol.

MAIO, Marcos Chor e SANTOS, Ricardo Ventura (orgs.). O Brasil como 'laboratório racial': os estudos sobre as relações raciais entre os anos 40 e 60. *Raça, ciência e sociedade*. Parte III. Rio de Janeiro: Fiocruz, 1997, p. 141-204.

MALUF, Marina. *Ruídos da memória*. São Paulo: Siciliano, 1995.

MARCUSE, Herbert. *Razão e revolução*: Hegel e o advento da teoria social, 5ª ed. Rio de Janeiro: Paz e Terra, 2004.

MARIN, Louis. Mimese and Description. *Proceedings of the First International Conference on Word & Image*: A Journal of Verbal/Visual Enquiry, 4 (1), 1998, p. 25-36.

MARQUES, José Carlos. *O futebol em Nelson Rodrigues*. São Paulo: Educ/Fapesp, 2000.

MARTINS, José de Souza. *A sociedade vista do abismo*: novos estudos sobre exclusão, pobreza e classes sociais. Rio de Janeiro: Vozes, 2002.

MARTIN-FUGIER, Anne. *La bourgeoise*: femme ou temps de Paul Bourget. Paris: Grasset, 1983.

MATTOS, David José Lessa. *O espetáculo da cultura paulista*: teatro e TV em São Paulo - 1940-1950. São Paulo: Códex, 2002.

MELLO e SOUZA, Gilda de. *O espírito das roupas*: a moda no século dezenove. São Paulo: Companhia das Letras, 1996.

MENCARELLI, Fernando Antonio. *Cena aberta*: a absolvição de um bilontra e o teatro de revista de Arthur Azevedo. Campinas: Editora da Unicamp/Centro de Pesquisa em História Social da Cultura, 1999.

MENEGUELLO, Cristina. *Poeira de estrelas*: o cinema hollywoodiano na mídia brasileira das décadas de 40 e 50. Campinas: Editora da Unicamp, 1996.

MENESES, Ulpiano T. Bezerra. Fontes visuais, cultura visual, história visual: balanço provisório, propostas cautelares. *Revista Brasileira de História*, São Paulo, vol. 23 n° 45, jul. 2000.

MERLEAU-PONTY, Maurice. *Fenomenologia da percepção*, 2ª ed. São Paulo: Martins Fontes, 1999.

MERRICK, Thomas W. e GRAHAM, Douglas H. *População e desenvolvimento econômico no Brasil de 1800 até a atualidade*. Rio de Janeiro: Zahar, 1981.

MICELI, Sérgio. *Intelectuais à brasileira*. São Paulo: Companhia das Letras, 2001.

MIGNOLO, Walter D. *Histórias locais/projetos globais*: colonialidade, saberes subalternos e pensamento liminar. Belo Horizonte: Editora da UFMG, 2003.

MORAIS, Fernando. *Chatô*: o rei do Brasil, 3ª ed. São Paulo: Companhia das Letras, 1998.

MOYA, Álvaro de. *Gloria in Excelsior*: ascensão, apogeu e queda do maior sucesso da televisão brasileira. São Paulo: Imprensa Oficial do Estado de São Paulo, 2004.

NAZZARI, Muriel. *O desaparecimento do dote*: mulheres, famílias e mudança social em São Paulo, Brasil, 1600-1900. São Paulo: Companhia das Letras, 2001.

NEEDEL, Jeffrey D. *Belle époque tropical*. São Paulo: Companhia das Letras, 1993.

NETTO, Accioly. *O império de papel*: os bastidores de *O Cruzeiro*. Porto Alegre: Sulina, 1998.

NOVAES, Adauto. (org.) *Tempo e história*. São Paulo: Companhia das Letras: Secretaria Municipal da Cultura, 1992.

NUNES, Benedito. *O tempo na narrativa*, 2ª ed. São Paulo: Ática, 1995.

OLIVEIRA, Francisco de. *Crítica à razão dualista*: o ornitorrinco. São Paulo: Boitempo, 2003.

ORTIZ, Renato. *A moderna tradição brasileira*: cultura brasileira e indústria cultural, 5ª ed. São Paulo: Brasiliense, 1994.

PATLAGEAN, Evelyne. A história do imaginário. In: LE GOFF, Jacques (org.). *A história nova*, 3ª ed. São Paulo: Martins Fontes, 1995, p. 291-318.

PATRIOTA, Rosangela. *Vianinha*: um dramaturgo no coração de seu tempo. São Paulo: Hucitec, 1999.

PAVIS, Patrice. *Análise dos espetáculos*. São Paulo: Perspectiva, 2003.

_____. *Dicionário de teatro*. São Paulo: Perspectiva, 1999.

PÉCAULT, Daniel. *Os intelectuais e a política no Brasil*. São Paulo: Ática, 1990.

PEREIRA, Lauro Ávila. *Imprensa e populismo*: última hora no segundo governo Vargas – 1951-1954. São Paulo, 1996. Dissertação (Mestrado em História) – Programa de Pós-Graduação em História da PUC-SP.

PEREIRA, Simone Luci. *Bossa nova é sal, é sol, é sul*: música e experiências urbanas (Rio de Janeiro, 1954-1964). São Paulo, 1998. Dissertação (Mestrado em História) – Programa de Pós-Graduação em História da PUC-SP.

PEREIRA, Victor Hugo Adler. *Nelson Rodrigues e a obscena contemporânea*. Rio de Janeiro: UERJ, 1999.

_____. *A musa carrancuda*: teatro e poder no Estado Novo. Rio de Janeiro: FGV, 1998.

_____. Dessa vez foi mais leve: intensificação e diluição nas leituras de Nelson Rodrigues. *Revista Range Rede*: Dossiê Nelson Rodrigues. Rio de Janeiro: Editora da UFRJ, ano 4, n° 4, primavera de 1998.

PERROT, Michelle. *Les femmes ou silences de l'histoire*. Paris: Flamarion, 1988.

PERROT, Philippe. *Le travail des apparences*: le corps féminin (XVIII-XIX siècles). Paris: Seuil, 1984.

PINTO, Júlio Pimentel. Os muitos tempos da memória. *Projeto história – Trabalhos da memória*. São Paulo: Educ, 1998, p. 203-221.

_____. *Uma memória do mundo*: ficção, memória e história em Jorge Luis Borges. São Paulo: Estação Liberdade: Fapesp, 1998.

PIRANDELLO, Luigi. *O enxerto*: o homem, a besta e a virtude. São Paulo: Edusp, 2003.

POMIAM, Krzysztof. *Sobre a história*: trechos escolhidos. Tradução inédita de Flávia Nascimento. Paris: Gallimard, "Folio", 1999.

PRADO, Décio de Almeida. *Apresentação do teatro moderno brasileiro*: crítica teatral (1947-1955). São Paulo: Perspectiva, 2002.

_____. *Exercício findo*: crítica teatral (1964-1968). São Paulo: Perspectiva, 2002.

_____. *Teatro em progresso*: crítica teatral (1955-1964). São Paulo: Perspectiva, 2002.

_____. *O teatro brasileiro moderno*. São Paulo: Perspectiva, 2001.

_____. *História concisa do teatro brasileiro*: 1570-1908. São Paulo: Edusp, 1999.

QORPO-SANTO. *Teatro completo*. São Paulo: Iluminuras, 2001.

RAGO, Margareth. A sexualidade feminina entre o desejo e a norma: moral sexual e cultura literária feminina no Brasil – 1900-1932. *Revista Brasileira de História*, São Paulo, Marco Zero, p. 28-44.

REVISTA BRASILEIRA DE HISTÓRIA. *Brasil 1954-1964*. São Paulo: Marco Zero, vol. 14, nº 27, 1994.

RIBEIRO, Ivete. (org.) *Família e valores*. São Paulo: Loyola, 1987.

RICOEUR, Paul. *Tempo e narrativa*. Campinas: São Paulo: Papirus, 1994. 3 t.

_____. *Interpretação e ideologias*, 2ª ed. Rio de Janeiro: Francisco Alves, 1983.

ROCHA, Martha. *Uma biografia em depoimento a Isa Pessôa*. Rio de Janeiro: Objetiva, 1993.

ROLNICK, Sueli. *Cartografia sentimental*: transformações contemporâneas do desejo. São Paulo: Estação Liberdade, 1989.

RORTY, Richard. *Ensaios sobre Heidegger e outros*: escritos filosóficos 2. Rio de Janeiro: Relume Dumará, 1999.

_____. *Contingência, ironia e solidariedade*. Lisboa: Editorial Presença, 1994.

ROSENFELD, Anatol. *O teatro épico*. São Paulo: Perspectiva, 2000.

_____. *Teatro moderno*. São Paulo: Perspectiva, 1997.

_____. *O mito e o herói no moderno teatro brasileiro*. São Paulo: Perspectiva, 1996.

ROSSI, Paolo. *Naufrágios sem espectador*: a ideia de progresso. São Paulo: Editora Unesp, 2000.

ROUBINE, Jean-Jacques. *A linguagem da encenação teatral*. Rio de Janeiro: Zahar, 1998.

RYNGAERT, Jean-Pierre. *Ler o teatro contemporâneo*. São Paulo: Martins Fontes, 1998.

_____. *Introdução à análise do teatro*. São Paulo: Martins Fontes, 1995.

SADER, Eder. *Quando novos personagens entraram em cena*: experiências e lutas dos trabalhadores da grande São Paulo - 1970-1980, 2ª ed. Rio de Janeiro: Paz e Terra, 1988.

SALIBA, Elias Thomé. *Raízes do riso*: a representação humorística na história brasileira: da Belle Époque aos primeiros tempos do rádio. São Paulo: Companhia das Letras, 2002.

SAMAIN, Etienne (org.). *O fotográfico*. São Paulo: Hucitec, 1998.

SANT'ANNA, Denise Bernuzzi de. *Corpos de passagem*: ensaios sobre a subjetividade contemporânea. São Paulo: Estação Liberdade, 2001.

_____. Sem Teseu, sem Minotauro: aventuras da memória. *Projeto História - Trabalhos da memória*. São Paulo: Educ, 1998, p. 475-478.

_____. Propaganda e História: antigos problemas, novas questões. *Projeto História - Cultura e representação*. São Paulo: Educ, 1997, p. 89-112.

_____(org.). *Políticas do corpo*. São Paulo: Estação Liberdade, 1995.

SANTANA, Charles D'Almeida. *Fartura e ventura camponesas*: trabalho, cotidiano e migrações - Bahia: 1950-1980. São Paulo: Anablume, 1998.

SANTOS, Joaquim Ferreira dos. *Feliz 1958*: o ano que não deveria terminar, 4ª ed. Rio de Janeiro: Record, 1998.

SARLO, Beatriz. *Paisagens imaginárias*: intelectuais, arte e meios de comunicação. São Paulo: Edusp, 1997.

SCHPUN, Mônica Raisa. *Cultura física e comportamento em São Paulo nos anos 20*. São Paulo: Senac/Boitempo Editorial, 1999.

SCHWARCZ, Lilia Moritz. (org.) *História da vida privada no Brasil 4*: contrastes da intimidade contemporânea. São Paulo: Companhia das Letras: 1998.

_____. *O espetáculo das raças*: cientistas, instituições e questão racial no Brasil do século XIX. São Paulo: Companhia das Letras, 1993.

SCOTT, Joan W. A invisibilidade da experiência. *Projeto história - Cultura e trabalho*: São Paulo: Educ, n° 16, fev. 98, p. 297-325.

SEGRE, C. Ficção. In: *Enciclopédia Einaudi - Literatuta-Texto*, vol. 17. Lisboa: Imprensa Nacional, s/d, p. 41-69.

SENNETT, Richard. *O declínio do homem público*: as tiranias da intimidade. São Paulo: Companhia das Letras, 1998.

SEVCENKO, Nicolau. *A corrida para o século XXI*: no loop da montanha-russa. São Paulo: Companhia das Letras, 2001.

_____ (org.). *História da vida privada no Brasil 3*: República: da Belle Époque à Era do Rádio. São Paulo: Companhia das Letras, 1998.

_____. *Orfeu extático na metrópole*: São Paulo, sociedade e cultura nos frementes anos 20. São Paulo: Companhia das Letras, 1998.

_____. O fim da história. *Atrator estranho*. São Paulo, NTC - ECA/USP, n° 19, jan. 1996, p. 7-47.

_____. *Literatura como missão*: tensões sociais e criação cultural na Primeira República, 4ª ed. São Paulo: Brasiliense, 1995.

SILVA, Carmem da. *Histórias híbridas de uma senhora de respeito*, 2ª ed. São Paulo: Brasiliense, 1984.

SILVA, Armando Sérgio da (org.). *J. Guinsburg*: diálogos sobre teatro. São Paulo: Edusp, 1992.

SILVA, Marcos Antonio da. *Prazer e poder do amigo da onça*. Rio de Janeiro: Paz e Terra, 1989.

SIMÕES, Inimá F. e outros. *Um país no ar*: história da TV brasileira em três canais. São Paulo: Brasiliense, 1986.

SZONDI, Peter. *Teoria do drama moderno [1880-1950]*. São Paulo: Cosac Naify, 2001.

STAROBINSKI, Jean. Le style de l'autobiografie. *Politique*: revue de théorie et d'analyse littéraires, Paris, n° 3, 1970.

STEELE, Valerie. *Se vêtir au XX siècle*: 1945 à nos jours. Paris: Adam Biro, 1988.

STONE, Lawrence. O ressurgimento da narrativa: reflexões sobre uma velha história. *Dossiê História - Narrativa, Revista de História*, Campinas, IFCH-Unicamp, n° 2, 1991, p. 13-37.

SÜSSEKIND, Flora. *As revistas de ano e a invenção do Rio de Janeiro*. Rio de Janeiro: Nova Fronteira: Fundação Casa Rui Barbosa, 1986.

_____. Nelson Rodrigues e o fundo falso. In: *I Concurso Nacional de Monografias*. Brasília: Ministério da Educação e da Cultura: Departamento de Documentação e Divulgação, 1977, p. 7-41.

SWAIN, Tania Navarro. Você disse imaginário? In: SWAIN, Tania Navarro (org.). *História no plural*. Brasília: Editora da UnB, 1994, p. 43-67.

THOMPSON, E. P. *A miséria da teoria*: ou um planetário de erros: uma crítica ao pensamento de Althusser. Rio de Janeiro: Zahar, 1981.

TOLEDO, Caio Navarro de. *ISEB*: fábrica de ideologias, 2ª ed. Campinas: Editora da Unicamp, 1997.

TREVISAN, Maria José. Anos 50: os empresários e a produção cultural. *Revista Brasileira de História*. São Paulo: Marco Zero, vol. 8, n° 15, 1988, p. 139-156.

366 Alexandre Pianelli Godoy

TODOROV, Tzvetan. *Os gêneros do discurso*. São Paulo: Martins Fontes, 1980.

VASCONCELLOS, Luiz Paulo. *Dicionário de teatro*, 3ª ed. Porto Alegre: LP&M, 1987.

VATTIMO, Gianni. *A tentação do realismo*. Rio de Janeiro: Lacerda/Instituto Italiano de Cultura, 2001.

_____(org.). *A religião*: seminário de Capri. São Paulo: Estação Liberdade, 2000.

_____. *Para além da interpretação*: o significado da hermenêutica para a filosofia. Rio de Janeiro: Tempo Brasileiro, 1999.

_____. *Acreditar em acreditar*. São Paulo: Relógio D'Água, 1998.

_____. *Introdução a Nietzsche*. Lisboa: Editorial Presença, 1990.

_____. *As aventuras da diferença*. Lisboa: Edições 70, 1988.

_____. *O fim da modernidade*: niilismo e hermenêutica na cultura pós-moderna. Lisboa: Editorial Presença, 1987.

_____. *A sociedade transparente*. Lisboa: Edições 70, s/d.

VELHO, Gilberto. Literatura e desvio: Proust e Nelson Rodrigues. In: *Projeto e metamorfose*: antropologia das sociedades complexas. Rio de Janeiro: Zahar, 1994, p. 90-96.

VELLOSO, Monica Pimenta. *Modernismo no Rio de Janeiro*: Turunas e Quixotes. Rio de Janeiro: Fundação Getulio Vargas, 1996.

VENEZIANO, Neyde. *Não adianta chorar*: teatro de revista brasileiro... Oba! Campinas: Editora da Unicamp, 1996.

_____. *O teatro de revista no Brasil*: dramaturgias e convenções. Campinas: Pontes; Editora da Unicamp, 1991.

VENTURA, Roberto. *Estilo tropical*: história cultural e polêmicas literárias no Brasil. São Paulo: Companhia das Letras, 1991.

VESENTINI, Carlos Alberto. *A teia do fato*: uma proposta de estudo sobre a memória histórica. São Paulo: Hucitec, 1997.

VERNANT, Jean-Pierre e VIDAL-NAQUET, Pierre. *Mito e tragédia na Grécia antiga*. São Paulo: Perspectiva, 1999.

VEYNE, Paul. *Como se escreve a história/Foucault revoluciona a história*, 3ª ed. Brasília: Editora da UnB, 1995.

WAINER, Samuel. *Minha razão de viver*. 15ª ed. Rio de Janeiro: Record, 1993.

WALDMAN, Berta. O império das paixões: uma leitura dos romances-folhetins de Nelson Rodrigues. In: *Cadernos Pagu*: gênero, narrativas, memórias, Campinas, Unicamp, nº 8/9, 1997, p. 159-176.

WEFFORT, Francisco. *O populismo na política brasileira*. Rio de Janeiro: Paz e Terra, 1980.

WHITE, Hayden. *Meta-História*: a imaginação histórica do século XIX. 2 ed. São Paulo: Edusp, 1995.

_____. *Trópicos do discurso*: ensaios sobre a crítica da cultura. São Paulo: Edusp, 1994.

WILLIAMS, Raymond. *Tragédia moderna*. São Paulo: Cosac Naify, 2002.

_____. *O campo e a cidade*: na história e na literatura. São Paulo: Companhia das Letras, 1989.

_____. *Marxismo e literatura*. Rio de Janeiro: Zahar, 1979.

XAVIER, Ismail. *O olhar e a cena*: melodrama, Hollywood, Cinema Novo, Nelson Rodrigues. São Paulo: Cosac Naify, 2003.

ZICMAN, Renée Barata. História através da imprensa: algumas considerações metodológicas. *Projeto História*. São Paulo: Educ, nº 4, jun. 85, p. 89-102.

Agradecimentos

Não me estenderei nos meus agradecimentos. As pessoas que me apoiaram e acreditaram na possibilidade de realização deste trabalho sabem que isso bastaria para a minha eterna gratidão.

Agradeço à minha orientadora, Maria Odila Leite da Silva Dias, que sempre foi e será o meu parâmetro de uma historiografia séria, sofisticada, politizada e longe dos maneirismos acadêmicos.

Presto aqui homenagem aos meus queridos amigos e amigas que fazem parte da minha trajetória intelectual e de vida: Alberto Luis Schneider por compartilhar comigo a inquietação sobre a identidade nacional e dos caminhos da literatura. Ana Cláudia Rongo por acreditar em mim desde os tempos da graduação. André Araújo pela amizade sempre renovada na percepção da arte, de sua história e de nossas artes de fazer. Angela Aparecida Teles pela delicadeza, beleza e sensibilidade de historiadora. Clarissa Bazzanelli Barradas pela nossa maturidade de pensamento e sentimento conquistados em sala de aula, da cozinha e de estar. Dalva Aparecida Garcia pelo questionamento filosófico, da inquietação humana e do colo nas horas de desconforto. Daniela Leão Rêgo pela generosidade em aceitar o outro e a sua diferença. Helenice Ciampi pela formação sempre continuada de amor, carinho e justeza de alma. Joel Melo por me ensinar a ser livre, leve e solto. Maria Izabel de Azevedo Marques Birolli pela irmandade, carinho e paciência incomuns. Marina Maluf pela minha formação intelectual e de gênero. Neto Ietto pelo brilhantismo do contanto e da exuberância do viver. Sandra Collucci pela tenacidade, garra e coragem de dizer "não". Sandra Pesce por acreditar na vida, na subjetividade e no mistério do ser. Simone Luci Pereira pela compreensão da música, da memória e dos ouvintes que perdoam.

Aos professores que participaram do meu exame de qualificação e da banca de doutorado agradeço o rigor na leitura do meu trabalho: prof. dr. Júlio Pimentel Pinto, profa. dra. Márcia D'Aléssio, profa. dra. Heloísa Pontes, profa. dra. Jerusa Pires Ferreira e prof. dr. Elias Thomé Saliba.

À profa. dra. Estefânia K. C. Fraga pelos seminários de pesquisa e à profa. dra. Denise Bernuzzi de Sant'Anna pela inspiração intelectual.

Agradeço ao revisor do texto de qualificação, Heitor Gribl, e ao revisor da versão final da tese, Cesar Ribeiro. Agradeço a Viviane Maria Baggio pela revisão derradeira.

Aos colegas da minha turma de doutorado, agradeço o convívio e o compartilhamento das angústias da produção acadêmica.

Aos meus colegas do departamento de História da EFLCH da Unifesp gostaria de agradecer pelo aprendizado intelectual e docente, pelos novos amigos que conquistei e de expressar meu contentamento de fazer parte desta equipe e, especialmente, ao Janes Jorge, que incentivou a transformação desta tese em livro.

Agradeço a Capes pelo financiamento da pesquisa e à Fapesp pela bolsa-auxílio de publicação do livro.

Agradeço a Joana Monteleone, da Alameda Casa Editorial, pela acolhida da tese, editoração e publicação do livro.

Agradeço a toda minha família por tudo.

Agradeço a minha querida Clio.

Esta obra foi impressa em Santa Catarina na primavera de 2012 pela Nova Letra Gráfica & Editora. No texto foi utilizada a fonte Leitura em corpo 9,5 e entrelinha de 15 pontos.